Die Kompatibilität islamischer Staatsauffassungen mit der freiheitlich demokratischen Grundordnung

Islam und Recht

Herausgegeben von Janbernd Oebbecke

Band 7

PETER LANG

Frankfurt am Main · Berlin · Bern · Bruxelles · New York · Oxford · Wien

Murad Mustafa Daghles

Die Kompatibilität islamischer Staatsauffassungen mit der freiheitlich demokratischen Grundordnung

PETER LANG
Internationaler Verlag der Wissenschaften

Bibliografische Information der Deutschen Nationalbibliothek
Die Deutsche Nationalbibliothek verzeichnet diese Publikation in der Deutschen Nationalbibliografie; detaillierte bibliografische Daten sind im Internet über http://dnb.d-nb.de abrufbar.

Zugl.: Münster, Univ., Diss., 2009

Umschlaggestaltung:
Olaf Glöckler, Atelier Platen, Friedberg

D 6
ISSN 1619-988X
ISBN 978-3-631-59561-9

www.peterlang.de

Meinen Eltern

Einst kam ein Mann zum Propheten Muhammad und fragte diesen: „Wer hat das meiste Recht auf meine gute Umgangsweise (mit ihm)?“
Der Prophet antwortete: „Deine Mutter.“
Der Mann fragte: „Wer danach?“
Der Prophet sagte: „Danach deine Mutter.“
Der Mann fragte weiter: „Wer danach?“
Und wieder antwortete der Prophet: „Danach deine Mutter.“
Der Mann fragte nochmals: „Wer danach?“
Da sagte der Prophet: „Danach dein Vater.“

Vorwort

Die vorliegende Arbeit wurde im Sommersemester 2008/2009 von der rechtswissenschaftlichen Fakultät der Westfälischen Wilhelms-Universität zu Münster als Dissertation angenommen. Literatur und Rechtsprechung konnte bis April 2009 berücksichtigt werden.

Mein Dank gilt meinem Doktorvater, Herrn Prof. Dr. Janbernd Oebbecke, der mich bei der Umsetzung und der Fertigstellung dieses Projekts einer Prüfung des Verhältnisses von „Islam und Demokratie" umfassend und in vielfältiger Weise gefördert hat. Bedanken möchte ich mich auch bei Herrn Prof. Dr. Muhammad Kalisch für die zügige Erstellung des Zweitgutachtens und die sehr konstruktiven Anregungen.

Ich danke meiner lieben Verlobten Frau Dr. Natalie Jamal für ihre unermüdliche Unterstützung. Ihr Verständnis, ihre stetige Gesprächsbereitschaft, die unzähligen sehr hilfreichen Anregungen und umfassenden Korrekturhilfen haben maßgeblich zur Umsetzung dieser Dissertation beigetragen. Bei meinem Bruder Kaamel Mustafa bedanke ich mich für die wertvolle moralische Unterstützung. Ferner möchte ich mich herzlichst bei Frau Dr. Helgard und Ahmed Jamal bedanken für ihre stetige Unterstützung. Der gedankliche Austausch zu Beginn des Promotionsvorhabens führte schlussendlich zu meinem Entschluss, der vorliegenden Fragestellung nachzugehen.

Besonders herzlicher Dank gebührt meinen Eltern, denen ich diese Arbeit widme. Ihre uneingeschränkte Förderung meiner Ausbildung, ihre stets liebevolle Unterstützung und der unumstößliche Rückhalt hat diese Arbeit erst ermöglicht.

Düsseldorf, 29. Juli 2009 *Murad Mustafa Daghles*

Inhaltsverzeichnis

Literaturverzeichnis

Abduh, Muhammad	Risālat at-tauḥīd 5. Auflage Kairo 1956 (zitiert: Abduh, Risālat at-tauḥīd)
Abduh, Muhammad	The theology of unity übersetzt von Isḥāq Musaʿad New York 1980 (zitiert: Abduh, The theology of unity)
Abū Zahrah, Muḥammad	Uṣūl al-fiqh Kairo 1958 (zitiert: Abū Zahrah, Uṣūl al-fiqh)
Abu Zaid, Nasr Hamid	Islam und Menschenrechte in: KAS 1996, Band 5, S. 51 ff. (zitiert: Abu-Zaid, Islam und Menschenrechte in: KAS 1996, Band 5)
Adams, Charles	Orientalism: Early Sources Islam and Modernism in Egypt Band X London 1933 (zitiert: Adams, Islam and Modernism)
Adams, Charles	Muhammad 'Abduh and the Transvaal Fatwā in: Macdonald Presentation Volume New York 1933, S. 12 ff. (zitiert: Adams, Muhammad Abduh and the Transvaal Fatwā in: Macdonald Presentation Volume)
Ahmad, Manzoor	Religion in Tradition and Change of Society in: Religion in Culture, Law and Politics, S. 17 ff. Mainz 1982 (zitiert: Ahmad, Religion in Tradition)

Ahmad, Sayed Riaz	Maulana Maududi and the Islamic State Lahore 1976 (zitiert: Ahmad, Maulana Maududi and the Islamic State)
Ahmed, Munir Watt, William Montgomery	Der Islam Band III – Entwicklungen des islamischen Rechts Stuttgart 1985 (zitiert: Ahmed/Bearbeiter, Der Islam Band III)
Ahmed, Munir	Der Islamische Staat nach Maududi Berlin 1980 zum 21. Orientalistenkongress in Berlin (zitiert: Ahmed, Der Islamische Staat nach Maududi)
Arkoun, Muhammad	De l'ijtihad á la critique de la raison islamique: L'exemple du la statut de la femme dans la schari'a, in: La non-discrimination á l'égard des femmes, S. 73 ff. (zitiert: Arkoun, De l'ijtihad á la critique de la raison islamique: L'exemple du la statut de la femme dans la schari'a).
Arnim, Hans Herbert	Der strenge und der formelle Gleichheitssatz in: DÖV 1984, S. 85 ff. (zitiert: Arnim, DÖV 1984)
Asad, Muhammad	The Principles of State and Government in Islam 1. Auflage Los Angeles 1961 (zitiert: Asad, State and Government in Islam)
Asad, Muhammad	Islam und Abendland 1. Auflage Olten/Freiburg im Breisgau 1960 (zitiert: Asad, Islam und Abendland)
Asad, Muhammad	The Message of Qur'ān 1. Auflage Gibraltar 1980 (zitiert: Asad, The Message of Qur'ān)

Badrān, Abū al ʿAynayn	Uṣūl al-fiqh 2. Auflage Alexandria 1965 (zitiert: Badran, Uṣūl al-fiqh)
Badura, Peter	Staatsrecht 3. Auflage München 2003 (zitiert: Badura, Staatsrecht)
Badawi, Zaki	Afghani in: Reformers of Egypt, S. 19 ff. London 1978 (zitiert: Badawi, Afghani in: Reformers of Egypt)
Badawi, Zaki	'Abduh in: Reformers of Egypt, S. 35 ff. London 1978 (zitiert: Badawi, 'Abduh in: Reformers of Egypt)
Balic, Smail	Die innerislamische Diskussion zu Säkularismus, Demokratie und Menschenrechten in: Ende/Steinbach, Der Islam, S. 590 ff. (zitiert: Balic, Die innerislamische Diskussion zu Säkularismus, Demokratie und Menschenrechten)
Baradie, Adel	Gottes-Recht und Menschen-Recht – Grundlagenprobleme der islamischen Strafrechtslehre 1. Auflage Baden-Baden 1983 (zitiert: Baradie, Gottes-Recht und Menschen-Recht)
Basdevant-Gaudemet, Brigitte	Staat und Kirche in Frankreich in: Gerhard Robbers: Staat und Kirche in der Europäischen Union, S. 127 ff. Baden-Baden 1995 (zitiert: Basdevant-Gaudemet, Staat und Kirche in Frankreich)

Baur, Fritz
Zur Frage der Vereinbarkeit des Vorzugs des männlichen Geschlechts bei der gesetzlichen Hoferbfolge mit dem Gleichberechtigungsgrundsatz
in: JZ 1959, S. 443 ff.
(zitiert: Baur, JZ 1959)

Bälz, Kilian
Islamisches Recht, staatliche Rechtssetzung und verfassungsgerichtliche Kontrolle
in: Zeitschrift für ausländisches öffentliches Recht und Völkerrecht 1997, S. 229 ff.
(zitiert: Bälz in: Zeitschrift für ausländisches öffentliches Recht und Völkerrecht 1997).

Benda, Ernst
Maihofer, Werner
Vogel, Hans-Jochen
Handbuch des Verfassungsrechts
Band I
2. Auflage
Berlin 1994
(zitiert: Benda/Maihofer/Vogel-Bearbeiter, Hdb-VerfR)

Borek, Abdullah Leonhard
Islam im Alltag
Eine Handreichung für deutschsprachige Muslime
1. Auflage
Hamburg 1999
(zitiert: Borek, Islam im Alltag)

Bosworth, Clifford Edmund
van Donzel, Emeri
The Encyclopaedia of Islam
Leiden 1989
(zitiert: Encyclopaedia of Islam)

Böckenförde, Ernst-Wolfgang
Gesetz und gesetzgebende Gewalt
2. Auflage
Berlin 1981
(zitiert: Böckenförde, Gesetz und gesetzgebende Gewalt)

Böckenförde, Ernst-Wolfgang
„Kopftuchstreit" auf dem richtigen Weg?
in: NJW 2001, S. 723 ff.
(zitiert: Böckenförde, NJW 2001)

Böckenförde, Ernst-Wolfgang Isensee, Josef	Menschenrechte und Menschenwürde Historische Voraussetzungen – säkulare Gestalt – christliches Verständnis 1. Auflage Stuttgart 1987 (zitiert: Böckenförde/Isensee, Menschenrechte und Menschenwürde)
Frhr. v. Campenhausen, Axel	Staatskirchenrecht 3. Auflage München 1996 (zitiert: Campenhausen, Staatskirchenrecht)
Dantschke, Claudia	Islamistischer Druck auf zivilgesellschaftliche Akteure in: Islamismus, S. 103 ff. Bundesministerium des Innern, 4. Auflage 2004 (zitiert: Dantschke, Islamistischer Druck auf zivilgesellschaftliche Akteure)
Degenhart, Christoph	Staatsrecht I 20. Auflage Heidelberg 2004 (zitiert: Degenhart, Staatsrecht I)
Denffer, v. Ahmad	„Allahs Gesandter hat gesagt…“ Auswahl und Übersetzung einzelner ahadithe 2. Auflage Lützelbach 1998 (zitiert: v. Denffer)
Denninger, Erhard	Staatsrecht Band I 1. Auflage Lübeck 1973 (zitiert: Denninger, Staatsrecht)
Denninger, Erhard	Über das Verhältnis von Menschenrechten zum positiven Recht in: JZ 1982, S. 225 ff. (zitiert: Denninger, JZ 1982)

Denninger, Erhard | Kommentar zum Grundgesetz für die Bundesrepublik Deutschland
Reihe Alternativkommentare
2. Lieferung: August 2002
(zitiert: Ak/Bearbeiter)

Dilger, Konrad | Rechtsfortbildung durch „siyāsa“
in: Islamkundliche Abhandlungen aus dem Institut für Geschichte und Kultur des Nahen Ostens an der Universität München 1974, S. 49 ff.
(zitiert: Dilger, Rechtsfortbildung durch siyāsa)

Dolzer, Rudolf
Vogel, Klaus
Graßhof, Karin | Bonner Kommentar zum Grundgesetz
Band 1, Einleitung bis Art. 4
Band 5, Art. 20 bis 37
116. Lieferung: April 2005
(zitiert: BK/Bearbeiter)

Dörfler, Benjamin | Der islamistische Denker Sayyid Qutb
in: Islam, Islamismus und islamischer Extremismus, S. 79 ff.
Institut für Friedenssicherung und Konfiktmanagement,
1. Auflage 2005
(zitiert: Dörfler, Islam, Islamismus und islamischer Extremismus)

Dreier, Horst | Grundgesetz
Band I, Präambel Artikel 1 – 19
2. Auflage
Tübingen 2004
(zitiert: Dreier/Bearbeiter, Band I)

Dreier, Horst | Grundgesetz
Band II, Artikel 20 – 82
2. Auflage
Tübingen 2006
(zitiert: Dreier/Bearbeiter; Band II)

Dreier, Horst — Grundgesetz
Band III, Artikel 83 – 146
1. Auflage
Tübingen 2000
(zitiert: Dreier/Bearbeiter, Band III)

Dürig, Günter — Art. 2 des Grundgesetzes und die Generalermächtigung zu allgemeinpolizeilichen Maßnahmen
in: AöR 79 (1953/1954), S. 57 ff.
(zitiert: Dürig, AöR 79 (1953/54))

Dürig, Günter — Festschrift für Theodor Maunz zum 80. Geburtstag
München 1981, S.
(zitiert: Dürig, Festschrift für Maunz)

Elwan, Ibrahim — Constitutional Democracy and Islam
A Comparative Study
Emory University, Atlanta 1971
(zitiert: Elwan, Constitutional Democracy)

Emrich, Ulrike
Baer, Harald — Der Brockhaus, Religionen
2. Auflage
Darmstadt 2005
(zitiert: Brockhaus der Religionen)

Ende, Werner — Waren Ǧamāladdīn al-Afġānī und Muḥammad ʻAbduh Agnostiker?
in: Zeitschrift der Deutschen Morgenländischen Gesellschaft / Supplement 1 (1969), S. 650 ff.
(zitiert: Ende, Waren Ǧamāladdīn al-Afġānī und Muḥammad ʻAbduh Agnostiker?)

Ende, Werner
Steinbach, Udo — Der Islam in der Gegenwart
5. Auflage
Bonn 2005
(zitiert: Ende/Steinbach-Bearbeiter, Der Islam)

Endruweit, Günter
Trommsdorff, Gisela — Wörterbuch der Soziologie
2. Auflage
Stuttgart 2002
(zitiert: Endruweit/Trommsdorff, Wörterbuch der Soziologie, „Ideologie“)

Erbel, Günter — Das Sittengesetz als Schranke der Grundrechte
Schriften zum Öffentlichen Recht Band 161
1. Auflage
Berlin 1971
(zitiert: Erbel, Sittengesetz)

Erichsen, Hans-Uwe — Repetitorium – Öffentliches Recht
in: Jura 1983, S. 635 ff.
(zitiert: Erichsen, Jura 1983)

Evangelische Kirche Deutschlands — Klarheit und gute Nachbarschaft,
Christen und Muslime in Deutschland
Eine Handreichung des Rates der EKD
Hannover 2007
(zitiert: EKD, Klarheit und gute Nachbarschaft, Christen und Muslime in Deutschland)

Falaturi, Abdoldjavad — Die Scharia – das islamische Rechtssystem
in: Weltmacht Islam
München 1988, S. 93 ff.
(zitiert: Falaturi, Die Scharia in: Weltmacht Islam)

Farschid, Olaf — Ideologie der Muslimbrüderschaft
in: Islamismus
Bundesministerium des Innern
4. Auflage, Berlin 2004
(zitiert: Farschid, Ideologie der Muslimbrüderschaft)

Fastenrath, Ulrich — Gewaltenteilung
in: JuS 1986, S. 194 ff.
(zitiert: Fastenrath, JuS 1986)

Fraenkel, Ernst — Deutschland und die westlichen Demokratien
6. Auflage
Berlin 1974
(zitiert: Fraenkel, Westliche Demokratien)

Freienfels, Wolfram — Zur Scheidung wegen Glaubenswechsel
in: JZ 1964, S. 305 ff., S. 344 ff.
(zitiert: Freienfels, JZ 1964)

Fikentscher, Wolfgang	Demokratie 1. Auflage München 1993 (zitiert: Fikentscher, Demokratie)
Filali-Ansary, Abou	The Sources of Enlighted Muslim Thought in: Islam and Democracy in the Middle East, S. 237 ff. 1. Auflage Baltimore 2003 (zitiert: Abou Filali-Ansary, The Sources of Enlighted Muslim Thought in: Islam and Democracy in the Middle East)
Fuchs-Heinritz, Werner Lautmann, Rüdiger Rammstedt, Otthein Wienold, Hanns	Lexikon zur Soziologie 4. Auflage Wiesbaden 2007 (zitiert: Fuchs-Heinritz/Lautmann/Rammstedt/ Wienold, Lexikon zur Soziologie, „Ideologie")
Ġazzālī, Abū Ḥāmid	Al-mustaṣfā min ʿilm al-uṣūl Band II Kairo 1979 (zitiert: Ġazzālī, Al-mustaṣfā, Bd. II)
Gibb, Hamilton	Mohammedism 2. Auflage London 1969 (zitiert: Gibb, Mohammedism)
Görres-Gesellschaft	Staatslexikon Band 3 7. Auflage Freiburg im Breisgau 1987 (zitiert: Wild, Staatslexikon Band 3)
Graham, William Albert	Beyond the written word 1. Auflage Cambridge 1993 (zitiert: Graham, Beyond the written word)

Gusy, Christoph | Das Mehrheitsprinzip im demokratischen Staat
in: AöR 106 (1981), S. 329 ff.
(zitiert: Gusy, AöR 106 (1981))

Haddad, Yvonne | Muhammad Abduh: Pioneer of Islamic Reform
in: Pioneers of Islamic Revival, S. 30 ff.
2. Auflage, London 2006
(zitiert: Haddad, Muhammad Abduh in: Pioneers of Islamic Revival)

Hallaq, Wael | A history of islamic legal theories
1. Auflage
Cambridge 1997
(zitiert: Hallaq, History of islamic legal theories)

Hallaq, Wael | Law and Legal Theory in Classical and Medieval Islam
2. Auflage
Aldershot 2000
(zitiert: Hallaq, Law and Legal Theory in Classical and Medieval Islam)

Hamidullah, Muhammad | Der Islam
2. Auflage
Köln 2003
(zitiert: Hamidullah, Der Islam)

Hasan, Ahmad | Doctrine of Ijma' in Islam
2. Auflage
Islamabad 1984
(zitiert: Hasan, Doctrine of Ijma')

Hasan, Ahmad | Analogical Reasoning in Islamic Jurisprudence
2. Auflage
Islamabad 2005
(zitiert: Hasan, Analogical Reasoning)

Hasan, Ahmad | The early development of Islamic jurisprudence
6. Auflage
Islamabad 2001
(zitiert: Hasan, Early Development)

Ḥassān, Ḥusayn Ḥāmid — Al-Madḫal li-dirāsat al-fiqh al-islāmī
Kairo 1972
(zitiert: Ḥassān, Madḫal al Fiqh al Islami)

Heckel, Martin — in: Festschrift für Dürig
München 1990, S. 244 ff.
(zitiert: Heckel, Festschrift Dürig)

Herzog, Roman — Allgemeine Staatslehre
1. Auflage
Mannheim 1971
(zitiert: Herzog, Staatslehre)

Hesse, Konrad — Grundzüge des Verfassungsrechts der BRD
20. Auflage
Heidelberg 1995
(zitiert: Hesse, Grundzüge des Verfassungsrechts)

Heun, Werner
Honecker, Martin
Morlok, Martin
Wieland, Joachim — Evangelisches Staatslexikon
4. Auflage
Stuttgart 2006
(zitiert: Bearbeiter, EvStL)

Heun, Werner — Das Mehrheitsprinzip
1. Auflage
Würzburg 1983
(zitiert: Heun, Mehrheitsprinzip)

Hillgruber, Christian — Der deutsche Kulturstaat und der muslimische Kulturimport
in: JZ 1999, S. 538 ff.
(zitiert: Hillgruber, JZ 1999)

Hofmann, Hasso — Die versprochene Menschenwürde
in: AöR 118 (1993), S. 353 ff.
(zitiert: Hofmann, AöR 118 (1993))

Hofmann, Jochen — Das Gleichberechtigungsgebot des Art. 3 Abs. 2 GG
in: JuS 1988, S. 249 ff.
(zitiert: Hofmann, JuS 1988)

Hofmann, Murad Wilfried — Religionsfreiheit aus islamischer Perspektive
in: Muslime im Rechtsstaat, S. 145 ff.
Münster 2005
(zitiert: Hofmann, Religionsfreiheit, in: Muslime im Rechtsstaat)

Hofmann, Murad Wilfried — Der Islam als Alternative
4. Auflage
München 1999
(zitiert: Hofmann, Der Islam als Alternative)

Hofmann, Murad Wilfried — Der Islam im 3. Jahrtausend
München 2000
(zitiert: Hofmann, Der Islam)

Huber-Rudolf, Barbara — Vom Gottesstaat in die Religionsfreiheit
Dissertation der Katholisch-Theologischen Fakultät der Rheinischen Friedrich-Wilhelms-Universität zu Bonn
Bonn 1995
(zitiert: Huber-Rudolf, Diss. 1995)

Imām, Muḥammad Kamāl — Uṣūl al-fiqh al-islāmiyya
Beirut 1996
(zitiert: Imām, Uṣūl al-fiqh)

Iqbal, Muhammad — The Reconstruction of Religious Thought in Islam
4. Auflage
Lahore 2004
(zitiert: Iqbal, The Reconstruction of Religious Thought in Islam)

Isensee, Josef
Kirchhof, Paul — Handbuch des Staatsrechts
Band II, Verfassungsstaat
3. Auflage
Heidelberg 2004
(zitiert: Isensee/Bearbeiter, HdbStR)

Isensee, Josef
Kirchhof, Paul — Handbuch des Staatsrechts
Band III, Demokratische Willensbildung
3. Auflage
Heidelberg 2005
(zitiert: Isensee/Bearbeiter, HdbStR)

Isensee, Josef Kirchhof, Paul	Handbuch des Staatsrechts Band V, Allgemeine Grundrechtslehren 2. Auflage Heidelberg 2000 (zitiert: Isensee/Bearbeiter, HdbStR)
Isensee, Josef Kirchhof, Paul	Handbuch des Staatsrechts Band VI, Freiheitsrechte 2. Auflage Heidelberg 2001 (zitiert: Isensee/Bearbeiter, HdbStR)
Isensee, Josef	Verfassungsgarantie ethischer Grundwerte und gesellschaftlicher Konsens in: NJW 1977, S. 545 ff. (zitiert: Isensee, NJW 1977)
Johansen, Baber	Staat, Recht und Religion im sunnitischen Islam in: Essener Gespräche zum Thema Staat und Kirche, S. 12 ff., Essen 1986 (zitiert: Johansen, Staat, Recht und Religion)
Kalisch, Mohammad	Islamische Wirtschaftsethik in einer islamischen und in einer nichtislamischen Umwelt in: Christliche, jüdische und islamische Wirtschaftsethik, S. 105 ff. (zitiert: Kalisch, Christliche, jüdische und islamische Wirtschaftsethik)
Kalisch, Mohammad	Muslime als religiöse Minderheit in: Muslime im Rechtsstaat, S. 47 ff. Münster 2005 (zitiert: Kalisch, Muslime im Rechtsstaat)
Kamali, Mohammad Hashim	Principles of Islamic Jurisprudence 3. Auflage Cambridge 2003 (zitiert: Kamali, Principles)

Katz, Alfred — Staatsrecht
15. Auflage
Heidelberg 2002
(zitiert: Katz, Staatsrecht)

Keddie, Nikki — Sayyid Jamal al-Din "al-Afghani"
in: Pioneers of Islamic Revival, S. 1 ff.
2. Auflage, London 2006
(zitiert: Keddie, al-Afghani in: Pioneers of Islamic Revival)

Kedourie, Elie — Afghani and 'Abduh. An Essay on Religious Unbelief and Political Activism in Modern Islam
2. Auflage
London 1997
(zitiert: Kedourie, Afghani and 'Abduh)

Kepel, Gilles — Der Prophet und der Pharao
1. Auflage
München 1995
(zitiert: Keppel, Der Prophet und der Pharao)

Kerr, Malcolm — Islamic Reform – The political and legal theories of Muḥammad 'Abduh and Rashīd Riḍā
1. Auflage
Los Angeles 1966
(zitiert: Malcolm Kerr, Islamic Reform)

Khallāf, ʿAbd al Wahhāb — ʿIlm al uṣūl al-fiqh
16. Auflage
Damaskus 1992
(zitiert: Khallāf, ʿIlm al uṣūl al-fiqh)

Khoury, Adel Theodor
Heine, Peter
Oebbecke, Janbernd — Handbuch Recht und Kultur des Islam
1. Auflage
Gütersloh 2000
(zitiert: Khoury/Heine/Oebbecke, Handbuch des Islam)

Klein, Hans — Die Beeinflussung politischer Wahlen durch Verbände, insbesondere die Kirchen
in: DÖV 1967, S. 615 ff.
(zitiert: Klein, DÖV 1967)

Knöpfle, Gottfried — Die Gleichberechtigung von Mann und Frau
in: NJW 1960, S. 553 ff.
(zitiert: Knöpfle, NJW 1960)

Kopp, Ferdinand — Festschrift für Obermayer zum 70. Geburtstag
München 1986
(zitiert: Kopp, Festschrift für Obermayer)

Krawietz, Birgit — Hierarchie der Rechtsquellen im tradierten sunnitischen Islam
Tübingen Univ. Habil.-Schr. 1999
Berlin 2002
(zitiert: Krawietz, Habil. 1999)

Krämer, Gudrun — Islam, Menschenrechte und Demokratie
Anmerkungen zu einem schwierigen Verhältnis
Veröffentlichung zur Bertha Benz Vorlesung gehalten am 10. Juli 2003
Ladenburg 2003
(zitiert: Krämer, Bertha Benz Vorlesung)

Krämer, Gudrun — Gottes Staat als Republik
1. Auflage
Baden-Baden 1999
(zitiert: Krämer, Gottes Staat als Republik)

Kriele, Martin — Das demokratische Prinzip im Grundgesetz
in: VVDStRL 29 (1971), S. 46 ff.
(zitiert: Kriele, VVDStRL 29 (1971))

Kriele, Martin — Einführung in die Staatslehre
6. Auflage
Wiesbaden 2003
(zitiert: Kriele, Einführung in die Staatslehre)

Küng, Hans	Der Islam 1. Auflage München 2004 (zitiert: Küng, Der Islam)
Laskowski, Silke Ruth Dietrich, Jan-Hendrik	Eine Richterin mit Kopftuch in: Jura 2002, 271 ff. (zitiert: Laskowski/Dietrich, Jura 2002)
Laubinger, Hans-Werner	Die „Frauenquote“ im öffentlichen Dienst in: VerwArch 87 (1996), S. 473 ff. (zitiert: Laubinger, VerwArch 87 (1996))
Laufer, Heinz	Die freiheitlich demokratische Grundordnung und ihre Grenzen in: Verfassung und Verfassungsrechtsprechung, Festschrift zum 25jährigen Bestehen des Bayrischen Verfassungsgerichtshofs München 1972, S. 73 ff. (zitiert: Laufer, Festschrift zum 25jährigen Bestehen des Bayr. Verfassungsgerichtshofs)
Lautner, Gerd	Die freiheitlich demokratische Grundordnung Versuch einer Inhaltsklärung 2. Auflage Dissertation Königstein 1982 (zitiert: Lautner, Diss. 1982)
Leibholz, Gerhard	Der Begriff der freiheitlich demokratischen Grundordnung und das Bonner Grundgesetz in: DVBl. 1951, 554 ff. (zitiert: Leibholz, DVBl. 1951)
Löwer, Wolfgang Tettinger, Peter	Kommentar zur Verfassung des Landes NRW 1. Auflage Berlin 2002 (zitiert: Löwer/Tettinger-Bearbeiter)
Luhmann, Niklas	Grundrechte als Institution 3. Auflage Berlin 1986 (zitiert: Luhmann, Grundrechte als Institution)

Mahmood, Tahir | Law in the Qurʾān
in: Islamic and Comparative Law Quarterly 7 (1987), S. 1 ff.
(zitiert: Mahmood, Law in the Qurʾān)

Maṭlūb, ʿAbd al Maǧīd | Uṣūl al-fiqh
2. Auflage
Kairo 1992
(zitiert: Maṭlūb, Uṣūl al-fiqh)

Maududi, Sayyid Abul A'la | Islamische Lebensweise
Schriftenreihe des Islamischen Zentrums München Nr. 17
München 1996
(zitiert: Maududi, Islamische Lebensweise)

Maududi, Sayyid Abul A'la | The Islamic Law and Constitution
übersetzt und herausgegeben von Ahmad Kurshid
3. Auflage
Lahore 1967
(zitiert: Maududi, The Islamic Law and Constitution)

Maududi, Sayyid Abul A'la | Tafhīm al-Qurʾān – Towards understanding the Qurʾān
übersetzt von Zafar Ishaq Ansari
Leicester 1988
(zitiert: Maududi, Towards understanding the Qurʾān)

Maududi, Sayyid Abul A'la | Rights of Non-Muslim in Islamic State
übersetzt und herausgegeben von Ahmad Kurshid
Lahore 1961
(zitiert: Maududi, Rights of Non-Muslim)

Maunz, Theodor
Dürig, Günter | Grundgesetz
Band I, Art. 1 – 5
Band III, Art. 17 – 27
44. Ergänzungslieferung Februar 2005
(zitiert: M/D-Bearbeiter)

Maurer, Hartmut — Staatsrecht I
4. Auflage
München 2005
(zitiert: Maurer, Staatsrecht I)

Meier, Andreas — Politische Strömungen im modernen Islam
1. Auflage
Wuppertal 1995
(zitiert: Meier, Der politische Islam)

Merten, Detlef — Das Recht auf freie Entfaltung der Persönlichkeit
in: JuS 1976, S. 343 ff.
(zitiert: Merten, JuS 1976)

Messner, Johannes — Die Idee der Menschenwürde im Rechtsstaat der pluralistischen Gesellschaft
in: Menschenwürde und freiheitliche Rechtsordnung
Festschrift für Willi Geiger zum 65. Geburtstag
Tübingen 1974, S. 221
(zitiert: Messner, Festschrift Geiger)

Muslehuddin, Muhammad — Philosophy of Islamic Law and the Orientalists
2. Auflage
Lahore 1992
(zitiert: Muslehuddin, Philosophy)

Murtaza, Muhammad — Die Salafiya – die Reformer des Islam
1. Auflage
Norderstedt 2005
(zitiert: Murtaza, Die Reformer des Islam)

Müller-Freienfels, Wolfram — Zur Verfassungsmäßigkeit des Eheverbots wegen Ehebruchs
in: JZ 1974, S. 305 ff.
(zitiert: Müller-Freienfels, JZ 1974)

Münch, Ingo von — Minister und Abgeordneter in einer Person: die dauernde Verhöhnung der Gewaltenteilung
in: NJW 1998, S. 34 f.
(zitiert: v. Münch, NJW 1998)

Nabhān, Muḥammad Fārūq — Al Madḫal lil-tašrīᶜ al-islāmī
1. Auflage
Kuwait 1977
(zitiert: Nabhān, Madḫal)

Nagel, Tilman — Das islamische Recht
1. Auflage
Westhofen 2001
(zitiert: Nagel, Islamisches Recht)

Negt, Oskar — Keine Demokratie ohne Sozialismus
2. Auflage
Frankfurt am Main 1977
(zitiert: Negt, Keine Demokratie ohne Sozialismus)

Oebbecke, Janbernd — Der Islam und die Zukunft des Verhältnisses zwischen Religionsgemeinschaft und Staat in Deutschland
in: Muslime im Rechtsstaat, S. 131 ff.
Münster 2005
(zitiert: Oebbecke, Der Islam und die Zukunft, in: Muslime im Rechtsstaat)

Ossenbühl, Fritz — Aktuelle Probleme der Gewaltenteilung
in: DÖV 1980, S. 545 ff.
(zitiert: Ossenbühl, DÖV 1980)

Pauli, Hans Georg — Islamisches Familien- und Erbrechtrecht und ordre public
Dissertation München 1994
(zitiert: Pauli, Islamisches Familienrecht)

Pearson, Hilda
van Donzel, Emeri
Bearman, Peri J. — The encyclopaedia of Islam
Leiden 2004
(zitiert: The encycopaedia of Islam)

Petersohn, Alexandra — Islamisches Menschenrechtsverständnis unter Berücksichtigung der Vorbehalte muslimischer Staaten zu den UN-Menschenrechtsverträgen
Dissertation durch die Rechts- und Staatswissenschaftliche Fakultät der Rheinischen Friedrich-Wilhelms-Universität zu Bonn 1999
(zitiert: Petersohn, Diss. 1999)

Pieroth, Bodo
Jarass, Hans
Kommentar zum Grundgesetz
7. Auflage
München 2004
(zitiert: Jarass/Pieroth-Bearbeiter)

Pieroth, Bodo
Schlink, Bernhard
Staatsrecht II
20. Auflage
Heidelberg 2004
(zitiert: Pieroth/Schlink, Staatsrecht II)

Pikart, Eberhardt
Werner, Wolfram
Der Parlamentarische Rat
1948 – 1949
Akten und Protokolle
Band 5 II: Ausschuss für Grundsatzfragen
Boppard am Rhein 1993
(zitiert: Abgeordnete, Sitzung vom, Sten.Prot. in: Der Parlamentarische Rat)

Poya, Abbas
Anerkennung des Igtihad – Legitimation der Toleranz
1. Auflage
Berlin 2003
(zitiert: Poya, Igtihad)

Preuss, Hugo
Gemeinde, Staat, Reich als Gebietskörperschaften
Berlin 1889
Neudruck der Ausgabe Aalen 1964
(zitiert: Preuss, Gemeinde, Staat, Reich als Gebietskörperschaften)

Qaraḍāwī, Yūsuf
Al-ḥalāl wal-ḥarām fi l-islām
Erlaubtes und Verbotenes im Islam
übersetzt von Ahmad von Denffer
München 2003
(zitiert: Qaraḍāwī, Erlaubtes und Verbotenes im Islam)

Qaraḍāwī, Yūsuf
Madḫal lil dirāsat as-šarīʿa al islāmiyya
1. Auflage
Kairo 1991
(zitiert: Qaraḍāwī, Madḫal)

Qutb, Sayyid

Maʿālim fi ṭ-ṭarīq
Milestone
übersetzt von Dar al ʿilm
Damaskus 1996
(zitiert: Qutb, Milestone, Chapter)

Ramadan, Said

Das Islamische Recht
2. Auflage
Dissertation Wiesbaden 1996
(zitiert: Ramadan, Islamisches Recht)

Ramadan, Said

Drei Hauptprobleme des Islams in heutiger Zeit
2. Auflage
Garching 2003
(zitiert: Ramadan, Hauptprobleme)

Ramadan, Tariq

Der Islam und der Westen
1. Auflage
Marburg 2000
(zitiert: Tariq Ramadan, Der Islam und der Westen)

Rassoul, Muhammad

Auszüge aus Ṣaḥīḥ Al-Buḫāryy
10. Auflage
Düsseldorf 2008
(zitiert: Buḫāryy, Ṣaḥīḥ)

Reinhold, Gerd
Lamnek, Siegfried

Soziologie-Lexikon
3. Auflage
München 1997
(zitiert: Reinhold, Soziologie-Lexikon, „Ideologie“)

Rohe, Mathias

Der Islam – Alltagskonflikte und Lösungen
1. Auflage
Freiburg im Breisgau 2001
(zitiert: Rohe, Der Islam)

Ruland, Michael

Der Begriff der freiheitlich demokratischen Grundordnung im Grundgesetz für die Bundesrepublik Deutschland
Dissertation der Freien Universität Berlin 1971
(zitiert: Ruland, Diss. 1971)

Sachs, Michael	Grundgesetz 5. Auflage München 2009 (zitiert: Sachs/Bearbeiter)
Sachs, Michael	Inkompatibilität von Amt und Mandat in: JuS 1997, S. 265 f. (zitiert: Sachs, JuS 1997)
Šāfiʿī, Muḥammad ibn Idrīs	Al Risāla fi uṣūl al-fiqh Islamic Jurisprudence übersetzt von Majid Khadduri 2. Auflage Baltimore 1997 (zitiert: Al Šāfiʿī, al Risāla)
Šāfiʿī, Muḥammad ibn Idrīs	Kitāb al-Umm Band VII Kairo 1907 Nachdruck der Ausgabe 1987 (zitiert: Šāfiʿī, Kitāb al-Umm)
Schacht, Joseph	An Introduction to Islamic Law 6. Auflage Oxford 1986 (zitiert: Schacht, Introduction to Islamic Law)
Schacht, Joseph	Origins of Muhammadan Jurisprudence 2. Auflage Oxford 1975 (zitiert: Schacht, Origins of Muhammadan Jurisprudence)
Scheuner, Ulrich	Die Lage des parlamentarischen Regierungssystems in der Bundesrepublik in: DÖV 1974, S. 433 ff. (zitiert: Scheuner, DÖV 1974)
Schirrmacher, Thomas Schirrmacher, Christine Borchers, Susanne	Harenberg Lexikon der Religionen 1. Auflage Dortmund 2002 (zitiert: Schirrmacher, Lexikon der Religionen)

Schmitt, Walter Oskar — Der Begriff der freiheitlich demokratischen Grundordnung und Art. 79 Abs. 3 des Grundgesetzes
in: DÖV 1965, S. 433 ff.
(zitiert: Schmitt, DÖV 1965)

Scholz, Peter — Malikitisches Verfahrensrecht
Europäische Hochschulschriften
Hamburg 1996
Dissertation Frankfurt am Main 1997
(zitiert: Scholz, Malikitisches Verfahrensrecht)

Schoch, Friedrich — Der Gleichheitssatz
in: DVBl. 1988, S. 863 ff.
(zitiert: Schoch, DVBl. 1988)

Schoch, Friedrich — Folgenbeseitigungsanspruch und Wiedergutmachung im Öffentlichen Recht
in: VerwArch 79 (1988), S. 1 ff.
(zitiert: Schoch, VerwArch 79 (1988))

Scholz, Peter — Scharia in Tradition und Moderne – Eine Einführung in das islamische Recht
in: Jura 2001, S. 525 ff.
(zitiert: Scholz, Jura 2001)

Schreiber, Wolfgang — Handbuch des Wahlrechts zum Deutschen Bundestag
7. Auflage
Köln 2002
(zitiert: Schreiber, Handbuch des Wahlrechts)

Schulz-Schaeffer, Helmut — Rousseau und das Problem der Volkssouveränität
in: NJW 2007, 643 ff.
(zitiert: Schulz-Schaeffer, NJW 2007)

Sendler, Horst — Vom schönen Schein des bösen Scheins – Oder: Alle Macht den Richtern
in: NJW 1999, S. 1232 ff.
(zitiert: Sendler, NJW 1999)

Shabestari, Mohammad | Staatsverständnis und Rechtsauffassung im Islam in: Die Politische Meinung 2003, Nr. 48, S. 5 ff. (zitiert: Shabestari, Die Politsiche Meinung 2003)

Smelser, Neil
Baltes, Paul | International Encyclopedia of the Social & Behavioral Sciences
1. Auflage
New York 2001
(zitiert: Smelser/Baltes, International Encyclopedia of the Social, „Ideology“)

Spuler-Stegemann, Ursula | Muslime in Deutschland
3. Auflage
Freiburg im Breisgau 2002
(zitiert: Spuler-Stegemann)

Srour, Hani | Die Staats- und Gesellschaftstheorie bei Sayyid Ǧamāladdīn „Al Afghāni“ als Beitrag zur Reform der islamischen Gesellschaften in der zweiten Hälfte des 19. Jahrhunderts
1. Auflage
Saarbrücken 1977
(zitiert: Srour, Staatstheorie bei Afghāni)

Stein, Ekkehart
Frank, Götz | Staatsrecht
19. Auflage
Tübingen 2004
(zitiert: Stein/Frank, Staatsrecht)

Stern, Klaus | Das Staatsrecht der Bundesrepublik Deutschland
Band I
2. Auflage
München 1984
(zitiert: Stern, Staatsrecht Bd. I)

Stern, Klaus | Das Staatsrecht der Bundesrepublik Deutschland
Band II
1. Auflage
München 1980
(zitiert: Stern, Staatsrecht Bd. II)

Stern, Klaus | Das Staatsrecht der Bundesrepublik Deutschland
Band III/2
1. Auflage
München 1994
(zitiert: Stern, Staatsrecht Bd. III/2)

Strupp, Karl
Schlochauer, Hans-Jürgen | Wörterbuch des Völkerrechts
Band 3
2. Auflage
Berlin 1962
(zitiert: Bearbeiter in: Wörterbuch des Völkerrechts)

Tettinger, Peter | Aufhebung des Art. 102 GG?
Verfassungsrechtliche Anmerkung zur Diskussion um die Wiedereinführung der Todesstrafe
in: JZ 1978, S. 128 ff.
(zitiert: Tettinger, JZ 1978)

Triepel, Heinrich | Quellensammlung zum deutschen Reichsstaatsrecht
5. Auflage
Tübingen 1931
Neudruck der Ausgabe Aalen 1987
(zitiert: Triepel, Quellensammlung zum deutschenReichsstaatsrecht)

Tworuschka, Monika | Bertelsmann – Handbuch „Religionen der Welt“
1. Auflage
Gütersloh 1992
(zitiert: Bertelsmann, Handbuch der Religionen)

Ulfkotte, Udo | Der Krieg in unseren Städten
1. Auflage
Frankfurt 2003
(zitiert: Ulfkotte, Der Krieg in unseren Städten)

ʿUmāra, Muḥammad | Al-Aʿmal al-kāmila li al-Imām Muḥammad ʿAbduh
Band III, Beirut 1972
Band V, Beirut 1973
(zitiert: ʿUmāra, Al-Aʿmal)

v. Mangoldt, Hermann Klein, Friedrich Starck, Christian	Das Bonner Grundgesetz Band 1: Präambel, Art. 1 bis 19 5. Auflage München 2004 (zitiert: v. Mangoldt/Klein/Starck-Bearbeiter)
v. Mangoldt, Hermann	Das Bonner Grundgesetz Band 1 1. Auflage München (zitiert: v. Mangoldt, 1. Auflage)
v. Mangoldt, Hermann Klein, Friedrich	Das Bonner Grundgesetz Band 1, Präambel Art. 1 bis 20 2. Auflage München 1957 (zitiert: v. Mangoldt/Klein, 2. Auflage)
v. Mangoldt, Hermann Klein, Friedrich Starck, Christian	Das Bonner Grundgesetz Band 2: Artikel 20 bis 82 5. Auflage München 2005 (zitiert: v. Mangoldt/Klein/Starck-Bearbeiter)
v. Mangoldt, Hermann Klein, Friedrich Starck, Christian	Das Bonner Grundgesetz Band 3: Artikel 79 bis 146 4. Auflage München 2001 (zitiert: v. Mangoldt/Klein/Starck-Bearbeiter)
v. Münch, Ingo Kunig, Philip	Grundgesetz-Kommentar Band 1 5. Auflage München 2000 (zitiert: v. Münch/Kunig-Bearbeiter)
v. Münch, Ingo Kunig, Philip	Grundgesetz Kommentar Band 2 5. Auflage München 2001 (zitiert: v. Münch/Kunig-Bearbeiter)

v. Münch, Ingo
Kunig, Philip
Grundgesetz Kommentar
Band 3
5. Auflage
München 2003
(zitiert: v. Münch/Kunig-Bearbeiter)

Vorländer, Hans
Verfassung und Konsens
1. Auflage
Berlin 1981
(zitiert: Vorländer, Verfassung und Konsens)

Weeramantry, Christopher
Islamic Jurisprudence
An International Perspective
1. Auflage
Hong Kong 1988
(zitiert: Weeramantry, Islamic Jurisprudence)

Wehr, Hans
Kropfitsch, Lorenz
Arabisches Wörterbuch für die Schriftsprache der Gegenwart
5. Auflage
Wiesbaden 2004
(zitiert: Wehr, Wörterbuch Arabisch-Deutsch)

Wehr, Matthias
Grundfälle zum Vorrang und Vorbehalt des Gesetzes
in: Jus 1997, S. 231 ff.
(zitiert: Wehr, JuS 1997)

Wolff, Hans J.
Bachof, Otto
Stober, Rolf
Verwaltungsrecht I
12. Auflage
München 2007
(zitiert: Wolff/Bachof/Stober, VerwR I)

Zirker, Hans
Der Islam
1. Auflage
Düsseldorf 1993
(zitiert: Zirker, Der Islam)

Zuhayr, Muḥammad Abū
Uṣūl al-fiqh
Bände I bis IV
Kairo 1952
(zitiert: Zuhayr, Uṣūl al-fiqh)

Publikationen des Verfassungsschutzes

Bundesamt für Verfassungsschutz	Verfassungsschutzbericht 2002
Bundesamt für Verfassungsschutz	Verfassungsschutzbericht 2003
Bundesamt für Verfassungsschutz	Verfassungsschutzbericht 2004
Bundesamt für Verfassungsschutz	Verfassungsschutzbericht 2005
Innenministerium des Landes Nordrhein-Westfalen	Verfassungsschutzbericht NRW Zwischenbericht 2004
Innenministerium des Landes Nordrhein-Westfalen	Ideologische Hintergründe der Al Qaida
Innenministerium des Landes Nordrhein-Westfalen	Islamistische Organisationen in Nordrhein-Westfalen
Innenministerium des Landes Nordrhein-Westfalen	Islamistische Organisationen in Deutschland
Innenministerium des Landes Nordrhein-Westfalen	Islamismus – Missbrauch einer Religion

Verzeichnis der arabischen Begriffe

Begriff	**Bedeutung**
Abū Bakr	Erster der vier rechtgeleiteten Kalifen
Abū Hāmid al-Ġazālī	Ägyptischer Gelehrter
ʿadl	Gerechtigkeit
ahl al-kitāb	Menschen der Schrift
Al Azhar	Universität in Kairo
ʿAlī b. Abū Tālib	Vierter der vier rechtgeleiteten Kalifen
al-iḫwān al muslimūn	Die Muslimbrüder
Al-Šihāb	Wochenzeitschrift, deren Mitherausgeber Said Ramadan war
Al ʿurwa al wuṯqā	„Das feste Band", Zeitung, die ʿAbduh und al-Afġānī in Paris veröffentlichten
Al Wakāla al Miṣrīya	„Die ägyptischen Ereignisse", Zeitung in Ägypten
Amīr	Staatschef, Prinz
ʿAqd al ḏimma	Vertrag mit Nichtmuslimen
ʿAqīda	Angelegenheiten des Glaubens
Arkān	(Die fünf) Säulen (des Islam)
Asbāb al-nuzūl	Anlässe der Offenbarung
ʾāyāt al-aḥkām	Juristische Regelungen des Koran
dafʿ al-ḍarar	Schadensabwehr
ḏimmī	Von einem islamischen Staat gemäß koranischem Gebot zu schützende Minderheit aus Anhängern anderer Religionen
Dīn	Religion / Glaube
fiqh	Islamische Jurisprudenz
ǧihād	Bezeichnung für „Bemühen", das nicht nur im Krieg, sondern auch im geistigen Leben eine Rolle spielt; unzutreffend ist die Übersetzung „Heiliger Krieg"
ǧizya	Kopfsteuer
Ḥadīṯ (überwiegend: hadith, Plural ahadith)	(kanonischen) Sammlungen von Berichten über die vorbildliche Lebensweise des Propheten Muhammad

ḥaǧǧ	Pilgerfahrt
ʿibādāt	Religiöse Pflichten; Beziehung des Menschen gegenüber Gott
iǧmāʿ (auch: ijma')	Konsens
iǧmāʿ sukūtī	Stillschweigender Konsens
iǧtihād (auch: ijtihad)	Selbstständige Meinungsbildung; eigenständiges Bemühen um Lösung vor allem neuauftretender Rechtsfragen aufgrund der islamischen Quellen
ʿilla	Rechtsgrund, Sinn und Zweck der Norm
ʿilm	Islamische Lehre
ʿilm al uṣūl al-fiqh	Lehre von den Rechtsquellen
Iqrā	„Lies!" (Sure 96, Vers 1); hierbei handelt es sich um die erste Offenbarung des Propheten Muhammad etwa im Jahre 610 n. Chr.
ʿIsā	Jesus
„Islām dīn wa daula"	„Der Islam ist Staat und Religion"
Istiḥsān	Bestmögliches Urteil
Istiṣḥāb	Bestehende Rechtslage
Istiṣlāḥ	Öffentliches Interesse
Jamal Abdel Nasr (Ǧamāl ʿAbd an-Nāṣir)	Präsident Ägyptens von 1956 bis 1970
Kalif (auch: ḫalīfa)	Menschen als Stellvertreter des Propheten nach seinem Tod, jedoch ohne prophetische Mission; damit geistiges und weltliches Oberhaupt
Kalifat (auch: ḫilāfa)	Auf den Koran gegründete Institution, wonach der islamischen *umma* ein *Kalif* bzw. *Amīr* vorzustehen hat
Koran	Eindeutschung der fachsprachlichen Umschrift „*Qur'ān*" zur Bezeichnung der in 114 Suren gegliederten Offenbarungsschrift des Islam, die der Prophet Muhammad im Verlauf von 22 Jahren erhielt
Maʿālim fi ṭ-ṭarīq	Wegzeichen, Buch Sayyid Quṭbs
Maǧlis as šūrā (auch: majlis ash-shura)	Legislative Volksvertretung
Maṣlaḥa	Allgemeines Interesse der Gemeinschaft (Allgemeinwohl)
Muʿāmlāt	Zwischenmenschliche Beziehungen
Muǧtahid	Qualifizierter Rechtsgelehrter
Mūsā	Moses

musāwāh	Gleichheit
Mutaġayyir	Orts- und zeitbedingte Bestimmungen
Nāsiḫ	Abrogation von Koranversen
Naṣṣ (Plural: nuṣuṣ)	Textbeleg aus dem Koran
Omar ibn al Khattab (auch: ʿUmar ibn al-Ḫaṭṭāb)	Zweiter der vier rechtgeleiteten Kalifen
Qiyās	Analogieschluss
Quraiš (auch: Quraisch)	Stamm, dem der Prophet entstammte
Rafʿ al-ḥaraǧ	Aufhebung von Bedrängnis
ra'y	Meinung, Rechtsanschauung; wörtlich: Beobachtung, Einhaltung
Riad Pasha	Ägyptischer Premierminister
Sa'd Zaghlūl	Nach dem Ersten Weltkrieg wohl bekannteste politische Führer in Ägypten
Ṣaḥāba	Gefährten des Propheten
ṣalāt	Gebet, das zu bestimmten Zeiten täglich zu verrichten ist
ṣaum	Fasten
šahāda	Glaubensbekenntnis
Scharia (auch: šarīʿa oder sharīʿa)	Wörtlich: „Der Weg zur nie versiegenden Wasserquelle", heute: koranische Rechtsvorschriften
Siyāsa (auch: Siyasa)	Vertragliche Regelungen
Sunna (auch: Sunnah)	Die vorbildliche Lebensweise des Propheten Muhammad, wie sie in (kanonischen) Sammlungen von Berichten (arab.: *hadith*, pl. *ahadith*) festgehalten sind
šūrā	Beratung, Konsultationen; vom Koran verlangtes Verfahren der politischen Entscheidungsfindung durch gemeinsame bzw. repräsentative Beratung
šūrūt	Bedingungen
Tafsīr	Koranexegese
ṭalāq	Scheidungsrecht des Mannes
Taqlīd	Nachahmung anerkannter Autoritäten im theologischen Bereich
Tauḥīd	Reiner Monotheismus; zentrale islamische Doktrin von der Einheit Gottes
tawātur	*Sunna* mit lückenloser Überlieferungskette
ʿUlamā'	Islamische Rechtsgelehrte

Umma al islāmiyya	Gemeinschaft der Muslime; die Staatsgrenzen, Nationalitäten, Rassen und Sprachgrenzen überspannende Gemeinschaft aller Muslime
ʿUrābī-Erhebung	Bewegung von Offizieren und Zivilisten gegen die türkisch-tscherkessische politische Oberschicht in Ägypten
ʿUrf	Gewohnheitsrecht
ʿUṯmān bin ʿAffān	Dritter der vier rechtgeleiteten Kalifen
Wahabiten	Auf die hanbalitische Rechtsschule zurückgehende puritanische Ausprägung des Islam wie sie heute vor allem in Saudi-Arabien zu finden ist
waṭan	Nationalstaat
Yūsuf	Josef
Zakāt	Almosenabgabe; koranische Vermögenssteuer zugunsten von Armen

Im Übrigen wird verwiesen auf
„Das Kleine Wörterbuch des Islam“ von Ahmad von Denffer, Lützelbach 1986, sowie auf Gibb/Kramers, „Shorter Encyclopedia of Islam“, Leiden 1974.

1. Teil: Einleitung

§ 1 Einführung

Die Frage der Vereinbarkeit des Islams und der Demokratie wird in jüngster Zeit vermehrt gestellt und äußerst kontrovers diskutiert.

Die politischen Strukturen in der islamischen Welt erscheinen – trotz einer umfassenden Modernisierung während des zwanzigsten Jahrhunderts – wie versteinert. Die Gründe für diese gesellschaftlichen Missstände, für autoritäre Strukturen und für Formen der Gewalt, die über die Medien eine internationale Öffentlichkeit erreichen, werden immer wieder im Islam gesucht.

In dieser Diskussion wird von vielen nichtmuslimischen wie auch muslimischen Autoren eine uneingeschränkte Unvereinbarkeit von Islam und Demokratie vertreten.[1]

Fikentscher[2] etwa führt aus, dass eine Islamische Demokratie aus mehreren Gründen unmöglich sei: „Es fehlt wegen Allahs alleiniger Herrschaft über das Schicksal der Menschen an der Möglichkeit risikomildernder und -verlagernder Treuebeziehungen zwischen den Mitgliedern einer Korporation einerseits und zwischen diesen Mitgliedern und beauftragten, rechenschaftspflichtigen Organen andererseits. Wahlen als Mittel zur risikomildernden Lösung von Problemen sind ein Verstoß gegen den Glaubenssatz, dass Glück und Leid dem Menschen von Gott zugeordnet und in eben dieser Weise anzunehmen und zu tragen sind."[3]

Samuel P. Huntington vertritt die Meinung, dass liberale Demokratien in muslimischen Gesellschaften nicht Fuß fassen, weil eine unwirtliche Natur der islamischen Kultur und Gesellschaft bestehe.[4]

Böckenförde meint hierzu, dass der demokratisch politischen Willensbildung weithin der Boden entzogen wird, soweit eine Religion für die Gesellschaft bestimmend oder gar als Staatsreligion anerkannt ist, die auch im Hinblick auf das

1 Shabestari, Die Politische Meinung Nr. 408 November 2003, S. 5.
2 Fikentscher, Demokratie, S. 59 ff.
3 Fikentscher, Demokratie, S. 59.
4 Samuel P. Huntington, Kampf der Kulturen, 1. Auflage, Berlin 1998, S. 177.

Verhalten im politischen Bereich einen universalen Lenkungsanspruch erhebt.[5] Dies treffe heute auf die vom Islam geprägten Gesellschaften zu.[6]

In einer Handreichung des Rates der Evangelischen Kirche Deutschlands (EKD) beschäftigt sich auch diese mit der Frage, ob zwischen dem Islam als Religion und den demokratischen Prinzipien ein kaum aufzulösender Widerspruch bestünde.[7] Maßgeblich hänge die Beantwortung dieser Frage davon ab, ob die islamische Vorstellung von der Unterwerfung des Menschen unter die Herrschaft Gottes mit demokratischen Prinzipien – vor allem dem Grundsatz der Souveränität des Volkes – zu vereinbaren sei.[8]

Die EKD führte weiter aus, dass für die Muslime die religiöse Verpflichtung besteht, der *Scharia* auch in der Diaspora zu folgen; andererseits wird die Forderung erhoben, die Gesetze des Landes, in dem sie sich als Minderheit befinden, zu respektieren.[9] „So gelangen Muslime zu der für Außenstehende widersprüchlich wirkenden Auskunft, sie würden sowohl das Grundgesetz als auch das Gott gegebene islamische Recht uneingeschränkt beachten."[10]

Kann ein Muslim wirklich der *Scharia* und dem Grundgesetz folgen? Was ist die *Scharia* bzw. das islamische Recht überhaupt?

Auch der Verfassungsschutz des Bundesministeriums des Innern äußert sich zu der Frage nach dem Verhältnis zwischen Demokratie und Islam. Nach Auffassung des Verfassungsschutzes des Bundesministeriums des Innern werden die demokratischen Grundprinzipien jedenfalls von „Islamisten" abgelehnt.[11] Denn, so wird in den Verfassungsschutzberichten der Jahre 2002 und 2003 ausgeführt, „im Islam gründet die staatliche Gesetzgebung und hoheitliches Handeln nicht auf dem Willen des Volkes und auf Mehrheitsentscheidungen, sondern wird allein von Allah hergeleitet, dessen Willen sich im Koran als alleinige, für alle geltende Wahrheit offenbart habe".[12] Jegliche Staatsgewalt könne ausschließlich von Gott und seinem im Koran offenbarten Willen, nicht aber vom Willen des Volkes abgeleitet werden.[13] Dies begründe einen Absolutheitsanspruch, der mit grundlegenden Prinzipien der freiheitlich demokratischen Grundordnung wie insbesondere der Volkssouveränität, dem Mehrheitsprinzip oder dem Recht auf Bildung und Ausübung parlamentarischer Opposition kollidiere.[14]

5 Isensee/Böckenförde, HdbStR II, § 24 Rn. 62.
6 Isensee/Böckenförde, HdbStR II, § 24 Rn. 62.
7 EKD, Klarheit und gute Nachbarschaft, Christen und Muslime in Deutschland, S. 25.
8 EKD, Klarheit und gute Nachbarschaft, Christen und Muslime in Deutschland, S. 26.
9 EKD, Klarheit und gute Nachbarschaft, Christen und Muslime in Deutschland, S. 26.
10 EKD, Klarheit und gute Nachbarschaft, Christen und Muslime in Deutschland, S. 26.
11 Verfassungsschutzbericht 2003, S. 160.
12 Verfassungsschutzbericht 2002, S. 165.
13 Verfassungsschutzbericht 2003, S. 160.
14 Verfassungsschutzbericht 2003, S. 160; Verfassungsschutzbericht 2002, S. 165.

Der nordrhein-westfälische Verfassungsschutz ist der Ansicht, dass eine Staatsauffassung, die „die Grundlagen der *Scharia* wörtlich versteht und rigide umsetzt, mit der deutschen Verfassung nicht vereinbar ist, so dass einer solchen Tendenz entgegengewirkt werden muss. (...) Es versteht sich von selbst, dass es keine fundamentalistische Auffassung von *Scharia* sein kann“, die der deutschen Verfassungsordnung nicht widerspricht.[15]

Demgegenüber, so führt der Verfassungsschutz weiter aus, existieren aber auch andere Strömungen, bis hin zu sehr liberalen, bei denen „die Vereinbarkeit von deutscher Verfassungsordnung und *Scharia* durchaus möglich“ ist.[16]

Insbesondere ist bei den Erörterungen zum Verhältnis der islamischen Staatsauffassungen zur freiheitlich demokratischen Grundordnung ein „genaueres Hinsehen geboten“, denn ein Bekenntnis zur freiheitlich demokratischen Grundordnung allein reiche nicht aus.[17] So könne mit halbherzigen Zugeständnissen an westliche Sichtweisen und einem – unter Vorbehalt stehenden – Bekenntnis zur freiheitlich demokratischen Grundordnung der Verdacht, dass letztlich doch eine ganz andere Gesellschaftsordnung angestrebt werde, nicht ausgeräumt werden.[18]

Gleichzeitig solle einem „Generalverdacht“ entgegengewirkt werden, dass alle Muslime verfassungswidrige Ziele anstreben.[19]

Das Verhältnis von Islam und Demokratie ist auch in der zeitgenössischen innermuslimischen Auseinandersetzung ein zentrales Thema.

Innerhalb der islamischen Gesellschaft – insbesondere in den Ursprungsländern aber auch in ehemaligen Kolonien wie Pakistan – wird in der Demokratie häufig der Anspruch des Westens auf universelle Gültigkeit der dort entwickelten Werte und Maßstäbe gesehen, der als Ausdruck eines ungebrochenen kolonialen Denkens besteht. Demgegenüber wird die Durchsetzung einer „islamischen Ordnung“ als Grundlage moralischer Erneuerung, gesellschaftlicher Reform und kollektiver Stärke gefordert, die auf der Durchsetzung der *Scharia* beruht.[20] Festzustellen ist jedoch, dass ein in der Praxis erprobtes und allgemein akzeptiertes Modell einer „islamischen Ordnung“ nicht vorliegt. In islamischen Kreisen wird seit Jahren über Form und Inhalt einer „islamischen Ordnung“ nachgedacht, die auf einer islamischen Grundlage an Stelle „importierter“ westlicher Modelle gesellschaftlicher und politischer Ordnung treten könnte und sollte.[21]

15 Verfassungsschutz NRW in: www.im.nrw.de/sch/doks/vs/islamcha.pdf, S. 7.
16 Verfassungsschutz NRW in: www.im.nrw.de/sch/doks/vs/islamcha.pdf, S. 7.
17 Verfassungsschutz NRW in: www.im.nrw.de/sch/doks/vs/islamcha.pdf, S. 7.
18 Verfassungsschutz NRW in: www.im.nrw.de/sch/doks/vs/islamcha.pdf S. 7 f.
19 Verfassungsschutz NRW in: www.im.nrw.de/sch/doks/vs/islamcha.pdf S. 7 f.
20 Krämer, Gottes Staat als Republik, S. 29.
21 Krämer, Bertha Benz Vorlesung, S. 22.

Zum Verhältnis zwischen Demokratie und Islam meint die Vereinigung „*Ḥizb at-taḥrīr al-islāmī*“[22] etwa, dass es einen wesentlichen Aspekt gebe, der den Islam mit der Demokratie unvereinbar mache. In der Demokratie sei der Mensch Gesetzgeber, so dass er selber die Gesetze festlegt, nach denen er sein Leben gestalten möchte. Aus islamischer Sicht stehe die Gesetzgebung jedoch allein dem Schöpfer zu. Diese Ansichten seien so unterschiedlich, dass sie sich nicht vermischen lassen.[23]

Dagegen ist *Scheich Yusūf al-Qaraḍāwī* der Ansicht: „Wer sagt, dass Demokratie Unglaube sei, versteht weder etwas vom Islam, noch von der Demokratie.“[24] *Yusūf al-Qaraḍāwī* wird teilweise als fundamentalistischer Muslimbruder und Islamist gesehen, von dem man eine derartige Fürsprache für die Demokratie nicht vermutet hätte.[25]

Radwan Masoudi meint zu der aufgeworfenen Frage: „Wir betrachten die Demokratie nicht als Alternative zum Islam oder besser als diesen. Wir betrachten Demokratie als ein islamisches Prinzip, das vom Propheten Muhammad und seinen Gefährten gelehrt und verwirklicht worden ist.“[26]

§ 2 Erforderlichkeit und Gegenstand der Untersuchung

Der Gegenstand der Untersuchung, insbesondere die Begriffsinhalte von „Islam“ bzw. „Islamischer Staatsauffassungen“ und „Demokratie“ müssen näher konkretisiert werden.

Wegen ihrer Eigenschaft als Typus lässt sich „Demokratie“ nicht definieren, sondern nur mit Hilfe einer Reihe von Einzelmerkmalen umschreiben, die eine Zuordnungsintensität haben.[27] Die Grundvorstellung ist dem Wortsinn nach die

22 Vielfach zu finden unter der vereinfachten Schreibweise „Hizb ut-Tahrir al-Islami“.

23 von: Ḥizb at-taḥrīr al-islāmī, Explizit Nr. 30, März – Juni 2002.

24 Yusūf al-Qaraḍāwī in: Al-Šarq al-Awsaṭ vom 5. Februar 1990.

25 Spuler-Stegemann, S. 63; vgl. zu Al-Qaraḍāwī Farschid, Ideologie der Muslimbruderschaft, S. 43, 48: Al Qaraḍāwī wurde 1926 in Ägypten geboren und an der theologischen Fakultät der Azhar-Universität ausgebildet; er gehörte früher dem ägyptischen Zweig der Muslimbrüder an und war unter König Faruk und Präsident Nasr mehrfach inhaftiert. Seit mehr als zwei Jahrzehnten leitet er das Zentrum für Religiöse Studien an der Universität Qatar und erreichte über zahlreiche Publikationen und Auftritte in den Medien sowie durch seine anhaltende Kritik an den arabischen Staatsführern einen hohen Bekanntheitsgrad. Nach den Anschlägen am 11. September 2001 trat er durch ambivalente Äußerungen ins Blickfeld, indem er die Terrorangriffe auf die USA für illegitim erklärte, den militärischen Kampf der Taliban hingegen als legitim bezeichnete.

26 Radwan Masoudi in: Muslim Demokrat vom Mai 1999.

27 v. Münch/Kunig-Schnapp, Art. 20 GG, Rn. 13.

„Volksherrschaft“, im Gegensatz zur Alleinherrschaft oder Eliteherrschaft in autokratischen Monarchien oder Aristokratien. Demnach liegt in demokratischen Staatsformen ein Kernbestand an Werten und Institutionen vor, der nicht zur Disposition steht, weil dieser das Fundament der Demokratie bildet. Die demokratischen Verfassungen entspringen einer gemeinsamen Vorstellung von Begründung und Ausübung politischer Herrschaftsmacht. Sie haben sich – trotz aller Einzelunterschiede – gegenüber autoritär-absolutistischen und später totalitären Staatsgewalten entwickelt. Alle diese Demokratien besitzen folglich einen gemeinsamen übereinstimmenden Kernbestand von freiheitlicher und demokratischer Ordnungsvorstellung.[28] Diesen Kernbestand an Grundwerten bildet die freiheitlich demokratische Grundordnung, die das Grundgesetz innerhalb der staatlichen Gesamtordnung als fundamental ansieht.[29]

Folglich ist in der Bundesrepublik Deutschland die Frage nach dem Verhältnis zwischen dem Islam bzw. islamischen Staatsauffassungen und der freiheitlich demokratischen Grundordnung aufzuwerfen. Denn die freiheitlich demokratische Grundordnung zieht nach dem Grundgesetz dem verfassungsmäßigen Verhalten des Einzelnen wie den politischen Parteien Schranken.[30] Grundvoraussetzung für alle Muslime, ihren Glauben in Deutschland unbeeinträchtigt leben zu können und Bestandteil dieser Gesellschaft zu werden, ist daher die Anerkennung der fundamentalen Prinzipien der freiheitlich demokratischen Grundordnung.

Bevor der Untersuchungsgegenstand weiter konkretisiert wird, sollen jedoch die Gründe dargestellt werden, die die vorliegende Untersuchung erforderlich machen.

I. Erforderlichkeit der Untersuchung

Die Ansicht, dass eine solche Forschung von Bedeutung ist, wird nicht von jedem geteilt. *Abdullah Leonhard Borek* behauptet, dass in einem Land wie Deutschland, in dem die Muslime nur eine verschwindende Minderheit (etwas mehr als 2 %) darstellen und die überwiegende Mehrheit (97 %) außerdem mangels deutscher Staatsangehörigkeit keinen tatsächlichen Einfluss auf das politische Geschehen, etwa bei Wahlen, nehmen kann, sei das Konzept des islamischen Staates ohne praktische Bedeutung.[31]

Zum einen wird jedoch aus islamischer Sicht eine solche (Grundlagen-)Forschung geradezu gefordert, da die erste Offenbarung (Sure 96) den Anstoß zu

28 BVerfGE 5, 85 (197); Lautner, Diss. 1982, S. 14.
29 BVerfGE 2, 1 (12).
30 Leibholz DVBl. 1951, S. 554 (554).
31 Borek, Islam im Alltag, S. 62.

wissenschaftlicher Forschung gibt, in dem sie dem Menschen aufgibt zu lesen (arab.: *iqrā*).[32] Zusätzlich hat der Prophet Muhammad in einem *hadith* gesagt: „Streben nach Wissen ist Pflicht für jeden Muslim."[33]

Ferner – und dies dürfte für Muslime in Deutschland von weit erheblicherer Bedeutung sein – ergeben sich auch für Muslime, die nicht deutsche Staatsangehörige sind, Schnittpunkte. Denn die entwickelte Frage nach der Kompatibilität mit der freiheitlich demokratischen Grundordnung stellt sich auch in der täglichen Praxis an verschiedenen Stellen:

1. Vereinsrecht, Art. 9 Abs. 2 GG

Art. 9 Abs. 2 GG und hiermit verknüpft § 3 Abs. 1 S. 1 VereinsG bestimmt, dass ein Verein von der zuständigen Behörde verboten werden kann, wenn er sich gegen die verfassungsmäßige Ordnung richtet. Zur verfassungsmäßigen Ordnung gehören die elementaren Verfassungsgrundsätze, die nach dem SRP-Urteil des Bundesverfassungsgerichts[34] den Begriff der freiheitlich demokratischen Grundordnung bilden.[35]

Gerade in der jüngeren Geschichte wurden einzelne islamische Vereinigungen wegen einer Unvereinbarkeit mit der verfassungsmäßigen Ordnung verboten, was die Aktualität dieser Fragestellung deutlich verdeutlicht. So wurde der Verein „*Hizb ut-Tahrir*"[36], der als antidemokratisch eingestuft wird,[37] vom Bundesinnenminister am 15. Januar 2003 verboten.[38] Der „Verband der islamischen Vereine und Gemeinden", besser bekannt unter „Kalifatstaat", wurde vom Bundesministerium des Innern am 8. Dezember 2001 verboten, da dieser Verein die Demokratie und die rechtsstaatliche Ordnung des Grundgesetzes aggressiv-kämpferisch ablehnte und die im Grundgesetz konkretisierten Menschenrechte nicht achtete.[39]

Inwieweit dies auf weitere Vereinigungen zutrifft, ist fraglich. Teilweise wird angenommen, dass die islamischen Organisationen in Deutschland fester Bestandteil des „Heiligen Krieges" seien, den diese gegen den „Westen" führten.[40] Beson-

32 Hamidullah, Der Islam, S. 218 Nr. 446.
33 von Denffer, Allahs Gesandter hat gesagt, S. 50 Nr. 45.
34 BVerfGE 2, 1 (12 ff.).
35 BVerwGE 47, 330 (351); Stern, Staatsrecht Bd. I, § 6 II 3, S. 184; Schmidt-Bleibtreu/Klein-Kannengießer, Art. 9 GG, Rn. 16; MD/Scholz, Art. 9 GG, Rn. 127; Jarass/Pieroth-Jarass, Art. 9 GG, Rn. 17.
36 Die richtige Transkription lautet „*Ḥizb at-taḥrīr al-islāmī*".
37 Spuler-Stegemann, S. 64.
38 Verfassungsschutzbericht 2002, S. 185.
39 Vgl. hierzu BVerfG, 1 BvR 563/03 vom 2. Oktober 2003, Abs. 4 und Abs. 6.
40 Ulfkotte, Der Krieg in unseren Städten, S. 24 ff.

ders wird hierbei auf die Islamische Gemeinschaft Milli Görüs (IGMG) hingewiesen, die teilweise als Drahtzieher aller „radikaler Islamisten“ in Deutschland und in Europa gilt[41]. Ihr Ziel sei ein islamischer Staat und die Geltung der *Scharia* auch in Deutschland, so dass *Ulfkotte* der Ansicht ist, dass diese Gemeinschaft unbedingt verboten werden sollte.[42]

Der Vorsitzende der IGMG *Osman Döring* hingegen äußerte sich zur Vereinbarkeit der deutschen Rechtsordnung mit den eigenen Rechtsvorstellungen wie folgt: „Wir richten uns, unsere Institutionen und unsere Aktivitäten im Licht von Koran und *Sunna* aus, und dies stellt keinen Hinderungsgrund dar, diese in das vorhandene Rechtssystem zu integrieren.“[43]

Diese Stellungnahme würdigte der Verfassungsschutz des Bundes als relativierend und mahnt entsprechend an, dass Versicherungen von IGMG Funktionären, die Wertordnungen des Grundgesetzes vollinhaltlich anzuerkennen, mit Skepsis zu begegnen seien.[44]

2. *Beamtenrecht, Art. 33 Abs. 5 GG*

Die Frage hat weiter Relevanz im Bereich des Beamtenrechts. Aus dem Grundsatz des Berufsbeamtentums gemäß Art. 33 Abs. 5 GG wird abgeleitet, dass Beamten eine besondere politische Treuepflicht gegenüber dem Staat und seiner Verfassung obliegt.[45] Die politische Treuepflicht verpflichtet den Beamten sich durch sein gesamtes Verhalten zu der freiheitlich demokratischen Grundordnung zu bekennen und für deren Einhaltung einzutreten; sie bedeutet die Identifizierung mit der Verfassung.[46] Damit wird vom Beamten gefordert, dass er sich eindeutig von Gruppen und Bestrebungen distanziert, die diesen Staat, seine verfassungsmäßigen Organe und die geltende Verfassungsordnung angreifen, bekämpfen oder diffamieren.[47]

Die politische Treuepflicht wird verletzt durch Aktivitäten für verfassungsfeindliche Parteien und für extremistische Gruppierungen[48], unabhängig davon, ob ihre Verfassungswidrigkeit durch Urteil vom Bundesverfassungsgericht fest-

41 Ulfkotte, Der Krieg in unseren Städten, S. 58 ff.
42 Ulfkotte, Der Krieg in unseren Städten, S. 58 ff.
43 So in: „Milli Gazete“ vom 25. Juli 2003, S. 14.
44 Verfassungsschutzbericht 2003, S.189.
45 BVerfGE 39, 334 Leitsatz Nr. 1; v. Mangoldt/Klein/Starck-Jachmann, Art. 33 GG, Rn. 46; Jarass/Pieroth-Pieroth, Art. 33 GG, Rn. 40.
46 BVerfGE 39, 334 (347 f.); BVerwGE 73, 263 (267); BVerwG NJW 1982, 784 (785); Isensee/Lecheler, HdbStR, § 72 Rn. 96.
47 BVerfGE 39, 334 (348); v. Mangoldt/Klein/Starck-Jachmann, Art. 33 GG, Rn. 47.
48 Jarass/Pieroth-Pieroth Art. 33 GG Rn. 40.

gestellt ist[49]. Die Mitgliedschaft lässt zwar als solche nicht zwingend auf die Verletzung schließen, doch ist sie ein wesentliches Beurteilungselement.[50] Berechtigte Zweifel an der künftigen Erfüllung der politischen Treuepflicht reichen für eine Ablehnung aus.[51]

Diese Voraussetzungen werden durch das Beamtengesetz konkretisiert: § 52 Abs. 2 BBG bestimmt dies für Bundesbeamte. Eine entsprechende landesrechtliche Regelung ist etwa im Landesbeamtengesetz NRW im § 6 Abs. 1 Nr. 2 LBG NRW zu finden.

Einem Bewerber, der aus religiöser Überzeugung nicht bereit ist, sich jederzeit und uneingeschränkt für die freiheitlich demokratische Grundordnung der Bundesrepublik Deutschland einzusetzen, kann somit nicht in das Beamtenverhältnis übernommen werden.[52] Verfassungsrechtliche Zweifel müssen stets im Hinblick auf einzelne Glaubenslehren und höchstpersönliche Glaubensauffassungen konkret formuliert werden.[53]

Auch die Angestellten im öffentlichen Dienst dürfen den Staat, in dessen Dienst sie stehen, und seine Verfassungsordnung nicht angreifen. Daher kann auch ihre Einstellung abgelehnt werden, wenn sie ihre damit verbundenen Pflichten nicht werden erfüllen können oder wollen.

3. *Parteienrecht, Art. 21 Abs. 2 GG*

Ein weiterer Schnittpunkt im Rahmen der Frage nach der Kompatibilität ergibt sich im Parteienrecht. Gemäß Art. 21 Abs. 2 GG sind Parteien, die nach ihren Zielen oder nach dem Verhalten ihrer Anhänger darauf aus sind, die freiheitlich demokratische Grundordnung zu beeinträchtigen oder zu beseitigen, verfassungswidrig.

Zwar gibt es zur Zeit keine islamische Partei in Deutschland, so dass die Frage sich nicht konkret stellt. Jedoch könnte eine solche Partei gegründet werden, so dass diese Fragestellung von Bedeutung werden könnte. Die Gründung einer islamischen Partei wurde bereits im Jahr 1989 eingeleitet, als Mohy Eldin Louden den Versuch unternahm, eine bundesweite „Islamische Partei“ zu gründen. Eine 1999 gegründete „Islamische Partei Deutschlands“ (IPD) mit Sitz in München wurde in der Parteienliste des Bundeswahlleiters vom 1. August 2001 unter Nummer 54 geführt. In der Wahlliste vom 11. November 2004 wird diese Partei nicht länger aufgeführt. Die Unterlagen der politischen Vereinigung IPD wurden im Juli 2002 aus der gemäß § 6 Abs. 3 Parteiengesetz geführten Unterlagensammlung entfernt,

49 BVerfGE 39, 334 (335 Leitsatz 8, 359).
50 BVerwGE 73, 263 (281); BVerwGE 61, 176 (182); BVerfGE 39, 334 (359).
51 BVerfGE 39, 334 (335 Leitsatz 5); BVerwGE 61, 176 (179 f.).
52 VG Freiburg NJW 1981, 2829 (Verfassungstreue einer Christin war hier Verfahrensgegenstand).
53 VG Lüneburg NJW 2001, 767 (770); Böckenförde NJW 2001, 727.

da mit der Vereinigung kein Kontakt mehr hergestellt werden konnte. Es wird daher davon ausgegangen, dass die IPD ihre Tätigkeit eingestellt hat.[54]

Ferner kann für Parteien die Frage, ob ein Parteimitglied zugleich Mitglied einer islamischen Organisation ist, von überragender Bedeutung sein. Entsprechend sorgte die Enthüllung durch das Magazin „Der Spiegel"[55], dass der CDU-Abgeordnete Ertan Taskiran Mitglied der Islamischen Gemeinschaft Milli Görüs e.V. war, für erhebliche Aufmerksamkeit.[56]

4. *Staatsangehörigkeitsrecht*

Auch bei der Frage, ob ein muslimischer Ausländer nach den Vorgaben des Staatsangehörigkeitsgesetzes eingebürgert werden kann, ist die Vereinbarkeit der islamischen Staatsauffassung des Antragstellers und der freiheitlich demokratischen Grundordnung zu erörtern. Denn gemäß § 8 Abs. 1 Nr. 2 StA i.V.m. § 54 Abs. 1 Nr. 5 a AufenthG kann der Antrag auf Einbürgerung abgelehnt werden, wenn der Antragsteller die freiheitlich demokratische Grundordnung gefährdet.

Entsprechend sind in Nordrhein Westfalen wie anderswo Anträge auf Einbürgerung von Funktionären der Islamischen Gemeinschaft Milli Görüs (IGMG) abgelehnt worden.[57] Das Verwaltungsgericht Gelsenkirchen entschied am 29. November 2007 (Az.: 17 K 5862/02), dass die Stellung als Sekretär eines Ortsvereins der Islamischen Gemeinschaft Milli Görüs oder die bloße Mitgliedschaft in dieser Vereinigung für sich allein betrachtet keine tatsächlichen Anhaltspunkte für die Annahme bieten, dass damit Bestrebungen unterstützt werden, die gegen die freiheitlich demokratische Grundordnung gerichtet sind (vgl. § 11 Satz 1 Nr. 1 StAG).[58]

Auch in anderen Bundesländern sind Anträge auf Einbürgerung durch Mitglieder der IGMG abgelehnt worden und wurden gerichtlich angegriffen. Das Verwaltungsgericht Stuttgart entschied am 26. Oktober 2005 (Az.: 11 K 2083/04), dass bei einem Vorstandsmitglied des Ortsvereins der IGMG tatsächliche Anhaltspunkte vorliegen, die die Annahme rechtfertigen, dass er Bestrebungen unter-

54 Anfrage beim Bundeswahlleiter, Ansprechperson Herr Kersten Buchholz. Dementsprechend ist die Islamische Partei Deutschlands nicht mehr im Anschriftenverzeichnis der Parteien und politischen Vereinigungen, die gemäß § 6 Abs. 3 PartG beim Bundeswahlleiter Parteiunterlagen hinterlegt haben, aufgeführt. In der Übersicht von ausgewählten Dateien der politischen Vereinigungen, die gemäß § 6 Abs. 3 PartG beim Bundeswahlleiter seit dem 01.01.1996 bis 31.12.2006 Unterlagen hinterlegt haben, wird die Islamische Partei unter Nr. 234 aufgeführt.

55 Der Spiegel vom 07. Oktober 1996.

56 Dantschke, Islamistischer Druck auf zivilgesellschaftliche Akteure, S. 103, 114.

57 Verfassungsschutzbericht NRW, Zwischenbericht 2004, S. 11.

58 VG Gelsenkirchen, 29.11.2007, Az.: 17 K 5862/02, Leitsatz der Entscheidung.

stützt, die gegen die freiheitlich demokratische Grundordnung gerichtet sind, weshalb ein Einbürgerungsanspruch nicht bestehe.[59]

Auch in Berlin wurde ein Einbürgerungsantrag eines Mitglieds der IGMG negativ beschieden und eine Klage durch das Verwaltungsgericht Berlin abgewiesen. Das Verwaltungsgericht Berlin entschied am 21.03.2007 (Az.: 2 A 79.04), dass der Einbürgerung eines Ausländers entgegensteht, dass er seit vielen Jahren Funktionär lokaler Untergruppen der IGMG und seit mehr als 20 Jahren Mitglied der Organisation ist.[60] Eine entsprechende Fragestellung stellte sich bei dem Einbürgerungsbegehren eines Mitglieds der „*Hizb u Tahrir*"[61]. Dem Einbürgerungsbegehren wurde nicht entsprochen und die hiergegen gerichtete Klage vor dem Verwaltungsgericht Arnsbach abgewiesen.[62]

5. *Aufenthaltsrecht*

Auch an anderer Stelle spielt die freiheitlich demokratische Grundordnung eine erhebliche Rolle. So wird gemäß § 47 Abs. 2 Nr. 1 AufenthG einem Ausländer die politische Betätigung untersagt, wenn diese die freiheitlich demokratische Grundordnung gefährdet. Ein Ausländer kann gemäß § 54 Abs. 1 Nr. 5 a) AufenthG in der Regel ausgewiesen werden, wenn er die freiheitlich demokratische Grundordnung gefährdet.[63] Ausländer, die gemäß § 56 Abs. 1 AufenthG einen besonderen Ausweisungsschutz genießen, können nur aus schwerwiegenden Gründen der öffentlichen Sicherheit und Ordnung ausgewiesen werden. Ein schwerwiegender Grund wird gemäß § 56 Abs. 1 S. 3 i.V.m. § 54 Abs. 5 a) AufenthaltsG angenommen, wenn der Ausländer die freiheitlich demokratische Grundordnung gefährdet.

6. *Religionsunterricht*

Der Religionsunterricht ist gemäß Art. 7 Abs. 3 GG als ordentliches, nach den Grundsätzen der Religionsgemeinschaften zu erteilendes Unterrichtsfach garantiert, so dass dieser damit auf einer soliden verfassungsrechtlichen Basis beruht.[64] Durch diese Regelung in Art. 7 Abs. 3 S. 1 und S. 2 GG wird den Religionsgemeinschaften ein Rechtsanspruch gegen den Staat auf Einführung eines ihren Glaubensinhalten entsprechenden Religionsunterricht an seinen Schulen einge-

59 VG Stuttgart, 26.10.2005, Az.: 11 K 2083/04, Leitsatz der Entscheidung.
60 VG Berlin, 21.03.2007, Az.: 2 A 79.04, Leitsatz der Entscheidung.
61 Die richtige Transkription lautet „*Ḥizb at-taḥrīr al-islāmī*".
62 VG Ansbach, 12.07.2007, Az.: AN 15 K 06.03453.
63 Vgl. hierzu VG Augsburg, 29.08.2005, Az.: Au 1 S 05.326.
64 Oebbecke, Der Islam und die Zukunft, in: Muslime im Rechtsstaat, S. 131, 137.

räumt.[65] Die Vorstellungen der Religionsgemeinschaft über Inhalt und Ziel der Lehrveranstaltung sind dabei grundsätzlich maßgeblich.[66]

Der verfassungsrechtliche Anspruch einer Religionsgemeinschaft auf Einführung eines ihrer Glaubensrichtung entsprechenden Religionsunterrichts ist zwar nach dem Wortlaut der Regelung in Art. 7 Abs. 3 GG schrankenlos gewährleistet, gleichwohl werden ihm nach dem Grundsatz der Einheit der Verfassung durch andere Bestimmungen des Grundgesetzes Grenzen gezogen.[67] Eine Religionsgemeinschaft, die die Einführung von Religionsunterricht begehrt, muss Gewähr dafür bieten, dass ihr künftiges Verhalten die in Art. 79 Abs. 3 GG umschriebenen fundamentalen Verfassungsprinzipien nicht gefährdet.[68] Damit ist die Verfassungstreue der Religionsgemeinschaften zwingend erforderlich.[69]

II. Gegenstand der Untersuchung

Gegenstand der Untersuchung sind islamische Staatsauffassungen und die freiheitlich demokratischen Grundordnung.

1. Freiheitlich demokratische Grundordnung

Gegenstand der Untersuchung soll zunächst die „freiheitlich demokratische Grundordnung" im Sinne des Grundgesetzes bzw. die in Art. 9 Abs. 2 GG genannte „verfassungsmäßige Ordnung" sein. Der Begriff der „verfassungsmäßigen Ordnung" ist identisch mit der „freiheitlich demokratischen Grundordnung"[70].

Der Begriff der freiheitlich demokratischen Grundordnung ist ein unbestimmter Rechtsbegriff,[71] der in allen Rechtsbereichen einheitlich auszulegen ist.[72] Die Bestimmung seines Inhalts wurde vom Verfassungsgesetzgeber dem Bundesverfassungsgericht zugedacht.[73] Die Prinzipien der Aussage des Bundesverfassungsgerichts haben gemäß § 31 BVerfGG rechtliche Bindungswirkung. Die Konkretisierungen des Bundesverfassungsgerichts im SRP-Urteil[74], welche

65 BVerwG NJW 2005, 2101 Leitsatz Nr. 1.
66 BVerfGE 74, 244 (252); BVerwG NJW 2005, 2101 (2102).
67 BVerwG NJW 2005, 2101 (2107).
68 BVerwG NJW 2005, 2101, 2107 f.; Siehe auch Leitsatz Nr. 5 der Entscheidung.
69 BVerwG NJW 2005, 2101, 2107.
70 Schmidt-Bleibtreu/Klein/Kannengießer, Art. 9 GG, Rn. 16; Jarass/Pieroth-Jarass, Art. 9 GG, Rn. 17.
71 BVerfGE 5, 85 (112); Ruland, Diss. 1971, S. 39.
72 Lautner, Diss. 1982, S. 3; Ruland, Diss. 1971, S. 48.
73 BVerfGE 5, 85 (112); Lautner, Diss. 1982, S. 3.
74 BVerfGE 2, 1.

auch im KPD-Urteil[75] maßgeblich waren, bilden den Ausgangspunkt für die Inhaltsbestimmungen[76].

2. *Islamische Staatsauffassung*

Könnte man generell die Zugehörigkeit zum Islam mit der Bejahung der Durchsetzung eines islamischen Gottesstaates gleichsetzen, müssten Zweifel an der Kompatibilität bereits aufgrund der Religionszugehörigkeit bestehen.[77] Dies könnte dann auch die Ansicht eines generellen Widerspruchs zwischen Islam und Grundgesetz begründen.[78]

Eine derart generalisierende Betrachtung wird der Fragestellung jedoch nicht gerecht. Der Islam bildet kein statisches, von Ort und Zeit unabhängiges System. Auch wenn man von einem festen Kern des Islam auszugehen vermag, bleibt die Frage, was diesen Kern ausmacht und was zu den orts- und zeitgebundenen Varianten gehört.[79] Da der Koran hinsichtlich seiner Sprache, Komposition und Struktur sehr anspruchsvoll ist, ist er ferner auslegungsbedürftig, selbst dort, wo seine Aussagen auf den ersten Blick klar und eindeutig erscheinen.[80] Dies gilt für theologische Fragen ebenso wie für Rechtsfragen.

Bereits die unterschiedlichen islamischen Glaubensrichtungen lassen es nicht zu, das Glaubensverständnis der Muslime in Deutschland pauschal als verfassungsgemäß oder verfassungsfeindlich zu bewerten. Es besteht eine Vielfalt von verschiedenen Auslegungsvarianten, die zu unterschiedlichen Interpretationen des Korans führen. Eine letztlich verbindliche religiöse Auslegung besteht gerade nicht. Aus diesem Grund muss nach den verschiedenen Ansichten zum Aufbau eines Staatswesens gefragt werden.

a. *Eingrenzung*

Es ist erforderlich, den Untersuchungsgegenstand der islamischen Staatsauffassungen sowohl terminologisch wie auch historisch-zeitlich einzugrenzen.

75 BVerfGE 5, 85.
76 Jarass/Pieroth-Pieroth, Art. 21 GG, Rn. 33; Lautner, Diss. 1982, S. 5; Schmitt DÖV 1965, 433 (438); Laufer, Festschrift zum 25-jährigen Bestehen des Bayr. Verfassungsgerichtshof, S. 73 (79).
77 Laskowski/Dietrich Jura 2002, 271 (272).
78 So etwa Hillgruber JZ 1999, 538 (546).
79 Krämer, Gottes Staat als Republik, S. 26; Krämer, Bertha Benz Vorlesung, S. 18.
80 Krämer, Bertha Benz Vorlesung, S. 19.

aa. Terminologische Eingrenzung

Da die große Mehrheit der Muslime (heute ca. 90 % der muslimischen Bevölkerung[81]) der sunnitischen Glaubensrichtung angehören, wird sich die Untersuchung auf diese beschränken; die schiitische Rechtsschule wird nicht in die Untersuchung einbezogen.

Insbesondere liegt die Konzentration der Bearbeitung auf dem „Islam in Europa", der maßgeblich durch die Einwanderer aus dem Nahen Osten sowie Nordafrikas und Pakistans charakterisiert wird. Die islamischen Staatsauffassungen des südostasiatischen Raumes wie die Schwarzafrikas bleiben in dieser Untersuchung folglich unberücksichtigt.

Die vorliegende Untersuchung soll sich auf schriftliches Material stützen, in welchem die formalen, rechtlichen und politischen Prinzipien und Strukturen des Islam im Vordergrund stehen. Es werden im Rahmen der Untersuchung Quellen in deutscher, englischer, wie auch arabischer Sprache herangezogen. Bei der Darstellung der Ansichten der ausgewählten Autoren zur Staatsorganisation wird versucht überwiegend auf deutsche und englische Literatur zurückzugreifen, um einer größeren Anzahl von Lesern, die Möglichkeit zu geben, die Richtigkeit der getroffenen Aussage zu prüfen.

Nach den dargelegten Kriterien sollen Autoren in Gruppen zusammengestellt werden, deren Ansichten auf die Kompatibilität mit der freiheitlich demokratischen Grundordnung geprüft werden. Eine scharfe Trennung zwischen islamischen Rechtsgelehrten und nicht primär ausgebildeten Autoren, die sich wissenschaftlich mit der islamischen Staatsorganisation befassen, wird nicht vorgenommen. Die Diskussion über Islam, Staat und Recht ist seit langem kein Monopol islamischer Juristen und Theologen mehr.[82] Zudem wird nicht jede Einzelmeinung zu diesem Thema gehört werden können.

Die gewählten Autoren sollen einen möglichst breiten Schnitt in der hiesigen Diskussion darstellen, so dass eine möglichst repräsentative Darstellung erfolgt. Entsprechend soll hierdurch eine hinreichend differenzierte Betrachtung ermöglicht werden, die den Islam nicht in seiner Vielfalt einengt.

bb. Historisch-zeitliche Eingrenzung

Die Untersuchung ist zudem historisch-zeitlich einzugrenzen. Bei der Untersuchung der islamischen Auffassung zur Organisation und dem Aufbau eines Staatsgefüges kann nicht die gesamte islamische Historie einbezogen werden.

81 Küng, Der Islam, S. 239.
82 Krämer, Gottes Staat als Republik, S. 40.

Zum einen würde dies den Rahmen der Bearbeitung überschreiten, zum anderen sind Fragen nach dem Verhältnis von Islam und Demokratie in der früheren Historie nicht gestellt worden, so dass in solchen Schriften keine wesentlichen Erkenntnisse für die Frage der Kompatibilität mit demokratischen Strukturen zu finden sein dürften.

Vielmehr wird auf die neuzeitliche Diskussion zur islamischen Staatsorganisation zurückgegriffen. Daher sollen die Schriften des zwanzigsten sowie einundzwanzigsten Jahrhunderts die Grundlage der Untersuchung bilden.

Die Analyse zeitgenössischer Konzepte setzt jedoch die Kenntnis der klassischen islamischen Regierungslehren voraus, die allerdings in der Gegenwart nicht einfach als verbindlich angesehen werden können.[83] Im Rahmen der Darstellung dieser Regierungslehren ist daher zwangsläufig auch auf ältere islamische Werke zurückzugreifen.

b. *Auswahl der Auffassungen zur islamischen Staatsorganisation*

Nachfolgend sollen die Staatstheorien der folgenden Autoren dargestellt werden:[84] Zunächst werden die Publikationen von Ǧamāl ad-Dīn al-Afġānī[85] und Muḥammad ʿAbduh[86] berücksichtigt. Die Schriften von Abū l-Aʿlā Maudūdī[87] und Sayyid Quṭb[88] finden ebenfalls Berücksichtigung, zumal die von Hasan al-Bannā 1928 begründete Muslimbruderschaften unter diesem Einfluss standen und ihre Schriften noch heute Ausstrahlungskraft auf viele islamische Bewegungen haben.[89] Genauso sollen zeitgenössische Denker wie Murad Hof-

83 Krämer, Gottes Staat als Republik, S. 33.
84 Zu den Gründen für die Auswahl siehe unten unter § 6.
85 Häufig findet sich die folgende (unrichtige) Umschrift des Namens dieses Autors: „Jamal al-Din al-Afghani". Veröffentlichungen dieses Autors sind in deutschen Bibliotheken häufig unter dieser Umschrift zu finden.
86 Häufig findet sich die folgende (unrichtige) Umschrift des Namens dieses Autors: „Muhammad Abduh". Veröffentlichungen dieses Autors sind in deutschen Bibliotheken häufig unter dieser Umschrift zu finden.
87 Häufig findet sich die folgende (unrichtige) Umschrift des Namens dieses Autors: „Abu Ala Maududi". Veröffentlichungen dieses Autors sind in deutschen Bibliotheken häufig unter dieser Umschrift zu finden (vgl. zu den unterschiedlichen Transkirptionsarten Krämer, Gottes Staat als Republik, S. 320).
88 Häufig findet sich die folgende (unrichtige) Umschrift des Namens dieses Autors: „Sayyid Qutb". Veröffentlichungen dieses Autors sind in deutschen Bibliotheken häufig unter dieser Umschrift zu finden.
89 Ideologische Hintergründe der Al Qaida, Verfassungsschutz NRW, S. 7; Petersohn, Diss. 1999, S. 6 zu Maudūdīs Schriften.

mann[90], Muhammad Asad[91] und Said Ramadan[92] in die Untersuchung einbezogen werden.

90 Die richtige Transkription des Namens lautet „Murād Hofmann“. Auf eine derartige Transkription wurde vorliegend verzichtet, weil Veröffentlichungen des Autors unter der gewählten Schreibform veröffentlicht wurden und unter dieser Schreibform in deutschen Bibliotheken zu finden sind.

91 Die richtige Transkription des Namens lautet „Muḥammad Asad“. Auf eine derartige Transkription wurde vorliegend verzichtet, weil Veröffentlichungen des Autors unter der gewählten Schreibform veröffentlicht wurden und unter dieser Schreibform in deutschen Bibliotheken zu finden sind.

92 Die richtige Transkription des Namens lautet „Saʿīd Ramaḍān“. Auf eine derartige Transkription wurde vorliegend verzichtet, weil diese nicht zwingend einheitlich ist (vgl. die unterschiedlichen Transkriptionen dieses Namens bei Krämer, Gottes Staat als Republik, S. 325) und Veröffentlichungen des Autors (insbesondere seine in Deutschland veröffentliche Dissertation „Das islamische Recht“) unter der gewählten Schreibform veröffentlicht wurden und unter dieser Schreibform in deutschen Bibliotheken zu finden sind.

2. Teil: Freiheitlich demokratische Grundordnung

Ein politisches Gemeinwesen ist nicht lebensfähig, wenn das Normensystem nicht auf einem generell als gültig anerkannten mehr oder weniger abstrakten Wertkodex beruht. Es muss also einen unumstrittenen, nicht kontroversen geistig-politischen Sektor geben, der das kollektive Bewusstsein der Mitglieder bestimmt.[93] Erst die wirksame Anerkennung eines Gefüges feststehender politischer Prinzipien oder moralischer Maßstäbe macht es überhaupt möglich, dass Fragen der Alltagspolitik den Neigungen und Stimmungen der Wählerschaft zur Stellungnahme und Entscheidung überantwortet werden.[94] Folglich bedarf das demokratische System einer „politischen Substanz", um Bestand zu haben, einer so genannten „*theologia civilis*", einer „geistigen Gemeinsamkeit"[95], eines „*consensus omnium*", einer Übereinstimmung in Grundsatzfragen[96].

Diese „*theologia civilis*" der Bundesrepublik Deutschland, also diese politische Substanz des bundesrepublikanischen Systems, liegt in der Formel von der freiheitlich demokratischen Grundordnung, denn sie ist die alle Bürger dieses Staates verbindende geistige Gemeinsamkeit.[97] Dementsprechend hat das Bundesverfassungsgericht die freiheitliche demokratische Grundordnung als die „verfassungsrechtliche Wertordnung" schlechthin bezeichnet.[98] Die Einmütigkeit ihrer Bejahung ist die unabdingbare Voraussetzung für die Bildung eines einheitlichen Staatswillens bei der Vielfalt der Weltanschauungen und Interessen.[99] Dies gehört zu den ungeschriebenen Voraussetzungen des Grundgesetzes und damit zur freiheitlich demokratischen Grundordnung selbst.[100]

93 Fraenkel, Westliche Demokratien, S. 185f.
94 Laufer in: Festschrift zum 25jährigen Bestehen des Bayr. Verfassungsgerichtshof, S. 73 (77); Fraenkel, Westliche Demokratien, S. 185.
95 Stern, Staatsrecht Bd. I, § 16 I 4, S. 561; Laufer in: Festschrift zum 25jährigen Bestehen des Bayr. Verfassungsgerichtshof, S. 73 (77).
96 Fraenkel, Westliche Demokratien, S. 186; Isensee/Böckenförde, HdbStR II, § 24 Rn. 63; Stern, Staatsrecht Bd. I, § 16 I 2, S. 559.
97 Vgl. dazu BVerfGE 5, 85 (134/317); Hesse, Grundzüge des Verfassungsrechts, Rn. 131; Stern, Staatsrecht Bd. I, § 16 I 2, S. 559.
98 So in BVerfGE 6, 32 (41).
99 BVerfGE 5, 85 (134); BVerfGE 46, 43 (52); Isensee NJW 1977, 545 (551); Vorländer, Verfassung und Konsens, S. 1 ff.; Scheuner DÖV 1974, 433 (440).
100 BVerfGE, 5, 85 (317); Lautner, Diss. 1982, S. 13.

Allerdings ist die Formel von der freiheitlich demokratischen Grundordnung allgemein und abstrakt formuliert, es handelt sich um einen unbestimmten Rechtsbegriff[101]. Daher muss gefragt werden, wer diese Formel mit Inhalt füllen darf und, was die geistige Gemeinsamkeit inhaltlich enthält. Die inhaltliche Bestimmung des Begriffes bedarf eines gewissen Grades an Verbindlichkeit, um die geistige Gemeinsamkeit des politischen Systems der Bundesrepublik Deutschland zu sein.

Das Bundesverfassungsgericht ist ausschließlich zuständig für die Entscheidung über die Eliminierung von Einzelnen, politischen Parteien und bestimmten staatlichen Amtsträgern aus dem politischen Prozess wegen Beeinträchtigung oder Beseitigung der freiheitlich demokratischen Grundordnung, vgl. Artt. 18, 21, 61, 98 Abs. 2 GG. Das Bundesverfassungsgericht ist daher als Hüter der freiheitlich demokratischen Grundordnung zu verstehen.[102] Aufgrund dieser Kompetenz stand das Gericht bereits mehrmals vor der Aufgabe, zu klären, was Inhalt der grundgesetzlichen Formulierung von der freiheitlichen demokratischen Grundordnung ist.[103] Folglich ist das Bundesverfassungsgericht Gestalter der Verfassung,[104] das dazu berufen ist, „die in der Verfassung normierten existenziellen Grundentscheidungen des politischen Systems interpretierend zu gestalten und die Inhalte der geistigen Gemeinsamkeit verbindlich festzulegen“[105].

§ 3 Konkretisierung der freiheitlich demokratischen Grundordnung durch das Bundesverfassungsgericht

Das Bundesverfassungsgericht hatte sich erstmals mit der freiheitlich demokratischen Grundordnung in seiner Entscheidung vom 23. Oktober 1952[106] zu beschäftigen: Hierbei führte es aus, dass der Grundordnung die Vorstellung zugrunde liegt, „dass der Mensch in der Schöpfungsordnung einen eigenen selbständigen Wert besitzt und Freiheit und Gleichheit dauernde Grundwerte der staatlichen Einheit sind“[107]. Danach werde die freiheitlich demokratische Grundordnung als eine Ordnung bestimmt, „die unter Ausschluss jeglicher Gewalt- und Willkürherrschaft eine rechtsstaatliche Herrschaftsordnung auf der Grundlage der

101 BVerfGE 5, 85 (112); Ruland, Diss. 1971, S. 20.
102 BVerfGE 1, 396 (408); BVerfGE 6, 300 (304); BVerfGE 7, 377 (410).
103 Vgl. BVerfGE 2, 1; BVerfGE 5, 85; BVerfGE 28, 36.
104 Laufner in: Festschrift zum 25jährigen Bestehen des Bayr. Verfassungsgerichtshof, S. 73 (82).
105 Vgl. Heinemann, in: Das Parlament vom 08.01.1972, S. 9.
106 BVerfGE 2, 1.
107 BVerfGE 2, 1 (12).

Selbstbestimmung des Volkes nach dem Willen der jeweiligen Mehrheit und der Freiheit und Gleichheit darstellt. Zu den grundlegenden Prinzipien dieser Ordnung sind mindestens die Achtung vor den im Grundgesetz konkretisierten Menschenrechten, die Volkssouveränität, die Gewaltenteilung, die Verantwortlichkeit der Regierung, die Gesetzesmäßigkeit der Verwaltung, die Unabhängigkeit der Gerichte, das Mehrparteiensystem und die Chancengleichheit für alle politischen Parteien mit dem Recht auf verfassungsmäßige Bildung und Ausübung einer Opposition“[108] zu rechnen. In der Entscheidung vom 17. August 1956 hat das Bundesverfassungsgericht diese Bestimmungen bestätigt.[109]

Die freiheitlich demokratische Grundordnung will somit eine Staatsform, in der das Individuum und seine Würde unantastbar und höchster Richtwert allen staatlichen Handelns ist.[110] Damit sind Ziele formuliert, denen sich jede Politik verpflichtet fühlen muss.[111]

Allerdings ist zu berücksichtigen, dass politische Lehren und Gesinnungen, auch wenn sie die obersten Werte der freiheitlich demokratischen Grundordnung nicht anerkennen oder ablehnen, nicht zwangsläufig verfassungswidrig sind. Nur wenn politische Aktivitäten die Grundordnung prinzipiell verwerfen, eine aktive kämpferische Haltung dagegen einnehmen und planmäßig darauf hinarbeiten, das Funktionieren der freiheitlich demokratischen Grundordnung zu beeinträchtigen und im weiteren Verlauf diese Ordnung selbst zu beseitigen, dann sind sie verfassungswidrig.[112] Für den Tatbestand der Verfassungswidrigkeit ist es allerdings unerheblich, ob nur Teile der freiheitlich demokratischen Grundordnung und nur einige ihrer grundlegenden Prinzipien bekämpft werden oder ob die Grundordnung generell verworfen wird.[113]

I. Achtung vor den im GG konkretisierten Menschenrechten

Zu einem wesentlichen Bestandteil der freiheitlich demokratischen Grundordnung ist die „Achtung vor den im Grundgesetz konkretisierten Menschenrechten“ zu zählen. Die Formulierung verdeutlicht, dass nicht alle Grundrechte des Grundgesetzes hierunter zu fassen sind.[114] Daher sind nur diejenigen Grundrechte hierun-

108 BVerfGE 2, 1 (Leitsatz Nr. 2/12 f.).
109 BVerfGE 5, 85 (14); siehe auch BVerfGE 44, 125 (145).
110 BVerfGE 5, 85 (204).
111 Stern, Staatsrecht Bd. I, § 16 II 8, S. 573.
112 BVerfGE 2, 1 (12); BVerfGE 5, 85 (141).
113 BVerfGE 2, 1 (12); v. Münch/Kunig-Kunig, Art. 21 GG, Rn. 81; Sachs/Ipsen, Art. 21 GG, Rn. 160.
114 v. Mangoldt/Klein/Starck-Starck, Art. 1 GG, Rn. 107; MD/Herdegen, Art. 1 Abs. 2 GG, Rn. 8.

ter zu fassen, denen ein vorverfassungsmäßiger und überpositiver Menschenrechtscharakter zukommt.[115] Zu den Menschenrechten können keine Grundrechte zählen, die gesellschaftliche Herrschaftspositionen vermitteln oder garantieren, sondern nur diejenigen Grundrechte, die jedermann in gleicher und ungeteilter Weise innehaben kann, ohne dass dadurch gegenüber Dritten Herrschaftsverhältnisse begründet werden.[116] Entscheidend ist somit der „Jedermanns-Charakter“, der das Grundrecht zum Menschenrecht erhebt.[117]

Einige Grundrechte sind unzweifelhaft als Menschenrechte zu qualifizieren, so etwa das Recht der Persönlichkeit auf Leben und körperliche Unversehrtheit, das Recht der Persönlichkeit auf freie Entfaltung, die Gleichheit als eine diskriminierungsfreie gesetzliche Gleichbehandlung aller Menschen, ohne Rücksicht auf Geburt, Geschlecht, Religion, politische oder weltanschauliche Überzeugung, Herkunft oder Rasse, die Glaubens-, Gewissens-, Religions- und Bekenntnisfreiheit, die Meinungsfreiheiten und die Menschenwürde.[118]

Menschenrechte, die jedermann in gleicher Weise zustehen, ohne dass durch deren Gebrauch freiheitslimitierende Herrschaftsverhältnisse begründet werden, sind die fundamentale Voraussetzung für eine demokratische Ordnung.[119]

1. Menschenwürde

Dass die Menschenwürde in Art. 1 Abs. 1 GG an den Anfang der Verfassungsordnung gestellt wurde, verdeutlicht, dass diese Ausgangs- und Mittelpunkt der Verfassungskultur ist.[120] Es sollte klar gemacht werden, dass der Staat um des Menschen willen und nicht der Mensch um des Staates willen existiert.[121]

Die Menschenwürde steht jedem Menschen zu, unabhängig von Geschlecht, Alter, Hautfarbe, Nationalität und Religion.[122] Allein das Menschsein ist entscheidend, denn die Menschenwürde existiert in jedem Menschen als Kern der unableitbaren Wesenheit der menschlichen Natur, so dass sie weder entzogen noch verwirkt werden kann.[123]

115 Lautner, Diss. 1982, S. 20.
116 Lautner, Diss. 1982, S. 20.
117 Stern, Staatsrecht Bd. I, § 18; Lautner, Diss. 1982, S. 21.
118 Ruland, Diss. 1971, S. 103; Lautner, Diss. 1982, S. 22ff.
119 Lautner, Diss. 1982, S. 20; Ruland, Diss. 1971, S. 103.
120 BVerfGE 45, 187 (227).
121 So der Formulierungsvorschlag des Herrenchiemseer Konvent, siehe hierzu. Stern, Staatsrecht Bd. III, § 58 II 1c, S. 17.
122 BK/Zippelius, Art. 1 GG, Rn. 22; Benda/Maihofer/Vogel-Benda, HdbVerfR, § 6 Rn. 9.
123 Benda/Maihofer/Vogel-Benda, HdbVerfR, § 6 Rn. 11; Stern, Staatsrecht Bd. III, § 58 I 1, S. 6.

Die Garantie der Menschenwürde ist aus dem Sinnhorizont der europäischen Rechtskultur zu verstehen, insbesondere aus dem hier lebendigen Menschenbild und den Vorstellungen darüber, welche Ziele einem Staat angemessen sind.[124] Die Theorie der Menschenwürde versteht sich in der Tradition der Philosophie Kants und der christlichen Theologie.[125]

Immanuel Kant suchte eine Begründung der Menschenwürde in der Vernunftnatur des Menschen,[126] die mit den Vorstellungen des Grundgesetzes jedenfalls vergleichbar ist.

Ein anderer Begründungsansatz für den Wirksamkeitsanspruch der Menschenwürde stammt aus der christlichen Theologie. Durch die Gottesebenbildlichkeit kommt dem Menschen ein Eigenwert zu, der ihn über alle anderen Geschöpfe hinaushebt.[127] Hieraus wurde dann der Schluss auf die Anerkennung von „Menschenwürde" gezogen.[128] Der Parlamentarische Rat ging bei der Schaffung des Art. 1 Abs. 1 GG von dieser Tradition aus.[129]

Allerdings verbietet sich eine derartige Vorgabe weltanschaulich geschlossener Wert- und Weltbilder, da die verfassungsrechtliche Ordnung unabhängig von dem religiösen Bekenntnis anerkannt werden muss.[130] Daher ist Art. 1 Abs. 1 GG derart neutral gewählt, dass sich sowohl der gläubige Christ als auch der Nichtchrist mit ihm identifizieren kann.

Ein Eingriff in die Menschenwürde wird angenommen, wenn der Mensch einer Behandlung ausgesetzt wird, die seine Subjektqualität prinzipiell in Frage stellt, oder wenn in der Behandlung im konkreten Fall eine willkürliche Missachtung der Würde des Menschen liegt. Die Behandlung des Menschen durch die öffentliche Hand verletzt also die Menschenwürde, wenn sie Ausdruck der Verachtung des Wertes ist, der dem Menschen kraft seines Personenseins zukommt.[131] Jeder Eingriff in die Menschenwürde stellt sogleich einen Verstoß gegen diese dar, so dass jeder Eingriff verfassungswidrig ist.[132]

124 Kopp, Festschrift für Obermayer, S. 53ff.; BK-Zippelius, Art. 1 GG, Rn. 3.

125 Pieroth/Schlink, Staatsrecht II, Rn. 354; Hofmann AöR 118 (1993), 353 (357); a.A. sogenannte „Leistungstheorie" Luhmann, Grundrechte als Institution, S. 53 ff.

126 BK/Zippelius, Art. 1 GG, Rn. 4.

127 Messner, Festschrift für Geiger, S. 221; Schellenberg, EvStL zu Menschenwürde, S. 1526; BK/Zippelius, Art. 1 GG, Rn. 2.

128 Böckenförde/Isensee, Menschenrechte und Menschenwürde, S. 165; Stern, Staatsrecht Bd. III, § 58 I 1 c, S. 9.

129 Denninger JZ 1982, 225 (226).

130 Stern, Staatsrecht Bd. III, § 58 I 1, S. 10; Zacher in: Böckenförde, Menschenrechte und Menschenwürde, S. 315, anders Isensee, Kriele und Böckenförde ebenda S. 314 f.

131 BVerfG NJW 2004, 999 (1001); BVerfGE 30, 1 (26).

132 v. Münch/Kunig-Kunig, Art. 1 GG, Rn. 4.

2. *Recht der Persönlichkeit auf Leben und körperliche Unversehrtheit*

Das Recht des Menschen auf Leben und körperliche Unversehrtheit hat keine Vorläufer in der deutschen Verfassungsgeschichte. Es ist eine Reaktion auf die Verbrechen der Zeit des Nationalsozialismus. Das Recht auf Leben und körperliche Unversehrtheit steht dem in Art. 1 Abs. 1 GG normierten Gebot, die menschliche Identität und Integrität zu achten und zu schützen, nahe.[133]

Geschützt wird von Art. 2 Abs. 2 GG das Leben jedes Menschen, so dass die gezielte Tötung von Menschen grundsätzlich verboten ist – aber auch solche Verhaltensweisen, die unbeabsichtigt den Tod eines Menschen herbeiführen.[134]

Zugleich wird aus dem Recht auf Leben gemäß Art. 2 Abs. 2 S. 1 GG abgeleitet, dass der Staat verpflichtet ist, Leben zu schützen,[135] so dass den Staat auch eine Handlungspflicht zur Abwehr von Gefahren für das Leben treffen kann[136]. Dabei beginnt das Recht auf Leben schon vor der Geburt und endet mit dem Tod.

Eingriffe in das Leben sind die Verhängung und Vollstreckung von Todesstrafen, der polizeiliche Todesschuss und die Pflicht zum Einsatz von Leben und Gesundheit in den öffentlich-rechtlichen Dienstverhältnissen der Bundeswehr, Polizei usw.[137]

Die Todesstrafe ist durch Art. 102 GG abgeschafft und zugleich ihre Wiedereinführung durch einfaches Gesetz verboten. Teilweise wird allerdings vertreten, dass Art. 102 GG durch eine Verfassungsänderung aufgehoben und dann die Todesstrafe durch Gesetz wieder eingeführt werden könnte.[138]

Das Recht auf körperliche Unversehrtheit umfasst Gesundheit im biologisch-physiologischen Sinn.[139] Zudem ist auch die Gesundheit im psychischen Bereich vom Schutzumfang umfasst.[140] Auch die Freiheit von Schmerz wird geschützt.[141]

Eingriffe in die körperliche Unversehrtheit liegen vor, wenn Schmerzen zugefügt und empfunden werden, einschließlich Schädigungen und Gefährdungen der Gesundheit[142]. Damit stellen insbesondere körperliche Strafen und Züchti-

133 Pieroth/Schlink, Staatsrecht II, Rn. 391.
134 Sachs/Murswiek, Art. 2 GG, Rn. 141.
135 BVerfGE 39, 1 (4).
136 v. Mangoldt/Klein/Starck-Starck, Art. 2 GG, Rn. 192; Pieroth/Schlink, Staatsrecht II, Rn. 406.
137 Dreier/Schulze-Fielitz, Art. 2 GG, Rn. 42; v. Münch/Kunig-Kunig, Art. 2 GG, Rn. 85, 87.
138 MD/Dürig, Art. 2 Abs. 2 GG, Rn. 14; Tettinger JZ 1978, 128 (131).
139 BVerfGE 56, 54 (73); v. Mangoldt/Klein/Starck-Starck, Art. 2 GG, Rn. 177.
140 Pieroth/Schlink, Staatsrecht II, Rn. 393.
141 BVerfGE 56, 54 (75).
142 BVerfGE 66, 39 (57f.); BVerfG NJW 1998, 295.

gungen[143], sowie auch die zwangsweise Veränderung der Haar und Barttracht[144] Eingriffe dar, die verfassungsrechtlich nicht gerechtfertigt werden könnten.

3. *Recht der Persönlichkeit auf freie Entfaltung*

Das Grundrecht der Persönlichkeit auf freie Entfaltung wird einerseits unter Berufung auf die Entstehungsgeschichte als allgemeine Handlungsfreiheit, andererseits als allgemeines Persönlichkeitsrecht verstanden.[145]

Zunächst wird demnach die allgemeine Handlungsfreiheit gewährleistet. In diesen Schutzbereich fällt jedes menschliche Verhalten ohne Rücksicht darauf, welches Gewicht ihm für die Persönlichkeitsentfaltung zukommt. Nicht nur das Handeln ist geschützt, sondern gerade auch das Nichthandeln. Zweck der allgemeinen Freiheitsgewährleistung durch Art. 2 Abs. 1 GG ist der Schutz der menschlichen Entschließungsfreiheit, gleichgültig, worauf die Entschließung abzielt.[146] Neben der positiven Freiheit zum Handeln ist somit auch die negative Freiheit zum Unterlassen vom Schutzbereich umfasst.[147]

Das Recht der Persönlichkeit auf freie Entfaltung umfasst des Weiteren spezielle unbenannte Freiheitsrechte, die unter der Bezeichnung „allgemeines Persönlichkeitsrecht“ zusammengefasst werden.[148] Das allgemeine Persönlichkeitsrecht wird aus Art. 2 Abs. 1 i.V.m. Art. 1 Abs. 1 GG entwickelt. Dabei verbürgt das allgemeine Persönlichkeitsrecht als Recht der Selbstbestimmung dem Einzelnen, selbst zu bestimmen, wer er ist.

Ebenso umfasst das allgemeine Persönlichkeitsrecht als Recht der Selbstdarstellung des Einzelnen, sich herabsetzender, verfälschender, entstellender und unerbetener öffentlicher Darstellung, aber auch unerbetener heimlicher Wahrnehmung seiner Person erwehren zu können.[149] Es umschließt den Schutz der persönlichen Ehre mit Schutz vor Äußerungen, die geeignet sind, sich abträglich auf die Erscheinung des Einzelnen in der Öffentlichkeit auszuwirken[150], das Recht am eigenen Bild[151] und Wort[152] und das Recht, in Straf- und ähnlichen Verfahren nicht zur Selbstbezichtigung[153] und im Berufsleben nicht zur Offenba-

143 Pieroth/Schlink, Staatsrecht II, Rn. 396.
144 BVerfGE 47, 239 (248).
145 BVerfGE 6, 32 (37); Pieroth/Schlink, Staatsrecht II, Rn. 367.
146 Sachs/Murswiek, Art. 2 GG, Rn. 43 f.
147 v. Münch/Kunig-Kunig, Art. 2 GG, Rn. 17; Merten JuS 1976, S. 345 (346).
148 BVerfGE 6, 32 (37); Sachs/Murswiek, Art. 2 GG, Rn. 59.
149 Pieroth/Schlink, Staatsrecht II, Rn. 377.
150 BVerfGE 99, 185 (193f.).
151 BVerfGE 35, 202 (220); BVerfGE 101, 361 (380).
152 BVerfGE 54, 148 (155).
153 BVerfGE 56, 37 (41ff.); BVerfGE 95, 220 (241).

rung persönlicher Lebensumstände[154] gezwungen zu werden. Der Mensch hat daher als informationelles Selbstbestimmungsrecht grundsätzlich selbst zu entscheiden, wann und innerhalb welcher Grenzen persönliche Lebenssachverhalte offenbart werden[155].

Es wird somit jedes Verhalten unter den Schutzbereich des Art. 2 Abs. 1 GG gefasst, so dass Art. 2 Abs. 1 GG die Lückenlosigkeit des grundrechtlichen Freiheitsschutzes und die Lückenlosigkeit der verfassungsgerichtlichen Kontrolle freiheitseinschränkender staatlicher Maßnahmen sichert.[156]

Das Recht der Persönlichkeit auf freie Entfaltung wird allerdings durch die Schrankentrias, also durch die verfassungsmäßige Ordnung, die Rechte anderer und das Sittengesetz, begrenzt.

Die verfassungsmäßige Ordnung wird als die Gesamtheit der Normen, die formell und materiell mit der Verfassung in Einklang stehen, definiert.[157] Die Rechte anderer sind alle subjektiven Rechte des Privatrechts, dagegen nicht bloße Interessen.[158]

Mit dem Sittengesetz werden sittlich-ethische Grenzen individueller Entfaltung in das Grundgesetz inkorporiert. Der Begriff des Sittengesetzes wird durch die Aufnahme in das Grundgesetz aus seiner ursprünglichen religiösen und philosophischen Vorprägung gelöst, da das Sittengesetz als Regulativ in die Rechtsordnung des Staates aufgenommen wurde.[159]

Der Begriff des Sittengesetzes ist in verfassungsrechtliche Sinn- und Funktionszusammenhänge eingeordnet, so dass er nach dieser Maßgabe inhaltlich zu bestimmen ist.[160] Dabei hängt es von den Zielsetzungen, von der „Ideologie“, des jeweiligen Staates ab, welcher Stellenwert und welche Tragweite der Moral im Gesamtgefüge der verfolgten Staatszwecke zukommt.[161] Es kann dabei nicht die zufällig gerade herrschende Moralvorstellung gemeint sein, sondern hiervon umfasst sind ethische Normen von solcher Fundamentalität, dass sie dem staatlichen Recht als unverfügbare überpositive Normen vorgegeben sind.[162] Daher ist die Fundamentalethik des Grundgesetzes selbst zugrunde zu legen, nämlich die Orientierung an der Menschenwürde, den Menschenrechten und der Sozialstaat-

154 BVerfGE 96, 171 (181).
155 BVerfGE 65, 1 (42); BVerfGE 80, 367 (383).
156 Pieroth/Schlink, Staatsrecht II, Rn. 372; Katz, Staatsrecht, Rn. 686.
157 BVerfGE 55, 159 (165); BVerfGE 90, 145 (171f.).
158 Pieroth/Schlink, Staatsrecht II, Rn. 385.
159 Erbel, Sittengesetz, S. 211.
160 v. Münch/Kunig-Kunig, Art. 2 GG, Rn. 28; Isensee/Erichsen, HdbStR V, § 152 Rn. 41; Erbel, Sittengesetz, S. 210f.
161 Erbel, Sittengesetz, S. 211.
162 Sachs/Murswiek, Art. 2 GG, Rn. 97.

lichkeit.[163] Für die Konkretisierung dieses Begriffes kommt angesichts der weltanschaulichen Offenheit und Neutralität des Grundgesetzes insbesondere nicht die Identifikation mit den ethischen Vorstellungen einer bestimmten Weltanschauung, Religion oder Kirche in Betracht.[164]

Dennoch kann zur Feststellung über die Geltung eines Sittengesetzes „die öffentlichen Religionsgesellschaften, insbesondere die beiden großen christlichen Konfessionen, aus deren Lehren große Teile des Volkes die Maßstäbe für ihr sittliches Verhalten entnehmen“[165], herangezogen werden. Diese sind allerdings dem Wandel des sittlichen Bewusstseins der Rechtsgemeinschaft unterworfen.[166]

4. *Gleichheit als diskriminierungsfreie Gleichbehandlung*

Das Grundgesetz enthält Gewährleistungen der Gleichheit an verschiedenen Stellen (Art. 6 Abs. 5, Art. 12 Abs. 2, Art. 21, Art. 33 Abs. 1 bis 3 GG usw.) und mit verschiedenen Akzenten. Art. 3 Abs. 1 GG ist dabei der allgemeine Gleichheitssatz; er verlangt die Rechtsanwendungsgleichheit (Gleichheit vor dem Gesetz) und die Rechtssetzungsgleichheit (Gleichheit des Gesetzes).[167] Art. 3 Abs. 2 S. 1 und Abs. 3 S. 1 GG verbieten, bestimmte Gegebenheiten zum Grund für Bevorzugungen und Benachteiligungen zu nehmen. Sie lassen damit erkennen, dass nicht die völlige Gleichbehandlung von Art. 3 Abs. 1 GG verlangt wird, nicht jede Bevorzugung und Benachteiligung verboten wird. Denn wäre das der Inhalt des Art. 3 Abs. 1 GG, so bedürfte es des Art. 3 Abs. 2 S. 1 und Abs. 3 S. 1 GG nicht. Vielmehr bedarf es ihrer, weil Art. 3 Abs. 1 GG nur die grundlose Ungleichbehandlung verbietet. Eine Ungleichbehandlung verlangt daher nach rechtfertigenden Gründen, und Art. 3 Abs. 2 und Abs. 3 GG statuieren, welche Gegebenheiten als rechtfertigende Gründe für die Ungleichbehandlung schlechthin ausfallen.

a. *Alle Menschen sind vor dem Gesetz gleich, Art. 3 Abs. 1 GG*

Art. 3 Abs. 1 GG gilt als allgemeines Menschenrecht für In- und Ausländer.[168] Das Bundesverfassungsgericht qualifiziert die Gleichheit vor dem Gesetz zugleich als „überpositiven Rechtsgrundsatz“.[169]

163 Sachs/Murswiek, Art. 2 GG, Rn. 98; Isensee/Erichsen, HdbStR V, § 152 Rn. 41.
164 Isensee/Erichsen, HdbStR V, § 152 Rn. 41.
165 BVerfGE 6, 389 (434/435).
166 Isensee/Erichsen, HdbStR V, § 152 Rn. 41.
167 Pieroth/Schlink, Staatsrecht II, Rn. 428.
168 v. Münch/Kunig-Gubelt, Art. 3 GG, Rn. 5.
169 BVerfGE 1, 208 (233); BVerfGE 23, 98 (106 f.).

Die Anwendbarkeit des Art. 3 Abs. 1 GG setzt zunächst die Ungleich- oder Gleichbehandlung zweier Sachverhalte voraus.[170] Die Anwendung des Art. 3 Abs. 1 GG beruht immer auf dem Vergleich von Sachverhalten, die nie in allen, sondern stets nur in einzelnen Merkmalen übereinstimmen. Die Feststellung, ob die Sachverhalte als gleich oder ungleich anzusehen sind, ist nur möglich, wenn man ein Differenzierungskriterium auswählt, unter dessen Aspekt der Vergleich gestellt wird.[171]

Die Entscheidung, ob die übereinstimmenden oder verschiedenen Merkmale zweier Sachverhalte wesentlich sein sollen, kann nur nach einer Wertung getroffen werden.[172] Entscheidend für die Anwendung des Gleichheitssatzes ist damit die Erkenntnis, dass die Auswahl des Differenzierungskriteriums nicht durch einen logischen Denkakt, sondern aufgrund eines Werturteils erfolgt.[173]

Nach der Feststellung einer Ungleichbehandlung stellt sich die Frage nach der verfassungsrechtlichen Rechtfertigung. Art. 3 Abs. 1 GG enthält die Weisung an den Gesetzgeber „bei stetiger Orientierung am Gerechtigkeitsgedanken, Gleiches gleich, Ungleiches seiner Eigenart entsprechend verschieden zu behandeln".[174] Eine Maßnahme ist nicht am Gerechtigkeitsgedanken orientiert und verletzt damit den Gleichheitssatz, wenn sich für sie keine vernünftigen Erwägungen finden lassen, die sich aus der Natur der Sache ergeben oder sonst einleuchtend sind, die Maßnahme also als willkürlich bezeichnet werden muss.[175] Das Willkürverbot ist verletzt, wenn die Unsachlichkeit der Differenzierung evident ist.[176] Hierbei ist Willkür im objektiven Sinn zu verstehen als eine Maßnahme, welche im Verhältnis zu der Situation, der sie Herr werden will, tatsächlich und eindeutig unangemessen ist.[177]

Möglicherweise beeinflusst durch die zunehmende Kritik an dieser Willkürformel innerhalb der Literatur, wird nunmehr die so genannte Neue Formel angewandt. Danach ist Art. 3 Abs. 1 GG verletzt, wenn eine Gruppe von Normadressaten im Vergleich zu anderen Normadressaten anders behandelt wird, obwohl zwischen beiden Gruppen keine Unterschiede von solcher Art und solchem Gewicht bestehen, dass sie die ungleiche Behandlung rechtfertigen könnten.[178] Mit

170 Jarass/Pieroth-Jarass, Art. 3 GG, Rn. 6 f.
171 Schoch DVBl. 1988, 863 (873); BVerfGE 82, 126 (146 ff.).
172 v. Münch/Kunig-Gubelt, Art. 3 GG, Rn. 17.
173 Dreier-Heun, Art. 3 GG, Rn. 24.
174 BVerfGE 3, 58 (135f.); BVerfGE 18, 38 (46); BVerfGE 98, 365 (385).
175 BVerfGE 1, 14 (52); BVerfGE 3, 58 (135/136); BVerfGE 42, 64 (72).
176 BVerfGE 55, 72 (90); BVerfGE 88, 87 (97).
177 BVerfGE 80, 48 (51); BVerfGE 62, 189 (192).
178 BVerfGE 55, 72 (88); BVerfGE 82, 60 (86); BVerfGE 95, 39 (45).

der Neuen Formel ist allerdings die Interpretation des Gleichheitssatzes als Willkürverbot nicht verabschiedet, sondern lediglich ergänzt worden.[179]

b. Gleichheit von Mann und Frau, Art. 3 Abs. 2 S. 1, Abs. 3 S. 1 GG

Die besondere Hervorhebung der Gleichberechtigung von Männern und Frauen ist historisch bedingt, da Frauen in der Zeit vor der Entstehung des Grundgesetzes in vielen Rechtsvorschriften anders behandelt worden sind als Männer.[180]

Art. 3 Abs. 2 und Abs. 3 GG setzt der Gestaltungsfreiheit feste Grenzen, mithin wird hierin ein absolutes Differenzierungsverbot gesehen.[181] Danach müssen unter das Gebot der Gleichbehandlung alle Regelungen fallen, die sich rechtlich unterschiedlich auf Männer und Frauen auswirken. Die bei Art. 3 Abs. 1 GG geltenden Grundsätze für die Beurteilung der Zulässigkeit von Differenzierungen sind nicht anwendbar,[182] insbesondere ist dem Gesetzgeber die Berufung auf das verschiedene Geschlecht zur Begründung für eine Ungleichbehandlung kraft Verfassungsvorschrift untersagt[183]. Der Gesetzgeber darf sich daher nicht zum Ziel nehmen, Frau und Mann in ihren tradierten Rollen festzuhalten oder sie aus ihnen hinauszudrängen.[184]

Von Art. 3 Abs. 2 S. 1 GG werden aber auch indirekte Ungleichbehandlungen erfasst.[185] Demnach kann „eine Anknüpfung an das Geschlecht auch dann vorliegen, wenn eine geschlechtsneutral formulierte Regelung überwiegend Frauen trifft und dies auf natürliche oder gesellschaftliche Unterschiede zwischen den Geschlechtern zurückzuführen ist“[186].

Dieser Kennzeichnung des Art. 3 Abs. 2 S. 1 GG als absolutem Differenzierungsverbot steht es dennoch nicht entgegen, dass in gewissen Fällen Männer und Frauen unterschiedlich behandelt werden müssen.

Zunächst können andere Grundrechte oder gleichrangige Verfassungsnormen explizit Differenzierungen nach dem Geschlecht zulassen, so etwa in Art. 12 a Abs. 1 und Abs. 4 GG. Soweit Verfassungsnormen dagegen der Ausfüllung durch den Gesetzgeber bedürfen, gilt hier wieder der Ausschluss der Gestaltungsfreiheit des Gesetzgebers.[187]

179 Sachs/Osterloh, Art. 3 GG, Rn. 25.
180 Beispiele bei Hofmann JuS 1988, 249 (251ff.).
181 v. Münch/Kunig-Gubelt, Art. 3 GG, Rn. 86; Dreier/Heun, Art. 3 GG, Rn. 107; a.A. Knöpfle NJW 1960, 553 (555): „würde zu einer absurden Gleichmacherei führen“.
182 BVerfGE 3, 225 (240); BVerfGE 15, 337 (343).
183 v. Münch/Kunig-Gubelt, Art. 3 GG, Rn. 86.
184 Pieroth/Schlink, Staatsrecht II, Rn. 449.
185 Dreier/Heun, Art. 3 GG, Rn. 108 mwN.
186 BVerfGE 97, 35 (43).
187 Dreier/Heun, Art. 3 GG, Rn. 109; v. Münch/Kunig-Gubelt, Art. 3 GG, Rn. 88.

Des Weiteren ist eine unterschiedliche Behandlung dann möglich, wenn ein Bezugspunkt zwischen Männern und Frauen nicht gegeben ist, wenn also der Sachverhalt, der an Art. 3 Abs. 2 GG gemessen werden soll, überhaupt nur in einem Geschlecht verwirklicht werden kann (z.B. Schwangerschaft, Geburt).[188]

Schließlich kann die unterschiedliche Behandlung von Männern und Frauen aus der Natur der Sache gerechtfertigt sein. Da in diesem Bereich die größten Gefahren einer Umgehung des Art. 3 Abs. 2 GG bestehen, ist allerdings eine enge Interpretation erforderlich. Wegen der biologischen Unterschiede ist es bereits undenkbar, dass Frauen und Männer in vollem Umfang gleiche Rechte und Pflichten haben.[189] Entsprechend hat das Bundesverfassungsgericht eine Differenzierung zugelassen, wenn biologische Unterschiede den Lebenssachverhalt so entscheidend prägen, dass etwa vergleichbare Elemente daneben völlig zurücktreten.[190] Nur wenn die zu ordnenden Lebenstatbestände essentiell vergleichbar sind, kann das Differenzierungsverbot gelten.[191]

In seinem Urteil über das Nachtarbeitsverbot[192] vom 28. Januar 1992 führte das Bundesverfassungsgericht weiter aus, dass „differenzierende Regelungen zulässig sein können, soweit sie zur Lösung von Problemen, die ihrer Natur nach nur bei Männern oder bei Frauen auftreten können, zwingend erforderlich sind“[193]. Damit werden biologische Unterschiede mit einer strengen Verhältnismäßigkeitsprüfung verbunden.[194] Die Ungleichbehandlung muss zur Erreichung des damit verfolgten Ziels geeignet, erforderlich und im Hinblick auf die geschlechtsbezogene Differenzierung angemessen sein.[195] Im Einzelnen hängt es oft von der begrifflichen Zuordnung ab, ob eine Regelung „natürlicherweise“ nur Männer, nur Frauen oder beide betreffen kann. Ob die Verschiedenbehandlung gerechtfertigt ist oder eine Gleichbehandlung aller dem Oberbegriff unterfallenden Personen zu fordern ist, muss für jede Konstellation besonders geprüft werden und darf jedenfalls nicht von einer mehr oder weniger geschickten Formulierung des Anknüpfungstatbestandes abhängen.[196]

In seiner früheren Rechtsprechung hatte das Bundesverfassungsgericht zudem auf die funktionale (arbeitsteilige) Verschiedenheit als Unterscheidungskrite-

188 BVerfGE 6, 389 (422 f.); BVerfGE 15, 337 (343); BVerfGE 37, 217 (249).
189 BK/Rüfner, Art. 3 GG, Rn. 616; v. Münch/Kunig-Gubelt, Art. 3 GG, Rn. 85.
190 BVerfGE 6, 389 (422 f.); BVerfGE 68, 385 (390).
191 BVerfGE 6, 389 (422 f.).
192 BVerfGE 85, 191.
193 BVerfGE 85, 191 (207).
194 Sachs/Osterloh, Art. 3 GG, Rn. 274; v. Münch/Kunig-Gubelt, Art. 3 GG, Rn. 89.
195 v. Münch/Kunig-Gubelt, Art. 3 GG, Rn. 89.
196 BK/Rüfner, Art. 3 GG, Rn. 622.

rium abgestellt.[197] Diese Unterscheidung, die in der Regel auf Herkommen und Sitte beruht[198], hat das Bundesverfassungsgericht mittlerweile aufgegeben[199]. Die Tradition als solche kann eine unterschiedliche Behandlung der Geschlechter nicht mehr rechtfertigen.[200] Funktionale Unterschiede rechtfertigen eine Differenzierung vielmehr nur noch dann, wenn sie ihrerseits auf biologischen Unterschieden beruhen.[201]

Die Anforderungen an eine Rechtfertigung von indirekten Ungleichbehandlungen sind geringer als bei direkten Ungleichbehandlungen.[202] Diese mittelbaren faktischen Ungleichbehandlungen sind zulässig, wenn sie objektiv gerechtfertigt sind und somit nichts mit der Diskriminierung auf Grund des Geschlechts zu tun haben.[203] Zur Rechtfertigung genügen sachlich überzeugende Differenzierungsgründe.[204] Dennoch ist auch hier eine Verhältnismäßigkeitsprüfung erforderlich, in der eine Bewertung erfolgt, ob die Ungleichbehandlung zur Erreichung des angestrebten Ziels unter Berücksichtigung der Intensität der Benachteiligungswirkung angemessen ist.[205]

c. Gleichheit unabhängig vom Glauben, Art. 3 Abs. 3 S. 1 GG

Regelungskomplex des Art. 3 Abs. 3 S. 1 GG ist ein allgemeines Diskriminierungsverbot, das ein grundrechtliches Abwehrrecht begründet und zugleich eine objektive Wertentscheidung mit Ausstrahlungswirkung auf die gesamte Rechtsordnung enthält.[206] Art. 3 Abs. 3 S. 1 GG stellt im Hinblick auf das allgemeine Differenzierungsverbot des Art. 3 Abs. 1 GG insofern eine Wertakzentuierung dar, als Differenzierungen *wegen* der genannten Merkmale grundsätzlich verboten sind.[207] Gerade die Diskriminierungen wegen des Glaubens, der religiösen oder politischen Anschauung werden verboten.

Die Begriffe „Glaube“ und „religiöse Anschauung“ sind, wie die positive und negative Religionsfreiheit, in einem weiten Sinn zu verstehen, der die areligiöse

197 BVerfGE 6, 389 (422); BVerfGE 68, 384 (390).
198 Baur JZ 1959, 443 (444).
199 Hofmann JuS 1988, 249 (253).
200 BVerfGE 15, 337 (342); vgl. auch AG Münster NJW 1993, 1720.
201 Dreier/Heun, Art. 3 GG, Rn. 111; Jarass/Pieroth-Jarass, Art. 3 GG, Rn. 94.
202 Sachs/Osterloh, Art. 3 GG, Rn. 256; v. Münch/Kunig-Gubelt, Art. 3 GG, Rn. 91.
203 EuGH NJW 1986, 3020; Jarass/Pieroth-Jarass, Art. 3 GG, Rn. 59; v. Münch/Kunig-Gubelt, Art. 3 GG, Rn. 91.
204 Dreier/Heun, Art. 3 GG, Rn. 96.
205 v. Münch/Kunig-Gubelt, Art. 3 GG, Rn. 91; Jarass/Pieroth-Jarass, Art. 3 GG, Rn. 59.
206 v. Mangoldt/Klein/Starck-Starck, Art. 3 GG, Rn. 366.
207 MD/Dürig-Scholz, Art. 3 Abs. 3 GG, Rn. 1; Dreier/Heun, Art. 3 GG, Rn. 116.

Weltanschauung mit umfasst.[208] Es bestehen daher zwischen den Merkmalen „Glauben“ und „religiöse Anschauungen“ weitgehende Überschneidungen mit dem Verständnis in Art. 4 Abs. 1 GG. Daher gehört Art. 3 Abs. 3 S. 1 GG zu den Elementen der grundgesetzlichen Garantie weltanschaulicher-religiöser Neutralität des Staates.[209] Art. 3 Abs. 3 S. 1 GG ist eine „Ausgleichsnorm“, wonach Personen, die von ihren religiös-weltanschaulichen Rechten des Art. 4 GG im Rahmen der dort gezogenen Grenzen Gebrauch machen, keinerlei Nachteile erleiden dürfen.[210]

Staatliches Handeln mit Auswirkungen in Form von Benachteiligungen und Bevorzugungen können sowohl durch positives Tun als auch durch Unterlassen erfolgen. Für die erforderliche Betroffenheit genügt es, dass irgendein Interesse der Person berührt wird, mag es wirtschaftlicher, ideeller oder emotionaler Art sein.[211] Die Merkmale des Art. 3 Abs. 3 S. 1 GG müssen jedoch ursächlich im weiteren Sinne für die Diskriminierung gewesen sein.[212]

Die Rechtsprechung[213] hat in früheren Entscheidungen gefordert, dass die Benachteiligung oder Bevorzugung bezweckt sein muss, es somit also auf den Willen des handelnden Organs ankäme. Damit war das Verbot des Art. 3 Abs. 3 S. 1 GG aber nicht absolut, denn es verbietet nicht einen Nachteil oder einen Vorteil, der die Folge einer ganz anders intendierten Regelung ist.[214] Das Bundesverfassungsgericht änderte diese Rechtsprechung dahingehend, dass es nunmehr unerheblich ist, ob eine Regelung auf eine nach Art. 3 Abs. 3 GG verbotene Ungleichbehandlung angelegt ist oder ob in erster Linie andere Ziele verfolgt werden.[215] Für eine Ungleichbehandlung genügt es danach, wenn eines der Merkmale „in einem Motivbündel“, das die Regelung beeinflusst hat, enthalten ist.[216]

Die Ungleichbehandlung kann indessen legitimiert sein.[217] Daher enthalten etwa die staatskirchlichen Normen auch Differenzierungserlaubnisse, die Art. 3 Abs. 3 S. 1 GG im Einzelfall überlagern oder modifizieren können.[218] Art. 3 Abs. 3 S. 1 GG wird nicht durch die konfessionell gebundenen Staatsämter verletzt, bei denen die Konfessionszugehörigkeit zu den Eignungsvoraussetzungen zählt.[219]

208 Sachs/Osterloh, Art. 3 GG, Rn. 302; v. Münch/Kunig-Gubelt, Art. 3 GG, Rn. 101.
209 BVerfGE 19, 206 (216); Dreier/Heun, Art. 3 GG, Rn. 132.
210 MD/Dürig-Scholz, Art. 3 Abs. 3 GG, Rn. 106f.
211 BVerfGE 37, 217 (246); Isensee/Sachs, HdbStR V; § 126 Rn. 53; v. Münch/Kunig-Gubelt, Art. 3 GG, Rn. 103.
212 BVerfGE 2, 266 (286); BVerfGE 75, 40 (70).
213 BVerfGE 75, 40 (70); BVerwGE 75, 86 (96).
214 BVerfGE 75, 40 (70).
215 BVerfGE 85, 191 (206).
216 BVerfGE 89, 276 (288f.).
217 Isensee/Sachs, HdbStR V, § 126 Rn. 129.
218 Dreier/Heun, Art. 3 GG, Rn. 132; v. Mangoldt/Klein/Starck, Art. 3 GG, Rn. 372.
219 Isensee/Sachs, HStR V, § 126 Rn. 133.

Eine Bindung von Subjekten des Privatrechts an Art. 3 Abs. 3 GG kann sich über dessen objektiv-rechtlichen Charakter im Rahmen auslegungsbedürftiger Generalklauseln des Zivilrechts ergeben.[220] Soweit eine bestimmte Glaubenshaltung oder Weltanschauung für die Erfüllung des Vertragszwecks erwartet wird, darf nach Glaube und religiöser Anschauung unterschieden und z.B. bei Glaubenswechsel gekündigt werden.[221]

Im engeren privaten Bereich darf nach Glaube und religiöser Anschauung differenziert werden.[222] Dennoch wurde unter dem alten Eherecht der bloße Glaubenswechsel nicht als Ehescheidungsgrund anerkannt,[223] obwohl die Ehe zum engeren privaten Bereich zu rechnen ist. Erforderlich war vielmehr, dass noch weitergehende Umstände wie Unduldsamkeit, Entfremdung der Kinder vom anderen Ehegatten und mangelnde Rücksicht des die Glaubensidentität aufgebenden Ehegatten hinzutraten,[224] um einen Scheidungsgrund zu begründen.

5. *Religionsfreiheit*

Die Religionsfreiheit gehört zum menschenrechtlichen Grundbestand der neuzeitlichen Grundrechtserklärungen. Träger des Grundrechts ist jedermann, Ausländer und Kinder eingeschlossen. Kinder werden bis zu ihrer Religionsmündigkeit durch ihre Eltern vertreten, die zugleich ein eigenes Recht zur religiösen Erziehung ihrer Kinder aus Art. 4 Abs. 1 i.V.m. Art. 6 Abs. 1, Abs. 2 GG innehaben.

Im Grundgesetz sind die von der Religionsfreiheit umfassten Rechte in der Form aufgeteilt, dass Art. 4 GG die Glaubens- und Bekenntnisfreiheit und die Freiheit des weltanschaulichen Bekenntnisses in Abs. 1 und die Kultusfreiheit als Recht ungestörter, auch gemeinschaftlicher Religionsausübung in Abs. 2 gewährleistet. Bei Art. 4 Abs. 1, Abs. 2 GG handelt es sich um ein einheitliches Grundrecht, so dass Art. 4 Abs. 2 GG nur deklaratorische Bedeutung hat.[225] Das Grundrecht der Religionsausübung nach Art. 4 Abs. 2 GG ist an sich bereits im Begriff der Glaubens- und Bekenntnisfreiheit nach Art. 4 Abs. 1 GG enthalten, da dieser Begriff nicht nur die innere Freiheit zu glauben oder nicht zu glauben, d.h. einen Glauben zu bekennen, zu verschweigen, sich von dem bisherigen Glauben loszusagen und einem anderen Glauben zuzuwenden, beinhaltet, sondern ebenso die äußere Freiheit, den Glauben zu manifestieren, zu bekennen und zu

220 v. Mangoldt/Klein/Starck-Starck, Art. 3 GG, Rn. 347.
221 BK/Zippelius, Art. 4 GG, Rn. 83.
222 v. Mangoldt/Klein/Starck-Starck, Art. 3 GG, Rn. 377.
223 BVerfGE 17, 302 (305).
224 v. Mangoldt/Klein/Starck-Starck, Art. 3 GG, Rn. 377; Müller-Freienfels JZ 1974, 305 (345).
225 BVerfGE 24, 236 (245 f.).

verbreiten.[226] Die Freiheit der Religionsausübung geht somit inhaltlich in der Bekenntnisfreiheit auf.[227] Es handelt sich bei der Religionsfreiheit daher um ein umfassendes Recht mit gegliedertem Schutzgehalt, das um der Klarstellung willen in seinen verschiedenen Ausprägungen aufgezählt ist.[228]

a. Weltanschaulich-religiöse Neutralität des Staates

Die Neutralität des Staates ist eine wesentliche Voraussetzung des inneren Friedens und der effektiven Gewährleistung der subjektiven Rechte des Art. 4 Abs. 1 und Abs. 2 GG.[229]

Der Staat besitzt danach in keiner seiner Erscheinungsformen die Befugnis, vom Bürger ein bestimmtes Denken in religiösen oder weltanschaulichen Fragen zu fordern, so dass es ihm erst recht versagt ist, einer solchen Forderung durch Einsatz staatlicher Zwangs- oder auch nur Lenkungsmittel Nachdruck zu verschaffen.

Art. 4 Abs. 1 GG wird dahingehend verstanden, dass es dem Staat ganz allgemein verboten ist, sich mit dem einen oder anderen religiösen Bekenntnis – auch ohne missionarische Lenkungs- und Zwangsmaßnahmen – zu identifizieren.[230] Vom Staat wird daher eine weltanschauliche Neutralität in dem Sinne verlangt, dass ihm die Identifikation mit irgendeinem Bekenntnis verboten ist, wie immer sie sich praktisch darstellen mag.[231] Entsprechend wird die Einführung staatskirchlicher Rechtsformen und die Privilegierung bestimmter Bekenntnisse verwehrt.[232]

In diesem Zusammenhang gewinnt auch Art. 3 Abs. 3 GG an Bedeutung, als dort ausdrücklich Bevorzugungen und Benachteiligungen aus Gründen der religiösen Anschauung verboten sind. Der Staat darf folglich keine Religion oder Weltanschauung bevorzugen und auch keine Monopol- oder Vorzugsrechte zugunsten einer Religion einräumen, da dies den Grundsatz der Gleichberechtigung verletzt.[233] Wenn er sich also im Rahmen seines Ermessens einmal entschlossen hat, einzelne Angehörige einer Religion, einzelne Religionsgemeinschaften oder Kirchen zu fördern, so muss er diese Förderung auf alle vergleichbaren Einzelpersonen und Vereinigungen erstrecken.[234]

226 BVerfGE 12, 1 (3); BVerfGE 24, 236 (245).
227 BVerfGE 24, 236 (245).
228 v. Campenhausen, Staatskirchenrecht, S. 61.
229 v. Mangoldt/Klein/Starck-Starck, Art. 4 GG, Rn. 21.
230 M/D-Herzog, Art. 4 GG, Rn. 71.
231 BVerfGE 12, 1 (4).
232 BVerfGE 19, 206 (216); BVerfGE 18, 385 (386).
233 BK/Zippelius, Art. 4 GG, Rn. 21.
234 MD/Herzog, Art. 4 GG, Rn. 140.

Die durch die Neutralität des Staates erforderliche Gleichbehandlung in Religionssachen bedeutet allerdings nicht, dass der Staat in beliebiger Hinsicht alle Religionsgemeinschaften schematisch gleich zu behandeln hat.[235] Vielmehr sind Differenzierungen zulässig, die durch tatsächliche Verschiedenheiten der einzelnen Religionsgesellschaften bedingt sind.[236] Die Religionsgemeinschaften dürfen allerdings nicht lediglich mit Rücksicht auf ihre Glaubensinhalte unterschiedlich behandelt werden.[237]

Eine sich aus dem Konzept der freundschaftlichen Kooperation zwischen Kirche, Religionsgemeinschaft und Staat ergebende Bevorzugung der großen den hiesigen Kulturraum prägenden Konfessionen verletzt nicht das Gebot strikter Gleichheit in der Achtung der verschiedenen religiösen Positionen der Einzelnen.[238] Insoweit soll der Staat die zahlenmäßige Stärke und soziale Relevanz der Religionsgemeinschaft berücksichtigen können.[239]

Die damit angesprochene Trennung von Staat und Religion hat in der Verfassungsordnung nicht nur den Sinn, dem Staat Freiheit zu geben; es soll auch den Religionsgemeinschaften die Chance eröffnen, ohne Fesselung an den Staat frei wirken zu können.[240]

Dennoch ist die Neutralität des Staates nicht als rigide staatliche Indifferenz gegen die Glaubensüberzeugungen und Religionsgemeinschaften zu verstehen, die durch Grundrechte und staatskirchliche Verfassungsnormen geschützt werden.[241] Mithin darf staatliches Handeln religiöse Lehren berücksichtigen, aus denen „große Teile des Volkes die Maßstäbe für ihr sittliches Verhalten entnehmen".[242] In dem demokratischen Prozess „ständiger geistiger Auseinandersetzung zwischen den einander begegnenden sozialen Kräften und Interessen"[243], können auch Glaubensvorstellungen der Bürger Anteil an der Bildung des Staatswillens gewinnen. Insbesondere widerspricht die gänzliche Außerachtlassung wesentlicher geistiger Kräfte und Gemeinschaften gerade im modernen pluralistischen Staat dessen Grundstruktur, die auf Anerkennung einer gegliederten Gesellschaft und der Mitverantwortung ihrer Gruppen beruht.[244] Begrenzt wird

235 BK/Zippelius, Art. 4 GG, Rn. 28.
236 BVerfGE 19, 1 (8).
237 BK/Zippelius, Art. 4 GG, Rn. 29.
238 Heckel, FS Dürig, S. 241 (247); Sachs/Kokott, Art. 4 GG, Rn. 29.
239 Sachs/Kokott, Art. 4 GG, Rn. 29.
240 v. Campenhausen, Staatskirchenrecht, S. 98 f.
241 BK/Zippelius, Art. 4 GG, Rn. 20 ff.; v. Mangoldt/Klein/Starck-Stark, Art. 4 GG, Rn. 21.
242 BVerfGE 6, 389 (434/435).
243 BVerfGE 5, 85 (135).
244 v. Campenhausen, Staatskirchenrecht, S. 99 f.

dies jedoch durch die aus der Neutralität hergeleitete Aufgabe des Staates auch demokratische Mehrheiten daran zu hindern, religiösen oder weltanschaulichen Minderheiten ihren religiös-weltanschaulichen Standpunkt zu oktroyieren.[245] Ein durch weltanschauliche Einflüsse mitgeprägtes Gesetz darf also die Glaubens- und Religionsfreiheit anders Eingestellter nicht antasten.

Folglich liegt keine derartige Trennung von Staat und Religionsgemeinschaft in der Form vor, in der der Religionsgemeinschaft das Hineinwirken in den öffentlichen Bereich verboten ist und die Zusammenarbeit des Staates mit den Religionsgemeinschaften auf allen Gebieten untersagt ist.[246]

b. *Glaubensfreiheit*

Von der Religionsfreiheit wird zunächst die Glaubensfreiheit geschützt. Gegenstand der Glaubensfreiheit ist die Überzeugung in Bezug auf eine Religion oder Weltanschauung selbst, so dass Schutzgut der Glaubensfreiheit die persönliche religiöse und weltanschauliche Gewissheit ist.[247] Mit dieser Bestimmung des Schutzgegenstandes werden somit inhaltlich individuelle Glaubensüberzeugungen geschützt.

Als Überzeugungsschutz erstreckt sich die Glaubensfreiheit im Sinne des Art. 4 Abs. 1 GG auf das Bilden und Haben eines religiösen und/oder weltanschaulichen Glaubens. Die Glaubensfreiheit garantiert daher das Recht, zu glauben oder nicht zu glauben, ohne dass der Staat hieran Vor- oder Nachteile knüpfen oder Einfluss auch nur im Vorstadium der Glaubensbildung nehmen dürfte.[248] Sie gibt dem Einzelnen das Recht, sein gesamtes Verhalten an den Lehren seines Glaubens auszurichten und seiner inneren Glaubensüberzeugung gemäß zu leben.[249]

Das Bundesverfassungsgericht ging zunächst davon aus, dass das Grundgesetz nur diejenige Betätigung des Glaubens schütze, „die sich bei den heutigen Kulturvölkern auf dem Boden sittlicher Grundanschauungen im Laufe der geschichtlichen Entwicklung herausgebildet“[250] haben. Diese Ansicht hat das Bundesverfassungsgericht nunmehr aufgegeben, in dem es betont, dass Art. 4 GG auch die Angehörigen anderer religiöser Vereinigungen unabhängig von ihrer zahlenmäßigen

245 BK/Zippelius, Art. 4 GG, Rn. 21; Isensee/v. Campenhausen, HdStR VI, § 136 Rn. 96.
246 v. Campenhausen, Staatskirchenrecht, S. 104.
247 v. Münch/Kunig-Mager, Art. 4 GG, Rn. 16.
248 Sachs/Kokott, Art. 4 GG, Rn. 27.
249 BVerfGE 24, 236 (247); BVerfGE 32, 98 (106); teilweise wird dies unter den Begriff der Bekenntnisfreiheit (so Isensee/v. Campenhausen, HdbStR VI, § 136 Rn. 52) oder den Begriff der Religionsausübung (so etwa MD/Herzog, Art. 4 GG, Rn. 64) gefasst.
250 BVerfGE 12, 1 (4).

Stärke schützt.[251] Die Religionsfreiheit schützt somit nicht etwa nur die herkömmlichen, im Abendland bekannten und verbreiteten Religionen und Weltanschauungen[252], sondern gerade auch vereinzelt auftretende Glaubensüberzeugungen, die von den Lehren der Kirchen und Religionsgemeinschaften abweichen.[253]

Mit dem Recht nicht zu glauben, ist auch die negative Religionsfreiheit geschützt.[254] Die Religionsfreiheit wäre unvollständig gewährleistet, wenn nicht auch die Negation des entsprechenden Denkens, Redens und Handelns mit gewährleistet wäre.[255] Daher gehört auch die Freiheit des Nichtglaubens in den Schutzbereich des Art. 4 GG.

Mögliche Konflikte zwischen der positiven Religionsfreiheit und der negativen Religionsfreiheit können weder einseitig zugunsten der positiven noch einseitig zugunsten der negativen Religionsfreiheit entschieden werden. Vielmehr ist es Aufgabe des demokratischen Gesetzgebers, unvermeidliche Spannungsverhältnisse nach dem Prinzip der „Konkordanz" zwischen den verschiedenen verfassungsrechtlich geschützten Rechtsgütern zu lösen.[256]

c. *Freiheit des religiösen und weltanschaulichen Bekenntnisses*

Die Bekenntnisfreiheit umfasst jede religiös motivierte Äußerung oder Handlung, sei es einzelner, in Gemeinschaft oder durch eine Religions- bzw. Weltanschauungsgemeinschaft.[257] Die Bekenntnisfreiheit ist daher eine grundrechtlich verselbstständigte, besonders privilegierte Form der Kommunikation. Sie kann in einem Zuerkennen der Zugehörigkeit zu einer Religions- oder Weltanschauungsgemeinschaft erfolgen, erfasst aber auch die inhaltliche Darlegung der persönlichen Überzeugung, einschließlich des Werbens, Abwerbens und Missionierens[258], zumal dies ein Gebot der „eigenen" Religion darstellen mag[259]. Damit schützt die Bekenntnisfreiheit auch den mit Mitteln der geistigen Auseinandersetzung geführten „Kampf" zwischen den Religionen und Weltanschauungen um die Wahrheit und um die Anhänger.[260] Allerdings fallen nur Mittel der geistigen Kommunikation in den Schutzbereich, nicht dagegen Gewalt, List oder Drohung.[261]

251 BVerfGE 41, 29 (49); BVerfGE 33, 23 (28).
252 Eher restriktiv Isensee EssGespr 19 (1985), S. 142.
253 BVerfGE 33, 23 (28).
254 Sachs/Kokott, Art. 4 GG, Rn. 28; BVerwG DVBl. 1999, 1581 (1586).
255 Pieroth/Schlink, Staatsrecht II, Rn. 516.
256 BVerfGE 41, 29; Sachs/Kokott, Art. 4 GG, Rn. 29.
257 BVerfGE 32, 98 (106).
258 BVerfGE 12, 1 (4); BVerfGE 24, 236 (245).
259 Dreier/Morlok, Art. 4 GG, Rn. 60.
260 So v. Münch/Kunig-Mager, Art. 4 GG, Rn. 34.
261 BVerfGE 12, 1 (5); MD/Herzog, Art. 4 GG, Rn. 84.

Die Kundgabe der Überzeugungen kann in verschiedenen Formen erfolgen, etwa verbal, durch Tragen von Symbolen oder einer bestimmten, den Grundsätzen einer Religionsgemeinschaft entsprechenden Kleidung.[262] Auch der Austritt aus einer Religionsgemeinschaft bzw. der Wechsel in eine andere Religionsgemeinschaft sind als Äußerungen der religiösen Überzeugung durch eine Handlung dem Schutzbereich der Bekenntnisfreiheit zuzuordnen.[263]

Das Recht der Auskunftsverweigerung über Glaubens- und Bekenntnisfragen unterfällt als Ausprägung der negativen Bekenntnisfreiheit dem Schutzbereich des Art. 4 GG,[264] wird allerdings durch Art. 140 GG i.V.m. Art. 136 Abs. 3 WRV dahingehend eingeschränkt, dass den Behörden ein Fragerecht zugestanden wird, wenn von der Zugehörigkeit zu einer Religionsgemeinschaft Rechte und Pflichten abhängen.

Der Schutz der Bekenntnisfreiheit ist nicht auf christliche Glaubensüberzeugungen, Buchreligionen, Weltreligionen oder traditionell bisher bekannte Glaubensüberzeugungen, Religionen und Weltanschauungen beschränkt.[265] Die vom Recht vorzunehmende Grenzziehung hat sich unter Einhaltung jeglicher Bewertung des Inhalts an Kriterien der formalen sozialtypischen Erscheinung zu orientieren.[266]

d. *Freiheit der Religionsausübung*

Entgegen dem Wortlaut des Art. 4 Abs. 2 GG wird aus dem für den Staat verbindlichen Gebot weltanschaulich-religiöser Neutralität und dem Grundsatz der Parität der Kirchen und Bekenntnisse eine Erstreckung der Freiheit der Religionsausübung auch auf Weltanschauungsgemeinschaften gefolgert.[267] Der Begriff wird daher extensiv gegenüber seinem historischen Inhalt ausgelegt.[268]

Zur Religionsausübung gehören die „kultischen Handlungen und Ausübungen sowie die Beachtung religiöser Gebräuche wie Gottesdienst, Sammlung kirchlicher Kollekten, Gebete, Empfang der Sakramente, Prozessionen, das Zeigen von Kirchenfahnen, Glockengeläut, sowie die religiöse Erziehung, freireligiöse und

262 Sachs/Kokott, Art. 4 GG, Rn. 33; v. Münch/Kunig-Mager, Art. 4 GG, Rn. 34.

263 BVerfGE 30, 415 (423 f.).

264 BVerfGE 12, 1 (4); Sachs/Kokott, Art. 4 GG, Rn. 53, v. Münch/Kunig-Mager, Art. 4 GG, Rn. 39.

265 v. Münch/Kunig-Mager, Art. 4 GG, Rn. 13; anders wohl noch BVerfGE 12, 1 (4).

266 Dreier/Morlok, Art. 4 GG, Rn. 43.

267 BVerfGE 24, 236 (246); a.A. v. Münch/Kunig-Mager, Art. 4 GG, Rn. 55: danach fällt dies unter die Bekenntnisfreiheit, Art. 4 Abs. 1 GG; so auch BK/Zippelius, Art. 4 GG, Rn. 103.

268 v. Mangoldt/Klein/Starck, Art. 4 GG, Rn. 55 f.; MD/Herzog, Art. 4 GG, Rn. 99; v. Mangoldt/Klein/Starck-Starck, Art. 4 GG, Rn. 53.

atheistische Feiern und andere Äußerungen des religiösen und weltanschaulichen Lebens“[269]. Hierzu gehört auch das Recht des Einzelnen, sein gesamtes Verhalten an den Lehren seines Glaubens auszurichten und seiner inneren Glaubensüberzeugung gemäß zu handeln.[270] Die Enthaltung von jeglicher oder bestimmter Arbeit sowie von behördlich auferlegten Pflichten an Feiertagen ist mit umfasst.

Des Weiteren enthält Art. 4 Abs. 2 GG nicht nur ein individuelles Abwehrrecht, das dem Staat die Einmischung in den höchstpersönlichen Bereich des Einzelnen verbietet, sondern er gebietet auch in positivem Sinn, dass die staatliche Gewalt dem Grundrechtsträger vorhandene und notwendige materielle Voraussetzungen für die Ausübung dieses Grundrechts nicht entziehen darf.[271]

e. *Religiöse Vereinigungsfreiheit*

Ein weiteres Element der Religionsfreiheit ist die religiöse Vereinigungsfreiheit, die sich bei den institutionellen staatskirchlichen Bestimmungen des Art. 140 GG i.V.m. Art. 137 WRV findet, allerdings ebenfalls zum Grundrechtstatbestand des Art. 4 Abs. 1 GG gehört[272]. Die Freiheit zur religiösen Vereinigung ergibt sich als Attribut der in Art. 4 GG garantierten Freiheit des religiösen Bekenntnisses und der Religionsausübung, so dass Art. 137 Abs. 2 WRV lediglich deklaratorische Wirkung zukommt.[273] Die Garantie freier Ordnung und Verwaltung der eigenen Angelegenheiten ist eine „notwendige, wenngleich rechtlich selbstständige Gewährleistung, die der Freiheit des religiösen Lebens und Wirkens der Kirchen und Religionsgemeinschaften die zur Wahrung dieser Aufgaben unerlässliche Freiheit der Bestimmung über Organisation, Normsetzung und Verwaltung hinzufügt“[274].

Die religiöse Vereinigungsfreiheit ist individuelles und korporatives Recht. Sie umfasst das Recht, sich gemäß den Grundsätzen des Glaubens zusammenzuschließen und zu organisieren, wie auch die glaubensbezogene Tätigkeit der Vereinigung[275] und einen Anspruch auf eine irgendwie geartete Existenz, einschließlich der Teilnahme am allgemeinen Rechtsverkehr[276].

269 BVerfGE 24, 236 (246/249).
270 BVerfGE 32, 98 (196), BVerfGE 41, 29 (49).
271 BVerfG NVwZ 1997, 782 (783); Sachs/Ehlers, Art. 140 GG/ 138 WRV, Rn. 8; Sach/Kokott, Art 4 GG Rn. 70.
272 v. Mangoldt/Klein/Starck-Starck, Art. 4 GG, Rn. 46.
273 vgl. BVerfGE 83, 341 LS 2 a; BK-Zippelius, Art. 4 GG, Rn. 112.
274 BVerfGE 53, 366 (367 LS Nr. 3/401).
275 BVerfGE 19, 1 (5); BVerfGE 53, 366 (399).
276 BVerfGE 83, 341 LS Nr. 2 b; Sachs/Kokott, Art. 4 GG, Rn. 75.

Unter den Schutz des Art. 4 Abs. 1 und Abs. 2 GG fallen jedoch nur Vereinigungen, die sich die Pflege einer Religion zum Ziel gesetzt haben. Erforderlich ist, dass es sich tatsächlich, nach dem geistigen Gehalt und dem äußeren Erscheinungsbild um eine Religion und Religionsgemeinschaft handelt.[277] Diese Glaubensgemeinschaften verlieren ihren Status insbesondere nicht dadurch, dass sie sich im politischen Bereich betätigen,[278] da den Religionsgesellschaften ein „Öffentlichkeitsanspruch" zuerkannt wird[279].

Allerdings kann der Staat Mindestanforderungen bezüglich des äußeren Aufbaus und der Organisation von Religionsgesellschaften vorschreiben. Diese verstoßen so lange nicht gegen Art. 4 GG, als sie nicht die Freiheit zu Kultushandlungen und zur Teilnahme an ihnen stören.[280]

Eine Weltanschauungs- oder Religionsgemeinschaft kann unter Beachtung des Grundsatzes der Verhältnismäßigkeit zudem verboten werden, wenn dies zum Schutz höherrangiger oder gleichrangiger Verfassungsgüter erforderlich ist.[281]

6. *Meinungsfreiheiten*

Des Weiteren ist die Meinungsfreiheit als Menschenrecht anerkannt und fällt daher in den Schutzbereich der freiheitlich demokratischen Grundordnung. Das Grundrecht auf freie Meinungsäußerung ist als „unmittelbarster Ausdruck der menschlichen Persönlichkeit in der Gesellschaft eines der vornehmsten Menschenrechte"[282] und ist für eine freiheitlich demokratische Staatsordnung „schlechthin konstituierend", weil erst hierdurch die ständige geistige Auseinandersetzung, der Kampf der Meinungen, ermöglicht wird.[283] Dementsprechend ist es ein fundamentales Wesensmerkmal des freiheitlich demokratischen Staates.

Die Meinungsfreiheit wird in Art. 5 Abs. 1 GG statuiert und schützt als Kernstück politischer und geistiger Freiheitsgrundrechte die Meinungs-, Informations- und Pressefreiheit sowie die Freiheit der Berichterstattung von Rundfunk, Fernsehen und Film. Meinungsmonopole sollen verhindert und Meinungsvielfalt gestärkt werden. Das Volk kann durch Beteiligung an der Bildung der öffentlichen Meinung auf den Prozess der politischen Meinungsbildung Einfluss nehmen, an der politischen Willensbildung teilhaben und hierdurch die Entschlüsse der Staatsorgane beeinflussen.[284]

277 BVerfGE 83, 341 (353).
278 BVerwGE 37, 344 (362 f.).
279 v. Mangoldt/Klein/Starck-Starck, Art. 4 GG, Rn. 49.
280 BK-Zippelius, Art. 4 GG, Rn. 116.
281 Sachs/Kokott, Art. 4 GG, Rn. 76.
282 BVerfGE 7, 198 (208).
283 BVerfGE 7, 198 (208); BVerfGE 50, 234 (239).
284 BVerfGE 20, 56 (98); BVerfGE 12, 113 (125).

a. Meinungsfreiheit

Die Meinungsfreiheit beinhaltet zum einen die Freiheit der Meinungsbildung als „inneren Prozess“ und die Freiheit der Meinungsäußerung.[285]

Der Begriff der Meinung ist weit zu verstehen. Meinungen in diesem Sinne sind jedenfalls Werturteile, Ansichten, Auffassungen, Überzeugungen, Urteile, Einschätzungen, Kritiken, Stellungnahmen zu allen möglichen sachlichen Gegenständen und Personen.[286] Gleichgültig ist, ob die Meinung öffentliche oder private Angelegenheiten betrifft, ob sie vernünftig oder unvernünftig, wertvoll oder wertlos ist.[287]

Tatsachenurteile werden unter Art. 5 Abs. 1 GG gefasst, soweit sie die Voraussetzung für die Bildung von Meinungen[288] oder untrennbar mit Werturteilen verbunden sind.[289]. Allerdings werden hierbei bewusst unwahre Tatsachenbehauptungen und solche, deren Unwahrheit bereits im Zeitpunkt der Äußerung unzweifelhaft feststehen[290], sowie Formalbeleidigungen und diffamierende Schmähkritik[291] nicht von Art. 5 Abs. 1 GG erfasst. Ferner schützt Art. 5 Abs. 1 GG nur das friedliche Äußern einer Meinung, da die Meinungskundgabe nur als „Mittel des geistigen Meinungskampfes“ geschützt wird.[292] Eine Handlung ist daher nicht vom Schutzbereich des Art. 5 Abs. 1 GG umfasst, wenn sie „nicht nur auf geistige Argumente gestützt wird, sich also auf die Überzeugungskraft von Darlegungen, Erklärungen und Erwägungen beschränkt, sondern darüber hinaus sich solcher Mittel bedient, die den Angesprochenen die Möglichkeit nehmen, ihre Entscheidungen in voller Freiheit und ohne wirtschaftlichen Druck zu treffen“[293].

Die Gewährleistung, seine Meinung frei zu äußern und zu verbreiten, bedeutet die Freiheit von staatlicher Lenkung, Behinderung und sonstiger Beeinträchtigung. Unzulässig ist demnach die faktische Behinderung oder Beseitigung der Möglichkeit der Meinungsäußerung, die Trennung des Meinungsäußernden von der Zuhörerschaft, rechtliche Verbote, Meinungen zu äußern und zu verbreiten oder das Knüpfen von nachteiligen Rechtsfolgen an bestimmte Meinungsäußerungen.[294]

285 BVerfGE 7, 198 (208).
286 v. Münch/Kunig-Wendt, Art. 5 GG, Rn. 8; Katz, Staatsrecht, Rn. 728.
287 Pieroth/Schlink, Staatsrecht II, Rn. 550; vgl. BVerfGE 33, 1 (15).
288 BVerfGE 65, 1 (41); BVerfG NJW 1991, 3023 (3024).
289 BVerfGE 61, 1 (8); v. Münch/Kunig-Wendt, Art. 5 GG, Rn. 9.
290 BVerfGE 99, 185 (197); ferner BVerwGE 55, 232 (241).
291 BVerfGE 82, 272 (283); BVerfGE 93, 266 (293/294).
292 BVerfGE 25, 256 (264); BVerfGE 7, 198 (210).
293 BVerfGE 25, 256 (264 f.); BVerfGE 62, 230 (244).
294 Aufzählung aus v. Münch/Kunig-Wendt, Art. 5 GG, Rn. 18.

Zur Meinungsfreiheit zählt auch die negative Meinungsfreiheit, wonach eine Verpflichtung, eine bestimmte Meinung zu bekennen, unzulässig ist.[295] Entsprechend ist eine Verpflichtung zum Anhören von fremden Meinungen ohne Möglichkeit des Sich – Entfernens unzulässig.[296]

Die Versammlungsfreiheit einschließlich der Demonstrationsfreiheit, ergänzt das Menschenrecht der freien Meinungsäußerung, indem sie eine kollektive Form der Ausübung dieses Rechts gewährleistet.[297] Die Versammlungsfreiheit ist in Art. 8 GG normiert.

Bei der Versammlungsfreiheit handelt es sich um ein „unentbehrliches Funktionselement"[298] eines demokratischen Gemeinwesens, so dass es als klassisches Element im System einer freiheitlichen Grundrechtsordnung zu qualifizieren ist[299]. Die Versammlungsfreiheit umfasst die Freiheit der Einzelnen, sich zu versammeln. Dazu zählen alle Handlungen, die erforderlich sind, eine Versammlung durchzuführen und an ihr teilzunehmen.[300]

b. *Informations-, Presse- und Rundfunkfreiheit*

Von der freiheitlich demokratischen Grundordnung wird im Rahmen der Meinungsfreiheit ebenfalls die Informations-, die Presse- und die Rundfunkfreiheit umfasst.

Die Informationsfreiheit gewährleistet, dass jeder das Recht besitzt, sich aus allgemein zugänglichen Quellen ungehindert zu unterrichten, sich also zu informieren. Allgemein zugänglich ist eine Informationsquelle dann, wenn sie technisch „geeignet und dazu bestimmt ist, der Allgemeinheit, also einem individuell nicht bestimmbaren Personenkreis, Informationen zu verschaffen"[301].

Das Grundrecht der Pressefreiheit gewährleistet eine freie, individuelle und öffentliche Meinungsbildung, eine freie Berichterstattung und eine staatlich nicht beeinflusste oder gelenkte, keiner Zensur unterworfenen Presse.[302] Dies ist für einen freiheitlichen Staat und für die moderne Demokratie unentbehrliches Wesenselement. Der Begriff der Presse umfasst herkömmlich alle zur Verbreitung geeigneten und bestimmten Druckerzeugnisse, insbesondere Bücher, Flugblätter, Plakate, Ton- und Bildträger, nicht nur allgemein zugängliche, sondern auch gruppeninterne Publikationen, wie Werkszeitungen.[303]

295 BVerfGE 65, 1 (40).
296 v. Münch/Kunig-Wendt, Art. 5 GG, Rn. 18.
297 BGH NJW 1972, 1366 (1367); Lautner, Diss. 1982, S. 29.
298 BVerfGE 69, 315 (347); vgl. auch BVerwG NVwZ 1999, 991.
299 v. Münch/Kunig-Kunig, Art. 5 GG, Rn. 2.
300 v. Münch/Kunig-Kunig, Art. 8 GG, Rn. 18.
301 BVerfGE 27, 71 (83); BVerfGE 103, 44 (60).
302 Katz, Staatsrecht, Rn. 730.
303 Dreier/Schulze-Fielitz, Art. 5 GG, Rn. 89; Sachs/Bethge, Art. 5 GG, Rn. 68.

Zweck der Rundfunkfreiheit ist darin zu sehen, einen freien, kontrastreichen Meinungsmarkt zu erhalten, die Meinungsvielfalt zu gewährleisten, die ständige geistige Auseinandersetzung zu ermöglichen sowie Meinungsmanipulation durch den Staat als auch durch gesellschaftliche Gruppen zu verhindern. Daher muss unabhängig von der Rechtsform gewährleistet sein, dass alle gesellschaftlich und politisch relevanten Kräfte zu Wort kommen können. Weder eine staatliche noch eine einseitig gesellschaftliche Beherrschung oder Einflussnahme darf bestehen, vielmehr muss sich die in Staat und Gesellschaft bestehende Meinungsvielfalt widerspiegeln.[304]

c. *Schranken des Art. 5 Abs. 1 GG*

Nach Art. 5 Abs. 2 GG können die kommunikativen Grundrechte des Art. 5 Abs. 1 GG durch allgemeine Gesetze sowie durch Gesetze, die dem Ehr- und Jugendschutz dienen, eingeschränkt werden.

Allgemeine Gesetze sind solche Gesetze im formellen und materiellen Sinn, die nicht eine Meinung als solche verbieten, die sich nicht gegen die Äußerung der Meinung als solche richten, die vielmehr dem Schutze eines schlechthin, ohne Rücksicht auf eine bestimmte Meinung, zu schützenden Rechtsgut dienen, dem Schutze eines Gemeinschaftswerts, der gegenüber der Betätigung der Meinungsfreiheit den Vorrang hat.[305] Allgemeine Gesetze sind daher nur jene, die sich nicht direkt gegen die Freiheitsrechte der geistigen Auseinandersetzung richten, sondern diese nur gelegentlich der Verfolgung vorrangiger Zwecke und wichtiger Rechtsgüter unvermeidlicherweise mitbeeinträchtigen.[306]

Der Schutz der Jugend ist ein Ziel von bedeutendem Rang und ein wichtiges Gemeinschaftsanliegen.[307] Daher sind die gesetzlichen Bestimmungen zum Schutze der Jugend Schranken für die Meinungsfreiheiten, vgl. Art. 5 Abs. 2 GG. Eine gesetzliche Bestimmung zum Schutze der Jugend liegt vor, wenn sie bestimmt und geeignet ist, die Jugend zu schützen.[308] Die Gefahren, die der Jugendschutz abwehren soll, „drohen auf sittlichen Gebieten von allen Druck-, Ton- und Bilderzeugnissen, die Gewalttätigkeiten oder Verbrechen glorifizieren, Rassenhass provozieren, den Krieg verherrlichen oder sexuelle Vorgänge in grob

304 BVerfGE 12, 205 (261/262); BVerfGE 59, 231 (258/259).

305 BVerfGE 7, 198 (209/210); BVerfGE 28, 282 (292); v. Münch/Kunig-Wendt, Art. 5 GG, Rn. 70.

306 Katz, Staatsrecht, Rn. 734 Hierunter fallen etwa auch die Beamten- oder Soldatengesetze mit den dort geregelten Pflichten zur Verschwiegenheit und zur politischen Zurückhaltung.

307 BVerfGE 30, 336 (349); BVerfGE 77, 346 (356).

308 v. Münch/Kunig-Wendt, Art. 5 GG, Rn. 79.

schamverletzender Weise darstellen und deswegen zu erheblichen, schwer oder gar nicht korrigierbaren Fehlentwicklungen führen können"[309].

II. Volkssouveränität, Art. 20 Abs. 2 S. 1 GG

Wesentlicher Bestandteil der freiheitlich demokratischen Grundordnung ist die Volkssouveränität gemäß Art. 20 Abs. 2 S. 1 GG. Die in Art. 20 Abs. 2 S. 1 GG gewählte Formulierung „Alle Staatsgewalt geht vom Volke aus" drückt in einer traditionellen Formel das Prinzip der Volkssouveränität aus, das die ideelle und politische Legitimation der demokratischen Staatsform verkörpert.[310] Es ist der Kernsatz aller Demokratien, der das Volk als Träger und Inhaber der Staatsgewalt sieht. Die Volkssouveränität ist die grundlegende organisatorische Voraussetzung einer demokratischen Staatsordnung. Erst durch diese Art der Herrschaftsausübung wird die Chance einer friedlichen Koexistenz und Integration divergierender politischer Kräfte und Interessen gewährleistet und dadurch diese Herrschaft legitimiert. Die Volkssouveränität ist daher die prinzipielle *conditio sine qua non* der freiheitlich demokratischen Grundordnung.[311]

1. Historische Herleitung des Begriffs

In der Geschichte der politischen Ideen und der Verfassungsentwicklung richtete sich das Postulat der Volkssouveränität zunächst gegen die kirchlich-päpstlichen Suprematieansprüche[312] und bildete sich später als Gegenbegriff zu dem Begriff der Fürstensouveränität aus[313]. Er wendet sich demnach zunächst hauptsächlich gegen die absolutistische Erscheinungsform der Monarchie von Gottes Gnaden, die eine praktizierte Verantwortlichkeit der Obrigkeit gegenüber den Untertanen negierte.[314]

In Deutschland fand die Idee der Volkssouveränität erstmals ihren Niederschlag in der Paulskirchenverfassung von 1848/49. Das Reichswahlgesetz vom 12. April 1849 sah ein allgemeines und gleiches Wahlrecht für alle unbescholtenen Deutschen ab dem 25. Lebensjahr vor. Ein Frauenwahlrecht sah das Gesetz noch nicht vor. Auch mittellose und arme Bürger wurden vom Wahlrecht ausgeschlossen. Entscheidendes Argument gegen die Erweiterung des Wahlrechts war die

309 BVerfGE 30, 336 (347).
310 Isensee/Böckenförde, HdbStR II, § 24 Rn. 2.
311 Lautner, Diss. 1982, S. 40.
312 Isensee/Böckenförde, HdbStR II, § 24 Rn. 3.
313 Lautner, Diss. 1982, S. 36.
314 Draht, EvStL zu Staat, 3. Auflage, Sp. 2438.

Sorge der Eigentümer und Steuerzahler vor dem Gesetzgebungsrecht der Nichteigentümer und Nichtsteuerzahler.[315]

Erst in Art. 22 der WRV vom 11. August 1918 in Verbindung mit dem Reichswahlgesetz vom 27. April 1920 wurde in Deutschland die organisatorische Voraussetzung für die Verwirklichung des Prinzips der Volkssouveränität geschaffen. Die Normen regelten, dass die Abgeordneten des Reichstages in allgemeiner, gleicher und unmittelbarer Wahl von den über 20 Jahre alten Männern und Frauen gewählt wurden. Den Begriff der „Volkssouveränität" wollte Hugo Preuss, der Vater der Weimarer Reichsverfassung, allerdings in der Weimarer Reichsverfassung bewusst vermeiden, da er diesen Begriff als „das tragende Prinzip eines absoluten Obrigkeitsstaates" sah und dieser „die Idee des Obrigkeitsstaates zum Ausdruck" bringe.[316] Stattdessen sollte der Gedanke daher durch die Formulierung „Alle Staatsgewalt liegt beim Volke" (Art. 2 Abs. 1 des so genannte Vorentwurfes) zum Ausdruck gebracht werden.[317] Die endgültige Fassung der Reichsverfassung lautete dann: „Die Staatsgewalt geht vom Volke aus".

2. *Heutiges Verständnis der Volkssouveränität*

Die Formulierung des Grundgesetzes, dass „alle Staatsgewalt vom Volke ausgeht", bringt den Grundgedanken des demokratischen Prinzips zum Ausdruck, wonach alle staatliche Gewalt auf die Legitimation durch den Volkswillen zurückzuführen sein muss. Das Prinzip der Staatsgewalt wird von dem Gedanken getragen, dass politische Herrschaftsgewalt nicht einfach vorgegeben und hinzunehmen ist, sondern vielmehr rechtfertigender Herleitung bedarf, wobei diese nur vom Volk selbst ausgehen kann.[318] Die Errichtung und Organisation der politischen Herrschaftsgewalt muss auf das Volk selbst, d.h. eine von ihm ausgehende Legitimation und Entscheidung rückführbar sein.[319]

Damit ist die verfassungsgebende Gewalt des Volkes anerkannt.[320] Die Ordnung des Zusammenlebens in einem Volk muss auf die Anerkennung derer zurückgeführt werden, die unter ihr leben.[321] In Ausübung dieser verfassungsgebenden Gewalt kann das Volk dann auch die Regierungsgewalt in mehr oder weniger weitem Umfang einem Monarchen oder regierenden Haus, sei es auf

315 Kriele, Einführung in die Staatslehre, S. 330; Denninger, Staatsrecht I, S. 96.
316 Preuss, Gemeinde, Staat, Reich als Gebietskörperschaften, S. 100 ff., insbes. S. 135 f.
317 Triepel, Quellensammlung zum deutschen Reichsstaatsrecht, S. 6 und S. 10.
318 Isensee/Böckenförde, HdbStR II, § 24 Rn. 3.
319 Isensee/Böckenförde, HdbStR II, § 24 Rn. 5.
320 Jarass/Pieroth-Pieroth, Art. 20 GG, Rn. 4.
321 Isensee/Böckenförde, HdbStR II, § 24 Rn. 3.

Zeit, sei es auf Dauer, übertragen.[322] Sofern diese Übertragung rechtlich rücknehmbar bleibt, nicht eine unwiderrufliche Entäußerung darstellt, wird hierdurch das Prinzip der Volkssouveränität nicht aufgehoben.[323] Maßgeblich ist, dass die politischen Entscheidungen hinreichend reversibel sind.[324]

Die Mitbestimmung des Volkes darf nicht bloß als plebiszitärer Vorgang demonstriert werden, sondern muss als rechtlich abgesicherter Einfluss auf die Sach- und Personalentscheidung erfolgen.[325] Daher bedarf die Wahrnehmung staatlicher Aufgaben und die Ausübung staatlicher Befugnisse ebenfalls der Legitimation, die auf das Volk selbst zurückführt bzw. von ihm ausgeht.[326]

Maßgeblich ist, dass nicht mehr eine göttliche Welt- und Naturordnung den Grund und den vorgegebenen Zusammenhang der politisch-sozialen Ordnung bestimmt, sondern dem Volk die volle Verfügungsmacht über die Gestaltung der politisch-sozialen Ordnung zuerkannt wird. Dem Volk obliegt es vielmehr, den Grundcharakter der politischen Ordnung des Zusammenlebens festzulegen.[327]

Somit wird die Herrschaft bestimmter Ideen oder Ideologien als solche zurückgewiesen, die „Herrschaft der Vernunft" ebenso wie die „Herrschaft des Fortschritts". Diese volle Verfügungsmacht des Volkes widerspricht ebenfalls dem Prinzip der Herrschaft Gottes oder göttlichen Rechts, soweit dies im Sinne unmittelbarer Herrschaftsausübung im Namen oder durch einen Mittler Gottes verstanden wird.[328] Der Wille Gottes als oberstes Gesetz hat in der Volkssouveränität nicht aus sich politische und rechtliche Geltung, sondern nur, wenn und soweit das Volk den Willen Gottes auch zum Inhalt seines Willens macht.[329]

Auch die Anrufung Gottes in der Präambel des Grundgesetzes steht dieser Auslegung nicht entgegen, denn auch hier wird nur von der „Verantwortung des deutschen Volkes vor Gott" gesprochen. Eine solche Verantwortung setzt aber gerade die eigene, nicht vorab determinierte Entscheidungsmacht voraus, die so oder anders ausgeübt werden kann.[330]

Die heutige Fassung im Satz 1 des Absatzes 2 in Art. 20 GG „Alle Staatsgewalt geht vom Volke aus" ersetzt die ursprünglich vorgesehene Formulierung

322 Isensee/Böckenförde, HdbStR II, § 24 Rn. 5.
323 Isensee/Böckenförde, HdbStR II, § 24 Rn. 5; vgl. nur Belgien „König der Belgier" oder Paulskirchenverfassung.
324 Lautner, Diss. 1982, S. 38.
325 Stern, Staatsrecht Bd. I, § 18 I 4, S. 594.
326 Maurer, Staatsrecht I, § 7 Rn. 26.
327 Vgl. hierzu Carl Schmitt, Politische Theologie, S. 49 ff.; Isensee/Böckenförde, HdbStR II, § 24 Rn. 7.
328 Isensee/Böckenförde, HdbStR II, § 24 Rn. 10.
329 Isensee/Böckenförde, HdbStR II, § 24 Rn. 10.
330 Vgl. hierzu Hollerbach in: 30 Jahre Verfassung von Baden-Württemberg, S. 42 (45).

„Träger der Staatsgewalt ist das Volk“. Mit dieser Formulierung ist die Frage aufgekommen, ob dieser Wortlaut für das Prinzip der Volkssouveränität einen absoluten Charakter mittelt, so dass selbst der Urgrund aller staatlichen Gewalt ausschließlich beim Volk liegt, also insbesondere eine Absage an die katholische Staatsauffassung vorliegt[331] oder, ob Gott dennoch als letzter Grund und Urheber wie der Schöpfung insgesamt, so auch der staatlichen Ordnung und der Staatsgewalt gedacht und anerkannt werden kann[332].

In Nordrhein-Westfalen war genau diese Frage Ausgangspunkt für eine Änderung des ursprünglichen Entwurfs der Landesverfassung. Der Mehrheitsbeschluss der Regierungsvorlage zur Volkssouveränität, geregelt in Art. 2 LVerf NRW, der nahezu dem Wortlaut des Satzes 1 des Art. 20 Abs. 2 des Grundgesetzes entsprach,[333] geriet wegen dieser Streitfrage in die Kritik und wurde letztlich nicht übernommen.

Es wurde eingewandt, dass die Formulierung nicht eindeutig sei.[334] Wenn durch die Formulierung lediglich gesagt werden sollte, dass die Souveränität in einer Demokratie beim Volk liegt und nicht etwa bei einem Diktator oder Monarchen, so sei dieser Fassung des Art. 2 LVerf NRW zuzustimmen.[335] Sollte diese Formulierung jedoch zum Ausdruck bringen, dass dem Volk eine „absolute Autorität“ zuzubilligen sei und der durch Wahl legitimierte Landtag letztlich machen kann, was er will, ist diese Fassung der Vorschrift abzulehnen, da „Urgrund der Staatsgewalt“ nur Gott selber sein und das Volk seine Gewalt wie ein Monarch nur von Gott ableiten könne.[336] In diesem Zusammenhang rief der Abgeordnete *Dr. Scholtissek* (CDU) in Erinnerung: „Es gibt keine Obrigkeit, sie sei denn von Gott“[337], in Anlehnung an den Römerbrief, Kap. 13, 1 b: „Denn es gibt keine staatliche Gewalt, die nicht von Gott stammt; jede ist von Gott eingesetzt.“

Auch auf Bundesebene wurde diese Frage kontrovers diskutiert, wobei schon zur Zeit der Weimarer Reichsverfassung hierüber gestritten wurde.[338] Teilweise wird in der Formulierung des Art. 20 Abs. 2 S. 1 GG, die die ursprüngliche Version „Träger der Staatsgewalt ist das Volk“ ersetzt, eine klare Absage an die katholische

331 So v. Mangoldt, 1. Auflage, Art. 20 GG, Anm. 3 a.E..

332 So v. Mangoldt/Klein, 2. Auflage, Art. 20 GG, S. 595; BK/Wernicke, Art. 20 GG, Erl. 2 c, S. 3; Kelsen in: Wörterbuch des Völkerrechts „Souveränität“, S. 278.

333 Löwer/Tettinger, Art. 2 LVerfNRW, Rn. 4.

334 Löwer/Tettinger, Art. 2 LVerfNRW, Rn. 2.

335 Abgeordneter Dr. Scholtissek (CDU), VerfA, Sten.Ber., S. 318 A,B.

336 Abgeordneter Dr. Scholtissek (CDU), VerfA, Sten.Ber., S. 318 A,B.

337 Abgeordneter Dr. Scholtissek (CDU), VerfA, Sten.Ber., S. 318 B.

338 Abgeordneter v. Mangoldt, 20. Sitzung vom 10. November 1948, Sten.Prot. in: Der Parlamentarische Rat, Bd. 5 II, S. 522.

Staatsauffassung gesehen,[339] so dass selbst der Urgrund aller Staatsgewalt ausschließlich beim Volk liegt. Der ersten, nunmehr verworfenen Fassung des Art. 20 Abs. 2 S. 1 GG lag der Grundgedanke zugrunde, dass Gott der Urgrund allen Rechts und der Schöpfer aller – auch der staatlichen – Gemeinschaft ist.

Dagegen wird vertreten, dass das in Art. 20 Abs. 2 S. 1 GG verwendete Verb „geht aus“ der Formel für die Volkssouveränität nicht unbedingt jenen absoluten Charakter gibt, der den Urgrund Gottes und somit die katholische Auffassung ausschließt.[340] Solche Deutungen würde die Fassung des Abs. 2 S. 1 zwar zulassen, aber keineswegs aufzwingen.[341] Insbesondere betonte der Abgeordnete *Schmid* ausdrücklich, dass die neue Fassung nie gebraucht worden sei, um die Behauptung zu widerlegen, dass alle Obrigkeit von Gott ausgeht:[342] „Was damit gesagt werden sollte und immer nur gesagt worden ist, ist, dass, soweit obrigkeitliche Befugnisse ausgeübt werden sollten, diese nicht auf Privilegien, sondern auf dem Konsens des Volkes beruhen.“[343]

Das Volk ist somit die letzte irdische Quelle aller Staatsgewalt und die Aktivbürgerschaft als „objektiv-rechtlich konstituierte Funktionseinheit“ von Verfassung wegen das höchste Staatsorgan der Bundesrepublik Deutschland.[344]

3. *Begriff des Volkes im Sinne des GG*

Die demokratische Legitimation der Ausübung von Staatsgewalt, gleich in welcher Form sie in Erscheinung tritt, muss stets vom Volk ausgehen bzw. auf es zurückführbar sein.

Der Begriff des Volkes ist ein Grundbegriff der Demokratie, denn sie hat ihren Bezugspunkt im Staatsvolk.[345] Das Staatsvolk ist diejenige Gesamtheit von Menschen, die im Staat als politische Handlungs- und Wirkeinheit zusammengeschlossen sind und die den Staat tragen.[346] Diese Gesamtheit wird bestimmt und begrenzt durch das rechtliche Band der Staatsangehörigkeit, die die statusmäßige

339 v. Mangoldt, 1. Auflage, Art. 20 GG, Rn. 3 a.E..
340 BK/Wernicke, Art. 20 GG, Erl. 2 c, S. 5.
341 BK/Wernicke, Art. 20 GG, Erl. 2 c, S. 5.
342 Abgeordneter Schmid, 20. Sitzung vom 10. November 1948, Sten.Prot. in: Der Parlamentarische Rat, Bd. 5 II, S. 524 und S. 526
343 Abgeordneter Schmid, 20. Sitzung vom 10. November 1948, Sten.Prot. in: Der Parlamentarische Rat, Bd. 5 II, S. 524.
344 BK/Wernicke, Art. 20 GG, Erl. 2 c, S. 5; v. Mangoldt/Klein, 2. Auflage, Art. 20 GG, S. 593.
345 Isensee/Böckenförde, HdbStR II, § 24 Rn. 26; v. Münch/Kunig-Löwer, Art. 28 GG, Rn. 25.
346 Isensee/Böckenförde, HdbStR II, § 24 Rn. 26.

Zugehörigkeit zum Trägerverband der staatlichen Herrschaftsorganisation zum Inhalt hat.[347]

Volk im Sinne des Grundgesetzes ist das jeweilige Bundes- oder Landesstaatsvolk, das nur von den Deutschen gebildet wird.[348] Das Staatsvolk umfasst jedoch nicht nur die Wahlberechtigten, die so genannte Aktivbürgerschaft, sondern auch die Minderjährigen, also alle Staatsbürger.[349]

Die Staatsangehörigen sind mit dem politischen Leben und Schicksal des Staates, den sie bilden und tragen, unlöslich verknüpft, sie stellen insofern eine politische Schicksalsgemeinschaft dar.[350] An seinen Erfolgen und Leistungen nehmen sie ebenso teil wie an seinen inneren Schwächen und den ihm von außen drohenden Gefahren.[351] Daher ist es nicht geboten, alle von staatlicher Herrschaftsgewalt jeweils Betroffenen, also alle Einwohner des Staatsgebietes als „Volk" im Sinne des Art. 20 Abs. 2 S. 1 GG zu qualifizieren.[352]

Andernfalls wird der politische Charakter des Staatsverbandes und der Demokratie als Staats- und Regierungsform verkannt.[353] Solange die Welt als politisches Pluriversum nach Staaten als den maßgebenden Handlungseinheiten geordnet ist und diese Staaten als politische Einheit der sie tragenden Gesamtheit der Menschen organisiert und voneinander abgegrenzt sind, hat und behält der Volksbegriff einen entsprechenden politischen Charakter.[354]

Nur der Deutsche ist kraft seiner Staatsangehörigkeit existenziell mit seinem Land verbunden.[355] Unabhängig davon, dass in der Bundesrepublik Deutschland auch Ausländer leben, die fest in der deutschen Gesellschaft verwurzelt sind und wie deutsche Staatsbürger am öffentlichen Leben teilnehmen, bleiben sie wegen ihrer Zugehörigkeit zu einem anderen Staat grundsätzlich in erheblich geringerem Maße der Bundesrepublik Deutschland verbunden als die deutschen Staatsangehörigen.[356] Durch eine entsprechende Aufnahme- und Einbürgerungspolitik

347 Isensee/Isensee, HdbStR II, § 15 Rn. 121; Isensee/Grawert, HdbStR II, § 16 Rn. 20.

348 BVerfGE 83, 37 (50).

349 BVerfG NJW 1991, 162 (163); Schulz-Schaeffer, NJW 2007, 643; anders Sachs/Sachs, Art. 20 GG, Rn. 28: Volk ist nur die Aktivbürgerschaft, der nach Maßgabe des Grundgesetzes die staatsbürgerlichen Rechte zustehen. Magiera weist in Sachs, Art. 38 Rn. 100, Fn. 341 darauf hin, dass auf Bundesebene ein Minderjährigenwahlrecht verfassungsrechtlich ausgeschlossen ist; folglich steht Minderjährigen jedenfalls auf Bundesebene nicht die erforderliche Aktivbürgerschaft zu.

350 Isensee/Böckenförde, HdbStR II, § 24 Rn. 26.

351 Isensee/Böckenförde, HdbStR II, § 24 Rn. 26.

352 So etwa Negt, Keine Demokratie ohne Sozialismus, 1976, S. 461.

353 Isensee/Böckenförde, HdbStR II, § 24 Rn. 27.

354 Isensee/Böckenförde, HdbStR II, § 24 Rn. 27.

355 BVerfGE 83, 37 (51); v. Münch/Kunig-Löwer, Art. 28 GG, Rn. 18.

356 v. Mangoldt/Klein/Starck-Sommermann, Art. 20 GG, Rn. 144.

wird jedoch gewährleistet, dass ein ausländischer Mitbürger Mitglied des Staatsverbundes werden kann und dadurch die Bindung an das Volk als Schicksalsgemeinschaft hergestellt wird.[357]

4. Ausübung der Staatsgewalt in Wahlen und Abstimmungen

Das Volk herrscht nicht nur, es regiert auch. Dies bringt Art. 20 Abs. 2 S. 2 GG zum Ausdruck, indem festgelegt wird, dass und wie das Volk die von ihm ausgehende Staatsgewalt selbst ausübt.[358]

Die Staatsgewalt wird gemäß Art. 20 Abs. 2 S. 2 GG durch Wahlen und Abstimmungen ausgeübt oder erfolgt dann durch besondere demokratisch legitimierte Staatsorgane. Folglich ist der die demokratische Legitimität und der die Mitwirkung des Volkes sichernde Akt in der Wahl zu sehen. Die demokratische Legitimation ist ein Schlüsselbegriff der Demokratie. Sie bildet das Verbindungsglied zwischen Volk und den die Staatsaufgaben wahrnehmenden Staatsorganen. Sie schafft die notwendigen Beziehungen zwischen dem Volk als Träger der Staatsgewalt und den handelnden Staatsorganen und gewährleistet damit, dass die Staatsgewalt auch wirklich vom Volk ausgeht.[359]

Die Ausübung der Staatsgewalt geschieht gem. Art. 20 Abs. 2 S. 2 GG durch Wahlen und Abstimmungen. Damit werden die Wahlrechtsgrundsätze der Allgemeinheit, Freiheit, Gleichheit und Geheimheit der Wahl von der Volkssouveränität erfasst.[360]

a. Allgemeinheit der Wahl

Allgemeinheit der Wahl deutet auf die intendierte Identität von Volk und Aktivbürgerschaft hin. Der Grundsatz der allgemeinen Wahl soll den Ausschluss bestimmter Teile der Bevölkerung vom Wahlrecht verhindern und dient damit der Gewährleistung des allgemeinen demokratischen Prinzips, wonach diejenigen, die von staatlicher Herrschaftsausübung betroffen sind, diese auch bestimmen und legitimieren müssen. Allgemeinheit der Wahl bedeutet damit Gleichheit beim Zugang zur Wahl[361], so dass jeder sein Wahlrecht in möglichst gleicher Weise ausüben kann[362]. Dementsprechend untersagt sind Ausschlüsse bestimmter

357 Isensee/Böckenförde, HdbStR II, § 24 Rn. 28.
358 Isensee/Böckenförde, HdbStR II, § 24 Rn. 8.
359 Sachs/Sachs, Art. 20 GG, Rn. 35.
360 BVerfGE 69, 92 (106); MD/Herzog, Art. 20 Abs. 2 GG, Rn. 9; v. Münch/Kunig-Schnapp, Art. 20 GG, Rn. 13; Sachs/Sachs, Art. 20 GG, Rn. 31.
361 v. Münch/Kunig-Trute, Art. 38 GG, Rn. 19; Sachs/Magiera, Art. 38 GG, Rn. 79.
362 BVerfGE 58, 202 (258).

Bevölkerungsgruppen aus politischen, wirtschaftlichen oder sozialen Gründen.[363] Beschränkungen des Grundsatzes der Allgemeinheit der Wahl sind nur zugunsten anderer verfassungsrechtlich geschützter Rechtsgüter zulässig.[364] Zu den traditionellen Begrenzungen der Allgemeinheit der Wahl gehört zunächst das Erfordernis der Sesshaftigkeit im Wahlgebiet.[365] Eine weitere Begrenzung – die bereits durch das Grundgesetz festgelegt wurde – ist darin zu sehen, dass sich gem. Art. 38 Abs. 2 GG das Wahlrecht auf alle Deutschen beschränkt, die das 18. Lebensjahr vollendet haben.

b. Freiheit der Wahl

Der Grundsatz der Freiheit der Wahl sichert die von Zwang und unzulässiger politischer, wirtschaftlicher und sozialer Einflussnahme freie Präferenzbildung der Wähler und ihren Ausdruck bei der Stimmabgabe.[366] Frei ist die Wahl nur, wenn die Wahlentscheidung des Aktivbürgers nicht kontrolliert wird und daran keine – wenn auch noch so entfernte – Sanktionen geknüpft sind.[367] Eine Wahl ist nicht frei, wenn der Wähler gegen seinen eigentlichen Willen veranlasst wird, (nicht) zu wählen bzw. einen bestimmten Bewerber oder eine bestimmte Liste (nicht) zu wählen.[368] Damit wird die freie Entschließung über das „Ob“ und das „Wie“ der Wahl geschützt.[369]

Mit der Freiheit der Wahl ist zudem die Möglichkeit der Auswahl der Alternativen geschützt. Somit ist mit dem Prinzip der Wahlfreiheit gleichzeitig ein Verfassungsauftrag zur Alternativbildung aufgegeben. „Wenn von Gesetzes wegen oder faktisch nur noch ein Vorschlag zur Wahl steht, ist eine freie Wahl nicht mehr gewährleistet.“[370]

Die Wahlfreiheit erstreckt sich notwendigerweise auch auf die Wahlvorbereitungsverfahren.[371] Dies gilt insbesondere für das Recht Wahlvorschläge zu machen, schließt aber auch die Kandidatenaufstellung durch politische Parteien mit ein.[372] Der gesamte Prozess im Vorfeld einer Wahl wird gegen unzulässige Einflussnahme geschützt.

363 BVerfGE 28, 220 (225); BVerfGE 36, 139 (141); Maurer, Staatsrecht I, § 13 Rn. 3.
364 BVerfGE 28, 220 (225); BVerfGE 36, 139 (141).
365 BVerfGE 58, 202 (258).
366 BVerfGE 7, 63 (69); BVerfGE 15, 165 (166); BVerfGE 47, 253 (282).
367 Lautner, Diss. 1982, S. 39.
368 v. Münch/Kunig-Trute, Art. 38 GG, Rn. 35; Sachs/Magiera, Art. 38 GG, Rn. 85.
369 Erichsen, Jura 1983, 635 (641); Stern, Staatsrecht Bd. I, § 10 II 7, S. 322.
370 BVerfGE 47, 253 (283).
371 v. Münch/Kunig-Trute, Art. 38 GG, Rn. 40.
372 BVerfGE 47, 253 (282).

Unzulässig ist jeder Zwang, gleichgültig von wem dieser ausgeht. Dieser Grundsatz gilt folglich gegenüber allen staatlichen Gewalten, aber auch gegenüber nichtstaatlichen Organisationen und Einzelpersonen.[373] Zur unzulässigen, die Freiheit der Wahl beeinträchtigenden Beeinflussung, gehört auch der unzulässige Druck von Seiten anderer Bürger oder gesellschaftlicher Gruppen.[374] Unzulässiger Druck liegt insbesondere bei der Anwendung von Gewalt oder der Drohung mit einem empfindlichen Übel vor, sowie bei dem Missbrauch eines beruflichen oder wirtschaftlichen Abhängigkeitsverhältnisses oder sonstigem wirtschaftlichem Druck.[375] Hierbei macht es keinen Unterschied, ob die Wahlwerbung von Kirchen, Gewerkschaften oder sonstigen Vereinigungen ausgeht.[376]

Es stellt sich in diesem Zusammenhang die Frage, ob ein unzulässiger Druck durch Religionsgemeinschaften vorliegt, wenn die Nichtbefolgung einer Empfehlung durch die Religionsgemeinschaft – zum Beispiel eines Hirtenbriefes der Bischöfe – als Sünde klassifiziert und damit die Anhänger dieser Religionsgemeinschaft in ihrem Gewissen verpflichtet und gebunden werden. In den Hirtenbriefen katholischer Bischöfe vor einer nordrhein-westfälischen Kommunalwahl hat das Bundesverwaltungsgericht[377] keinen Verstoß gegen den Grundsatz der Freiheit der Wahl gesehen.

Die Kirchen bindet keine strikte Neutralität bezüglich ihrer Haltung gegenüber Vorgängen im politischen Raum.[378] Vielmehr haben die Kirchen einen Öffentlichkeitsanspruch, so dass sie die Freiheit besitzen, über den Kreis der innerkirchlichen Angelegenheiten hinaus in das gesamte bürgerliche, politische, soziale, wirtschaftliche und kulturelle Leben im Sinne der Einbringung christlicher Grundsätze durch Unterweisungen und Richtlinien hineinzuwirken.[379] Die rechtliche Beurteilung von kirchlichen Wahlempfehlungen ist damit kein Problem des Wahlrechts.[380] Beeinflussungen sind demnach zulässig, wenn sie nicht den Wahlakt selbst unfrei werden lassen.[381]

Staatliche Organe bindet der Grundsatz strikter Neutralität. Sie dürfen sich in amtlicher Funktion vor Wahlen nicht mit politischen Parteien oder Wahlbewerbern identifizieren und sie als Amtsträger unterstützen oder bekämpfen.[382] Dieser

373 Sachs/Magiera, Art. 38 GG, Rn. 88; v. Münch/Kunig-Trute, Art. 38 GG, Rn. 42.
374 BVerfGE 66, 369 (380).
375 BVerfGE 66, 369 (380).
376 vgl. BVerfGE 42, 133 (138); Sachs/Magiera, Art. 38 GG, Rn. 88.
377 BVerwGE 18 (14 ff.).
378 Klein, DÖV 1967, 615 (620).
379 Klein, DÖV 1967, 615 (620).
380 v. Münch/Kunig-Trute, Art. 38 GG, Rn. 47; BK/Badura, Anh. z. Art. 38 GG, Rn. 29.
381 Stern, Staatsrecht Bd. I, § 10 II 3, S. 314.
382 BVerfGE 44, 125 (141/145); BVerfGE 63, 230 (243); BVerwGE 104, 323 (327).

Grundsatz der Neutralität des Staates ist ein allgemeiner, aus dem Demokratieprinzip abzuleitender Grundsatz, der nicht nur für die Wahl gilt, sondern allgemein gegenüber dem parteipolitischen Wettbewerb gefordert wird.[383] Die amtliche Wahlbeeinflussung ist als Verletzung der Wahlfreiheit anzusehen.[384]

c. *Gleichheit der Wahl*

Ein weiteres wesentliches Kriterium der Volkssouveränität ist die Wahlrechtsgleichheit als arithmetische Gleichheit in der Stimmenbewertung.[385] Der Grundsatz der Gleichheit der Wahl erfasst nicht nur die Wahl selbst, sondern alle Vorgänge und Maßnahmen im Zusammenhang mit der Wahl, insbesondere die Wahlvorbereitung, die Zulassung zur Wahl, die Wahlwerbung, das Wahlverfahren sowie Regelungen, die der Wahl folgen, aber noch mit ihr im Zusammenhang stehen.[386] Der Grundsatz der gleichen Wahl ist ein Anwendungsfall des allgemeinen Gleichheitssatzes, er unterscheidet sich jedoch von diesem durch seinen formalen Charakter[387] und besagt, dass jedermann sein Wahlrecht in formal möglichst gleicher Weise ausüben können soll.[388] Unbeschadet etwaiger bestehender sozialer Unterschiede sind im Bereich der politischen Willensbildung alle Staatsbürger bei der Ausübung des Wahlrechts absolut gleich zu bewerten.[389]

Einschränkungen und Differenzierungen sind nicht schlechthin ausgeschlossen, aber nur zulässig, wenn und soweit sie aus zwingenden Gründen erforderlich sind.[390] Voraussetzung dafür ist, dass die Gründe für die Differenzierungen durch die Verfassung legitimiert und von einem der Wahlrechtsgleichheit entsprechenden Gewicht sind und, dass die differenzierenden Regelungen zur Verfolgung ihrer Zwecke geeignet und erforderlich sind.[391] Entsprechend kann es angesichts der in der demokratischen Grundordnung verankerten unbedingten Gleichheit aller Staatsbürger bei der Teilnahme an der Staatswillensbildung keine Wertungen geben, die es zulassen würden, beim Zählwert der Stimmen zu differenzieren.[392]

383 Vgl. LVerfG Sachs.-Anh. JZ 1996, 723 (724 f.).
384 Sachs/Magiera, Art. 38 GG, Rn. 88.
385 Maurer, Staatsrecht I, § 13 Rn. 7.
386 Maurer, Staatsrecht I, § 13 Rn. 7; Sachs/Magiera, Art. 38 GG, Rn. 91.
387 BVerfGE 13, 243 (246); BVerfGE 34, 91 (98).
388 BVerfGE 41, 399 (413); BVerfGE 82, 322 (337).
389 Stern, Staatrecht Bd. I, § 10 II 3, S. 305.
390 BVerfGE 41, 399 (413); BVerfGE 1, 208 (248); BVerfGE 95, 408 (418).
391 BVerfGE 95, 408 (418).
392 BVerfGE 1, 208 (247).

d. *Geheimheit der Wahl*

Zudem ist der Grundsatz der geheimen Wahl von der Volkssouveränität erfasst. Der Grundsatz der Geheimheit der Wahl erfordert, dass die Wahl dergestalt durchgeführt wird, dass andere Personen nicht in Erfahrung bringen können, wie der einzelne Wähler abgestimmt hat.[393] Einschränkungen sind nur aus zwingenden Gründen und nur insoweit zulässig, wie es zur ordnungsgemäßen Durchführung der Wahl notwendig ist.[394]

e. *Passives Wahlrecht, Art. 38 Abs. 2 GG*

Zur Volkssouveränität zählt auch das passive Wahlrecht. Dieses korrespondiert in seiner Entwicklung weitgehend mit dem aktiven Wahlrecht, wenngleich die Wählbarkeit an zusätzliche Erfordernisse gebunden ist.[395] In diesem Zusammenhang steht der gleiche Zugang zu den öffentlichen Ämtern. Im Rahmen der öffentlichen Ämter ist zwischen den Wahlämtern, d.h. den Ämtern der politischen Repräsentanten, und dem herkömmlichen öffentlichen Dienst zu unterscheiden.

Während für die politischen Ämter die Wahlrechtsgrundsätze unmittelbar gelten, muss für die Bewerber zu den sonstigen öffentlichen Ämtern aus dem Grundsatz der Volkssouveränität heraus wenigstens eine gleiche Zugangschance bestehen.[396] Dies wurde in Art. 33 Abs. 2 und Abs. 3 GG geregelt.

aa. *Wahlämter: Politische Ämter*

Für die politischen Ämter gelten die Wahlrechtsgrundsätze unmittelbar. Dementsprechend wird die Ausgestaltung des passiven Wahlrechts von den Grundsätzen der allgemeinen[397] und gleichen[398] Wahl maßgeblich bestimmt.

Allgemeinheit der Wahl bedeutet in diesem Rahmen, dass die Zugehörigkeit zum Staatsvolk grundsätzlich auch die Fähigkeit vermittelt, gewählt zu werden.[399] Das staatsbürgerliche Recht des Gewähltwerdens muss in formal möglichst gleicher Weise ausgeübt werden können.[400] Das Prinzip der Gleichheit der Wahl verlangt daneben, dass jeder Partei, jeder Gruppe und jedem Wahlbewerber

393 Maurer, Staatsrecht I, § 13 Rn. 12.
394 BVerfGE 5, 77 (82).
395 Lautner, Diss. 1982, S. 39.
396 Lautner, Diss. 1982, S. 39.
397 Stern, Staatsrecht Bd. I, § 10 II 3, S. 303.
398 BVerfGE 11, 351 (364); BVerfGE 41, 399 (413).
399 Stern, Staatsrecht Bd. I, § 10 II 3, S. 303.
400 BVerfGE 36, 139 (141).

grundsätzlich die gleiche Möglichkeit im Wahlkampf und im Wahlverfahren eingeräumt werden muss.[401]

Demnach haben alle Deutschen grundsätzlich die gleiche Fähigkeit gewählt zu werden. Jede Regelung, die einer Bevölkerungsgruppe einen gesteigerten Einfluss auf die Ausübung der Staatsgewalt zwecks Verfolgung von Gemeinwohlbelangen einräumt, ist folglich mit der freiheitlich demokratischen Grundordnung unvereinbar.

Begrenzungen des passiven Wahlrechts bedürfen besonders rechtfertigender, zwingender Gründe.[402] Eine entsprechende Begrenzung wurde in Art. 38 Abs. 2 GG kodifiziert, so dass die Wählbarkeit mit der Volljährigkeit beginnt. Das passive Wahlrecht kann sogar ausgeschlossen sein, so bei Ausschluss und Ruhen des Wahlrechts oder bei Aberkennung der Wählbarkeit durch Richterspruch.[403]

bb. Sonstiger öffentlicher Dienst, Art. 33 GG

Vom Prinzip der Volkssouveränität ist auch der gleiche Zugang zum öffentlichen Dienst nach Maßgabe der Befähigung und Leistung umfasst.[404] Der Schutz vor Diskriminierungen bei Zugang zum Amt und bei der Ausübung des Amtes wird in Art. 33 Abs. 2 und Abs. 3 GG geregelt.[405]

(1) Zugang zu öffentlichen Ämtern, Art. 33 Abs. 2 GG

Art. 33 Abs. 2 GG gewährleistet allen Deutschen das Recht auf gleichen Zugang zu allen öffentlichen Ämtern nach Maßgabe von Eignung, Befähigung und fachlicher Leistung.

Der Begriff des öffentlichen Amtes umfasst nach gebotener weiter Auslegung[406] alle Ämter der Verwaltung, der Bundeswehr und der Rechtsprechung in Bund und Ländern, die mit haupt- oder nebenamtlichen Beamten, Angestellten, Arbeitern, Richtern, Soldaten oder ehrenamtlich Tätigen zu besetzen sind.[407] Art. 33 Abs. 2 GG gilt prinzipiell auch für die Besetzung des Amtes eines Richters

401 v. Mangoldt/Klein/Starck-Achterberg/Schulte, Art. 38 GG, Rn. 133.

402 BVerfGE 30, 227 (246); BVerfGE 51, 222 (235); Stern, Staatsrecht Bd. I, § 10 II 3, S. 305.

403 Schreiber, Handbuch des Wahlrechts, § 15 Rn. 1-17; v. Mangoldt/Klein/Starck-Achterberg/Schulte, Art. 38 GG, Rn. 155.

404 Lautner, Diss. 1982, S. 39.

405 Benda/Maihofer/Vogel-Isensee, HdbVerfR, § 32 Rn. 16; Sachs/Battis, Art. 33 GG, Rn. 9 f.

406 v. Münch/Kunig-Kunig, Art. 33 GG, Rn. 20; v. Mangoldt/Klein/Starck-Jachmann, Art. 33 GG, Rn. 15.

407 Sachs/Battis, Art. 33 GG, Rn. 24.

an einem obersten Gerichtshof des Bundes.[408] Art. 33 Abs. 2 GG gilt jedoch nicht für Religionsgemeinschaften, denn ungeachtet des öffentlich-rechtlichen Statuses sind solche Religionsgesellschaften nicht in einer Weise in die Organisation des Staates eingebunden, dass sich in Bezug auf Personalentscheidungen ihre Grundrechtsbindung rechtfertigen ließe.[409]

In Art. 33 Abs. 2 GG wird das Prinzip der Bestenauslese für den öffentlichen Dienst statuiert und hieran eine subjektive Rechtsgewährung geknüpft.[410] Art. 33 Abs. 2 GG räumt den Kriterien der Eignung, Befähigung und fachlichen Leistung in dem Sinne den Vorrang ein, dass alle anderen Eigenschaften des Bewerbers außer Betracht zu bleiben haben.[411] Zudem leitet sich aus Art. 33 Abs. 2 GG der Bewerberverfahrensanspruch ab, so dass Gegenstand des Art. 33 Abs. 2 GG eine an der Bestenauslese orientierte, chancengleiche, beurteilungsfehlerfreie und faire Verfahrensgestaltung ist.[412]

Die Auslesekriterien des Art. 33 Abs. 2 GG werden unter dem Oberbegriff der Eignung im weiteren Sinne zusammengefasst. Eignung in diesem Sinne meint anlage- und entwicklungsbedingte Persönlichkeitsmerkmale, psychische und physische Kräfte, emotionale und intellektuelle Voraussetzung der Persönlichkeit etc.[413]

Die durch Art. 3 Abs. 3 GG verbotenen Differenzierungsmerkmale scheiden als Eignungskriterien grundsätzlich, jedoch nicht ausnahmslos aus.[414] Sie dürfen herangezogen werden, wenn die besonderen Anforderungen eines bestimmten Amtes die generelle Annahme rechtfertigen, dass Bewerber ohne die fragliche Eigenschaft ungeeignet sind, und die Schaffung eines an solche Eignungsmerkmale geknüpften Amtes durch besondere verfassungsrechtliche Gründe gerechtfertigt ist.[415]

Die politische Haltung eines Bewerbes ist grundsätzlich nicht eignungsrelevant. Die politische Einstellung der Bewerber nimmt jedoch dann zwangsläufig Einfluss auf seine Eignung für das zu besetzende Amt, wenn in diesem politische Aufgaben gestaltender Art zu erfüllen sind.[416]

408 Sachs/Battis, Art. 33 GG, Rn. 24.

409 BVerfGE 18, 385 (386 f.); BVerfGE 30, 415 (427 f.).

410 BVerfGE 56, 146 (163); BVerwGE 86, 169 (171); Benda/Maihofer/Vogel-Isensee, HdVerfR, § 32 Rn. 35.

411 v. Mangoldt/Klein/Starck-Jachmann, Art. 33 Abs. 2 GG, Rn. 12.

412 HessVGH NVwZ-RR 1996, 279; Dreier/Lübbe-Wolff, Art. 33 GG, Rn. 32.

413 Sachs/Battis, Art. 33 GG, Rn. 28.

414 BVerwGE 61, 256 (260); v. Münch/Kunig-Kunig, Art. 33 GG, Rn. 28.

415 v. Mangoldt/Klein/Starck-Jachmann, Art. 33 GG, Rn. 18; Bsp.: Frauenbeauftragte, körperliche Durchsuchung von Personen gleichen Geschlechts.

416 v. Mangoldt/Klein/Starck-Jachmann, Art. 33 GG, Rn. 19.

Die Verfassungstreue ist hingegen ein Eignungsmerkmal. Bei Beamten ist diese Pflicht bereits einfachgesetzlich konkretisiert, vgl. § 52 Abs. 2 BBG. Der Bewerber muss bei Begründung des Beamtenverhältnisses die Gewähr für die Erfüllung der politischen Treuepflicht bieten, um persönlich geeignet zu sein.[417] Bei privatrechtlichen Beschäftigten im öffentlichen Dienst entsprechen die Anforderungen an die Verfassungstreue der jeweiligen wahrgenommenen Funktion.[418]

Ergibt sich bei der Beurteilung nach Maßgabe der in Art. 33 Abs. 2 GG genannten Auswahlkriterien eine gleiche Qualifikation von Bewerbern für das zu besetzende Amt, so kann – ausnahmsweise[419] – ergänzend auf nicht genannte Hilfskriterien abgestellt werden.[420] Nur soweit die Maßstäbe des Art. 33 Abs. 2 GG keine eindeutige Auswahl ermöglichen, ist eine Heranziehung anderer Kriterien zur sachgerechten Differenzierung nicht ausgeschlossen.[421] Als sachgerechte Kriterien kommen etwa soziale Aspekte[422], keinesfalls aber das Geschlecht[423] oder die Religionszugehörigkeit[424] in Betracht.

(2) Verbot der Anknüpfung an das religiöse Bekenntnis, Art. 33 Abs. 3 GG

Primäres Ziel von Art. 33 Abs. 3 GG ist das Verbot konfessioneller Patronage bzw. eines konfessionellen Proporzes im öffentlichen Dienst.[425] Obwohl bereits Art. 3 Abs. 3 GG sowie Art. 33 Abs. 2 GG die Diskriminierung aus religiösen und weltanschaulichen Gründen verbietet, wiederholt der besondere Gleichheitssatz des Art. 33 Abs. 3 GG dieses Begründungs- und Rechtfertigungsverbot in einer eigenen Vorschrift.[426]

Art. 33 Abs. 3 S. 1 GG verbietet die Anknüpfung der Zulassung zu öffentlichen Ämtern an das religiöse Bekenntnis. Art. 33 Abs. 3 S. 2 GG erweitert dies auf die Irrelevanz einer Weltanschauung und statuiert ein umfassendes Benachteiligungsverbot. Durch das Unterscheidungsverbot soll jeder rechtliche wie objektiv feststellbare tatsächliche Nachteil ausgeschlossen werden.[427]

417 Sachs/Battis, Art. 33 GG, Rn. 32 f.
418 BVerwGE 81, 212 (214); v. Mangoldt/Klein/Starck-Jachmann, Art. 33 GG, Rn. 19.
419 HessVGH ZBR 1995, 109; Dreier/Lübbe-Wolff, Art. 33 GG, Rn. 47.
420 v. Mangoldt/Klein/Starck-Jachmann, Art. 33 GG, Rn. 20; Dreier/Lübbe-Wolff, Art. 33 GG, Rn. 47.
421 BVerwG DVBl 1994, 118 f.; Isensee/Sachs, HdbStR V, § 126 Rn. 145.
422 Dreier/Lübbe-Wolff, Art. 33 GG, Rn. 47.
423 Laubinger VerwArch 87 (1996), 473 (521).
424 BVerwGE 81, 22 (24 f.); v. Mangoldt/Klein/Starck-Jachmann, Art. 33 GG, Rn. 20.
425 Pieroth/Schlink, Staatsrecht II, Rn. 477.
426 Sachs/Battis, Art. 33 GG, Rn. 42.
427 v. Mangoldt/Klein/Starck-Jachmann, Art. 33 GG, Rn. 26.

Entsprechend ist die Vorschrift ebenfalls als Unterscheidungsverbot in ihrem Anwendungsbereich strikt verbindlich und schließt jede Anknüpfung an das ausgeschlossene religionsbezogene Merkmal aus,[428] so dass es grundsätzlich verboten ist, konfessionelle Gesichtspunkte bei der Stellenvergabe zu berücksichtigen.[429]

Dieses Verbot, konfessionelle Gesichtspunkte bei der Vergabe öffentlicher Ämter zu berücksichtigen, wird andererseits eingeschränkt durch Elemente fortgesetzter Verbindungen von Staat und Religionsgemeinschaft, welche das deutsche Verfassungsrecht beibehalten hat.[430] Somit sind konfessionsgebundene Differenzierungen, so sie sachgerecht im Blick auf die Befähigung zur Amtswahrnehmung sind, nicht ausgeschlossen, wenn auch das Abstellen auf religiöse oder weltanschauliche Motive nicht wünschenswert ist[431].

Die Anknüpfung an Bekenntnisse bzw. Weltanschauungen kann folglich durch verfassungsrechtlich fundierte Belange gerechtfertigt sein.[432] Wenn Unterscheidungen wegen dieser Merkmale vorgenommen werden, bedürfen diese einer verfassungsrechtlichen Legitimation.[433]

Eine Ausnahme, die sich aus der Natur der Sache ergibt[434] bzw. im Hinblick auf Religionsfreiheit und Selbstbestimmungsrecht, dem Angehörigen der betreffenden Konfession vorbehalten bleiben muss und dessen Verleihung von weiteren Voraussetzungen religiöser Art abhängig gemacht werden kann[435], besteht bei den so genannten konfessionsgebundenen Staatsämtern. Ein solches Amt liegt immer dann vor, wenn jemand kraft seines Amtes im Sinne einer Kirche oder sonstigen Religionsgemeinschaft lehrend, seelsorgerisch oder sonst wie tätig ist.[436] Bei diesen Ämtern, die in einem untrennbaren Zusammenhang mit einer Konfession stehen, ist diese als Eignungsvoraussetzung auch zu berücksichtigen.[437]

428 Isensee/Sachs, HdbStR V, § 126 Rn. 116.
429 v. Campenhausen, Staatskirchenrecht, S. 75.
430 Isensee/v. Campenhausen, HdbStR VI, § 136 Rn. 48; v. Campenhausen, Staatskirchenrecht, S. 75.
431 Vgl. etwa BVerfGE 39, 334 (368) für Lehrer an Bekenntnisschulen; BVerwGE 17, 267 (269).
432 Isensee/Sachs, HdbStR V, § 126 Rn. 129; AK/Ridder, Art. 33 GG, Rn. 74.
433 Isensee/v. Campenhausen, HdbStR VI, § 136 Rn. 48.
434 So Isensee/v. Campenhausen, HdbSt VI, § 136 Rn. 48; dagegen Isensee/Sachs, HdbStR V, § 126 Rn. 133.
435 So Isensee/Hollerbach, HdbStR VI, § 140 Rn. 48.
436 Isensee/v. Campenhausen, HdbStR VI, § 136 Rn. 48.
437 v. Campenhausen Staatskirchenrecht, S. 75.; Isensee/v. Campenhausen, HdbStR VI, § 136 Rn. 48.

Die Beibehaltung oder Errichtung von konfessionsgebundenen Staatsämtern ist nicht wegen der staatlichen Neutralität unzulässig.[438] „Es verbietet lediglich Hoheitsakte, die auf religiösen Prämissen beruhen, oder religiöse Realakte, hinter denen die hoheitliche Autorität steckt."[439]

5. Grundsatz der Periodizität der Wahlen, Art. 39 Abs. 1 S. 1 GG

Die Volkssouveränität und das demokratische Prinzip verlangen zudem, dass die Volksvertretungen „in regelmäßigen, im Voraus bestimmten Abständen durch Wahlen abgelöst und neu legitimiert werden"[440]. Die demokratischen Wahlen dürfen damit niemals auf Lebenszeit erfolgen, jedenfalls muss zumindest eine Abwahl möglich bleiben.[441] Es gilt somit der Grundsatz der Periodizität der politischen Wahl, wobei die Dauer der Wahlperiode vor der Wahl festgelegt sein muss.[442]

6. Grenzen der Volkssouveränität, Art. 79 Abs. 3 GG

Bei der Ausübung der Staatsgewalt ist das Volk an die verfassungsrechtlichen Kompetenzgrenzen gebunden.[443] Diese Grenzen sind in Art. 79 Abs. 3 GG zu sehen, da die dort abschließend aufgezählten Einrichtungen und Normen des Grundgesetzes auch durch eine Verfassungsänderung nicht geändert werden dürfen. Dies begründet die so genannte Ewigkeitsgarantie.[444] Verfassungsändernde Gesetze sind demzufolge an Art. 79 Abs. 3 GG zu messen und sind nichtig, wenn sie gegen die Vorschrift verstoßen.[445] Zugleich ist in Art. 79 Abs. 3 GG jedoch die Ermächtigung zu sehen, das GG bis an die hier gesetzten Grenzen und damit weithin ändern zu können.[446]

Das Staatsvolk hat folglich als verfassungsgebende Gewalt nicht die Macht, die Verfassung in ihrer Gesamtheit zu ändern; insbesondere sind die in Art. 79 Abs. 3 GG für unberührbar erklärten Grundsätze der Disposition des Volkes entzogen.[447]

438 v. Campenhausen, Staatskirchenrecht, S. 232.
439 v. Campenhausen, Staatskirchenrecht, S. 232.
440 BVerfGE 18, 151 (154); BVerfG DÖV 1977, 420 ff.
441 Sachs/Sachs, Art. 20 GG, Rn. 34.
442 Stern, Staatsrecht Bd. I, § 18 II 5, S. 609.
443 Jarass/Pieroth-Pieroth, Art. 20 GG, Rn. 5.
444 BK/Evers, Art. 79 GG, Rn. 68; Sachs/Sachs, Art. 79 GG; Rn. 9; Stern, Staatsrecht Bd. I, § IV, 1, S. 165.
445 BVerfGE 30, 1 (24); Dreier/Dreier, Art. 79 GG, Rn. 11; Stern, Staatsrecht Bd. I, § 5 IV 3, S. 167; BK/Evers, Art. 79 GG, Rn. 107.
446 Sachs/Sachs, Art. 79 GG, Rn. 6.
447 v. Münch/Kunig-Bryde, Art. 79 GG, Rn. 25.

Gleichzeitig kann die Ewigkeitsgarantie nicht auf die Weise ausgedehnt werden, dass der Verfassungsgesetzgeber den in Art. 1 und 20 GG niedergelegten Grundsätzen unmittelbar neue hinzufügt oder er sie mittelbar komplettiert.[448] Könnte der Verfassungsgesetzgeber dergestalt die Ewigkeitsgarantie anreichern, dann müsste er wie der Verfassungsgeber in der Lage sein, den (künftigen) Verfassungsgesetzgeber dauerhaft festzulegen.[449] Diese Kompetenz fehlt dem Verfassungsgesetzgeber.

Art. 79 Abs. 3 GG muss um volle Wirkung zu entfalten, ein – verglichen mit den übrigen Grundgesetznormen – höherer Rang zuerkannt werden,[450] so dass Abs. 3 für den Verfassungsgesetzgeber „unerreichbar“ ist[451]. Aus der Höherrangigkeit des Art. 79 Abs. 3 GG folgt, dass Art. 79 Abs. 3 GG niemals weder (völlig) aufgehoben noch – durch Herausnahme einzelner Schutzgüter – verkürzt werden kann. Im Übrigen wäre es ein Widerspruch in sich, wenn dem Verfassungsgesetzgeber durch Abs. 3 nicht sprengbare Fesseln angelegt werden sollen, er sich andererseits von diesen jedoch durch eine Grundgesetzänderung befreien könnte.[452] Daher gebietet die „Normlogik“, dass „außer den für unantastbar erklärten anderen Verfassungssätzen auch der Verfassungssatz selbst, der die Unantastbarkeit ausspricht, unantastbar sein muss“.[453]

Um mit dem Prinzip der Volkssouveränität weiterhin vereinbar zu sein, muss Art. 79 Abs. 3 GG eng ausgelegt werden. Andernfalls käme es zu einer umfassenden Kontrolle des Bundesverfassungsgerichts über Rechts- und Verfassungsentwicklungen der Bundesrepublik Deutschland. Allerdings ist Art. 79 Abs. 3 GG restriktiv auszulegen, nicht aber die in ihm dargelegten Grundsätze.[454]

448 v. Münch/Kunig-Bryde, Art. 79 GG, Rn. 48; Stern, Staatsrecht Bd. I, § 5 IV 5, S. 172.

449 Sachs/Sachs, Art. 79 GG, Rn. 26.

450 BK-Evers, Art. 79 Abs. 3 GG, Rn. 90; v. Mangoldt/Klein/Starck-Hain, Art. 79 GG, Rn. 31.

451 Sachs/Sachs, Art. 79 GG, Rn. 80.

452 Stern, Staatsrecht III/2, § 89 III 4, S. 1101; kritisch. v. Münch/Kunig-Bryde, Art. 79 GG, Rn. 27; BK/Evers, Art. 79 Abs. 3 GG, Rn. 133-144.

453 MD/Maunz, Art. 79 GG, Rn. 50; Dürig, AöR 79 (1953/54), S. 68 Fn. 33.

454 Das Bundesverfassungsgericht (BVerfGE 30, 1 (24)) beschränkt den Sinn des Art. 79 Abs. 3 GG darauf, „zu verhindern, dass die geltende Verfassungsordnung in ihrer Substanz, in ihren Grundlagen auf dem formal-legalistischen Weg eines verfassungsändernden Gesetzes beseitigt und zu nachträglicher Legalisierung eines totalitären Regimes missbraucht werden kann. Die Vorschrift verbietet also eine prinzipielle Preisgabe der dort genannten Grundsätze“. Wird den in Art. 79 Abs. 3 GG genannten Prinzipien im allgemeinen Rechnung getragen, so sind sie als Grundsätze nicht berührt, wenn sie für eine Sonderlage aus „evident sachgerechten Gründen modifiziert werden“ (BVerfGE 30, 1 (24)).
Dem stellt sich jedoch ein Minderheitenvotum entgegen. Danach gelte Art. 79 Abs. 3 GG auch für den (irrenden) verfassungsloyalen Gesetzgeber (BVerfGE 30, 1

a. *In Art. 1 GG niedergelegte Grundsätze*

Insbesondere werden durch Art. 79 Abs. 3 GG die in Art. 1 GG niedergelegten Grundsätze – somit die Menschenwürde – geschützt. Die Menschenwürde ist verletzt, wenn der Mensch einer Behandlung ausgesetzt wird, die seine Subjektqualität prinzipiell in Frage stellt, eine Behandlung, in der eine willkürliche Missachtung der Würde des Menschen liegt und die Ausdruck der Verachtung des Wertes ist, der dem Menschen kraft seines Personenseins zukommt.[455] Es muss ein letzter unantastbarer Bereich menschlicher Freiheit verbleiben, was vor allem den absoluten Schutz der Intimsphäre und weitestgehende Glaubens-, Gewissens- und Meinungsfreiheit verlangt.[456]

Die vollständige Einbeziehung der Grundrechte als Konkretisierung der Menschenwürde, die sie in den Einzelgrundrechten gefunden hat, widerspricht dem eindeutigen Wortlaut des Art. 79 Abs. 3 GG, der von den Grundsätzen des „Art. 1 und Art. 20 GG" spricht. Die Grundrechte sind allerdings dann unantastbar, soweit sie notwendiger Bestandteil der Menschenwürde sind, d.h. in ihrem „Menschenwürdegehalt".[457] Der Menschenwürdegehalt wäre selbst bei einer Streichung des Grundrechts unmittelbar durch Art. 1 Abs. 1 GG garantiert.[458]

b. *In Art. 20 GG niedergelegte Grundsätze – Demokratie*

Überdies werden die in Art. 20 GG niedergelegten Grundsätze durch Art. 79 Abs. 3 GG geschützt, insbesondere das demokratische Prinzip. Die Grundsatzentscheidung für die Demokratie ist in Art. 20 GG sowohl in Abs. 1 als auch in

(38) – Minderheitenvotum; Dürig, Festschrift für Maunz, S. 47). Art. 79 Abs. 3 GG müsse den Zweck haben, einer allmählichen Aushöhlung der Schutzgüter durch „nicht aufs Ganze" gehende Akte des Verfassungsgesetzgebers einen Riegel vorzuschieben (so Sachs/Lücke, 3. Auflage München 2003, Art. 79 GG, Rn. 25). Für die Betroffenheit des Art. 79 Abs. 3 GG genügt es demnach schon, wenn in einem Teilbereich der Freiheitssphäre des Einzelnen, die sich aus Art. 1 und Art. 20 GG ergebenden Grundsätze ganz oder zum Teil außer Acht gelassen werden (BVerfGE 30, 1 (41) – Minderheitenvotum). Nur dies entspreche der Bedeutung des Art. 79 Abs. 3 GG im System des Grundgesetzes (BVerfGE 30, 1 (41) – Minderheitenvotum).
In der neueren Rechtsprechung hält das Bundesverfassungsgericht an der genannten Ansicht fest und erlaubt dem verfassungsändernden Gesetzgeber die geschützten Grundsätze „aus sachgerechten Gründen zu modifizieren", wiederholt jedoch nicht länger die vorherige Aussage, nur die „prinzipielle Preisgabe" sei verboten (vgl. nur BVerfGE 84, 90 (121); BVerfGE 94, 49 (103)).

455 BVerfGE 30, 1 (26).

456 BVerfGE 6, 32 (41); BVerfGE 27, 1 (6).

457 Stern, Staatsrecht I, § 5 IV 5, S. 174; BK-Evers, Art. 79 GG, Rn. 173.

458 So BVerfGE 94, 49 (103).

Abs. 2 niedergelegt. Dieses Prinzip ist an vielen Stellen des GG konkretisiert, wobei die Konkretisierungen nicht selbst Bestandteil der Ewigkeitsgarantie sind[459], andererseits kann der Schutz des Art. 79 Abs. 3 GG nicht einem abstrakten Prinzip gelten, sondern muss dessen Realbedingungen einschließen[460].

Das Grundgesetz geht von einem offenen Prozess politischer Willensbildung aus, in dem die Mehrheit entscheidet und in der sich die Amtsträger periodischen Wahlen stellen.[461] Die Herrschaft in der Demokratie ist Herrschaft auf Zeit mit der Chance der Minderheit, Mehrheit zu werden.[462]

Diese Grundsätze sind einer Änderung entzogen, so dass sich insgesamt der einer Verfassungsänderung entzogene materielle Kern des Grundgesetzes mit dem deckt, was als freiheitlich demokratische Grundordnung bezeichnet wird[463].

III. Mehrheitsprinzip

Angesichts des Neben- und Gegeneinanders des unterschiedlichen partikularen Willens muss es eine Maxime geben, nach der ein Entscheid verbindlich wird, wenn sich eine Einigung nicht erzielen lässt.[464] Dies ist das Mehrheitsprinzip. Dieses Prinzip wird aus dem Begriff der Volkssouveränität hergeleitet.[465] Das Mehrheitsprinzip ist ein Instrument demokratischer Entscheidungsfindung und als solches in allen Demokratien, vor allem in Parlamenten, gebräuchlich.[466] Daher ist das Mehrheitsprinzip als „Grundlage der Selbstbestimmung nach dem Willen der jeweiligen Mehrheit“[467] als Bestandteil der freiheitlich demokratischen Grundordnung zu qualifizieren.[468]

Dieses Prinzip der Mehrheitsentscheidung ist im Grundgesetz allgemein für die Entscheidungen von Bundestag und Bundesrat, Art. 42 Abs. 2 S. 1 GG, Art. 52 Abs. 3 S. 1 GG, ferner für die Wahl des Bundeskanzlers gemäß Art. 63 Abs. 2 S. 1 GG und des Bundespräsidenten, Art. 54 Abs. 4 GG, sowie bei Volksabstimmungen im Rahmen des Art. 29 GG vorgesehen.

459 v. Münch/Kunig-Bryde, Art. 79 GG, Rn. 39.
460 Kriele, VVDStRL 29 (1971), 47.
461 BVerfGE 2, 1 (12); Kriele, VVDStRL 29 (1971), 61 ff.; BK-Evers, Art. 79 GG, Rn. 181 h.
462 MD/Maunz, Art. 79 GG, Rn. 47; v. Münch/Kunig-Bryde, Art. 79 GG, Rn. 41.
463 Hesse, Grundzüge des Verfassungsrecht, Rn. 706.
464 Stern, Staatsrecht Bd. I, § 18 II 5, S. 610 f.
465 BVerfGE 29, 154 (165); Sachs/Sachs, Art. 20 GG, Rn. 22.
466 Stern, Staatsrecht Bd. I, § 18 I 5, S. 595.
467 Vgl. nur BVerfGE 2, 1 (12).
468 Stern, Staatsrecht Bd. I, § 18 II 5, S. 611; BVerfGE 29, 154 (165): „fundamentales Prinzip der Demokratie“.

1. Schutzumfang

Bei dem Mehrheitsprinzip handelt es sich um eine Methode der Entscheidungsfindung, die sich dem Willen aller annähert, da eine Einstimmigkeit nicht erreichbar ist.[469] Bei einem Kollegialorgan gibt die Mehrheit der Stimmen den Ausschlag, so dass deren Entscheidung als Wille des Organs gilt, im Gegensatz zu anderen denkmöglichen Kriterien oder Anknüpfungspunkten.[470] Dieses numerische Prinzip findet in der parlamentarischen Demokratie Anwendung, wenn staatliche Entscheidungen von der Gesamtbevölkerung eines Gemeinwesens oder einzelner seiner Organe zu treffen sind, mit der Folge, dass der jeweilige Wille der Mehrheit mit dem der Gesamtheit gleichgesetzt und damit für das Ganze verbindlich erklärt wird.[471]

Das Mehrheitsprinzip ist gerechtfertigt, da die Mehrheitsentscheidung lediglich das Surrogat der aufgrund der demokratischen Voraussetzung der Gleichheit[472] und Freiheit[473] aller eigentlich erforderlichen Einstimmigkeit darstellt. Somit wird einer größtmöglichen Zahl das Gefühl vermittelt, nur dem eigenen Willen unterworfen zu sein oder doch wenigstens die Entscheidung akzeptieren zu können.[474]

Das Mehrheitsprinzip ist ein Instrument der Einigungs- und Kompromissfindung, welches dem auf Ausgleich angelegten parlamentarischen Regierungssystem in hohem Maße entspricht.[475] Es ist sogar für die Demokratie als lebenswichtig anzusehen.[476]

An das Mehrheitsprinzip sind in wesentlichen Fragen erhöhte Anforderungen gestellt,[477] um eine erhöhte Bestandsgarantie für davon betroffene Materien zu gewährleisten.[478] Überblickt man das Grundgesetz, so finden sich sehr unterschiedliche Anknüpfungspunkte für die Feststellung der Mehrheit. Die Anforderungen an die jeweilige Mehrheit entsprechen der Bedeutung der jeweiligen Entscheidung. So bedarf es bei grundlegenden Entscheidungen einer qualifizierten

469 Gusy, AöR 106 (1981), 329ff.; Stern, Staatsrecht Bd. I, § 18 II 5, S. 611; Benda/Maihofer/Vogel-Maihofer, HdbVerfR, § 12 Rn. 75.

470 Heun, Mehrheitsprinzip, S. 40; v. Mangoldt/Klein/Starck-Achterberg/Schulte, Art. 42 GG, Rn. 25.

471 v. Mangoldt/Klein/Starck-Achterberg/Schulte, Art. 42 GG, Rn. 25.

472 So Isensee/Böckenförde, HdbStR II, § 24 Rn. 52.

473 So Heun, Mehrheitsprinzip, S. 93 ff.

474 Stern, Staatsrecht Bd. I, § 18 II 5, S. 612.

475 v. Mangoldt/Klein/Starck-Achterberg/Schulte, Art. 42 GG, Rn. 28; Isensee/Böckenförde, HdbStR II, § 24 Rn. 53.

476 Stern, Staatsrecht Bd. I, § 18 II 5, S. 611.

477 Stern, Staatsrecht Bd. I, § 18 II 5, S. 611.

478 Isensee/Böckenförde, HdbStR II, § 24 Rn. 53.

Mehrheit.[479] Damit sind bestimmte Freiheiten, Einrichtungen und Grundsätze einer einfachen mehrheitlichen Verfügung entzogen,[480] zur Begrenzung und Balancierung demokratischer Herrschaftsmacht für bestimmte Sach- und Lebensbereiche, insbesondere der Freiheitsrechte.

2. *Rechtsstaatliche Grenzen*

Ebenso wie Freiheit und Gleichheit das Prinzip der Mehrheitsentscheidung begründen, begrenzen sie es auch. Denn die Demokratie beinhaltet weder einen Mehrheitsabsolutismus noch eine Mehrheitsherrschaft.[481] Werden die Bedingungen, nach denen die derzeitige Minderheit immer zugleich potentielle Mehrheit ist, in Frage gestellt, wird das Konstitutionsprinzip der Demokratie ausgehebelt.[482] Folglich steht das Mehrheitsprinzip unter dem Vorbehalt der rechtsstaatlichen Bindungen, die sich aus der Verfassung ergeben.[483]

Danach gehören zu dem für die demokratische Mehrheitsentscheidung unverfügbaren Bereich die demokratischen Freiheitsrechte, die Gleichheit der politischen Mitwirkungsrechte und insbesondere die gleiche Chance der politischen Machtgewinnung.[484] Folglich ist es der jeweiligen Mehrheit verwehrt sich rechtlich absolut zu setzen. Das Recht des politischen Gegners sich in den Willensbildungsprozess einzubringen oder sein demokratisches Lebensrecht darf ihm nicht abgesprochen werden. Dies bedeutet nicht, dass anders gerichtete Auffassungen nicht für falsch, gefährlich oder bekämpfenswert gehalten werden dürfen.[485] Es bedeutet vielmehr den Verzicht darauf, den eigenen politischen Auffassungen und Problemlösungen eine objektive Wahrheitsgeltung zuzusprechen, die Diskussion gar nicht erst zulässt.[486] Geht demnach eine Gruppe oder eine Mehrheit von einer ideologischen Absolutsetzung ihrer eigenen Auffassung aus, fehlt ihr bereits die Bereitschaft zur Achtung der gleichen Chance politischer Machtgewinnung für die anderen, weil ihre politische Überzeugung alleinige und absolute Gültigkeit beansprucht.[487]

Fraglich ist, ob es Themenbereiche von solcher politischer Tragweite und Irreversibilität gibt, die nach dem Mehrheitsprinzip nicht entscheidbar sind, so dass

479 Isensee/Böckenförde, HdbStR II, § 24 Rn. 53.
480 Stern, Staatsrecht Bd. I, § 18 II 5, S. 611.
481 Isensee/Böckenförde, HdbStR II, § 24 Rn. 54.
482 BVerfGE 2, 1 (12): „Demokratie kippt um in Mehrheitsdiktatur“.
483 BVerfGE 2, 1 (12); Isensee/Böckenförde, HdbStR II, § 24 Rn. 54.
484 Isensee/Böckenförde, HdbStR II, § 24 Rn. 54.
485 Isensee/Böckenförde, HdbStR II, § 24 Rn. 56.
486 Isensee/Böckenförde, HdbStR II, § 24 Rn. 56.
487 BVerfGE 5, 85 (198-200, 224-227).

hierin eine weitere Grenze zu sehen wäre. Eine politische Gemeinschaft kann sich jedoch die Fragen, die für sie entscheidungsbedürftig werden, nicht aussuchen. Die Fragen ergeben sich aus der politischen Situation, in der sich die politische Gemeinschaft befindet. Werden bestimmte Fragen für unentscheidbar erklärt, so wird indirekt für die Beibehaltung des Status quo oder des Nichthandelns entschieden. Somit wird die Möglichkeit des Volkes, über Sachfragen mittelbar zu entscheiden, erheblich beschnitten. Hierdurch werden nicht nur die maßgeblichen Grundsätze des Art. 79 Abs. 3 GG für unabänderbar erklärt, vielmehr werden gleichzeitig diese Fragen dem Einwirkungsbereich des Volkes und seiner Repräsentanten entzogen. Dies könnte die Funktionsfähigkeit der Demokratie als Staats- und Regierungsform aufheben.[488]

3. *Minderheitenschutz und Recht auf Bildung und Ausübung einer Opposition*

Im Prinzip der Volkssouveränität wurzeln zugleich das zum Mehrheitsprinzip gegenläufige Gebot, parlamentarische Minderheiten zu schützen, und das Recht auf verfassungsmäßige Opposition.[489] Hierdurch wird die Maßgeblichkeit der Mehrheitsentscheidungen nicht etwa in Frage gestellt, vielmehr zielt dies auf die Möglichkeit für Minderheit bzw. Opposition ab, ihren Standpunkt in den Willensbildungsprozess des Parlaments einzubeziehen.[490]

Ein wesentlicher Schutz der Minderheiten wird dadurch gewährleistet, dass dem Mehrheitsprinzip der offene politische Prozess staatsfreier Meinungsbildung zu Grunde liegt, der es der Minderheit erlaubt, selbst Mehrheit zu werden.[491] Durch das Mehrheitsprinzip wird folglich anerkannt, dass „die Möglichkeit unterschiedlicher und sich verändernder Mehrheitsverhältnisse" besteht, „so dass die bei einer Entscheidung Unterliegenden die real gleiche Chance haben, in einem späteren Fall die Mehrheit zu gewinnen; erst dadurch erhält die Mehrheitsentscheidung volle demokratische Legitimität"[492].

Es besteht die Pflicht der Mehrheit, anzuerkennen, dass es zu ihren Sachprogrammen eine legitime Opposition gibt.[493] Die Minderheitenrechte zielen auf die Gewährleistung eines fairen Entscheidungsfindungsprozesses ab. Durch die Einräumung von Antragsrechten, Rederechten, Mitwirkungsrechten, Einspruchsrechten unterschiedlichster Art erhält die Minderheit die Möglichkeit, ihre Vorstellungen in das Verfahren und ggf. auch in die Entscheidung selbst einzubringen.[494] Allerdings

488 Isensee/Böckenförde, HdbStR II, § 24 Rn. 57.
489 Sachs/Sachs, Art. 20 GG, Rn. 26.
490 Vgl. BVerfGE 70, 324 (363).
491 BVerfGE 44, 125 (145); Stern, Staatsrecht Bd. I, § 18 II 5, S. 613.
492 Hesse, Grundzüge des Verfassungsrechts, Rn. 143.
493 Hesse, Grundzüge des Verfassungsrechts, Rn. 157; Lautner, Diss. 1982, S. 52.
494 BVerfGE 2, 143 (160); BVerfGE 45, 1 (29); BVerfGE 90, 286 (343).

ist nicht jedwede oppositionelle Willensbildung gestattet, sondern nur ein „Recht auf verfassungsmäßige Bildung und Ausübung der Opposition"[495].

IV. Gewaltenteilung, Art. 20 Abs. 2 S. 2 GG

Ferner ist die Gewaltenteilung gemäß Art. 20 Abs. 2 S. 2 GG als fundamentaler Verfassungsgrundsatz[496] und als tragendes Organisations- und Funktionsprinzip[497] Bestandteil der freiheitlich demokratischen Grundordnung. Die Teilung der Gewalten verkörpert ein wesentliches Grundanliegen der Verfassungsidee, die in den nach Art. 79 Abs. 3 GG änderungsfesten Verfassungskern aufgenommen wurde.[498] In den jeweils konkreten Ausformungen ist die Gewaltenteilung jedoch von den sich wandelnden politischen und gesellschaftlichen Machtstrukturen eines Gemeinwesens abhängig.[499]

Der feste Kern der Gewaltenteilung liegt in dem Willen, dass der freie Mensch nicht erheblichen Konzentrationen der Macht ausgeliefert sein soll.[500] Öffentliche Gewalt muss nicht nur demokratisch organisiert, sondern auch begrenzt und mit Gegengewichten austariert sein.[501] Nur hierdurch lässt sich die erdrückende Übermacht des politischen Kollektivs vermeiden.[502] Dementsprechend gehört es zur Funktion der Gewaltenteilung, dass die Staatsmacht gemäßigt, die Freiheit des Einzelnen geschützt und darüber hinaus für eine rationale und sachgerechte Organisation des Staates gesorgt wird[503].

Die Gewaltenteilung hat somit die Funktion funktionsfähige Herrschaft zu ermöglichen und zu fördern.[504] Außerdem hat die Gewaltenteilung den Zweck zu gewährleisten, dass „staatliche Entscheidungen möglichst richtig, das heißt von den Organen getroffen werden, die dafür nach ihrer Organisation, Zusammensetzung, Funktion und Verfahrensweise über die besten Voraussetzungen verfügen"[505].

Art. 20 Abs. 2 S. 2 GG schreibt vor, dass die Funktionen von Gesetzgebung, der vollziehenden Gewalt und der Rechtsprechung unterschieden und von beson-

495 BVerfGE 5, 85 (232 f.).
496 Ossenbühl, DÖV 1980, 545.
497 BVerfGE 3, 225 (247); BVerfGE 95, 1 (15).
498 v. Mangoldt/Klein/Starck-Sommermann, Art. 20 GG, Rn. 187.
499 Katz, Staatsrecht, Rn. 177.
500 Isensee/di Fabio, HdbStR II, § 27 Rn. 9; v. Mangoldt/Klein/Starck-Sommermann, Art. 20 GG, Rn. 187, Rn. 197.
501 BVerfGE 34, 52 (59); BVerfGE 95, 1 (15); Isensee/di Fabio, HdbStR II, § 27 Rn. 9; v. Mangoldt/Klein/Starck-Sommermann, Art. 20 GG, Rn. 187, Rn. 197.
502 Isensee/di Fabio, HdbStR, II § 27 Rn. 2.
503 BVerfGE 68, 1 (86); BVerfGE 95, 1 (15).
504 Ossenbühl DÖV 1980, 545.
505 BVerfGE 68, 1 (86); BVerfGE 95, 1 (15).

deren Organen wahrgenommen werden sollen. Das Prinzip der Gewaltenteilung unterscheidet daher die drei Teilbereiche staatlicher Aufgaben: die Gesetzgebung, die vollziehende Gewalt und die Rechtsprechung. Diesen besonderen voneinander weisungsunabhängigen Gewalten werden verschiedene materielle Staatstätigkeiten zugewiesen, wobei jede Gewalt grundsätzlich nur die ihr übertragene Staatstätigkeit wahrnehmen darf.[506]

Allerdings kann der Sinn der Gewaltenteilung nicht in einer scharfen Trennung dieser Teilbereiche der Staatsgewalt gesehen werden, obgleich die in der Verfassung vorgenommene Verteilung der Gewichte zwischen den drei Gewalten bestehen bleiben soll.[507] Zwischen den die verschiedenen Teilbereiche wahrnehmenden Verfassungsorganen besteht ein durch das Verfassungsrecht in den Grundsätzen in zahlreichen Verfassungsbestimmungen vorgezeichnetes und vielfältiges Beziehungsgeflecht.[508] Dieses umfasst unterschiedliche Formen und Verfahren interorganschaftlicher (personeller und sachlich-inhaltlicher) Kontrolle und Zusammenarbeit.[509]

In diesem Sinne spricht man auch von einem Ineinandergreifen[510], von Verschränkungen[511] oder von einer Verzahnung[512] der Gewalten. Damit reicht die Feststellung, dass eine Maßnahme einen Bereich betrifft, der einer anderen Gewalt zuzurechnen ist, nicht aus, um eine Verfassungswidrigkeit anzunehmen. Es muss vielmehr hinzukommen, dass die Maßnahme das auf gegenseitige Kontrolle und Ausbalancierung angelegte System nicht nur unerheblich beeinträchtigt.[513] Keine Gewalt darf ein von der Verfassung nicht vorgesehenes Übergewicht über eine andere Gewalt erhalten und keine Gewalt darf der für die Erfüllung ihrer verfassungsmäßigen Aufgaben erforderlichen Zuständigkeiten beraubt werden.[514]

Insbesondere sind die drei Gewalten in ihrem Kernbereich geschützt, so dass ausgeschlossen ist, dass eine der Gewalten die ihr von der Verfassung zugeschriebenen typischen Aufgaben preisgibt.[515] Demnach darf nicht in den Aufgabenkernbereich einer anderen Gewalt eingedrungen werden.[516]

Das Gewaltenteilungsprinzip ist verletzt, wenn in den Kernbereich einer Gewalt eingegriffen wird, der die typischen Aufgaben der jeweiligen Gewalt be-

506 Katz, Staatsrecht, Rn. 177.
507 BVerfGE 34, 52 (59).
508 Katz, Staatsrecht, Rn. 180.
509 v. Mangoldt/Klein/Starck-Sommermann, Art. 20 GG, Rn. 202; Isensee/di Fabio, HdbStR II, § 27 Rn. 31.
510 BVerfGE 3, 225 (247).
511 BVerfGE 7, 183 (188); BVerfGE 34, 52 (59).
512 Fastenrath, JuS 1986, 194 (200).
513 v. Mangoldt/Klein/Starck-Sommermann, Art. 20 GG, Rn. 204.
514 BVerfGE 9, 268 (279 f.); Katz, Staatsrecht, Rn. 186.
515 BVerfGE 34, 52 (59); BVerfGE 9, 268 (280).
516 BVerfGE 9, 268 (280); BVerfGE 22, 106 (111).

stimmt und damit die Gewichtsverteilung zwischen den Gewalten verändert wird.[517] Ob ein den Kernbereich oder die Gewaltbalance gefährdender Eingriff gegeben ist, muss im konkreten Fall besonders anhand der Kriterien Intention, Intensität und Quantität geprüft werden.[518]

1. Kernbereich der Legislative

Die Gewaltenteilung des Grundgesetzes beginnt mit der Legislative, der Gesetzgebung. Die gesetzgebende Gewalt genießt den größten Gestaltungsspielraum, sie ist rechtlich nur der Verfassung unterworfen, vgl. Art. 20 Abs. 3 GG.

Kernbereich der Gesetzgebung ist der Erlass allgemeinverbindlicher Rechtsnormen. Das Grundgesetz legt sich klar auf das demokratisch parlamentarische Regierungssystem in der Form des gesetzesgelenkten Rechtsstaates fest, so dass das Gesetz im formellen Sinne demnach eine besondere Position einnimmt: Es ist demokratische Willensäußerung des Repräsentationsorgans des Volkes.[519]

Demnach liegt die grundlegende Rechtssetzungskompetenz beim Parlament. Dies hat jedenfalls solange zu gelten, wie allein das Parlament demokratisch legitimiert wird.[520] Zudem besitzt die Legislative zahlreiche Kontrollrechte, um sicherzustellen, dass die Exekutive die von ihr erlassenen Gesetze ordnungsgemäß vollzieht.[521] Dementsprechend wird die Gesetzgebung durch den Vorrang des Gesetzes in ihrer Wirkkraft und ihrer verfassungsrechtlichen Präponderanz gesichert.[522]

Im Verhältnis der Legislative zur Judikative ist anzumerken, dass der Gesetzgeber im Rahmen der verfassungsrechtlichen Vorgaben, z.B. Art. 92 ff. GG sowie Art. 19 Abs. 4 GG, den Aufbau und das Prozessrecht im einzelnen bestimmt. Abgesehen davon nimmt der Bundestag im Rahmen der Richterwahl mittelbar Einfluss auf die personelle Komponente der Gerichtsbarkeit, vgl. Art. 95 Abs. 2 GG. Im Falle des Bundesverfassungsgerichts teilt sich der Bundestag das Bestimmungsrecht mit dem Bundesrat, vgl. Art. 94 Abs. 1 S. 2 GG.

2. Kernbereich der Exekutive

Durch die vollziehende Gewalt handelt der Staat in eigener Initiative und unmittelbar, die Exekutive regiert und verwaltet. In der Funktion der Verwaltung er-

517 Sendler, NJW 1999, 1232 ff. (1235 ff.).
518 Sendler, NJW 1999, 1232 ff. (1235 ff.).
519 Isensee/di Fabio, HdbStR II, § 27 Rn. 19.
520 Anders in Frankreich, Rechtssetzungsgewalt der Regierung.
521 v. Mangoldt/Klein/Starck-Sommermann, Art. 20 GG, Rn. 208.
522 Dreier/Schulze-Fielitz, Art. 20 GG, Rn. 67.

füllt die Exekutive vorgezeichnete Aufgaben angeleitet und zielgerichtet, aber zugleich auch selbstständig und eigenverantwortlich.[523]

Der Kernbereich der Exekutive ist demnach die Erfüllung konkreter Staatsaufgaben, insbesondere der Vollzug der Rechtnormen im Einzelfall.[524] Der Kernbereich exekutiver Eigenverantwortung umfasst grundsätzlich auch die Organisationsgewalt des Regierungschefs und die Willensbildung innerhalb der Regierung.[525] Zudem kommt der Exekutive im Bereich der Gesetzgebung entscheidende Bedeutung durch das Gesetzesinitiativrecht gemäß Art. 76 GG und durch das Recht auf Erlass von Rechtsverordnungen gemäß Art. 80 GG zu.

Die Regeln des Grundgesetzes dürfen nicht durch einen Gewaltmonismus im Sinne eines allumfassenden Parlamentsvorbehalts unterlaufen werden.[526] Die Regierung hat vielmehr einen Kernbereich exekutiver Eigenverantwortung,[527] „der einen auch von parlamentarischen Untersuchungsausschüssen grundsätzlich nicht ausforschbaren Initiativ-, Beratungs- und Handlungsbereich einschließt“[528]. Der Gesetzgeber darf die eigenständige Organisationsgewalt von Regierung und Verwaltung nicht beeinträchtigen.[529]

Die Kontrollbefugnisse der Judikative gegenüber der Exekutive müssen wegen der aus Art. 1 Abs. 3 GG komplementären Garantie des effektiven Rechtsschutzes umfassend sein.[530] Die Rechtsprechung darf jedoch das Verwaltungshandeln nur rechtlich, nicht auch auf seine Zweckmäßigkeit hin kontrollieren;[531] bei der Kontrolle der Normsetzung der Verwaltung hat sie nur die Überschreitung äußerster rechtlicher Grenzen der Normsetzungsbefugnis zu prüfen.[532]

3. *Kernbereich der Judikative*

Funktionsmäßig und organisatorisch klar von den übrigen Teilgewalten getrennt ist die Judikative.[533] Dem Bereich der Rechtsprechung sind jedenfalls die tradi-

523 Hesse, Grundzüge des Verfassungsrecht, Rn. 531 und Rn. 536.
524 v. Mangoldt/Klein/Starck-Sommermann, Art. 20 GG, Rn. 209.
525 Vgl. etwa BVerfGE 67, 100 (139); v. Mangoldt/Klein/Starck-Sommermann, Art. 20 GG, Rn. 209.
526 BVerfGE 49, 89 (125).
527 BVerfGE 9, 268 (281); BVerfGE 67, 100 (139); BVerfGE 68, 1 (87).
528 BVerfGE 67, 100 (139).
529 Dreier/Schulze-Fielitz, Art. 20 GG, Rn. 68.
530 v. Mangoldt/Klein/Starck-Sommermann, Art. 20 GG, Rn. 213.
531 BVerwGE 72, 300 (317); BVerwGE 76, 90 (93); Dreier/Schulze-Fielitz, Art. 20 GG, Rn. 68.
532 BVerwGE 80, 355 (370).
533 Stern, Staatsrecht Bd. I, § 20 IV 5, S. 838; Degenhart, Staatsrecht, Rn. 247.

tionellen Kernbereiche wie bürgerliche Rechtsstreitigkeiten und die Strafgerichtsbarkeit zuzurechnen.[534]

Die Rechtsprechung schützt den Einzelnen durch den gerechten Richterspruch auch vor der demokratisch begründeten Herrschaft und wahrt zugleich das demokratische Prinzip der Volkssouveränität durch ihr Insistieren auf Gesetzesbindung, denn im Gesetz artikuliert sich der Wille des Volkes.[535]

Legislative und Exekutive werden vom Bundesverfassungsgericht auf die Verfassungsmäßigkeit ihrer Tätigkeiten kontrolliert, vgl. Art. 94 Abs. 2 GG, § 31 BVerfGG. Schließlich können alle Akte der Exekutive gemäß Art. 19 Abs. 4 GG einer gerichtlichen Kontrolle unterzogen werden. Entscheidungen der Gerichte können nicht durch andere Gewalten aufgehoben werden.[536]

V. Gesetzesmäßigkeit der Verwaltung, Art. 20 Abs. 3 GG

Zur freiheitlich demokratischen Grundordnung gehört auch die Gesetzesmäßigkeit der Verwaltung.[537] Die Bindung der vollziehenden Gewalt an Gesetz und Recht gemäß Art. 20 Abs. 3 GG stellt den zentralen Grundsatz des Rechtsstaatsprinzips dar.

Unter Bindung an Gesetz und Recht ist dabei die Bindung an die Verfassung und an die förmlichen Gesetze zu verstehen.[538] Auf eine bestimmte inhaltliche Qualität dieser Gesetze kommt es nicht an.[539] Die Frage, ob auch Rechtsverordnungen und Satzungen „Gesetze" im Sinne dieser Vorschrift sind, ist umstritten.[540]

Die verfassungsrechtliche Zentralstellung des formellen Gesetzes beruht darauf, dass es sich dabei um eine generell gültige, bestimmte, voraussehbare und berechenbare Regelung handelt, die in einem verfassungsrechtlich festgelegten, aufgrund von Diskussion und Öffentlichkeit gekennzeichneten politischen Willensbildungsprozess, durch das vom Volk gewählte Parlament beschlossen wird.[541]

534 Degenhart, Staatsrecht, Rn. 248.
535 Isensee/di Fabio, HdbStR II, § 27 Rn. 25.
536 BVerfGE 7, 183 (188); Schmidt/Bleibtreu-Klein, Art. 20 GG, Rn. 19.
537 Vgl. nur BVerfGE 2, 1 (12 f.).
538 MD/Herzog, Art. 20 GG, Rn. 50; Isensee/Schmidt-Aßmann, HdbStR II, § 26 Rn. 34.
539 Stern, Staatsrecht Bd. I, § 20 IV 4, S. 825; Böckenförde, Gesetz und gesetzgebende Gewalt, S. 381.
540 Dagegen: Isensee/Schmidt-Aßmann, HdbStR II, § 26 Rn. 37; v. Mangoldt/Klein/Starck-Sommermann, Art. 20 GG, Rn. 254; dafür: v. Münch/Kunig-Schnapp, Art. 20 GG, Rn. 36; Sachs/Sachs, Art. 20 GG, Rn. 107.
541 Katz, Staatsrecht, Rn. 189.

Diese Bindung der vollziehenden Gewalt an Gesetz und Recht wird mit dem Grundsatz der Gesetzesmäßigkeit der Verwaltung identifiziert.[542]

Dieser Grundsatz der Gesetzesmäßigkeit der Verwaltung wiederum weist die Komponenten des Vorrangs und des Vorbehaltes des Gesetzes auf.[543]

1. Vorrang des Gesetzes

Das Prinzip des Vorrangs des Gesetzes besagt, dass Verwaltungsmaßnahmen nicht gegen höherrangige Rechtssätze verstoßen dürfen[544]: Das parlamentarische Gesetz geht rechtlich allen Akten der Exekutive vor.[545] Dies gilt für alle Handlungsformen der öffentlichen Verwaltung, also auch für exekutive Rechtssetzung.[546] Es gilt ohne Rücksicht auf die Form, den Zweck und die Bedeutung des einzelnen Verwaltungsvorgangs und für öffentlich-rechtliches oder privatrechtliches Handeln der Verwaltung.[547]

Der Vorrang des Gesetzes bedeutet die Verpflichtung der Verwaltung, das Gesetz anzuwenden, auch die aufgrund des Gesetzes ergangenen Normen des untergesetzlichen Rechts.[548] Eine Verwerfungskompetenz kommt der Verwaltung auch für Normen des untergesetzlichen Rechts nicht zu.[549]

Allgemein lässt sich dem Vorrang des Gesetzes zudem die Verpflichtung der Behörde entnehmen, die rechtswidrigen Folgen ihres Handeln zu beseitigen, d.h. einen rechtmäßigen Zustand herzustellen.[550] Allerdings besteht keine umfassende allgemeine Beseitigungspflicht, da Interessen der Rechtssicherheit der Annahme einer automatischen Nichtigkeitsfolge entgegenstehen.[551] Ein Gesetzesverstoß ist daher Gegenstand einer Fehlerfolgenlehre, die verfassungsrechtlich von unterschiedlichen Determinanten bestimmt wird.

2. Vorbehalt des Gesetzes

Der Vorbehalt des Gesetzes besagt, dass Exekutivakte des Stützungsgrundes eines (materiellen oder sogar formellen) Gesetzes bedürfen.[552] Der Gesetzesvor-

542 v. Mangoldt/Klein/Starck-Sommermann, Art. 20 GG, Rn. 260.
543 BVerfGE 80, 137 (161); Badura, Staatsrecht, S. 275 ff.; Isensee/Schmidt-Aßmann, HdbStR II, § 26 Rn. 61.
544 Degenhart, Staatsrecht, Rn. 316.
545 Isensee/Schmidt-Aßmann, HdbStR II, § 26 Rn. 62.
546 MD/Herzog, Art. 20 GG, Rn. 37; Isensee/Schmidt-Aßmann, HdbStR II, § 26 Rn. 62.
547 MD/Herzog, Art. 20 GG, Rn. 37; Isensee/Schmidt-Aßmann, HdbStR II, § 26 Rn. 62.
548 Degenhart, Staatsrecht, Rn. 317.
549 Wehr, JuS 1997, 231 (234).
550 Schoch, VerwArch 79 (1988), 1 (33 f./43 ff.).
551 Isensee/Schmidt-Aßmann, HdbStR II, § 26 Rn. 62.
552 MD/Herzog, Art. 20 GG, Rn. 55; Wolff/Bachof/Stober, VerwR I, § 30 III 1.

behalt ist zwar in Art. 20 Abs. 3 GG nicht ausdrücklich angesprochen, wird allerdings vorausgesetzt.[553] Andernfalls wäre die Bindung an das Gesetz gegenstandslos, wenn die Verwaltung nach ihrem Ermessen ohne Bindung an eine gesetzliche Ermächtigung tätig werden könnte.[554] Verwaltungsmaßnahmen ohne die erforderliche gesetzliche Ermächtigung sind daher rechtswidrig.[555]

Art. 20 Abs. 3 GG beantwortet aber nicht die Frage der Reichweite des Gesetzesvorbehalts[556] und damit der Einflussbereiche von Gesetzgeber und Verwaltung. Die Reichweite des Gesetzesvorbehalts ist, soweit nicht ausdrücklich in einzelnen Bestimmungen des Grundgesetzes enthalten, aus allgemeinen Verfassungsgrundsätzen, insbesondere der Grundrechtsbindung der öffentlichen Gewalt und dem Demokratiegebot zu entnehmen.[557]

Das Bundesverfassungsgericht[558] fordert, dass der parlamentarische Gesetzgeber „in grundlegenden normativen Bereichen, zumal im Bereich der Grundrechtsausübung, soweit diese staatlicher Regelung zugänglich ist, alle wesentlichen Entscheidungen selbst zu treffen“[559] hat. Demzufolge sind grundlegende Entscheidungen dem parlamentarischen Gesetzgeber vorbehalten, weniger wichtige kann die vollziehende Gewalt selbst treffen.[560]

Die Bestimmung, welche Entscheidung wesentlich ist und welche nicht, ist im Einzelfall allerdings nicht immer leicht zu treffen. Die Tatsache, dass eine politische Frage umstritten ist, führt für sich genommen nicht dazu, dass sie als wesentlich verstanden werden muss.[561]

Ausgangspunkt für die Beantwortung der Frage nach der Wesentlichkeit muss das Grundgesetz sein[562], welches für eine Reihe von Fällen durch spezielle Gesetzesvorbehalte und ausdrückliche Komponenten der Exekutive klare Zuordnungen trifft und durch seine materiell-rechtlichen, institutionellen und prozedualen Regelungen indirekt Aufschluss darüber gibt, welche Bedeutungen es bestimmten Gegenständen zumisst.[563] Die Wesentlichkeit einer Regelung richtet sich jedoch nicht allein nach der Bedeutung der Rechtsgüter, die in Rede stehen,

553 BVerfGE 40, 237 (248).
554 BVerfGE 40, 237 (249); BVerfGE 48, 210 (221); BVerwGE 72, 265 (266); Dreier/Schulze-Fielitz, Art. 20 GG, Rn. 95; Stern, Staatsrecht Bd. I, § 20 IV 4, S. 805; Degenhart, Staatsrecht, Rn. 319.
555 Vgl. BVerfGE 41, 251 (263).
556 v. Münch/Kunig-Schnapp, Art. 20 GG, Rn. 38.
557 Degenhart, Staatsrecht, Rn. 319.
558 BVerfGE 49, 89; BVerfGE 61, 260.
559 BVerfGE 49, 89 (126); BVerfGE 61, 260 (275).
560 v. Münch/Kunig-Schnapp, Art. 20 GG, Rn. 56.
561 BVerfGE 49, 89 (126); BVerfGE 98, 218 (251).
562 BVerfGE 47, 46 (79); BVerfGE 49, 89 (127).
563 v. Mangoldt/Klein/Starck-Sommermann, Art. 20 GG, Rn. 265.

sondern auch nach der Intensität der Betroffenheit dieser Rechtsgüter.[564] Danach bedürfen jedenfalls Eingriffsakte in „Freiheit und Eigentum“ des Bürgers der Grundlage in einem formellen Gesetz als rechtsstaatliche und demokratisch-parlamentarische Regelung.[565]

VI. Unabhängigkeit der Gerichte

Bestandteil der freiheitlich demokratischen Grundordnung ist ferner das Prinzip der Unabhängigkeit der Gerichte.[566] Die Unabhängigkeit der Gerichte wird aus Art. 20 Abs. 2, Abs. 3, Art. 92 und Art. 97 GG hergeleitet.[567] Diese Unabhängigkeit ist ein weiteres wichtiges Organisationsmerkmal des Rechtsstaates.[568] Der grundsätzlich umfassende gerichtliche Kontrollauftrag verlangt die persönliche und sachliche Unabhängigkeit der Richter, denen die rechtsprechende Gewalt anvertraut ist.[569] Diese unparteiliche Rechtsprechung schützt den Richter vor Einflüssen bei der Rechtsfindung und Nachteilen nach der Rechtsfindung und garantiert dem Bürger, dass er Recht auch gegen den Staat erhalten kann.[570]

Der Richter muss bei jedem Akt der rechtsprechenden Tätigkeit, der für seine Entscheidung nach dem gesetzten Recht Bedeutung erlangen kann, rechtlich und tatsächlich vor gesetzlich nicht angeordneten Einwirkungen anderer staatlicher Amtswalter oder Dritter geschützt werden; er ist ausschließlich der Erkenntnis und Entfaltung des gültigen Rechts verpflichtet.[571] Damit kann es keine rechtliche Bindung des Richters an Beschlüsse oder Aufträge politischer Parteien, an veröffentlichte Meinungen oder an die Interessen irgendeiner gesellschaftlichen Schicht oder Gruppe geben.[572]

Den anderen beiden Staatsgewalten ist es verwehrt, direkt oder auch nur mittelbar die richterliche Entscheidung konkreter Fälle zu beeinflussen. Der Gesetzgeber ist vielmehr verpflichtet, gesetzliche Vorkehrungen für eine möglichst effektive Entfaltung der richterlichen Unabhängigkeit zu schaffen.[573] Zum Erfor-

564 Vgl. BVerfGE 98, 218 (252); v. Mangoldt/Klein/Starck-Sommermann, Art. 20 GG, Rn. 269.
565 BVerfGE 8, 155 (166/167); Dreier/Schulze-Fielitz, Art. 20 GG, Rn. 97; v. Münch/Schnapp, Art. 20 GG, Rn. 54.
566 Vgl. BVerfGE 2, 1 (12).
567 BVerfGE 60, 253 (296).
568 BVerfGE 2, 307 (320).
569 Isensee/di Fabio, HdbStR II, § 27 Rn. 27.
570 Stern, Staatsrecht Bd. I, § 20 IV 5, S. 845.
571 v. Münch/Kunig-Meyer, Art. 97 GG, Rn. 1.
572 Stern, Staatsrecht Bd. II, § 43 II 4, S. 912; MD/Herzog, Art. 97 GG, Rn. 40; Sachs/Detterbeck, Art. 97 GG, Rn. 17.
573 Sachs/Detterbeck, Art. 97 GG, Rn. 2; Dreier/Schulze-Fielitz, Art. 97 GG, Rn. 17.

dernis der Unabhängigkeit der Gerichte ist besonders die Garantie der sachlichen und persönlichen Unabhängigkeit der Richter gemäß Art. 97 Abs. 1, Abs. 2, Art. 98 GG zu zählen.[574]

1. Sachliche Unabhängigkeit

Die sachliche Unabhängigkeit der Richter bedeutet, dass die Richter in ihrer richterlichen Tätigkeit nicht an Weisungen gebunden[575] und nur dem Gesetz unterworfen sind[576]. Sie gilt absolut und für jeden Richter.[577] Diese sachliche Unabhängigkeit erstreckt sich sowohl auf den Bereich der materiellen Rechtsprechung im Sinne von Art. 20 Abs. 2 S. 2 GG als auch auf solche Aufgaben, die der Gesetzgeber den Richtern gerade im Hinblick auf ihre Unabhängigkeit übertragen hat, wie im Bereich der freiwilligen Gerichtsbarkeit.[578]

Der Legislative ist es untersagt, unmittelbaren Einfluss auf die Entscheidung konkreter Fälle in laufenden Verfahren zu nehmen[579] und der Exekutive ist die Einflussnahme auf die Rechtsprechung durch Einzelweisungen[580], Verwaltungsvorschriften[581] und sonstige Handlungsformen verboten[582]. Dementsprechend normiert Art. 97 Abs. 1 HS 2 GG, dass die Richter nur dem Gesetz[583] unterworfen sind.[584]

Relativiert wird diese Gesetzesbindung durch die allgemein als legitim anerkannte[585], vom Gesetzgeber sogar ausdrücklich vorgesehene und zugleich an bestimmte Verfahren geknüpfte Kompetenz zur Rechtsfortbildung[586]. Die Rechtsfortbildung ist jedoch darauf beschränkt, die Wertungen und Entscheidungen des Gesetzgebers zu ergänzen und systemimmanent weiterzuführen oder auch kon-

574 Katz, Staatsrecht, Rn. 515.
575 BVerfGE 3, 213 (224).
576 Stein/Frank, Staatsrecht, § 17 III, S. 139.
577 Stern, Staatsrecht Bd. II, § 43 II 4, S. 910; Stein/Frank, Staatsrecht, § 17 III, S. 139.
578 Sachs/Detterbeck, Art. 97 GG, Rn. 11 a.
579 MD/Herzog, Art. 97 GG, Rn. 22; Sachs/Detterbeck, Art. 97 GG, Rn. 12.
580 BVerfGE 14, 56 (69); BVerfGE 26, 186 (198); BVerfGE 27, 312 (322).
581 Sachs/Detterbeck, Art. 97 GG, Rn. 13; Jarass/Pieroth-Pieroth, Art. 97 GG, Rn. 3.
582 BVerfGE 26, 79 (93); BVerfGE 55, 372 (389).
583 Unter Gesetz im Sinne des Art. 97 Abs. 1 GG ist jeder Außenrechtssatz zu verstehen (BVerfGE 78, 214 (227); MD/Herzog, Art. 97 GG, Rn. 32), also insbesondere Gesetze, Verordnungen, Satzungen (v. Mangoldt/Klein/Starck-Classen, Art. 97 GG, Rn. 11.) sowie Gewohnheitsrecht (BVerfGE 78, 214 (227)).
584 BVerwGE 78, 216 (220); Isensee/Kirchhof, HdbStR III, § 59 Rn. 199.
585 BVerfGE 34, 269 (287); BVerfGE 49, 304 (318); BVerfGE 65, 182 (190); BVerfGE 88, 145 (167).
586 v. Mangoldt/Klein/Starck-Classen, Art. 97 GG, Rn. 14; zu § 137 Abs. 4 GVG vgl. etwa BVerfGE 54, 102 (111).

krete verfassungsrechtliche Vorgaben auf einfachrechtlicher Ebene umzusetzen.[587] Dagegen ist es dem Richter verwehrt, eigenständig Rechtspolitik zu betreiben.[588]

2. *Persönliche Unabhängigkeit*

Die sachliche Unabhängigkeit der Richter wird durch die Garantie der persönlichen Unabhängigkeit gemäß Art. 97 Abs. 2 GG institutionell gesichert.[589] Richter dürfen danach während ihrer Amtszeit grundsätzlich nicht gegen ihren Willen versetzt oder entlassen werden. Etwas anderes gilt nur unter den in Art. 97 Abs. 2 GG genannten Voraussetzungen, also nur kraft richterlicher Entscheidung und nur aus Gründen und unter den Formen, welche die Gesetze bestimmen.

Dieses Verbot der Absetzung und Versetzung darf auch nicht durch andere Maßnahmen umgangen werden. Untersagt sind auch Maßnahmen gleicher Wirkung, die einer Entlassung, einer dauernden oder zeitweisen Amtsenthebung oder einer Versetzung in den Ruhestand gleichkommen.[590] Die persönliche Unabhängigkeit erstreckt sich zudem auf den Status des Richters insgesamt, so dass sie auch Schutz bietet gegen Maßnahmen der Dienstaufsicht, die in die Richterstellung eingreifen und von der Spitze der Exekutive gegenüber Richtern getroffen werden.[591]

Die Gewährleistungen erfassen zwar nach dem Wortlaut des Art. 97 Abs. 2 GG nur den „hauptamtlich und planmäßig endgültig angestellten Richter“ (Art. 97 Abs. 2 GG). Dazu sind die Richter zu rechnen, die unter Berufung in das Richterverhältnis auf Lebenszeit oder für eine bestimmte gesetzlich festgelegte Amtszeit berufen sind, ohne eine andere Amtstätigkeit als die des Richters auszuüben.[592] Das Bundesverfassungsgericht bemüht sich indessen, die Grundprinzipien auf alle Richter auszudehnen.[593] Entsprechend muss auch bei den sonstigen Richtern die persönliche Unabhängigkeit jedenfalls soweit gesichert werden, dass ihre sachliche Unabhängigkeit gewährleistet bleibt.[594]

587 BVerfGE 34, 269 (291); BVerfGE 37, 132 (146); BVerfGE 49, 244 (251); BVerfGE 81, 29 (33).

588 BVerfGE 34, 269 (291); BVerfGE 37, 132 (146); BVerfGE 49, 244 (251); BVerfGE 81, 29 (33).

589 BVerfGE 87, 68 (85).

590 BVerfGE 17, 252 (259); Sachs/Detterbeck, Art. 97 GG, Rn. 35.

591 BVerfGE 26, 79 (93); BVerfGE 38, 139 (151 f.); Stern, Staatsrecht Bd. II, § 43 II 4, S. 911.

592 Stern, Staatsrecht Bd. II, § 43 II 4, S. 911, mit Ausnahme der Hochschullehrer; v. Münch/Kunig-Meyer, Art. 97 GG, Rn. 27.

593 Vgl. BVerfGE 14, 56 (70); BVerfGE 14, 156 (163); BVerfGE 27, 312 (322).

594 BVerfGE 14, 56 (70); BVerfGE 87, 68 (85); v. Münch/Kunig-Meyer, Art. 97 GG, Rn. 29; anders Sachs/Detterbeck der Art. 33 Abs. 5 GG zur Begründung heranzieht.

In der parlamentarischen Demokratie ist die politische Verantwortung der Regierung gegenüber dem Parlament eine essentielle, unabdingbare Bedingung.[595] Im Grundgesetz ist dieses Prinzip insbesondere in Art. 65 GG, aber auch in Art. 28 Abs. 2 S. 1, Art. 46 Abs. 1 S. 1, Artt. 63, 67, 68 und Art. 69 Abs. 2 GG niedergelegt.[596] Diese Verantwortlichkeit wird ebenfalls als Teil der freiheitlich demokratischen Grundordnung qualifiziert.[597]

Danach gilt der Grundsatz, dass jede politische Tätigkeit der Regierung der parlamentarischen Kontrolle unterliegen muss. Die politische Verantwortlichkeit bezieht sich darauf, dass die Staatsgewalt durch die Bundesregierung selbst und durch alle ihr untergebenen Bundesstellen rechtmäßig und zweckmäßig ausgeübt wird.[598] Sie äußert sich in einer Rechenschafts- und Einstandspflicht.[599] Dies wird vor allem durch Aufklärung des zu verantwortenden Sachverhalts mit Hilfe des Zitier-, Frage- und Untersuchungsrechts gemäß Art. 43 Abs. 1 GG, Art. 44 GG sowie durch öffentliche Debatte im Bundestag realisiert.[600]

Im Gegensatz zu Art. 56 WRV ist der Bundestag als Adressat der Verantwortlichkeit nicht ausdrücklich im Grundgesetz genannt. Nach dem durch die Kanzlerwahl gemäß Art. 63 GG und das konstruktive Misstrauensvotum gemäß Art. 67 GG gestützten Sinnzusammenhang kann aber nur der Bundestag als Adressat qualifiziert werden.[601]

Nach der Regelung des Art. 65 S. 1 GG ist für die Regierungsarbeit gegenüber dem Bundestag primär der Bundeskanzler politisch verantwortlich. Bei der in Art. 65 S. 2 GG angesprochenen Verantwortlichkeit der Minister ist umstritten, ob diese als regierungsinterne, dem Bundeskanzler gegenüber bestehende Verantwortlichkeit zu bewerten ist,[602] oder ob auch eine Verantwortung der Bundesminister unmittelbar dem Bundestag gegenüber besteht[603].

Dem Umfang nach deckt sich die parlamentarische Kontrolle mit der gesamten Amtsführung des jeweils verantwortlichen Entscheidungsträgers.[604] Insbesondere

595 Isensee/Badura, HdbStR I, § 23 Rn. 10 ff.
596 Katz, Staatsrecht, Rn. 415; Stern, Staatsrecht Bd. I, § 22 III 3, S. 988.
597 BVerfGE 2, 1 (12 f.).
598 Stein/Frank, Staatsrecht, § 10 VII, S. 91.
599 v. Mangoldt/Klein/Starck-Schröder, Art. 65 GG, Rn. 45.
600 Stern, Staatsrecht Bd. I, § 22 III 3, S. 988 f.; v. Mangoldt/Klein/Starck-Schröder, Art. 65 GG, Rn. 52.
601 MD/Herzog, Art. 65 GG, Rn. 48; Dreier/Hermes, Art. 65 GG, Rn. 40.
602 v. Münch/Kunig-Meyn, Art. 65 GG, Rn. 3, Rn. 15.
603 MD/Herzog, Art. 65 GG, Rn. 66; AK/Schneider, Art. 65 GG, Rn. 8; Sachs/Oldiges, Art. 65 GG, Rn. 22.
604 v. Mangoldt/Klein/Kunig/Starck-Schröder, Art. 65 GG, Rn. 50.

ist die Bundesregierung nicht nur für ihr eigenes Verhalten dem Bundestag verantwortlich, sondern auch für das der gesamten Bundesverwaltung.[605]

Des Weiteren ist es dem parlamentarischen Regierungssystem immanent, dass die Mitglieder der Regierung dem Parlament Rede und Antwort stehen. Zwar fehlt es insoweit an einer Normierung in Art. 65 GG, allerdings würde der Ausweg, dem Bundeskanzler oder dem zuständigen Bundesminister die Verantwortung aufzubürden, auf eine Trennung von Entscheidungszuständigkeiten und Verantwortlichkeit hinauslaufen.[606] Soweit für die Antwortpflicht der Mitglieder der Bundesregierung noch dogmatische Lücken bestehen, lassen sich diese jedenfalls aus dem Demokratieprinzip und den ihm immanenten Kontrollbeziehungen entnehmen.[607] Daher ist die Regierung als ganze dem Bundestag gegenüber verantwortlich.[608] Die Gesamtverantwortung der Bundesregierung erstreckt sich auf alle ihr als Kollegium zugewiesenen Entscheidungen.

VIII. Mehrparteiensystem

Bereits die Mehrzahlformulierung des Art. 21 Abs. 1 S. 1 GG[609] sowie das Prinzip der Gründungsfreiheit der Parteien in Art. 21 Abs. 1 S. 2 GG lässt erkennen, dass das Grundgesetz das Mehrparteiensystem voraussetzt. Das Mehrparteienprinzip ist für die grundgesetzliche Ordnung kennzeichnend und axiomatisch.[610]

Durch das Mehrparteiensystem soll die freie Auswahlmöglichkeit zwischen verschiedenen politischen Richtungen gewährleistet werden[611], sowie die Offenheit des politischen Prozesses, die Pluralität der Meinungen und die Chance alternativer Regierung.[612] Ohne diese Parteienkonkurrenz und die Chance des Wechsels der Herrschenden bestünde mithin die Gefahr der Erstarrung des Staatsapparats.[613]

Demnach fordert das Mehrparteiensystem, dass gesetzlich niemand daran gehindert werden darf, seinen Willen zu artikulieren und gruppenmäßig zu vertreten.[614] Staatliche Maßnahmen zur Unterbindung oder Beschränkung der Freiheit und

605 Stein/Frank, Staatsrecht, § 10 VII, S. 91.
606 v. Mangoldt/Klein/Starck-Schröder, Art. 65 GG, Rn. 49.
607 v. Münch/Kunig-Meyn, Art. 65 GG, Rn. 4.
608 Stein/Frank, Staatsrecht, § 10 VII, S. 91.
609 Isensee/Kunig, HdbStR II, § 33 Rn. 19; Dreier/Morlok, Art. 21 GG, Rn. 26.
610 BVerfGE 2, 1 (13); v. Münch/Kunig-Kunig, Art. 21 GG, Rn. 33.
611 MD/Klein, Art. 21 GG, Rn. 174; BK/Henke, Art. 21 GG, Rn. 49; Lautner, Diss. 1982, S. 50.
612 BVerfGE 2, 1 (13/69); BVerfGE 5, 85 (224).
613 MD/Klein, Art. 21 GG, Rn. 174; AK-Preuß, Art. 21 GG, Rn. 12.
614 BVerfGE 5, 85 (224).

Gleichheit des Parteienwettbewerbs sind grundsätzlich unzulässig, mit Ausnahme der gerade um seiner Aufrechterhaltungwillen vorgesehenen Möglichkeit des Parteienverbots gemäß Art. 21 Abs. 2 GG.

Insbesondere trifft den Staat die Pflicht, aktiv-schützend die Realisierung der Pluralität der Parteien zu ermöglichen.[615] Daraus lässt sich eine institutionelle Garantie der Parteien und ihres in der Demokratie üblichen Wirkens ableiten.[616]

Gesetzliche Festlegungen im Sinne eines Einparteiensystems wären verfassungswidrig.[617] Unzulässig wäre zudem ein System, das nur in einem formalen Sinne die Eigenständigkeit mehrerer Parteien wahrt, sie aber faktisch zu einem Block zusammen fügt.[618] Bereits ein Gesetz, das die Zahl der Parteien begrenzt oder dazu ermächtigt, nur wenigen Parteien die Teilnahme an den Wahlen zu erlauben, wäre unzulässig.[619]

Soweit demnach ein Einparteiensystem angestrebt würde, müsste, um dem, was mit der freiheitlich demokratischen Grundordnung intendiert ist, zu entsprechen, in dieser einen Partei jedenfalls die freie Austragung unterschiedlicher politischer Standpunkte und eine freie innerorganisationsrechtliche Willensbildung in besonderer Weise gewährleistet sein.[620] Die eine Partei müsste also derart organisiert sein, als wäre ein Mehrparteienprinzip in ihr enthalten, d.h. als wären mehrere Parteien in einer Partei vereinigt.[621]

Durch das Mehrheitsprinzip wird nicht nur jeder unmittelbare Anspruch einer Partei auf die Stellung als „Einheitspartei“ verfassungsrechtlich ausgeschlossen, sondern es wird darüber hinaus der für eine freiheitliche Demokratie unabdingbare Grundsatz aufgestellt, dass keine politische Partei den Anspruch auf ein Monopol richtiger politischer Erkenntnis und Zielsetzungen und richtigen politischen Verhaltens erheben darf.[622] Eine solche Monopolpartei ist ihrem Wesen nach nicht mehr auf Teilhabe am Staat gerichtet, sondern darauf, die Staatsmacht allein in sich zu verkörpern[623]. Damit wird den „Parteien die Pflicht auferlegt,

615 Dreier/Morlok, Art. 21 GG, Rn. 27; v. Mangoldt/Klein/Starck-Streinz, Art. 21 GG, Rn. 2.
616 Dreier/Morlok, Art. 21 GG, Rn. 27; v. Mangoldt/Klein/Starck-Streinz, Art. 21 GG, Rn. 2.
617 BK/Henke, Art. 21 GG, Rn. 49.
618 So in der DDR; v. Münch/Kunig-Kunig, Art. 21 GG, Rn. 33; MD/Klein, Art. 21 GG, Rn. 175.
619 MD/Klein, Art. 21 GG, Rn. 175.
620 Lautner, Diss. 1982, S. 51.
621 Lautner, Diss. 1982, S. 51.
622 BVerfGE 5, 85 (224).
623 BVerfGE 5, 85 (224).

wenigstens die Möglichkeit anzuerkennen, dass auch Ziele und Verhalten anderer Parteien gleichwertig und auch richtig sein können"[624].

IX. Chancengleichheit der politischen Parteien

Aus dem Mehrparteienprinzip folgt die Gleichheit aller politischen Parteien im verfassungsrechtlichen Status.[625] Hiermit eng verbunden ist der Grundsatz der Chancengleichheit als Wettbewerbsgleichheit. Diese Chancengleichheit ist zwar „im Grundgesetz nicht ausdrücklich statuiert, ergibt sich aber aus der Bedeutung, die der Freiheit der Parteigründung und dem Mehrheitsprinzip für die freiheitliche Demokratie zukommt"[626]. Damit lokalisiert das Bundesverfassungsgericht auch die „Chancengleichheit" in Art. 21 Abs. 1 GG und rechnet sie dem verfassungsrechtlichen Status der politischen Parteien zu.[627]

Die Demokratie beruht auf Wettbewerb, der Konkurrenz von Meinungen und Interessen, so dass es für das Funktionieren notwendig ist, dass diejenigen, die sich an diesem beteiligen, unter gleichen Bedingungen, d.h. mit gleichen Chancen, in Wettbewerb treten und sich in ihm betätigen können.[628] Der Staatsgewalt obliegt folglich gegenüber den im Wettbewerb stehenden politischen Kräften, insbesondere den Parteien, strikte Neutralität.[629]

Der sachliche Geltungsbereich des Grundsatzes der Chancengleichheit erstreckt sich auf die Tätigkeiten der Parteien schlechthin. Dies gilt während und außerhalb von Wahlen gleichermaßen.[630] Damit ist zu jedem Zeitpunkt eine Einflussnahme des Staates auf den gesamten Prozess der politischen Willensbildung grundsätzlich untersagt.[631]

Allerdings ist der Staat nicht verpflichtet, bestehende Unterschiede, wie dass einer Partei umfangreichere finanzielle Mittel zur Verfügung stehen, durch hoheitlichen Eingriff auszugleichen.[632] Vielmehr darf die Wettbewerbslage nicht verfälscht werden.[633] Die Chancengleichheit der politischen Parteien kann nicht zu einem Anspruch führen, die tatsächlichen Voraussetzungen für materielle

624 BVerfGE 5, 85 (224).
625 v. Münch/Kunig-Kunig, Art. 21 GG, Rn. 34.
626 BVerfGE 6, 273 (280); vgl. auch BVerfGE 44, 125 (145); BVerfGE 73, 40 (65).
627 Vgl. BVerfGE 1, 208 (241); BVerfGE 73, 40 (65).
628 MD/Klein, Art. 21 GG, Rn. 296.
629 Benda/Maihofer/Vogel-Grimm, HdbVerfR, § 14 Rn. 42; MD/Klein, Art. 21 GG, Rn. 296.
630 BVerfGE 85, 264 (285/297).
631 BK/Badura, Anh. zu Art. 38 GG, Rn. 16; Dreier/Morlok, Art. 21 GG, Rn. 80.
632 BVerfGE 14, 121 (134); BVerfGE 85, 264 (297).
633 BVerfGE 41, 399 (414); BVerfGE 85, 264 (297); MD/Klein, Art. 21 GG, Rn. 299.

Gleichheit zu schaffen,[634] da die Chancengleichheit bestehende faktische Ungleichheiten nicht eliminieren möchte. Nur wenn staatliches Handeln positiv einwirkt auf die Chancengleichheit der Parteien, entsteht der Anspruch aller anderen, in gleicher Weise behandelt zu werden.[635]

1. Abgestufte Chancengleichheit

Die verfassungsrechtliche Gleichheitsgewähr ist zwar streng formal zu verstehen.[636] Diese Chancengleichheit beinhaltet jedoch nicht eine absolute oder schematische Gleichheit für jede Partei, sondern eine nach der Zahl der Anhänger bzw. Wählerstimmen differenzierte Gleichheit, die auch nicht auf die Gleichheit des Ergebnisses, sondern nur der Chancen abstellt.[637]

Die politischen Parteien unterscheiden sich jeweils nach Größe, politischem Gewicht und Leistungsfähigkeit, also nach ihrer Bedeutung.[638] Daher stellt sich diese Gleichheit im Ergebnis als die Gewähr einer „abgestuften" Gleichheit dar.[639] Für eine solche Abstufung spreche „der Umstand, dass die absolute, formale Gleichbehandlung aller Parteien eine Verfälschung mit sich brächte, weil mit einer solchen Gleichbehandlung der Anschein des gleichen Gewichts der verschiedenen Parteien erweckt und der Wähler über die wahre Bedeutung der einzelnen Parteien getäuscht würde; die formale Gleichbehandlung würde damit das Recht der größeren Parteien auf Achtung auch ihrer Chancengleichheit zugunsten der kleineren Parteien im Wahlkampf verletzen"[640].

Bei der Erbringung von Leistungen an Parteien bemisst sich das zulässige Maß einer Ungleichbehandlung damit grundsätzlich und vorrangig nach dem Zuspruch, den sie bei den Bürgern findet: als Indikatoren dafür sind die Mitgliederzahlen[641], Ergebnisse der vorausgegangenen Wahlen zu den Volksvertretungen[642], sowie die Summe der Mitgliedsbeiträge anerkannt.[643] Der Umfang der Gewährungen von Leistungen kann jedoch nur bis zu dem für die Erreichung des Zwecks erforderlichen Mindestmaß abgestuft werden.[644]

634 BVerfGE 20, 56 (118).
635 Isensee/Kunig, HdbStR II, § 33 Rn. 63.
636 BVerfGE 8, 51 (67); BVerfGE 99, 69 (78).
637 Isensee/Böckenförde, HdbStR II, § 24 Rn. 44; Arnim, DÖV 1984, 85 (87).
638 BVerfGE 20, 56 (118).
639 BVerfGE 12, 204 (205); BVerfGE 20, 56 (117); MD/Klein, Art. 21 GG, Rn. 300, 309.
640 BVerwGE 47, 280 (289).
641 v. Mangoldt/Klein/Starck-Streinz, Art. 21 GG, Rn. 128.
642 BVerfGE 24, 300 (354); BVerwGE 75, 67 (77).
643 MD/Klein, Art. 21 GG, Rn. 312; v. Mangoldt/Klein/Starck, Art. 21 GG, Rn. 128.
644 v. Mangoldt/Klein/Starck-Streinz, Art. 21 GG, Rn. 125.

2. *Freiheit der Gründung einer Partei*

Mit der Chancengleichheit der Parteien steht die Parteigründungsfreiheit gemäß Art. 21 Abs. 1 S. 2 GG in engem Zusammenhang. Die Chancengleichheit folgt aus der Freiheit eine Partei zu gründen[645], denn nur wenn die Gründung einer Partei frei ist, besteht eine hinreichende Chancengleichheit. Dementsprechend versteht sich die Freiheit zur Gründung einer Partei in einem demokratischen System an sich von selbst.[646]

Somit darf die Gründung einer Partei nicht von einer Zulassung oder Genehmigung abhängig gemacht werden[647], selbst ein rechtlicher Zwang zur Registrierung wäre unzulässig, soweit er Voraussetzung der Erlangung des Parteienstatuts wäre[648]. Geschützt sind über den Gründungsakt hinaus die Umwandlung einer bestehenden Vereinigung zur Partei, das Bemühen um die Gewinnung neuer Mitglieder und der Zusammenschluss mit einer anderen Partei.[649] Zu beachten ist jedoch, dass die Gründungsfreiheit in Art. 21 Abs. 1 S. 2 GG Deutschen vorbehalten ist[650], jedenfalls müssen die Mehrheit der Gründungsmitglieder deutsche Staatsangehörige sein[651].

645 BVerfGE 6, 273 (280); vgl. auch BVerfGE 44, 125 (145).

646 v. Mangoldt/Klein/Starck-Streinz, Art. 21 GG, Rn. 103; vgl. auch MD/Klein, Art. 21 GG, Rn. 296: „Gleichheit durch Freiheit“.

647 Isensee/Kunig, HdbStR II, § 33 Rn. 21; Sachs/Ipsen, Art. 21 GG, Rn. 28.

648 AK-Preuß, Art. 21 GG, Rn. 35; Dreier/Morlok, Art. 21 GG, Rn. 40.

649 v. Münch/Kunig-Kunig, Art. 21 GG, Rn. 45.

650 Dreier/Morlok, Art. 21 GG, Rn. 53; vgl. v. Münch/Kunig-v. Münch, Art. 21 GG, 4. Auflage, Rn. 47.

651 v. Münch/Kunig, Art. 21 GG, Rn. 48.

3. Teil: Islamische Staatsauffassungen

„*Islām*" ist der Infinitiv des Verbs „*aslāma*" und bedeutet im religiösen Zusammenhang „sich (Gott) anheim stellen, sich (Ihm) ergeben."[652] Demnach bedeutet Islam in erster Linie einen existenziellen Vollzug und nicht eine institutionell begrenzte Gemeinschaft. Islam ist folglich die Hingabe an den einen und einzigen Gott.[653] Zugleich ist „Islam" aber auch die Bezeichnung für eine konkrete Religionsgemeinschaft.[654]

Der Islam ist entgegen weit verbreiteter Ansicht aus muslimischer Sicht keine gänzlich neue Religion, vielmehr handelt es sich um die von Urzeiten her existente Urreligion der Menschheit. Diese wurde bereits von Adam verkündet und nach ihm ebenso von allen anderen Propheten der Geschichte, darunter Abraham (arab.: *Ibrāhīm*), Moses (arab.: *Mūsā*) und schließlich Jesus (arab.: *'Isā*), der das Kommen Muhammads angekündigt hatte.[655] So heißt es im Koran[656] in Sure 2, Vers 136: „Sprecht: Wir glauben an Gott und das, was uns (als Offenbarung) herabgesandt worden ist, und was Abraham, Ismael, Isaak, Jakob und ihren Nachkommen herabgesandt wurde, und was Moses und Jesus (von Gott) gegeben ward, und was den (anderen) Propheten von ihrem Herrn gegeben worden ist. Wir machen zwischen keinem von ihnen einen Unterschied und Ihm sind wir ergeben."

Adam wird daher als der erste Muslim gesehen. Denn schon er „ergab" sich dem einen und einzigen Gott, so wie sich dann auch Noah und Abraham, Moses und auch Jesus „ergaben". Sie alle vollzogen bereits „Islam" – als Hingabe an den Willen des einzigen Gottes.[657]

Grundlage des Islam ist „*tauḥīd*", der reine Monotheismus, der die Unvergleichlichkeit Gottes mit einschließt: „Er ist Gott, Ein Einziger, Gott der Ewige,

652 Vgl. Zirker, Der Islam, S. 243.
653 Gardet in: Encyclopedia in Islam zu „Islam".
654 Bertelsmann, Handbuch der Religionen, Der Islam, S. 165.
655 Schirrmacher, Lexikon der Religionen, Der Islam, S. 431.
656 Zitate aus dem Koran stammen aus der Übersetzung von Murad Hofmann: Der Koran, Arabisch – Deutsch, München 2001; Es ist zu beachten, dass einer Übersetzung keinerlei theologischer oder liturgischer Status zukommen kann, vgl. hierzu Krawietz, Habil. 1999, S. 93 f.: „Nicht eine Sure oder auch nur ein Vers kann adäquat in eine Fremdsprache übertragen werden".
657 Küng, Der Islam, S. 56.

Er zeugt nicht und Er wurde nicht gezeugt, Es gibt niemanden, der ihm gleicht." (Sure 112, Verse 1 bis 4). Es gibt nur einen einzigen Gott, der durch die *creatio ex nihilo* die Welt hervorbrachte und sie erhält.[658]

Das Leben ist nach islamischer Auffassung nur eine Prüfung, mit der Gott den Menschen auf die Probe stellt.[659] Der Mensch lebt nur eine begrenzte Zeit auf der Erde und sein Ziel ist es, Gottes Wohlgefallen (arab.: *ʿibādāt*) zu erhalten. Der Mensch soll sein Leben im Diesseits verantwortlich von der Gewissheit des kommenden Gerichts im Jenseits gestalten,[660] „an Gott glauben und das Rechte tun"[661]. Der Mensch ist als Stellvertreter (arab.: *ḫalīfa*) Gottes auf Erden eingesetzt[662] und mit bestimmten Fähigkeiten ausgestattet. Diese ermöglichen ihm die Aufgaben der Verwaltung, Nutzung und Bewahrung der Schöpfung auszuüben, jedoch nur innerhalb des Rahmens, den Gott ihm vorgegeben hat.[663] Das Verhalten des Menschen in dieser Welt entscheidet über sein zukünftiges Leben im Jenseits.[664]

Entsprechend kann die Religion (arab.: *dīn*) nach muslimischem Verständnis nicht auf individuelles Denken und Verhalten, gar auf spirituelle Innerlichkeit beschränkt bleiben, sondern realisiert sich in der Lebensweise der Menschen.[665] Der Glaube und die Zugehörigkeit zum Islam drückt sich in der Beachtung der „Fünf Säulen des Islam" aus.[666]

Angesichts der für den Islam charakteristischen Untrennbarkeit der Beziehungen zwischen Diesseits und Jenseits, zwischen menschlichem Handeln und Anleitung durch das religiöse Recht, zwischen den Geschicken des Staates und Gottes Wirken kann der Muslim ein im vollen Sinne islamisches Leben nur in einem Staat führen, der dem religiösen Gesetz nicht widerspricht[667] und daher jedenfalls mit diesem in Einklang steht. Gleichzeitig hat der Muslim jedoch

658 Kalisch in: Christliche, jüdische und islamische Wirtschaftsethik, S. 105 (109).
659 Schirrmacher, Lexikon der Religionen, Der Islam, S. 434; vgl. Sure 6, Vers 112.
660 Vgl. Sure 2 Vers 21 ff.
661 Vgl. Sure 2 Vers 25.
662 Sure 2 Vers 22: „Der euch die Erde zu einem Bett gemacht und den Himmel darüber erbaut hat, und vom Himmel Wasser herniedersandte und damit Früchte hervorbrachte zu eurer Nahrung. Stellt ihm daher keine Götter zur Seite, wo ihr es doch (besser) wisst."
663 Kalisch in: Christliche, jüdische und islamische Wirtschaftsethik, S. 105 (109).
664 Sure 11, Vers 108: „Was aber die Glückseligen anlangt, so werden sie ins Paradies kommen und ewig darin verweilen, so lange der Himmel und die Erde dauern…"; Sure 3, Vers 31; Sure 6, Vers 112.
665 Zirker, Der Islam, S. 244.
666 Schirrmacher, Lexikon der Religionen, Der Islam, S. 436.
667 Ende/Steinbach-Steinbach, Der Islam, S. 216.

grundsätzlich fremde Rechtssysteme und die staatliche Souveränität anderer Staaten zu respektieren.[668]

Es stellt sich die Frage danach, welche Voraussetzungen erfüllt sein müssen, damit eine Staatsorganisation mit dem islamischen Recht in Einklang steht. Insbesondere lässt sich die Frage der Rechtsstellung und Einbindung von muslimischen Minderheiten in der Bundesrepublik Deutschland nicht von der Frage trennen, ob und wenn ja, welches Staatsmodell der Islam grundsätzlich vorschreibt. Denn „wären das islamische Recht und die westliche Vorstellung von Demokratie und Menschenrechten tatsächlich unvereinbare Gegensätze (...), dann wäre in der Tat die Existenz muslimischer Minderheiten in Demokratien aus Sicht der Nichtmuslime immer problematisch, denn diese würden in den Muslimen verständlicherweise immer einen nicht wirklich integrierten Fremdkörper erblicken".[669]

§ 4 Islamisches Rechtssystem

Das gesamte islamische Recht richtet sich mit all seinen Normen an den Gläubigen, der diese einhalten muss.[670] Das traditionelle islamische Recht akzeptiert zwar die Jurisdiktion eines nichtislamischen Staates als Faktum, so dass ein Muslim in diesem Staat faktisch diesem Recht unterworfen ist.[671] Gleichzeitig ist der Muslim aber an die Normen des Islam gebunden, unabhängig davon wo er sich befindet, so dass das islamische Recht den Maßstab für einen Muslim darstellt.[672] Es lässt sich somit feststellen, dass die fremde Rechtsordnung grundsätzlich zu akzeptieren ist, sofern der Muslim nicht gegen islamisches Recht verstoßen muss.[673] Entsprechend kann die Frage, in welcher Form der Muslim an dem nichtislamischen Staat teilhaben darf, nur das islamische Recht für Muslime beantworten. Deshalb stellt sich die Frage, was das islamische Recht überhaupt ausmacht. Woraus leitet sich das islamische Recht ab und was sind seine Quellen?

Eine Darstellung von Inhalt, Bedeutung und Quellen des islamischen Rechts sowie der Herausbildung und Veränderung des islamischen Rechtssystems im Laufe der islamischen Geschichte ist notwendig. Erst ein Verständnis der Grundsätze und Rechtsquellen des islamischen Rechts, ermöglicht, die verschiedenen Staatsauffassungen hinreichend untersuchen zu können.

668 Kalisch in: Christliche, jüdische und islamische Wirtschaftsethik, S. 105 (123).
669 Kalisch in: Muslime im Rechtsstaat, S. 47 (57).
670 Nagel, Islamisches Recht, S. 3.
671 Kalisch in: Muslime im Rechtsstaat, S. 47 (49).
672 Hamidullah, Der Islam, S. 194.
673 Kalisch in: Muslime im Rechtsstaat, S. 47 (49).

I. Scharia und fiqh

Zunächst sind die Begriffe *„Scharia"* und *„Fiqh"* zu konkretisieren.[674]

Die „Anwendung der *Scharia*" ist vielfach zum Schlagwort des politischen Islam geworden, obgleich keine einheitliche Vorstellung darüber besteht, was mit „*Scharia*" konkret gemeint ist.[675] Die Auseinandersetzung mit der politischen Ordnung eines islamischen Gemeinwesens ist in weiten Teilen somit eine Debatte um den Inhalt der *Scharia* selbst.[676] Das Ausmaß politischer Gestaltungsmöglichkeiten in einer islamischen Staatsorganisation, insbesondere die Legitimation einzelner islamischer Staatsauffassungen, hängt daher ganz wesentlich davon ab, in welcher Weise die *Scharia* definiert wird:

Entweder als Kodex präziser Rechts- und Verhaltensvorschriften, der die politisch relevanten Normen und Institutionen unter Umständen bindend festlegt oder als Richtschnur eines ethisch bestimmten Handelns und als Kanon grundlegender Maximen und Werte, die den Menschen die Freiheit vernunftgeleiteter Deutung und Anwendung lassen und damit tendenziell eine Weiterentwicklung erlauben.[677]

1. Bedeutung der Scharia

Vorab ist auf die Bedeutung der *Scharia* einzugehen. Die ursprüngliche Bedeutung des Begriffes „*Scharia*" ist der „Weg zur nie versiegenden Wasserstelle".[678] Der Begriff „*Scharia*" wird im Koran nur an einer Stelle verwandt, in Sure 45, Vers 18: „Schließlich brachten Wir dich in der Angelegenheit (Sache des Glaubens) auf den Weg".

Die *Scharia* wird heute als die Gesamtheit des islamischen Gesetzes göttlichen Ursprungs verstanden.[679] Sie ist ein umfassendes, den Willen Gottes widerspiegelndes Regelwerk, das der gläubige Muslim zu befolgen hat. Darin enthalten sind sowohl Vorschriften, die den Ritus betreffen, als auch Rechtsregeln. Es handelt sich demnach um eine Rechts- und Lebensordnung, die die Rechte und Pflichten zwischen den Menschen (arab.: *muʿāmlāt*) regelt und die Beziehung des Menschen gegenüber Gott (arab.: *ʿibādāt*) beschreibt und für alle Zeiten verbindlich festlegt.[680]

674 Vgl. zu Menschenrechtsschutz Petersohn, Diss. 1999, S. 7, so auch Kalisch in: Muslime im Rechtsstaat, S. 47 (49).
675 Krämer, Gottes Staat als Republik, S. 50.
676 Krämer, Gottes Staat als Republik, S. 51.
677 Krämer, Gottes Staat als Republik, S. 51.
678 Nagel, Islamisches Recht, S. 4.
679 Schirrmacher, Lexikon der Religionen, Der Islam, S. 458.
680 Petersohn, Diss. 1999, S. 13; Schirrmacher, Lexikon der Religionen, Der Islam, S. 458.

Zum Bereich der Rechtsbeziehung zwischen Menschen gehören insbesondere das Familien-, Erb-, Obligationen-, Straf-, Verfahrensrecht und Vorschriften politischer Art. Zum Bereich der äußeren Beziehungen zu Gott, sind der Kultus und die rituellen Verpflichtungen, wie vor allem die fünf „Säulen" (arab.: *arkān*) des Islam: Glaubensbekenntnis (arab.: *šahāda*), Gebet (arab.: *ṣalāt*), Fasten (arab.: *ṣaum*), Almosenabgabe (arab.: *zakāt*) und Pilgerfahrt (arab.: *ḥağğ*) zu rechnen.[681]

Die *Scharia* ist ein idealtypisches Gesetz und zu keiner Zeit vollständig umgesetzt worden.[682] Sie soll für Ordnung und Gerechtigkeit, für Stabilität und Sicherheit, für Eindeutigkeit und Einheit stehen.[683] Sie wird zu den stärksten Aspekten der Wunder des Koran gerechnet,[684] da sie eine einzigartige Balance schafft.

Für *Gibb*[685] verkörpert die *Scharia* das Ideal sowie die letzte Berufungsinstanz, die durch ihre Einheitlichkeit und all umfassende Gültigkeit die bedeutendste einigende Kraft der islamischen Kultur und Zivilisation darstellt. In der *Scharia* wird die Zusammenfassung des wahren islamischen Geistes, der eindeutigste Ausdruck islamischen Denkens, der eigentliche Kern des Islams gesehen.[686] Sie ist unabhängig von Ort und Zeit und daher überzeitlich gültig.

2. Bedeutung des fiqh

Die Beschäftigung mit den Bestimmungen der *Scharia*, insbesondere mit der Frage, wie diese Bestimmungen auf die Handlungen der Menschen anzuwenden seien, nennt man *fiqh*.[687] Als *fiqh* bezeichnet man die einzelnen Normen des islamischen Rechts, die aus dem Koran und aus der Lebensweise des Propheten (arab.: *Sunna*[688]) abgeleitet wurden.[689]

Die Jurisprudenz ist als *„fiqh"* zu qualifizieren.[690] Unter dem Begriff *„al-fiqh"* werden die Werke der muslimischen Juristen verstanden.[691] Die Gedanken, die der Entstehung der juristischen Werke zugrunde lagen, sind aus dem Wortstamm zu entnehmen: Das Verb *„faqiha"* bedeutet „verstehen", das Substantiv *„fiqh"* bedeutet „Kenntnis" und „Verständnis". Demzufolge ist *„al fiqh"* die Auslegung der Maximen und Vorschriften durch qualifizierte Kenner der *Scharia*.

681 Scholz, Malikitisches Verfahrensrecht, S. 4.
682 Schirrmacher, Lexikon der Religionen, Der Islam, S. 458.
683 Krämer, Gottes Staat als Republik, S. 50.
684 Abū Zahrah, Uṣūl al-fiqh, S. 68.
685 Gibb, Mohammedanism, S. 84.
686 Schacht, Introduction to Islamic Law, S. 1.
687 Nagel, Islamisches Recht, S. 6.
688 Vgl. hierzu die Erörterungen zu den Rechtsquellen unter II.
689 Kalisch in: Muslime im Rechtsstaat, S. 47 (50).
690 Petersohn, Diss. 1999, S. 17.
691 Ramadan, Islamisches Recht, S. 90.

Das islamische Recht beruht zwar auf einer „metaphysischen Grundlage", der des Koran und der Lebensweise des Propheten (arab.: *Sunna*[692]), allerdings sind die konkreten Rechtsnormen das Ergebnis fehlbarer menschlicher Reflexion, menschliches Recht.[693] Die islamische Jurisprudenz ist daher die Auslegung der Quellen des islamischen Rechts durch Juristen, die sich unterschiedlicher Methoden bedient haben, so dass sie lediglich den Versuch darstellen, den Islam richtig zu verstehen.[694]

3. *Umfang der Scharia*

Der Umfang der *Scharia* wird innerhalb der islamischen Rechtslehre unterschiedlich beurteilt. Im Einzelnen wird dabei eine mögliche Unterteilung der *Scharia* in verschiedene Bestandteile mit jeweils unterschiedlicher Bindungswirkung diskutiert:

a. *Unterscheidung zwischen Scharia und fiqh*

Zutreffend wird von *Petersohn* festgestellt, dass es ein Tabu bleibt, „der *Scharia* ihren überzeitlichen Charakter abzusprechen"[695]. Dies hat seinen Grund darin, dass die *Scharia* unumstritten auch die Beziehung des Menschen gegenüber Gott beschreibt (arab.: *ʿibādāt*), die abschließend und für alle Zeiten verbindlich geregelt ist.[696] Einen derartigen Wandel lehnen auch islamische Reformer ab.[697]

Allerdings wird überwiegend unterschieden zwischen der *Scharia* als Ausdruck der von Gott vorgegebenen ethischen Maximen und rechtlichen Vorschriften, die eine islamische Lebensweise ermöglichen, und der Auslegung dieser Maximen und Vorschriften durch qualifizierte Kenner der Materie, *fiqh* als islamische Jurisprudenz.[698] Folglich wird unterschieden zwischen dem islamischen Recht, so wie es vom Propheten geschaffen wurde, und allen juristischen Errungenschaften, die erst später dazukamen. Somit kann *Scharia* nicht pauschal mit dem „islamischem Recht" gleichgesetzt werden.[699]

Als Ergebnis menschlichen Nachdenkens kann danach die von Rechtgelehrten betriebene Rechtfindung gerade keinen überzeitlichen Charakter beanspruchen.[700]

692 Vgl. hierzu eingehend unten 3. Teil § 4 II 2.
693 Kalisch in: Muslime im Rechtsstaat, S. 47 (52).
694 Kalisch in: Muslime im Rechtsstaat, S. 47 (52).
695 Petersohn, Diss. 1999, S. 21.
696 Schirrmacher, Lexikon der Religionen, Der Islam, S. 458.
697 Krämer, Gottes Staat als Republik, S. 53.
698 Krämer, Gottes Staat als Republik, S. 51 unter Hinweis auf die gegenteilige Auffassung.
699 Petersohn, Diss. 1999, S. 13.
700 Kalisch in: Muslime im Rechtsstaat, S. 49 (52); Krämer, Gottes Staat als Republik, S. 53.

Somit ist die *Scharia* überzeitlich gültig, hingegen *fiqh* historisch wandelbar und an die wechselnden Umstände anzupassen, damit er universell wirksam und verbindlich sein kann.[701] Diese Jurisprudenz ist daher an die wechselnden Bedingungen von Ort und Zeit gebunden, deren Gegebenheiten sie widerspiegelt.[702] Die Schriften zum *fiqh* hätten und haben keinen Anspruch erhoben, für die Muslime verbindlich zu sein.[703] Alle im Laufe der Zeit entstandenen juristischen Werke, so reichhaltig und unentbehrlich sie auch sein mögen, sind danach stets der Disposition der Muslime eröffnet, so dass diese die Möglichkeit hatten, sie zu überdenken und gegebenenfalls in Frage zu stellen. Bei den unveränderlichen Regelungen der *Scharia* handelt es sich unter Zugrundelegung dieser Unterscheidung dagegen nur um eine beschränkte Anzahl mit einem begrenzten Anwendungsbereich.[704] Danach besteht die *Scharia* nur zu einem geringen Anteil aus den Geboten Gottes, die überzeitlichen und überörtlichen Charakter haben.[705]

Diese Unterscheidung zwischen *Scharia* und *fiqh* führt zur Anschlussfrage der Zuordnung einzelner Bestimmungen zum einen oder anderen Bereich. Diese Anschlussfrage der Zuordnung einzelner Bestimmungen ist jedoch nicht geklärt und innerhalb der islamischen Rechtslehre umstritten.[706]

Diesem Ansatz der Unterscheidung zwischen *Scharia* und *fiqh* entgegenstehend werden die Kompendien einzelner, herausragender Koran- und *Hadith*-Kenner als verbindliche Auslegung der kanonischen Texte anerkannt und befolgt (sog. Nachahmung, arab.: *taqlīd*). Die vielen Interpretationsmöglichkeiten (die sich auch aus der Unterscheidung zwischen Neutralem und Festen bzw. zwischen *ʿibādāt* und *muʿāmlāt* ergeben[707]) seien durch bereits erfolgte Regelungen islamischer Rechtsgelehrter im Mittelalter vorweggenommen und somit abschließend geregelt.[708] Nach diesem Ansatz ist die Jurisprudenz ebenfalls Teil der unveränderbaren und überzeitlichen *Scharia*. Eine Veränderung der bereits verbindlich getroffenen Regelungen sei demnach nicht möglich.

b. *Unterscheidung nach „festem" und „neutralem" Bestandteil*

Des Weiteren wird bei den kanonischen Offenbarungen und den überlieferten Verhaltensweisen des Propheten Muhammad zwischen den zeitlosen und un-

701 Ramadan, Islamisches Recht, S. 93; Kalisch in: Muslime im Rechtsstaat, S. 49 (52).
702 Krämer, Gottes Staat als Republik, S. 51.
703 Šāfiʿī, Kitāb al-Umm, Band VII, S. 148 f.; Ramadan, Islamisches Recht, S. 93.
704 Ramadan, Islamisches Recht, S. 37.
705 Asad, State and Government in Islam, S. 14.
706 Krämer, Gottes Staat als Republik, S. 54.
707 Vgl. hierzu § 4 I 3 a. und b.
708 Petersohn, Diss. 1999, S. 21.

veränderlichen sowie den im historischen Kontext stehenden und nicht für alle Zeit gültigen Regelungen unterschieden.[709] Unterschieden wird zwischen einem unveränderbaren Kern, dem „festen" Bestandteil (arab.: *aṯ-ṯābit*), und veränderbaren, orts- und zeitbedingten Bestimmungen, den „beweglichen" Elementen (arab.: *al mutaġayyir*).[710]

Wo die Trennlinie im Einzelnen verläuft, ist indessen undeutlich. Es wird jedoch davon ausgegangen, dass sich der Bereich des „Festen" im Wesentlichen mit den ausdrücklichen Ge- und Verboten von Koran und *Sunna* (arab.: *naṣṣ qāṭiʿ ad-dalāla*) deckt und das „Bewegliche" dem entspricht, was nicht *expressis verbis* normiert ist und von den Rechtsgelehrten als moralisch-rechtlich „neutraler" Raum gesehen wird.[711] Die Gestaltung im Rahmen des „neutralen" Bereichs ist möglich, da erlaubt ist, was nicht durch ein göttliches Ge- oder Verbot ausdrücklich verboten ist.[712] Der einer Regelung zugängliche neutrale Bereich ist jedoch umfangreicher als der Bereich mit den unveränderbaren und zeitlosen Regelungen.[713]

c. *Unterscheidung nach „ʿibādāt" und „muʿāmlāt"*

Aus der herkömmlichen Unterscheidung zwischen den Teilen der *Scharia*, die sich mit den religiösen Pflichten (arab.: *ʿibādāt*, dazu zählen insbesondere Glaubensbekenntnis, Gebet, Fasten, Almosenabgabe und Pilgerfahrt) und denen, die sich mit den Beziehungen der Menschen untereinander (arab.: *muʿāmlāt*) befassen, lässt sich ableiten, dass im ersten Bereich die Vorschriften klar und eindeutig niedergelegt und daher unveränderbar sind.[714] Im zweiten Bereiches enthalten Koran und *Sunna* hingegen nur allgemeine Grundsätze, die den konkreten Umständen entsprechend so ausgelegt werden, dass sie gesellschaftlich und sittlich förderlich (arab.: *maṣlaḥa*) sind.[715] Dies ist einer der Wirkungsbereiche der Vernunft (*ratio legis*).[716]

Dementsprechend wird zwischen den „Rechtsansprüchen Gottes" (arab.: *ḥaqq allāh*) als den Pflichten gegenüber Gott (arab.: *ʿibādāt*) und den „Rechts-

709 Rohe, Der Islam, S. 33; Scholz, Jura 2001, 525 (531).
710 Krämer, Gottes Staat als Republik, S. 54; entsprechend unterteilte auch das ägyptische Verfassungsgericht, vgl. hierzu Bälz in: Zeitschrift für ausländisches öffentliches Recht und Völkerrecht 1997, S. 229-249.
711 Krämer, Gottes Staat als Republik, S. 54.
712 Vgl. Qaraḍāwī, Erlaubtes und Verbotenes im Islam, S. 21; Baradie, Gottes-Recht und Menschen-Recht, S. 35 f., S. 62.
713 Malcolm Kerr, Islamic Reform, S. 210 f.
714 Ende/Steinbach-Peters, Der Islam, S. 123.
715 Ende/Steinbach-Peters, Der Islam, S. 123.
716 Weitergehend dazu unten unter § 4 IV 1. (*iğtihād*) und 2. (*maṣlaḥa*).

ansprüchen des Menschen“ (arab.: *ḥaqq al-ʿibād*) als Rechte und Beziehungen zwischen den Menschen (arab.: *muʿāmlāt*) unterschieden.[717]

Selbst sehr konservative oder traditionelle Methodenvertreter haben gegen diese Unterscheidung keine methodischen Bedenken. Die Abschaffung der Sklaverei etwa wird von allen muslimischen Rechtsgelehrten als eine notwendige, sich aus den Zielen der *Scharia* ergebende Folgerung betrachtet, auch wenn Koran oder *Sunna* die Sklaverei selbst nicht abgeschafft haben.[718] Die hierdurch deutlich hervortretende Flexibilität wird auf die *ratio legis* gegründet, da die Weiterentwicklung mit den Zielen der *Scharia* im Einklang steht.[719]

Wo die Grenze zwischen den unveränderbaren *ʿibādāt* und den veränderbaren *muʿāmlāt* verläuft, ist allerdings bei klassischen und modernen Autoren nicht eindeutig auszumachen.[720] Von Bedeutung sind die hierzu vertretenen unterschiedlichen Auffassungen insbesondere im Rahmen der Höhe und Art der Strafe für Verstöße gegen islamische Strafgesetze, der Strafbarkeit von Apostasie eines Muslims sowie der rechtlichen Stellung der Frau im Zusammenhang mit der Möglichkeit der Abweichung von Regelungen aus Koran und *Sunna.*[721]

d. Zusammenfassende Betrachtung

Zusammenfassend lassen sich somit folgende methodische Strömungen feststellen:

Zunächst ist die Strömung auszumachen, die danach strebt, die Texte des Koran und der *Hadith*werke so wörtlich wie möglich zu verstehen.[722] Dabei wird der *Hadith*überlieferung und der formalen, ganz überwiegend an der Überlieferungskette orientierten *Hadith*kritik ein großes Vertrauen entgegengebracht. Der Umgang mit den Quellen, der sich am äußeren Wortlaut des Textes orientiert und bezüglich der *Hadith*überlieferung kaum eine historisch-inhaltliche Kritik übt, rechtfertigt es, diese Strömung als eng und unflexibel zu bezeichnen.[723] Diese Strömung wendet sich vehement gegen jedwede Unterscheidung und negiert die Autonomie einzelner Lebensbereiche, so dass die *Scharia* für umfassend und

717 Baradie, Gottes-Recht und Menschen-Recht, S. 44 ff.

718 Kalisch in: Christliche, jüdische und islamische Wirtschaftsethik, S. 105 (109).

719 Kalisch in: Christliche, jüdische und islamische Wirtschaftsethik, S. 105 (109); teilweise wird dies auch auf das Allgemeinwohl der islamischen Gemeinschaft gestützt (*maṣlaḥa*), so dass sogar unter Umständen von ausdrücklichen koranischen Aussagen abgewichen werden kann, vgl. hierzu unten § 4 IV 2.

720 Krämer, Gottes Staat als Republik, S. 58, mit Verweis darauf, dass es sich hierbei um eine besonders sensible Fragestellung handelt .

721 Kalisch in: Christliche, jüdische und islamische Wirtschaftsethik, S. 105 (109).

722 Hierbei handelt es sich um die Methodik der Salafiya, die eng mit der Methodik der Hanbaliten zusammenhängt, vgl. Kalisch in: Muslime im Rechtsstaat, S. 49 (51).

723 So auch Kalisch in: Muslime im Rechtsstaat, S. 49 (51).

abschließend erklärt wird.[724] Damit wird vertreten, dass die *Scharia* ein statisches und unveränderliches Gebilde geschaffen hat.[725] Entsprechend wird die *Scharia* daher als Kodex präziser Rechts- und Verhaltensvorschriften definiert, der die politisch relevanten Normen und Institutionen unter Umständen bindend festlegt.

Insbesondere reformerische Ansätze vertreten einen anderen Ansatz. Danach hat Gott die *Scharia* als Ordnungsrahmen kreiert, innerhalb dessen sich sein Wille und damit die Ausgestaltung entsprechend dem sich wandelnden gesellschaftlichen Umfeld stets aktualisiert.[726] Die *Scharia* wird folglich als Ausdruck der von Gott vorgegebenen ethischen Maximen und rechtlichen Vorschriften gesehen, die eine islamische Lebensweise ermöglichen.[727] Den Menschen wird hiernach die Freiheit der vernunftgeleiteten Deutung und Anwendung gelassen.[728] Diese Strömung geht davon aus, dass zumindest alle Regelungen im Koran und der *Sunna*, die nicht die *ʿibādāt* (d.h. Fragen des Ritus) betreffen, einer *ratio legis* zugrunde liegen, die durch die Vernunft erkannt werden und die Grundlage der Auslegung bilden kann.[729] Nach dieser Richtung ist es entscheidend, den Sinn und Zweck einer Norm zu erkennen und damit Regelungen zu finden, die dem Sinn entsprechen, selbst wenn sie unter Umständen dem äußeren Wortlaut des Koran widersprechen.[730]

Mit diesem Verständnis von der *Scharia* rechtfertigen Reformern der verschiedensten Lager[731] die Ansicht, dass der Islam sehr wohl Religion und Staat umfasst und Koran und *Sunna* die einzig legitime Grundlage islamischer Lebensführung und Gesellschaftsordnung bilden.[732] Verbindlich und für alle Zeiten geregelt sind nach Überzeugung der Reformer einzig die Beziehungen zwischen Gott und Mensch, die in erster Linie die religiösen Pflichten des Betens, Fastens usw. umfassen.[733] Der Bereich der *muʿāmlāt*, also die Beziehungen zwischen Menschen und damit die für das Alltagsleben zentralen Bereiche der politischen und der Wirtschaftsordnung sowie die internationalen Beziehung, seien dagegen

724 So etwa Adurrahman, The Present Rulers, S. 89.
725 So etwa auch Dilger, Islamisches Recht, S. 60 f.; Coulson, History of Islamic Law, S. 2 f.
726 Scholz, Malikitisches Verfahrensrecht, S. 5.
727 Scholz, Jura 2001, 525; Krämer, Gottes Staat als Republik, S. 51.
728 Krämer, Gottes Staat als Republik, S. 51.
729 Sog. ahl al raʾy.
730 Kalisch in: Muslime im Rechtsstaat, S. 47 (52).
731 Von der ägyptischen Muslimbrüderschaft bis zur tunesischen Nahda Bewegung.
732 Krämer, Gottes Staat als Republik, S. 64.
733 Krämer, Gottes Staat als Republik, S. 64.

wandelbar,[734] wodurch den Menschen Raum zur Gestaltung des eigenen Lebens zugestanden wird.

II. Rechtsquellen des islamischen Rechts

Die Lehre von den „Rechtsquellen" (arab.: *ʿilm al uṣūl al-fiqh*) bzw. von der Ableitung von Rechtsnormen aus bestimmten Erkenntnisquellen mittels bestimmter Methoden, entstand gegen Ende des 8. Jahrhunderts.[735] Als ihr Begründer gilt al-Šāfiʿī.[736]

Zunächst gibt es vier anerkannte „Quellen" des Rechts, die in folgender Rangordnung zueinander stehen: Die Rechtserkenntnisquelle Koran sowie der Brauch des Propheten (arab.: *sunna*), gesammelt in den *ahadith*, bilden das Fundament des islamischen Rechtssystems. Sie stiften einen Bezugsrahmen und bieten zugleich ein Repertoire an Aussagen, Vorschriften, Weisungen, Bildern, Metaphern, auf das Muslime zurückgreifen, wenn sie nach Orientierung für ein islamisches Leben suchen. Der Konsens (arab.: *iǧmāʿ*) sowie der Analogieschluss (arab.: *qiyās*) sind weitere Methoden der Rechtserkenntnis.[737]

Weitergehende Rechtsquellen, wie das „Für-Billig-Halten" (arab.: *istiḥsān*), das öffentliche Interesse (arab.: *istiṣlāḥ*) und das Gewohnheitsrecht (arab.: *ʿurf*), sind innerhalb der islamischen Rechtslehre weitestgehend umstritten. Die letzteren Rechtsquellen wurden ein Jahrhundert nach dem Propheten eingeführt und gründen sich auf die persönliche Auffassung einzelner Juristen, so dass sie dem Koran und der *Sunna* untergeordnet sind.[738] Diese Rechtsquellen sowie die Auffassungen, die daraus abgeleitet werden, können und konnten in Frage gestellt werden im Hinblick darauf, ob sie mit den koranischen und prophetischen Texten im Einklang stehen und den beabsichtigten Zwecken gerecht werden.[739]

Vorab sei festgestellt, dass die islamische Ordnung in ihren Bestimmungen drei wesentliche Ziele verfolgt: Zunächst soll der Mensch durch den Ritus (arab.: *ʿibādāt*) geläutert werden. Zweitens soll hierdurch Gerechtigkeit innerhalb der islamischen Ordnung und im Umgang mit anderen Menschen hergestellt werden. Schließlich dient der Ritus der Verwirklichung von Nutzen oder einem allgemeinen

734 Krämer, Gottes Staat als Republik, S. 64.
735 Schacht, Introduction to Islamic Law, S. 59 ff.; Scholz, Malikitisches Verfahrensrecht, S. 6.
736 Ende/Steinbach-Radtke, Der Islam in der Gegenwart, S. 63.
737 Scholz, Malikitisches Verfahrensrecht, S. 6; Ende/Steinbach-Radtke, Der Islam in der Gegenwart, S. 63.
738 Ramadan, Islamisches Recht, S. 34.
739 Ramadan, Islamisches Recht, S. 34.

Interesse.[740] Entsprechend gibt es nach islamischer Vorstellung in Koran und *Sunna* keine gesetzliche Regelung, die nicht wahren Nutzen (arab.: *maṣlaḥa*) in sich trägt, auch wenn dieser einigen verborgen ist.[741]

1. Koran

Für Muslime gilt der Koran als verbale Inspiration[742] und ist ihrer Überzeugung nach das letzte und endgültige offenbarte Wort Gottes.[743] Die Bestimmungen des Korans sind somit als Verfügungen Gottes und Ausdruck seines souveränen Willens anzunehmen. Der Koran ist dabei authentischer Auszug der „wohlverwahrten Tafeln"[744] im Himmel, die auch als Mutterbuch, *Umm al Kitāb*, bezeichnet werden[745]. Der Koran besitzt eine absolute Autorität.[746] Diese Verbindlichkeit des Koran meint, dass das in ihm zum Ausdruck kommende Recht Gottes, gerade weil es auf Gottes Schöpfung beruht, mit einer besonderen Beweiskraft und Bindungswirkung ausgestattet ist.[747] Diese Geltung wird durch den Vers 48 in der Sure „Der Tisch" (arab.: *al Mā'ida*) unterstrichen in dem es heißt: „Und Wir sandten zu dir in Wahrheit das Buch hinab,(...). Darum richte zwischen ihnen nach dem, was Allah hinab sandte."

Folglich ist der Koran die erste und grundlegende Quelle der schariatrechtlichen Bestimmungen.[748] Der Koran ist Dreh- und Angelpunkt der *Scharia*, normativer Maßstab und Kontrollinstanz der übrigen Quellen, die nur im Ausgang von dieser Grundlage in Erwägung gezogen werden.[749]

Die unbestreitbare Echtheit und Glaubwürdigkeit wird von den Muslimen als unumstößlicher Glaubensgrundsatz aufgefasst, der in der Sure 41, Vers 41 f. unterstrichen wird: „Und fürwahr, es ist ein machtvolles Buch. Von keiner Seite kann Falschheit an es herankommen. Es ist eine Offenbarung von einem Weisen, Rühmenswerten."

740 Krawietz, Habil. 1999, S. 223 f.
741 Abū Zahra, Uṣūl al-fiqh, S. 291.
742 Falaturi, Die Scharia in: Weltmacht Islam, S. 93.
743 Siehe dazu etwa Hofmann, Der Koran, Einführung S. XXIM; Eine gelungene Darstellung zum Koran ist auch bei Krawietz, Habil. 1999, S. 87 ff. zu finden.
744 Vgl. Sure 85, Vers 21, 22: „Doch ja, es ist ein glorreicher Koran. Auf wohlverwahrter Tafel."
745 Graham, Beyond the written word, S. 89; Krawietz, Habil. 1999, S. 98.
746 Khoury/Heine/Oebbecke, Handbuch des Islam, S. 37; Pauli, Islamisches Familienrecht, S. 9.
747 Maṭlūb, Uṣūl al-fiqh, S. 78; Krawietz, Habil. 1999, S. 104.
748 Kamali, Principles, S. 19; Krawietz, Habil. 1999, S. 87.
749 Krawietz, Habil. 1999, S. 87.

a. *Juristische Regelungen des Koran (arab.: ʾāyāt al-aḥkām)*

Zunächst ist hervorzuheben, dass der Koran ein Buch der religiösen Rechtleitung ist, so dass sich dieses nicht ohne weiteres als Handbuch für das Studium der Rechtswissenschaften verwenden lässt.[750] „Hier handelt es sich insbesondere um einen Aufruf zum rechten Glauben, der sich an das Herz des Menschen wendet und weniger um eine Klassifizierung rechtlicher Vorschriften“.[751]

Als Ausdruck besonderer göttlicher Weisheit wird gesehen, dass die endgültigen rechtlichen Bestimmungen nicht auf einen Schlag eingeführt wurden, sondern schrittweise.[752] Dabei ging es in den früheren, mekkanischen Offenbarungen in erster Linie um Grundlagen des Glaubens und erst die medinasischen Offenbarungen enthielten genauere rechtliche Bestimmungen.

Der Koran enthält nur etwa 500 Verse, die direkt juristische Regelungen treffen, die so genannten *„ʾāyāt al-aḥkām“*.[753] Der Koran selbst ist durch einen Praxisbezug gekennzeichnet, „welcher auf der Kohärenz zwischen dem gesetzgebenden koranischen Text und der sozialen Realität, auf die der Text angewendet werden soll, beruht“[754]. So sind die meisten Gesetzgebungsverse als „Antwort auf Ereignisse in der islamischen Gesellschaft“ herabgesandt worden, weswegen anstehende Anlässe als „Anlässe der Offenbarung (arab.: *asbāb al-nuzūl*)“ bezeichnet wurden.[755] Durch diese zeitliche Nähe traten die Offenbarungen in einem viel deutlicheren Licht in Erscheinung und hatten somit wichtige interpretierende Funktionen und führten zu einem tieferen Verständnis der göttlichen Äußerungen.[756] Der überwiegende Teil des Korans setzt sich im Ergebnis jedoch aus göttlichen Ermahnungen und ethischen Prinzipien zusammen.[757]

Allerdings weisen islamische Juristen immer wieder darauf hin, dass natürlich der Koran in seiner Gesamtheit juristisch bedeutsam ist. So kann etwa auch aus den Prophetengeschichten im Koran Recht abgeleitet werden. Entsprechend wird etwa aus der Geschichte von Josef (arab.: *Yūsuf*) hergeleitet, dass ein Muslim

750 Ramadan, Islamisches Recht, S. 44.

751 Ramadan, Islamisches Recht, S. 44.

752 Krawietz, Habil. 1999, S. 109, so etwa beim Alkoholverbot und dem Verbot des Glückspiels.

753 Baradie, Gottes-Recht und Menschen-Recht, S. 25; Kalisch in: Christliche, jüdische und islamische Wirtschaftsethik, S. 105 (126); Kamali, Principles, S. 19 spricht von lediglich 350 Regelungen.

754 Krawietz, Habil. 1999, S. 34.

755 Krawietz, Habil. 1999, S. 34, S. 90.

756 Abū Zahrah, Uṣūl al-fiqh, S. 61, vgl. hierzu Sure 25, Vers 32: „Und die Ungläubigen fragen: Warum ist der Koran nicht auf einmal auf ihn herabgesandt worden? Dies, um so dein Herz (Anm. des Verfassers: des Propheten) zu festigen.“

757 Ramadan, Islamisches Recht, S. 45.

innerhalb eines nichtislamischen Systems direkt für den Staat arbeiten darf.[758] Zwar darf er nicht zentrale unabänderliche Normen der Religion verletzen, doch darf er die Staatsgewalt akzeptieren und sich mit ihr arrangieren, um sich für das Wohlergehen des Gemeinwesens einzusetzen.[759]

b. *Allgemeine und spezielle Regelungen des Koran*

Die rechtlichen Regelungen des Koran werden mehrheitlich in allgemeiner und nicht in spezifischer Weise dargelegt,[760] so dass meist nur auf die allgemeinen Rechtsgüter der Gesetzgebung (arab.: *maqāṣid al-tašrī*) und ihre Universalprinzipien (arab.: *qawā'id kullīya*)[761] hingewiesen wird. Demnach werden die Leitlinien gezeichnet, deren detaillierte Ausarbeitung wird indessen den Rechtsgelehrten überlassen.[762]

Der Großteil dieser Bestimmungen wird als universelle Grundsätze betrachtet, zu denen etwa „die Verpflichtung zur Gerechtigkeit (arab.: *'adl*), Gleichheit (arab.: *musāwāh*), Beratung (arab.: *šūrā*), Aufhebung von Bedrängnis (arab.: *raf' al-ḥarağ*), Schadensabwehr (arab.: *daf' al-ḍarar*) gehören"[763].

Detailregelungen finden sich insbesondere im Bereich der gottesdienstlichen Pflichten (arab.: *'ibādāt*). Diese sind keiner Veränderung durch wechselnde Umwelten oder Umstände unterworfen.[764]

Auch im Rahmen des Personalstatus sowie im Erbrecht finden sich derartige Detailregelungen. In diesem Bereich wird allerdings teilweise aus den Umständen zur Zeit der offenbarten Verse die damals von Gott intendierte Bedeutung der getroffenen Worte entnommen. Beispielsweise wird mit dieser Methode etwa aus dem Koran abgeleitet, dass Gott Frauen nicht nur gegenüber der vorislamischen Zeit besser stellen wollte (zum Beispiel Verbot der Mädchentötung, erstmalige Gewährung eines auf die Hälfte beschränkten Erbrechts[765]), sondern darüber hinaus in einem evolutiven Prozess von Anfang an die rechtliche Gleich-

758 Kalisch in: Christliche, jüdische und islamische Wirtschaftsethik, S. 105 (127).
759 Kalisch in: Christliche, jüdische und islamische Wirtschaftsethik, S. 105 (127).
760 Krawietz, Habil. 1999, S. 111.
761 Badran, Uṣūl al-fiqh, S. 67.
762 Mahmood, Law in the Qur'ān, S. 1-32.
763 Aufzählung aus Krawietz, Habil. 1999, S. 112.
764 Abū Zahrah, Uṣūl al-fiqh, S. 75; Badran, Uṣūl al-fiqh, S. 67; Kamali, Priciples, S. 29; zudem Ahmed/Dilger, Der Islam Bd. III, S. 84-99.
765 Vgl. Sure 4, Vers 7: „Die Männer sollen einen Teil der Hinterlassenschaft ihrer Eltern und Verwandten erhalten, und ebenfalls sollen die Frauen einen Teil von der Hinterlassenschaft ihrer Eltern und Verwandten erhalten." In der vorislamischen Zeit waren Frauen nicht erbberechtigt. Sure 4, Vers 11: „Allah schreibt euch hinsichtlich eurer Kinder vor, dem Knaben zweier Mädchen Anteil zu geben. (...)."

stellung von Mann und Frau beabsichtigt hat.[766] Damit wird an den Begriffen nicht etwa „herumgedeutelt“, vielmehr wird die durch die veränderten Umstände nunmehr mögliche Umsetzung durchgeführt.[767] Dies ist allerdings innerhalb der islamischen Rechtsehre umstritten, insbesondere traditionelle Gelehrte wenden sich hiergegen.[768] In Tunesien jedenfalls wurde mit einer entsprechenden Begründung die Polygamie abgeschafft, da sie mit dem heute erreichten zivilisatorischen Bewusstsein der muslimischen Gesellschaft nicht mehr vereinbar sei.

c. *Definitive und interpretationsfähige Verse*

Zunächst ist festzuhalten, dass jeder Textbeleg aus dem Koran dem Propheten in genau dieser Form eingegeben wurde, so dass der Koran in seiner Gesamtheit als definitiv erwiesen verstanden wird.[769] Allerdings ist die Bedeutung des Koran gelegentlich präsumtiver Natur (arab.: *ẓannī*).[770] Folglich bleibt festzuhalten, dass der Koran in seinem materiellen Bestand absolut gesichert ist, allerdings „liegen in ihm zwei Arten rechtlicher Hinweise vor, nämlich definitive und interpretationsfähige“[771].

Im Bereich der definitiven Hinweise ist kein Raum für Interpretationen, da es bzgl. des Textverständnisses zu keinem Unterschied in der Interpretation kommen kann. Hierzu zählen die Dinge, die von der Religion zwingend vorgeschrieben werden,[772] also insbesondere die *ʿibādāt* (Ritus betreffende Regelungen).[773] Hierzu zählt etwa die Sure 2, Vers 43: „Und verrichtet das Gebet und entrichtet die Steuer (arab.: *zakāt*) (…)“.

Demgegenüber lassen viele Koranstellen mehr als eine Bedeutung zu und werden daher als in ihrem rechtlichen Bedeutungsgehalt präsumtiv eingestuft.[774] Als Beispiel für diese Gruppe wird unter anderem Sure 2, Vers 228 benannt, in der das Wort *qurūʾ* unterschiedliche Interpretationsmöglichkeiten offen läßt.[775]

Um die Verse des Koran nach dem Willen Gottes auszulegen, kann auf die Prophetengefährten (arab.: *Ṣaḥāba*) zurückgegriffen werden. Der Koranexegese

766 Petersohn, Diss. 1999, S. 20 f.

767 Krawietz, Habil. 1999, S. 110, S. 112, S. 228.

768 Vgl. Nachweise bei Krawietz, die allerdings nur die ablehnende Auffassung darstellt, Habil. 1999, S. 110, S. 112, S. 228.

769 Ḥassān, Madḫal al Fiqh al Islami, S. 138; Badran, Uṣūl al-fiqh, S. 58, S. 62.

770 Abū Zahrah, Uṣūl al-fiqh, S. 72; Ḥassān, Madḫal al Fiqh al Islami, S. 138.

771 Krawietz, Habil. 1999, S. 110.

772 Maṭlūb, Uṣūl al-fiqh, S. 79.

773 Vgl. die Aufzählung bei Krawietz, Habil. 1999, S. 110, allerdings ist dies bzgl. des Erbrechts fraglich.

774 Kamali, Principles, S. 470, der dies als „speculative in meaning“ bezeichnet.

775 Krawietz, Habil. 1999, S. 110; Al Šāfiʿī, al Risāla, S. 334; Kamali, Principles, S. 470.

(arab.: *tafsīr*) kommt dabei in der islamischen Jurisprudenz eine wichtige Bedeutung zu.[776] "The correct meaning of the manifest directives (...) of the *Qur'ān* is also understood from the practice of the Companions (*Ṣaḥāba*), who used to investigate matters."[777]

Einen zentralen Aspekt stellt hierbei die Frage der Abrogation (arab.: *nāsiḫ*) von Koranversen durch andere Koranverse dar.[778]

2. *Sunna*

Nicht alle Glaubensregeln und Vorschriften sind im Koran zu finden, vielmehr werden sie ergänzt durch die *Sunna.*[779] Die *Sunna* stellt die zweite Quelle des islamischen Rechtssystems dar.[780] Die *Sunna* unterscheidet sich insbesondere vom Koran darin, dass lediglich die Bedeutung von der göttlichen Offenbarung inspiriert ist.[781] Zur Offenbarung zählt somit die Substanz, nicht der Wortlaut der in ihr bewahrten Überlieferungen von Tun und Handeln des Propheten.[782]

a. *Begriff der Sunna bzw. der ahadith*

„*Sunna*" bedeutet eigentlich „Brauchtum", „Sitte" oder „Verfahrensweise" und bezieht sich im engeren Sinne auf ein Verhaltensmuster. Der Begriff wird im Rahmen der islamischen Theologie speziell für die verbalen Äußerungen, Betätigungen und Handlungen oder stillschweigenden Billigungen des Propheten Muhammad benutzt,[783] die überliefert wurden, aber nicht zum Koran zählen.[784] Es handelt sich um die erprobte religiöse Verfahrensweise, durch die der Prophet und seine Gefährten die Anweisungen des Koran zur Anwendung brachten.[785] Ihrer interpretatorischen Funktion nach ist die *Sunna* darauf ausgerichtet, konkrete Bestimmungen zu geben oder die allgemeinen Anweisungen des Koran zu präzisieren.[786] Demnach zeigt der Koran die Grundzüge (arab.: *yubayyin al-*

776 Scholz, Malikitisches Verfahrensrecht, S. 7.
777 Kamali, Principles, S. 473.
778 Vgl. hierzu eingehend Kamali, Principles, S. 202 ff.
779 Buḫāryy, Ṣaḥīḥ, S. 20.
780 Pauli, Islamisches Familienrecht, S. 10; Khoury/Heine/Oebbecke, Handbuch des Islam, S. 38.
781 Krawietz, Habil. 1999, S. 88.
782 Krämer, Gottes Staat als Republik, S. 57; weitergehend zur *Sunna* unter § 4 II 2.
783 Falaturi, Die Scharia in: Weltmacht Islam, S. 93 (93).
784 Zuhayr, Uṣūl al-fiqh, S. 450.
785 Badran, Uṣūl al-fiqh, S. 72.
786 Falaturi, Die Scharia in: Weltmacht Islam, S. 93 (95); Ramadan, Islamisches Recht, S. 43; Krawietz, Habil. 1999, S. 115.

qawāʿid) und die *Sunna* konkretisiert die rechtlichen Bestimmungen hinreichend (arab.: *tufaṣl al-aḥkām*).

Die vorbildliche Lebensweise des Propheten Muhammad ist in den *ahadith* (Singular *hadith*) überliefert.[787] *Hadith* und *Sunna* sind faktisch identisch, und in der fachlichen Ausdrucksweise kann das eine anstelle des anderen unbedenklich verwendet werden.[788] Die als echt angesehenen Traditionen über Lehren und Handelungen des Propheten wurden in sechs als kanonisch geltenden Sammlungen zusammengefasst.[789] Zu den wichtigsten zählt die Sammlung von *Buḫāryy* (gest. 870) und des *Muslim* (gest. 875).

Die Beweiskraft der *Sunna* wird durch den Koran und die *Sunna* selbst belegt. Als Gott die Kette Seiner Offenbarungen mit der Herabsendung des Koran abschloss, machte Er auf die Verbindlichkeit der *Sunna* aufmerksam, indem Er die Großartigkeit des Prophetencharakters, dessen Vorbildlichkeit für die Muslime, die Befolgung seiner Befehle und Gebote betonte.[790] Dazu werden unter anderem[791] folgende Koranverse zitiert:

Sure 4, Vers 59: „Oh ihr, die ihr glaubt, Gehorchet Allah und gehorchet dem Gesandten und den Zuständigen unter euch. Wenn ihr über etwas uneins seid, so bringt es vor Allah und den Gesandten, sofern ihr an Allah glaubt und an den Jüngsten Tag. Dies ist das Beste und führt zum Besten."

Sure 59, Vers 7: „(...)Was euch der Gesandte aber gibt, das nehmt, und was er euch verwehrt, das lasst sein (...)."

Sure 4, Vers 80: „Wer dem Gesandten gehorcht, der gehorcht Allah. Doch wer den Rücken kehrt – Wir haben dich nicht als ihren Aufpasser entsandt."

Sure 24, Vers 64: „Ihr sollt unter euch den Aufruf des Gesandten nicht wie den Aufruf eines von euch an die anderen bewerten. Allah kennt wohl diejenigen von euch, die sich unbemerkt davonstehlen, indem sie sich verstecken. Diejenigen, die seinem Befehl zuwiderhandeln, sollen sich in acht nehmen, dass nicht eine Versuchung sie trifft oder eine schmerzhafte Pein."

Hieraus schließt die islamische Rechtslehre, dass das vom Gesandten Gesprochene und das über den Weg seiner Verfahrensweise berichtete, von Gott eingegeben worden ist und somit zur Grundlage der *Scharia* gehört.[792] Allerdings fehlt ein expliziter und damit zweifelsfreier Bezug auf die *Sunna* des Pro-

787 Ende/Steinbach-Radtke, Der Islam in der Gegenwart, S. 63.
788 Buḫāryy, Ṣaḥīḥ, S. 19.
789 Ende/Steinbach-Radtke, Der Islam in der Gegenwart, S. 64.
790 Buḫāryy, Ṣaḥīḥ, S. 19.
791 Es werden teilweise 19 Verse zitiert; jedenfalls zudem in den Versen 3:32; 4:65; 4:80; 24:51; 33:21.
792 Buḫāryy, Ṣaḥīḥ, S. 19; Khallāf, ʿIlm al uṣūl al-fiqh, S. 38.

pheten im Koran.[793] Daher wird teilweise[794] argumentiert, dass sich das Konzept der *Sunna* des Propheten als anerkannte Rechtsquelle erst später entwickelt habe. Allerdings besaß für die muslimische Orthodoxie die *Sunna* schon zu Lebzeiten des Propheten anerkanntermaßen normative Kraft und es wurde danach verfahren.[795]

Ein weiterer Beleg für die Verbindlichkeit und Beweiskraft der *Sunna* findet sich in der *Sunna* selbst.[796] Entsprechend wird hierzu der Prophetenausspruch zitiert, den er während seiner Abschiedswallfahrt als eine Art Vermächtnis getätigt haben soll: „Ich hinterließ euch etwas, das, wenn ihr daran festhaltet, euch niemals abirren lässt: das Buch Gottes und die *Sunna* Seines Propheten."

b. Verbindlichkeit der Sunna

Überwiegend wird die *Sunna* in einen bindenden und in einen nicht-bindenden Teil unterteilt, der von einer unterschiedlichen Kompetenz Muhammads in seiner Eigenschaft als Prophet, als politisches Oberhaupt der Gemeinde, als Richter und als Rechtsgutachter ausgeht.[797] Danach gilt innerhalb der *Sunna* nur das, was der Prophet in seiner Eigenschaft als Prophet gesagt, getan oder gebilligt hat, als rechtlich verbindlich.[798]

Die Handlungen, die der Prophet in seiner Eigenschaft als Prophet getätigt hat, sind zunächst auf ihren rechtlichen Gehalt zu überprüfen.[799] Ist die gesetzgeberische Eigenschaft bekannt, so ist diese Handlung insgesamt verbindlich.[800] Ist die gesetzgeberische Eigenschaft indessen nicht bekannt, so ist darauf abzustellen, ob in der Handlung „das Bemühen um gottgefällige Werke zutage tritt"[801]. Ist dies der Fall, so gilt die Handlung als empfehlenswert, im Übrigen wird die Handlung als nicht verbindlich gesehen.

Von den rechtlich relevanten Handlungen des Propheten werden seine natürlichen, rein menschlichen Aktivitäten abgegrenzt.[802] Entsprechend sind seine

793 Krawietz, Habil. 1999, S. 125, mit ausführlicher Darstellung über die Belege für eine Beweiskraft der Sunna.
794 Überwiegend aus der westlichen Perspektive, vgl. nur Schacht, Origins of Muhammadan Jurisprudence, S. 58, S. 80.
795 Krawietz, Habil. 1999, S. 123.
796 Kritisch hierzu Krawietz, Habil. 1999, S. 125 ff.
797 Krawietz, Habil. 1999, S. 118.
798 Vgl. Ramadan, Islamisches Recht, S. 80; vgl. auch Krämer, Gottes Staat als Republik, S. 57.
799 Kamali, Priciples, S. 69 f.; 73 f.
800 Zuhayr, Uṣūl al-fiqh, S. 479.
801 Krawietz, Habil. 1999, S. 118 f.
802 Kamali, Priciples, S. 51.

politisch-administrativen und auch seine gutachterlichen Entscheidungen, mit denen er auf konkrete Erfordernisse der Zeit reagierte, nicht verbindlich.[803]

Diese entspringen der menschlichen Natur des Propheten und nicht seiner Botschaft. Entsprechend führte der Prophet selbst aus: „Nur wenn ich euch hinsichtlich eurer religiösen Pflichten etwas gebiete, sollt ihr euch danach richten. Wenn ich jedoch eine Anweisung aufgrund meiner persönlichen Meinung erteile, dann handelt es sich lediglich um etwas, von dem ich vermute, dass es richtig ist, doch ich bin nur ein Mensch. Es ist durchaus möglich, dass ihr euch in euren weltlichen Angelegenheiten weit besser auskennt."[804]

Daher müssen sämtliche Handlungsbereiche des Propheten systematisch auf Rechtsrelevantes durchforstet werden.[805] Ähnlich wie bei der Abgrenzung zwischen *ʿibādāt* und *muʿāmlāt* ist auch hier die Abgrenzung zwischen rechtlicher und nichtrechtlicher *Sunna* von außerordentlicher Schwierigkeit.

c. *Rechtsquelleneigenschaft der Sunna*

Die Gefährten des Propheten (arab.: *Ṣaḥāba*) hielten sich zu Lebzeiten wie auch nach seinem Tod an die Instruktionen und das Vorbild des Propheten. Entsprechend machten sie mit Blick auf die Notwendigkeit ihrer Befolgung keinen Unterschied zwischen einer dem Koran oder der Propheten*sunna* entstammenden rechtlichen Bestimmung.[806] Auch die nachfolgenden Rechtsgelehrten und ihre Anhänger verstanden die *Sunna* als selbstständige Quelle der Ableitung und behandelten sie bei der Frage nach dem Erlaubten und dem Verbotenen wie den Koran.[807] Hierbei ist insbesondere zu berücksichtigen, dass die allgemeinen Anweisungen des Koran etwa zu Gebet, Almosen- bzw. Steuerabgabe, Fasten, Pilgerfahrt, sowie der Strafvollziehung etc. ohne die Konkretisierung und eingehende Darlegung über die Art und Weise in der *Sunna* nicht ausgeführt werden könnten.[808]

Innerhalb der *Sunna* wird unterschieden zwischen solchen, die auf eine lückenlose Überlieferungskette (arab.: *tawātur*) verweisen können, in der somit alle Überlieferer vom Beginn der Kette bis zurück zum Propheten genannt werden und solche mit einer unterbrochenen Überlieferungskette.[809] Die rechtliche Wirkung der *ahadith*, die auf eine lückenlose und weit verbreitete Überlieferung

803 Krämer, Gottes Staat als Republik, S. 57.
804 Khallāf, ʿIlm al uṣūl al-fiqh, S. 47.
805 Krawietz, Habil. 1999, S. 120.
806 Zuhayr, Uṣūl al-fiqh, S. 457; Khallāf, ʿIlm al uṣūl al-fiqh, S. 38.
807 Krawietz, Habil. 1999, S. 128; Kamali, Principles, S. 63.
808 Zuhayr, Uṣūl al-fiqh, S. 457; Khallāf, ʿIlm al uṣūl al-fiqh, S. 38.
809 Kamali, Principles, S. 65; 90 f.; Ende/Steinbach-Radtke, Der Islam in der Gegenwart, S. 63.

(arab.: *tawātur*) verweisen kann, ist verbindlich, da sie „sicheres Wissen"[810] hervorbringen[811]. Diese stehen damit hinsichtlich der Verbindlichkeit und Beweiskraft auf einer Stufe mit dem Koran, so dass ihnen die gleiche argumentative Kraft wie der Berufung auf den Koran zukommt.[812]

Diese *ahadith* stehen indessen wie weite Teile des Koran unterschiedlichen Deutungen offen.[813] Nur diejenigen Rechtsakte, die ihre Wirkung durch eine bestimmte Wortwahl entfalten, wie etwa der Gebetsruf und das Glaubensbekenntnis, basieren auf einer wortlautgetreuen Überlieferung (arab.: *hadith luġawī*). Dies ist allerdings für den größten Teil der Rechtsakte nicht der Fall.[814] Die *ahadith*, die nicht wortgetreu, vielmehr konzeptioneller Form sind (arab.: *ma'nawī*), spielen eine gewichtigere Rolle,[815] gerade im Rahmen der zwischenmenschlichen Beziehungen (arab.: *muʿāmlāt*)[816]. Hierbei wird ein verschiedenen Überlieferungen zugrunde liegender gemeinsamer Sachverhalt mit jeweils anderen Worten wiedergegeben. In diesem Bereich sind die *ahadith* nicht wortgetreu, vielmehr nach dem Sinn und Zweck auszulegen, so dass unterschiedliche Deutungsformen daraus resultieren.[817]

Sunna, die zwar auf den Propheten zurückgehen mögen, indessen nicht hinreichend weit verbreitet sind[818], werden als Einzeltraditionen verstanden, und vermögen nicht als Grundlage definitiver rechtlicher Bestimmungen zu dienen.[819] Innerhalb der islamischen Rechtslehre ist streitig, welche Anforderungen an die Person des Überlieferers bei derartigen Einzeltraditionen zu stellen sind, wie die zulässige Verfahrensweise auszusehen hat und inwiefern auf diese Einzeltradition im Rahmen der selbstständigen Meinungsbildung (arab.: *iǧtihād*) zurückgegriffen werden darf.[820]

Herrschend ist die Auffassung, dass die Einzel*ahadith* in Glaubensdingen nicht angewandt werden dürfen. Durch die Einzel*hadith* könne kein positives Wissen

810 Hallaq, History of islamic legal theories, Inductive Corroboration, S. 10: „necessary or immediate knowledge".
811 Krawietz, Habil. 1999, S. 142.
812 Kamali, Principles, S. 78, der aber auf die geringe Menge solcher *ahadith* verweist.
813 Maṭlūb, Uṣūl al-fiqh, S. 134.
814 Krawietz, Habil. 1999, S. 140.
815 Kamali, Principles, S. 78; Hallaq, History of islamic legal theories, Inductive Corroboration, S. 30.
816 Krawietz, Habil. 1999, S. 140; Imām, Uṣūl al-fiqh, S. 157.
817 Krämer, Gottes Staat als Republik, S. 57.
818 Vgl. zur Frage, wann eine „weite Verbreitung" vorliegt Krawietz, Habil. 1999, S. 141 ff.
819 Krawietz, Habil. 1999, S. 141.
820 Kamali, Principles, S. 96 f.; Krawietz, Habil. 1999, S. 145, 146.

vermittelt werden.[821] Zwar sei zu vermuten, dass diese Einzeltradition richtig sei, allerdings könne nur auf diese Richtigkeit der Einzeltradition nur „vertraut" werden.[822] Eine Vermutung genügt jedoch nicht zur Anwendung dieser Einzel*ahadith* in Glaubensdingen. In den übrigen Bereichen seien diesen Einzel*ahadith* jedoch Folge zu leisten,[823] wenn deren Herkunft erwiesen ist und gewährleistet ist, dass kein widersprechender stärkerer Beleg auftaucht[824]. Zusammenfassend führt *Kamali* aus: "The majority of jurists, however, agree that *ḥadīṯ* may establish a rule of law provided that it is related by a reliable narrator and the contents of the report are not repugnant to reason. Many *ʿUlamāʾ* have held that *ḥadīṯ* engender speculative knowledge, acting upon which is preferable only. In the event where other supportive evidence can be found in its favour, or when there is nothing to oppose its contents, then acting upon *ḥadīṯ* is obligatory."[825]

3. *Konsens: iǧmāʿ*

Eine weitere allgemein anerkannte Rechtsquelle des islamischen Rechts stellt der Konsens, der *iǧmāʿ* dar. Der Konsens ist die Übereinstimmung aller Rechtsgelehrten aus der Gemeinde in einer Zeit nach dem Tod des Propheten Muhammad in der Feststellung einer bestimmten schariatrechtlichen[826] Rechtsvorschrift,[827]die nicht durch einen definitiven Text bereits abschließend geregelt ist[828].

a. *Autorität des Konsenses*

Über die Autorität des *iǧmāʿ* herrscht innerhalb der breiten Masse der sunnitischen Muslime Einigkeit, insbesondere wird dieser Quelle letztlich die Fähigkeit zugesprochen, sicheres Wissen bezüglich des zu regelnden Sachverhaltes zu vermitteln.[829]

Die Legitimation wird aus verschiedenen Versen des Koran hergeleitet, etwa:

Sure 4, Vers 115: „Wer sich aber von dem Gesandten trennt, nachdem ihm der richtige Weg deutlich geworden war, und einem anderen Weg als dem der Gläubigen folgt, dem wollen wir den Rücken zeigen, wie er den Rücken gezeigt hat (...)."

821 Kamali, Principles, S. 96: "(…) which does not impart positive knowledge on ist own (…)".
822 Zuhayr, Uṣūl al-fiqh, S. 455.
823 Als Beleg wird Sure 9:122 und Sure 49:6 angeführt, vgl. Zuhayr, Uṣūl al-fiqh, S. 468.
824 Krawietz, Habil. 1999, S. 148.
825 Kamali, Principles, S. 97.
826 So die herrschende Meinung, vgl. Maṭlūb, Uṣūl al-fiqh, S. 157.
827 Khoury/Heine/Oebbecke, Handbuch des Islam, S. 41; Pauli, Islamisches Familienrecht, S. 11; Badran, Uṣūl al-fiqh, S. 200.
828 Imām, Uṣūl al-fiqh, S. 165.
829 Krawietz, Habil. 1999, S. 183.

Sure 1, Vers 143: „Und so haben Wir euch zu einer in der Mitte stehenden Gemeinschaft gemacht, auf dass ihr Zeugen seid über die Menschen und der Gesandte Zeuge sei über euch.“

Durch diese Verse des Koran werde die Unfehlbarkeit der Gemeinschaft verdeutlicht.[830] Ferner wird zum Beleg die *Sunna* des Propheten Muhammads herangezogen: diese betonen die Unfehlbarkeit der Gemeinschaft und bestätigen somit die Unfehlbarkeit der übereinstimmenden Meinung sachkundiger Gelehrter:[831]

„Meine Gemeinschaft wird nicht in einer Irrlehre übereinstimmen.“

„Die Hand Gottes ist mit der Gemeinschaft.“[832]

Im sunnitischen Islam erhält der Konsens der Rechtsgelehrten somit einen zwingenden Charakter. Allerdings ist der Rang und die zwingende Autorität des *iǧmāʿ* schwächer als Koran und *Sunna*.

Sinn und Zweck des Konsenses benennt *Faruki*[833] wie folgt: “Against the dangers of individual aberrations and error which might lead to any thing meaning every thing and every things meaning many things, the safeguard has been *ijma'*.”[834]

b. Konstitutive Merkmale des Konsenses

Innerhalb der islamischen Rechtslehre wird jedoch die Frage der konstitutiven Elemente des *iǧmāʿ* unterschiedlich beurteilt. Der Definition des *iǧmāʿ* ist nicht zu entnehmen, welche Personen am Konsens der Gemeinde mitwirken und unter welchen Umständen davon auszugehen ist, dass ein Konsens zustande gekommen ist.[835]

Während teilweise nur der Konsens der Gefährten des Propheten (arab.: *Ṣaḥāba*) anerkannt wird[836], leitet die überwiegende islamische Rechtslehre aus dem *Hadith* „Meine Gemeinde wird niemals in einem Irrtum einig sein“ her, dass der Konsens zeitlich nicht begrenzt ist.[837] Demnach sind diejenigen Rechtsgelehrten zum Konsens berechtigt, denen zugleich die Kompetenz zur eigenen Meinungsbildung (arab.: *iǧtihād*) zukommt.[838] Entscheidend ist, dass alle Rechtsge-

830 Allerdings wird häufig eingeräumt, dass die Verse des Koran für eine Legitimation allein nicht ausreichen, da hier niemals ausdrücklich auf den Konsens eingegangen wird; so etwa Hasan, Doctrine of Ijma', S. 37: “the *Qurʾān* verses which are adduced to justify *Ijma'*, do not clearly prove its authority”.

831 Khoury/Heine/Oebbecke, Handbuch des Islam, S. 42; allerdings ist dies ebenfalls umstritten, jedenfalls gibt es unterschiedliche Begründungsversuche, vgl. hierzu Krawietz, Habil. 1999, S. 194 ff.

832 Vgl. weitere *ahadithe* bei Kamali, Principles, S. 241.

833 Faruki, Jurisprudence, S. 72.

834 Krawietz, Habil. 1999, S. 183.

835 Zuhayr, Uṣūl al-fiqh, S. 537 „*arkān al iǧmāʿ*“; Krawietz, Habil. 1999, S. 196.

836 So etwa die Malikiten vgl. hierzu § 4 III.

837 Krawietz, Habil. 1999, S. 184.

838 Krawietz, Habil. 1999, S. 197.

lehrten in der Feststellung einer schariatrechtlichen Rechtsvorschrift übereinstimmen, da eine nur mehrheitliche Übereinstimmung keinen zwingenden definitiven schariatrechtlichen Beweis darzustellen vermag.[839] Denn "for so long as a dissenting opinion exists, there is the possibility that one side is in error"[840].

Zumindest über den Konsens der Gefährten des Propheten (arab.: *Ṣaḥāba*)[841] und über die Autorität des artikulierten Konsens der ganzen Gemeinde[842] besteht innerhalb der islamischen Rechtslehre Einigkeit. Die Schwierigkeit, mit der ein einheitlicher Konsens zwischen allen Rechtsgelehrten herzustellen wäre, insbesondere mit Blick auf die räumliche Distanz, ist evident. Dennoch wird die Funktionsfähigkeit des *iǧmāʿ* durch die modernen Kommunikationsmittel heutzutage als erheblich gesteigert angesehen.[843]

c. *Verbindlichkeit des Konsenses*

Ein ausdrücklicher Konsens der Rechtsgelehrten bindend und vermittelt somit definitives Wissen.[844] Der Konsens kann somit bewirken, dass präsumtives Wissen in definitives übergeht.[845]

Dabei gilt eine sich sprachlich oder im Handeln ausdrückende Übereinstimmung als ausdrücklicher Konsens und somit als definitiver Beweis.[846] Den größten Teil machen indessen die Fälle des „stillschweigenden Konsens" (arab.: *iǧmāʿ sukūtī*) aus, bei denen das Schweigen als implizite Zustimmung gewertet wird.[847] Teilweise wird diese Art des Konsenses gänzlich abgelehnt[848], während andere ihn anerkennen[849]. Innerhalb der Lehre die den stillschweigenden Konsens anerkennt, ist umstritten, ob dieser Konsens definitives oder nur präsumtives Wissen vermittelt. Die herrschende Lehre schließt sich der letztgenannten Ansicht an, danach vermittelt dieser nur präsumtives Wissen und beinhaltet daher lediglich eine Wahrscheinlichkeit.[850]

839 Khallāf, ʿIlm uṣūl al-fiqh, S. 46; Kamali, Principles, S. 234; Weeramantry, Islamic Jurisprudence, S. 40; andere Ansicht wohl Pauli, Islamisches Familienrecht, S. 12, der eine Mehrheitsentscheidung für ausreichend hält, allerdings ohne Beleg hierfür.
840 Kamali, Principles, S. 234.
841 Abū Zahra, Uṣūl al-fiqh, S. 167.
842 Krawietz, Habil. 1999, S. 185.
843 Zuhayr, Uṣūl al-fiqh, S. 569.
844 Kamali, Principles, S. 248, mit weitergehenden Erläuterungen.
845 Hallaq, History of islamic legal theories, Consensus, S. 427.
846 Abū Zahra, Uṣūl al-fiqh, S. 162; Kamali, Principles, S. 248.
847 Kamali, Principles, S. 249.
848 So etwa Schafiiten und Malikiten, hierzu siehe unten § 4 III.
849 So die Hanifiten und Hanbaliten, hierzu siehe unten § 4 III.
850 Kamali, Principles, 249: "...that it is not a proof and that it does not amount to more than the view of some individual *mujtahidun*."; Badran, Uṣūl al-fiqh, S. 212 ff.

Der Konsens bedarf jedenfalls eines Beleges aus Koran oder *Sunna*, auf den dieser sich stützt[851], oder einer Bezugnahme auf eine der allgemeinen Grundlagen der islamischen Gesetzgebung[852]. Hierbei werden definitive wie auch präsumtive Belege als hinreichende Stütze gesehen.[853]

Es stellt sich die Frage, ob ein *iğmāʿ* durch einen anderen *iğmāʿ* aufgehoben, also abrogiert werden kann. Die Art des Belegs auf den der Konsens gestützt wird, entscheidet, ob diese Beurteilung geändert werden kann oder nicht.[854] Bei einem Konsens, der auf einem definitiven Beleg basiert, darf jedenfalls nicht abgewichen werden.[855]

Die Bedeutung, die dem *iğmāʿ* zugerechnet wird, darf nicht unterschätzt werden: Der *iğmāʿ* verkörpert die dogmatische, gedankliche, gefühlsmäßige und die auf das Verhalten bezogene Einheit der islamischen Gemeinschaft (arab.: *Umma*).[856]

4. *Analogieschluss: qiyās*

Weitere anerkannte Rechtsquelle ist der Analogieschluss, der *qiyās*.[857] Das Bemühen, im täglichen Erleben und Handeln unbekannte Sachverhalte zumindest partiell nach Maßgabe des schon Bekannten zu bewältigen, indem in analoger Weise vorgegangen wird, ist der Anwendungsbereich des *qiyās*.[858]

Im Wesentlichen geht es folglich um die Übertragung einer in den heiligen Texten oder durch *iğmāʿ* festgelegten schariatrechtlichen Beurteilung auf einen dort nicht niedergelegten abweichenden, aber vergleichbaren Fall.[859]

a. *Legitimität der Analogie*

Die Autorität der Analogie ist innerhalb der islamischen Rechtslehre ebenfalls umstritten. Die überwiegende Ansicht innerhalb der islamischen Rechtsehre erkennt die Autorität der Analogie für rechtspraktische Bestimmungen an.[860] Belege für diesen Befund werden dem Koran, der *Sunna*, den Äußerungen und

851 Abū Zahra, Uṣūl al-fiqh, S. 165; Zuhayr, Uṣūl al-fiqh, S. 487.
852 Krawietz, Habil. 1999, S. 39; Kamali, Principles, S. 252.
853 Krawietz, Habil. 1999, S. 202 f.; ausführlich Kamali, Principles, S. 252 f.
854 Krawietz, Habil. 1999, S. 189.
855 Zuhayr, Uṣūl al-fiqh, S. 550.
856 Qaraḍāwī, Marga'iyya, S. 264.
857 Khoury/Heine/Oebbecke, Handbuch des Islam, S. 44.
858 Krawietz, Habil. 1999, S. 204.
859 Vgl. etwa Zuhayr, Uṣūl al-fiqh, S. 603.
860 Krawietz, Habil. 1999, S. 206 m.w.N.; Hasan, Analogical Reasoning, S. 28-31.

Taten der Gefährten des Propheten (arab.: *Ṣaḥāba*) oder rationalen Erwägungen entnommen.[861]

Zunächst wird insbesondere auf Sure 59, Vers 2 abgestellt, in dem es heißt: „Zieht nun die Lehre daraus, ihr Einsichtigen." Es wird zwar eingeräumt, dass dieser Vers zur Warnung und Erinnerung vorgebracht wurde, gleichzeitig wird hierin auch ein Hinweis auf die Analogie gesehen.[862]

Zudem wird neben anderen Suren des Koran[863] häufig Sure 4, Vers 59 zur Legitimation herangezogen[864], in dem es heißt: „O ihr, die ihr glaubt! Gehorcht Allah und gehorcht dem Gesandten und denen, die Befehl unter euch haben. Und wenn ihr in etwas uneins seid, so bringt es vor Allah und den Gesandten, sofern ihr an Allah glaubt und den Jüngsten Tag. Dies ist das Beste und führt zum Besten."

Außerdem wird der folgende *hadith* als Legitimation der Analogie herangezogen. Dabei ermächtigte der Prophet Mu'āḏ Ibn Ǧabal bei Bedarf Rechtsfortbildung zu betreiben[865]:

> „Wie wirst Du entscheiden, wenn eine Streitfrage auftaucht?"
> „Gemäß dem Buche Gottes."
> „Und wenn Du keine Antwort in dem Buche Gottes findest?"
> „Dann gemäß der Sunna des Apostel Gottes."
> „Und wenn Du keine Antwort in der Sunna seines Apostels findest?"
> „Dann werde ich gemäß meiner eigenen Meinung ohne Fehl zur Entscheidung kommen."
> Worauf der Prophet sagte: „Preis sei Gott, der den Apostel des Apostel Gottes dazu geleitet hat, was Gott und seinem Apostel gefällt."

Dieser *hadith* wird zwar als Beleg für die Zulässigkeit der selbständigen Meinungsbildung (arab.: *iǧtihād*) herangezogen,[866] die Analogie wird jedoch als Untergruppe bzw. als eine Art des *iǧtihād* gesehen[867].

Insbesondere wird darauf verwiesen, dass auch der Prophet selbst Analogie betrieben hat. Soweit Regelungslücken auftraten, wurden im Koran Vorschriften und Entscheidungen ausfindig gemacht, die einen ähnlichen Sachverhalt regelten,[868]

861 Krawietz, Habil. 1999, S. 206 m.w.N.; vgl. etwa Hasan, Analogical Reasoning, S. 28 bis 31.

862 Imām, Uṣūl al-fiqh, S. 179.

863 Vgl. hierzu eingehend Krawietz, Habil. 1999, S. 207 ff.

864 So etwa Abū Zahra, Uṣūl al-fiqh, S. 175; Krawietz bezeichnet diesen Vers als einen „jener rechtlich multifunktional verwendbaren Textbelege", Habil. 1999, S. 207.

865 Khallāf, 'Ilm al uṣūl al-fiqh, S. 56; siehe auch Kamali, Priciples, S. 288.

866 Vgl. hierzu eingehend unten unter § 4 IV 1.

867 Krawietz, Habil. 1999, S. 208; Kamali, Principles, S. 288.

868 Khallāf, 'Ilm al uṣūl al-fiqh, S. 57; Beispiele hierfür bei Krawietz, Habil. 1999, S. 209.

die dann analog zur Beurteilung des ungeregelten Sachverhalts herangezogen wurden.

Auch die Gefährten des Propheten waren sich einig, Analogien in all den Fällen anzuwenden, in denen der Sachverhalt nicht bereits geregelt war. Ein sehr frühes Beispiel hierfür war die Einsetzung von Abū Bakr als Oberhaupt des Kalifats. Der Prophet Muhammad hatte Abū Bakr gebeten, das Gebet zu leiten, so dass seine religiöse Leitung als Vorbeter verglichen wurde mit der weltlichen Führung (dem *Imāmat*).[869]

Schließlich werden rationale Erwägungen herangezogen, um die Analogie zu legitimieren. Hierbei wird darauf verwiesen, dass die *Scharia* nur dann überzeitlich sein kann, obwohl ihre direkten Auskünfte endlich sind, wenn die bestehenden Urteilsgründe herausgestellt und auf andere Fälle angewandt werden.[870]

b. Umfang der Analogie

Die Analogie ist kein von den Texten unabhängiger, über sie hinausgehender oder ihnen widersprechender Indikator, sondern eine Methode der Argumentation unter Bezugnahme auf den Text.[871] Dementsprechend muss die als Grundlage herangezogene Rechtsnorm bzw. Entscheidung im Koran stehen oder durch die *Sunna* oder durch den Konsens (arab.: *iǧmāʿ*) festgestellt sein.[872]

In aller Regel erzeugt die Analogie keine sichere Gewissheit, sondern eine normative Wahrscheinlichkeit, die für die mutmaßliche Richtigkeit der juristischen Argumentation spricht.[873] Daher wird nicht verlangt, dass unterschiedliche Personen, die Analogie üben, zum selben Ergebnis gelangen.[874]

Die Analogie genießt innerhalb der islamischen Rechtslehre unterschiedliche Bedeutung.[875] Normenkonflikte im Hinblick auf Texte, insbesondere auf solche spezieller Art oder solche, die bloß durch eine isolierte Tradition überliefert sind, werden je nach Rechtsschule unterschiedlich beurteilt.[876]

Auch der Anwendungsbereich der Analogie ist innerhalb der islamischen Rechtslehre umstritten. Diskutiert wird, inwieweit die Analogie auf die kultischen

869 Muslehudin, Philosophy, S. 135.
870 Zuhayr, Uṣūl al-fiqh, S. 631; Khallah, ʿIlm al uṣūl al-fiqh, S. 58.
871 Krawietz, Habil. 1999, S. 213.
872 Khoury/Heine/Oebbecke, Handbuch des Islam, S. 44.
873 Krawietz, Habil. 1999, S. 214.
874 Hasan, Early Development, S. 54.
875 Die Rechtsschulen der Hanbaliten und der Malikiten erkennen diesen nicht an, während die Rechtsschulen der Schafiiten und der Hanifiten diesen berücksichtigen, vgl. unten § 4 III. 2.
876 Krawietz, Habil. 1999, S. 213 mit einer Einordnung; ausführlich Abū Zahra, Uṣūl al-fiqh, S. 200-205; Kamali, Principles, S. 294-298.

Belange (arab.: *ʿibādāt*), auf das Strafrecht, auf Sühneleistungen, auf numerisch oder anderweitig festgesetzte Angelegenheiten oder auf Ausnahmegenehmigungen angewandt werden kann.[877] Zusammenfassend lässt sich feststellen, dass die Analogie im Rahmen der *ʿibādāt* keine große Bedeutung hat und sich nicht auf die Grundlagen (arab.: *uṣūl*) erstreckt. Folglich darf weder eine kultische Pflichthandlung begründet werden, noch darf eine solche durch Analogie übergangen werden. Zudem dürfen Ausnahmeregelungen nicht mittels einer Analogie auf einen anderen Sachverhalt übertragen werden, da die Analogie ausgestaltet wurde, "to extend the normal, not the exceptional, rules of law"[878]. Die Einzelheiten sind äußerst umstritten.[879]

c. *Voraussetzungen der Analogie*

Die Voraussetzungen für die Rechtsgeltung einer Analogie basieren auf vier konstitutiven Elementen, in deren Rahmen verschiedene Bedingungen (arab.: *šurūt*) benannt werden, deren Vorliegen die Rechtmäßigkeit der Analogie garantieren soll.[880]

Maßstab der Analogie ist der Ausgangsfall (arab.: *aṣl*), der aus einem Textbeleg aus Koran oder *Sunna* besteht.[881] Dieser darf nicht abrogiert sein und nicht seinerseits einen Analogieschluss (arab.: *qiyās*) darstellen[882]. Die Beurteilung dieses Ausgangsfalls (arab.: *ḥukm al-aṣl*) wird nunmehr herangezogen. Sie ist das, was für den Ausgangsfall erwiesen ist und diese rechtliche Beurteilung soll mit Hilfe der Analogie auf den Zielfall übertragen werden.[883] Daher ist aus der Beurteilung des Ausgangsfalls nunmehr die *ratio legis* herauszuarbeiten. Jede von Gott gestiftete Beurteilung basiert auf der Achtung allgemeiner Interessen und zielt auf eine Abwehr von Übel.[884] Dieser Rechtsgrund wird als „*ʿilla*" bezeichnet.[885]

Der Rechtsgrund muss festgelegt sein,[886] d.h. der Rechtsgrund muss derart spezifiziert sein, dass der Sinn und Zweck der Regelung konkretisiert und die

877 Krawietz, Habil. 1999, S. 214.
878 Kamali, Principles, S. 272.
879 Vgl. hierzu die kurze Darstellung bei Krawietz, Habil. 1999, S. 215 f.
880 Kamali, Principles, S. 270 f.
881 Zuhayr, Uṣūl al-fiqh, S. 633 f.; Kamali, Principles, S. 270 f.; nach anderer Ansicht genügt zudem ein Beleg aus einem Konsens.
882 Abū Zahra, Uṣūl al-fiqh, S. 182 f.
883 Krawietz, Habil. 1999, S. 218.
884 Zuhayr, Uṣūl al-fiqh, S. 651 f.
885 Kamali, Principles, S. 274 f., der diese als "perhaps the most important of all the requirements of *qiyās*" bezeichnet.
886 Krawietz, Habil. 1999, S. 221.

Interessenlage der Regelung augenscheinlich wird. Da es sich nach dem Sinn und Zweck der Regelung bestimmt, ob die Ähnlichkeit zwischen den beiden Sachverhalten soweit geht, dass eine Analogie geboten ist, ist der Sinn und Zweck des Rechtsgrundes konkret zu benennen. Dies kann indessen von besonderer Schwierigkeit sein, da der Sinn und Zweck der Norm nicht immer eindeutig ausfindig zu machen ist.[887]

Schließlich darf der Sachverhalt, auf den die Analogie anzuwenden ist, in den Texten nicht geregelt sein, muss aber einer religionsrechtlichen Beurteilung bedürfen.[888] Die aus dem Ausgangsfall gewonnene rechtliche Beurteilung ist in der Folge auf den vergleichbaren, aber ungeregelten Fall anzuwenden, wobei kein Textbeleg oder Konsens vorliegen darf, der der Analogie widerspricht[889].

5. *Ergänzende Rechtsquellen*

Die dargestellten Rechtsquellen werden um weitere ergänzt, die allerdings unterschiedliche Anerkennung innerhalb der islamischen Rechtslehre genießen. Es handelt sich um sogenannte „ergänzende Rechtsquellen".[890]

a. *Bestmögliches Urteil, al istiḥsān*

Zunächst ist „*istiḥsān*" zu nennen, das individuelle „Für-gut-Halten" bzw. das „bestmögliche Urteil".[891] Es handelt sich um eines der umstrittensten Instrumente der islamischen Rechtsquellenlehre.[892] Die islamischen Gelehrten konnten sich nicht auf eine Definition und das genaue Wesen des *istiḥsān* einigen. Somit gibt es im Schrifttum eine Vielzahl von Definitionen, in denen die Auswirkungen der unterschiedlichen Ansätze deutlich zutage treten.[893]

Im Allgemeinen wird unter *istiḥsān* die „Abweichung von der Regel eines Präzedenzfalles zugunsten einer anderen Regel, die sich unter gewissen Umständen aufgrund einer größeren rechtlichen Relevanz als notwendig erweisen kann"[894] verstanden. Der Rechtsgelehrte hat danach ohne Rücksicht auf einen

887 Zuhayr, Uṣūl al-fiqh, S. 661 ff.
888 Kamali, Principles, S. 274.
889 Badran, Uṣūl al-fiqh, S. 253.
890 Ramadan, Islamisches Recht, S. 33.
891 Pauli, Islamisches Familienrecht, S. 14.
892 Befürworter: So die Hanifiten und Malikiten; vgl. Khoury/Heine/Oebbecke, Handbuch des Islam, S. 45; a.A.: die Schafiiten; vgl. Al Šāfiʿī, al Risāla, S. 304 ff.; Khoury/Heine/Oebbecke, Handbuch des Islam, S. 45.
893 Krawietz, Habil. 1999, S. 314 ff.
894 Ramadan, Islamisches Recht, S. 33; Krawietz, Habil. 1999, S. 315; Khallāf, ʿIlm al uṣūl al-fiqh, S. 80.

Analogieschluss in einem konkreten Fall ein Urteil zu fällen, das den Belangen der Betroffenen am Besten dient.[895] Voraussetzung für einen solchen Vorrang zugunsten einer Ausnahmeregelung gegenüber der Universalbestimmung ist, dass bei einer Betrachtung der Umstände des Einzelfalles die Befolgung der Universalbestimmung nicht verhältnismäßig wäre oder dies zu einem Missstand führen würde.[896] *Istiḥsān* wurde ursprünglich gebildet "as a doctrine that liberated the jurist from the strait-jacket of *qiyās*, especially where conformity is likely to lead to unfair results"[897].

Dabei handelt es sich jedoch nicht um ein Instrument, das ein beliebiges, unbegründetes Willkürurteil erlaubt.[898] Vielmehr ist es der Geist der *Scharia* der angerufen wird, so dass *istiḥsān* niemals von einem außerhalb der *Scharia* liegenden höheren Recht ausgeht.[899]

Zur Legitimation berufen sich die Befürworter auf Sure 39, Vers 55: „Und folgt dem Besten von dem, was zu euch von eurem Herrn herab gesandt worden ist." Allerdings lässt sich kein ausdrücklicher Verweis auf dieses Institut im Koran oder in der *Sunna* finden.[900]

b. *Öffentliches Interesse, al istiṣlāḥ*

Zudem ist *al-istiṣlāḥ* als ergänzende Rechtsquelle zu nennen. Unter dieser Terminologie wird „das Urteil, das nicht aufgrund eines Präzedenzfalles ergeht, sondern des öffentlichen Interesses wegen gefällt wird, ohne dass sich in Koran oder *Sunna* ein ausdrücklicher Bezug darauf findet"[901], verstanden. Dieses Institut steht in engem Zusammenhang mit der Rechtsfortentwicklungsmöglichkeit des „Allgemeinwohls" (*maṣlaḥa*), so dass auf die weitergehende Darstellung dort verwiesen wird.[902]

c. *Gewohnheitsrecht, ʿurf*

Neben den erwähnten Rechtsquellen erkennt das islamische Rechtssystem „das Bekannte" (arab.: *maʿruf*, Ableitung von „*ʿurf*") , den Brauch (arab.: *ʿurf*), also

895 Falaturi, Die Scharia in: Weltmacht Islam, S. 93 (99); Poya, Igtihad, S. 111.
896 Krawietz, Habil. 1999, S. 316.
897 Kamali, Principles, S. 345.
898 Qaraḍāwī, Madḫal, S. 143 f.
899 Krawietz, Habil. 1999, S. 325; Kamali, Principles, S. 323.
900 Poya, Igtihad, S. 110; Kamali, Principles, S. 328.
901 Ramadan, Islamisches Recht, S. 33.
902 Vgl. unten § 4 IV 2.

das Gewohnheitsrecht an.[903] Damit werden die Regeln, die aus der allgemeinen, bei der Bevölkerung oder bei einer bestimmten Gruppe üblichen Deutung der Rechtslage stammen, anerkannt.[904] Die Herausbildung von *ʿurf* erfolgt in der Weise, dass die Menschen bestimmte Dinge gleichermaßen als verbindlich anerkennen.[905]

Begründet wird das Gewohnheitsrecht zum einen mit Sure 7, Vers 199 des Koran: „Übe Nachsicht, gebiete das Rechte und meide die Unwissenden."[906] Auch die *Sunna* bekräftigt die Legitimität des Gewohnheitsrechts. Ohne auf das Konzept des *ʿurf* eingegangen zu sein, übernahm der Prophet weite Teile des Gewohnheitsrechts.[907]

Das Gewohnheitsrecht kann in den Fällen die Grundlage der gesellschaftlichen Ordnung sein, die durch die Heranziehung der autorisierten Quellen des Gesetzes nicht eindeutig gelöst werden können.[908] Die Gewohnheit ist somit nur dann als ein Argument für die Beurteilungen anzusehen, wenn Textbelege aus Koran und *Sunna* sowie ein einschlägiger Konsens oder eine Analogie fehlen.[909] Die Gebräuche kommen daher insbesondere im Rahmen der eigenständigen Meinungsbildung (arab.: *iǧtihād*) sowie im Rahmen der allgemeinen Interessen (arab.: *maṣlaḥa*) zur Berücksichtigung.[910]

d. Bestehende Rechtslage, istiṣḥāb

Schließlich steht die Bestätigung der bestehenden Rechtslage (arab.: *istiṣḥāb*) als Technik zur Findung einer Rechtsnorm zur Verfügung.[911] Eine Anwendung dieses Grundsatzes erfolgt durch die Anerkennung des bestehenden Rechtsstatus bzw. durch die Bestätigung der Rechtslage, solange nicht das Gegenteil bewiesen ist oder feststeht.[912] Es handelt sich um „die Fortdauer der Angelegenheit, solange es nichts gibt, was sie ändert" (arab.: *baqāʾ al-amr mā lam yuǧad mā yuġayyiruhu*).[913]

903 Ausführliche Darstellung bei Kamali, Priciples, S. 369-383, sowie bei Krawietz, Habil. 1999, S. 291-313.
904 Khallāf, ʿIlm al uṣūl al-fiqh, S. 89; Krawietz, Habil. 1999, S. 292.
905 Krawietz, Habil. 1999, S. 292.
906 Kamali, Principles, S. 379.
907 Krawietz, Habil. 1999, S. 304; Kamali, Principles, S. 379.
908 Abū Zahrah, Uṣūl al-fiqh, S. 216.
909 Krawietz, Habil. 1999, S. 306.
910 Kamali, Principles, S. 372, 376; Zuhayr, Uṣūl al-fiqh, S. 835.
911 Ausführliche Darstellung bei Krawietz, Habil. 1999, S. 279-291.
912 Krawietz, Habil. 1999, S. 279; Pauli, Islamisches Familienrecht, S. 14.
913 Abū Zahrah, Uṣūl al-fiqh, S. 234, Übersetzung aus Krawietz, Habil. 1999, S. 280.

Hieraus folgt zum einen, dass von der Unschuld des Menschen auszugehen ist, solange seine Schuld nicht bewiesen wurde.[914] Ferner folgt hieraus, dass ein früherer Umstand solange fort gilt, bis die neue Situation feststeht[915]. Zudem gilt eine Sache als erlaubt, solange sich nichts Gegenteiliges aus dem Gesetz ergibt, woraus das Prinzip *„nulla poena sine lege"* abgeleitet wird.[916] Dementsprechend ist dieses Rechtsinstitut im Rahmen des Strafrechts von besonderer Bedeutung, "but also in constitutional law and civil litigations generally"[917].

Bezeichnenderweise wird dieses Rechtsinstitut vorwiegend von den islamischen Rechtsgelehrten herangezogen, die den *istiḥsān* abgelehnt haben. In vielen Fällen, in denen die Anhänger des *istiḥsān* diesen angewandt haben, haben die Gegner sich des *istiṣḥāb* bedient.[918]

III. Islamische Rechtsschulen

Im Frühislam haben sich zu vielen Rechtsfragen unterschiedliche Rechtsmeinungen herausgebildet, zugleich haben sich unterschiedliche Methoden der Rechtsableitung entwickelt. Innerhalb der Sunniten bildeten sich in den ersten Jahrzehnten des zweiten islamischen Jahrhunderts an verschiedenen Orten Rechtsschulen,[919] von denen vier Schulen ihre Autorität und ihre Anhänger bis heute behielten.[920] Die Rechtsschulen hatten eigentlich nur im Sinn, „alles ihnen zu Gebote stehende Wissen nach besten Kräften dafür einzusetzen, das gesunde Verhältnis der Muslime zu ihrer *Scharia* weiter auszubauen"[921].

Unzutreffend ist m.E. die Ansicht von *Petersohn*, dass „jeder Muslim einer Rechtsschule angehören sollte."[922] Der Muslim ist einzig Gott und dessen Gesetzen verpflichtet. Die Zugehörigkeit zu einer Rechtsschule entbindet nicht von dieser Verpflichtung. Die Rechtsschulen geben verschiedene Ansätze zu einem gottgefälligen Leben, ohne hierbei Absolutheit zu beanspruchen.[923] Entsprechend

914 Khoury/Heine/Oebbecke, Handbuch des Islam, S. 46.
915 Krawietz, Habil. 1999, S. 283.
916 Kamali, Principles, S. 388: "Hence when the law is silent on a matter and it is not repugnant to reason, it will be presumed to be permissible".
917 Kamali, Principles, S. 395 f.
918 Krawietz, Habil. 1999, S. 285 f.; Kamali, Principels, S. 394: "It is interesting to note in this connection the fact that *istiṣḥāb* is more extensively applied by those who are particularly strict in their acceptance of other rational proofs".
919 Pauli, Islamisches Familienrecht, S. 7. Eine Auflistung weiterer Rechtsschulen ist bei Ramadan, Islamisches Recht, S. 96 ff. zu finden.
920 Khoury/Heine/Oebbecke, Handbuch des Islam, S. 48.
921 Ramadan, Islamisches Recht, S. 99.
922 Petersohn, Diss. 1999, S. 18.
923 Vgl. nur Al Šāfiʿī, al Risāla, S. 333 ff.

dürfen die Rechtsschulen nicht als abstrakte juristische Systeme gesehen werden, es handelt sich um Lebensformen, die keine dogmatische Heilsgewissheit für sich beanspruchen, sondern Praktiken,[924] zwischen denen aber der einzelne Muslim frei wählen kann. Insbesondere wird die Nachahmung (arab.: *taqlīd*) der Rechtsschulmeinungen ohne eigenständige Reflexion vielfach als das Manko der islamischen Gesellschaft gesehen,[925] so dass die Aufgabe der Bindung an die überlieferten Lehrmeinungen gefordert wird. Demzufolge ist *Petersohn* nicht zuzustimmen, dass eine Zugehörigkeit zu einer Rechtsschule für jeden Muslim verpflichtend ist.

1. Einzelne Rechtsschulen

Zu den vier bis heute existierenden Rechtsschulen zählt zunächst die sich auf Nuʿmān ibn Thābit Abū Ḥanīfa[926] berufende Rechtsschule der Hanifiten, sowie die von Mālik ibn Anas[927] gegründete Rechtsschule der Malikiten. Des Weiteren gibt es die Rechtsschule der Schafiiten, die von Muḥammad ibn Idrīs Šāfiʿī[928] begründet wurde. Endlich ist die Rechtsschule der Hanbaliten zu nennen, die auf Aḥmad ibn Ḥanbal[929] zurückgeht.[930] Diese Rechtsschulen stellen keineswegs die einzigen Rechtsschulen in der Geschichte des islamischen Rechts dar, allerdings traten die meisten Schulen angesichts des weitaus stärkeren Einflusses der genannten Rechtsschulen in den Hintergrund.[931] Insbesondere wird die Verschiedenartigkeit der Lehrmeinungen in den Rechtsschulen als Reichtum der islamischen Geistesgeschichte gewertet und als Vorteil für die muslimische Gemeinschaft gesehen, was dazu führt, dass sich die vier überlebenden Rechtsschulen als gleichberechtigt anerkennen.[932]

2. Unterschiede innerhalb der Rechtsschulen

Die unterschiedlichen Ansichten der verschiedenen Rechtsschulen treten nur in relativ untergeordneten rechtlichen und rituellen Fragen zum Vorschein, häufig kommen die verschiedenen Rechtsschulen zu ähnlichen Erkenntnissen.[933] Den-

924 Falaturi, Die Scharia in: Weltmacht Islam, S. 93 (97).
925 Scholz, Jura 2001, 525 (531); Ramadan, Islamisches Recht, S. 83.
926 Um 697-767 n.Chr.
927 Um 708/715-795 n.Chr.
928 767-820 n.Chr.
929 780-855 n.Chr.
930 Khoury/Heine/Oebbecke, Handbuch des Islam, S. 48-52.
931 Ende/Steinbach-Radtke, Der Islam in der Gegenwart, S. 64.
932 Poya, Igtihad, S. 11 und S. 12.
933 Ramadan, Islamisches Recht, S. 103.

noch sollen hier die unterschiedlichen rechtswissenschaftlichen Instrumentarien dargestellt werden:

Die Hanifiten erkennen außer den Rechtsgrundlagen Koran, *Sunna*, Konsens und Analogie drei weitere Rechtfindungsmittel an: den *iǧtihād al raʾy*, die persönliche Meinungsbildung[934], sowie den *istiḥsān*, das für angemessen Halten einer Lösung in Bezug auf die Gesellschaft, und das Gewohnheitsrecht, *ʿurf.*[935]

Bei den Malikiten finden die Rechtsquellen Koran, *Sunna*, Konsens, Analogieschluss, *istiḥsān*, sowie das Gewohnheitsrecht Zustimmung. Ferner erkennen sie den *istiṣlāḥ* als weiteres Rechtsfindungsmittel an.[936] Zudem kommt dem Prinzip des „bestmöglichen Urteils", *istiḥsān*, ein größerer Anwendungsbereich zu, so dass dieser anders gewichtet wird.[937]

Die Schafiiten wollen ausschließlich die vier klassischen Rechtsquellen (Koran, *Sunna*, Konsens und Analogie) in der Rechtsfindung anwenden, um damit eine willkürliche Rechtsfindung möglichst auszuschließen.[938] Entsprechend wird *istiḥsān* gänzlich abgelehnt.

Die Hanbaliten erkennen nur den Koran, *Sunna* und den Konsens als Mittel der Rechtsfindung an. Sie schließen die Analogie grundsätzlich aus, greifen dennoch teilweise darauf zurück.

Die Rechtsgelehrten der verschiedenen Rechtsschulen beurteilen zudem die Anwendbarkeit und Voraussetzungen der Analogie unterschiedlich:

Die Hanifiten etwa geben der Analogie häufig den Vorzug vor einer isolierten Tradition und knüpfen die Analogie an leichtere Voraussetzungen; danach genügen bereits vordergründige Ähnlichkeiten für eine Anwendbarkeit der Analogie.[939]

Die Malikiten geben der Aussagekraft der Rechtspraxis der Menschen aus Medina größere Geltung als der allgemeinen Tradition und der Analogie.[940]

Die Schafiiten erkennen die Möglichkeit der Analogie an, allerdings nur soweit keine Tradition vorhanden ist.[941] Daher werden auch isolierte Traditionen einer Analogie vorgezogen. Zudem unterliegt die Anwendung der Analogie strengen Voraussetzungen.[942]

934 Siehe hierzu unten § 4 IV 1.
935 Falaturi, Die Scharia in: Weltmacht Islam, S. 93 (99).
936 Ende/Steinbach-Radtke, Der Islam in der Gegenwart, S. 65.
937 Falaturi, Die Scharia in: Weltmacht Islam, S. 93 (99).
938 Al Šāfiʿī, al Risāla, S. 304 ff.; Falaturi, Die Scharia in: Weltmacht Islam, S. 93 (100).
939 Krawietz, Habil. 1999, S. 213.
940 Krawietz, Habil. 1999, S. 63.
941 Hasan, Early Development, S. 54 und S. 59.
942 Ende/Steinbach-Radtke, Der Islam in der Gegenwart, S. 65.

Die Hanbaliten nehmen entsprechend der bereits dargestellten Nähe zur *Sunna* nur dann die Analogie in Anspruch, wenn alle textualen Mittel unter Einschluss der isolierten Traditionen ausgeschöpft sind.

Auch im Rahmen des Konsenses werden innerhalb dieser Rechtsschulen unterschiedliche Anforderungen und Rangfolgen gestellt.[943] Besonders im Hinblick auf die Akzeptanz der ergänzenden Rechtsquellen unterscheiden sich die Rechtsschulen.[944]

IV. Möglichkeiten der Rechtsfortentwicklung

Nunmehr stellt sich die Frage nach den Möglichkeiten der Rechtsfortentwicklung im islamischen Recht. Wie ist das menschliche Leben, das als ständiger Wandel zu verstehen ist, mit dem festgelegten Recht zu vereinbaren und inwieweit können neue Lösungen hervorgebracht werden?

Zur Anpassung des traditionellen Rechts an die veränderten gesellschaftlichen Umstände bedienen sich islamische Autoren einer Reihe von Methoden. Eine solche Methode ist der „*iğtihād*", der eine bedeutende Rolle im Rahmen des islamischen Rechts spielt. Dieser gilt als eine der wichtigsten Methoden der Rechtsfortentwicklung, der die Möglichkeit zur Veränderung und Anpassung an die zeitgebundenen Umstände gibt.[945] Entsprechend gibt es Bestrebungen, die Bindungen an die überlieferten Lehrmeinungen (arab.: *taqlīd*) aufzugeben und die selbstständige Rechtsfindung (arab.: *iğtihād*) zuzulassen, um eine zeitgemäße Neuinterpretation zu ermöglichen.[946] Die Anwendbarkeit des *iğtihād* ist eine der Hauptfragen des Islam in unserem Jahrhundert.[947]

1. Iğtihād, eigenständige Rechtsfindung

Das Wort „*iğtihād*" ist von dem Wort „*iğtihāda*" abgeleitet. Dies bedeutet „sich bemühen", „sich anstrengen", „sich ein eigenes Urteil bilden", „die Quellen der Rechtsprechung selber interpretieren".[948] Der Begriff stammt aus „der Rechtsmethodologie und impliziert die zentrale Frage nach den Quellen der Rechtsfindung"[949]. Entsprechend wird *iğtihād* verstanden als die Erschließung der Regeln

943 Krawietz, Habil. 1999, S. 62-70.

944 Einen Überblick über die Unterschiede der einzelnen Rechtschulen mit weitergehenden Literaturhinweisen findet man bei Krawietz, Habil. 1999, S. 62-70.

945 Huber-Rudolf, Diss. 1995, S. 63.

946 Scholz, Jura 2001, 525 (531).

947 Falaturi, Die Scharia in: Weltmacht Islam, S. 93 (98).

948 Ramadan, Islamisches Recht, S. 77; Huber-Rolf, Diss. 1995, S. 63 f.

949 Poya, Igtihad, S. 42.

der *Scharia* von ihren Quellen aus oder als die Durchführung dieser Regeln und der Anwendung dieser Regeln bei ähnlich gelagerten Streitfällen.[950] *Kamali* definiert den *iǧtihād* „as the total expenditure of effort made by a jurist in order to infer, with a degree of probability, the rules of *sharīʿa* from their detailed evidence in the sources.[951]" Der *iǧtihād* umfasst somit die eigenständige Rechtsfindung.

Der Terminus *iǧtihād* wird zudem als Oberbegriff für die im Laufe der islamischen Rechtsgeschichte entwickelten Rechtsfindungsverfahren benutzt, die sich in der Praxis je nach Rechtsfall in Form von *qiyās*, *istiḥsān*, *istiṣlāḥ* präzisieren.[952] Wesentliches Instrumentarium des *iǧtihād* ist dabei der *raʾy* (Beobachtung, Einhaltung)[953], der eine Art Oberbegriff für unsystematische Verstandesoperationen war.[954]

Das Rechtsfindungsverfahren sieht dabei wie folgt aus: Ein qualifizierter Rechtsgelehrter (arab.: *muǧtahid*) wird mit einer Frage konfrontiert, die er im Rahmen der *Scharia* beantworten muss. Falls die Frage durch den Koran und die *Sunna* beantwortet wird, bezieht er sich darauf. Ist das nicht der Fall, versucht er anhand seiner *iǧtihād*-Fähigkeiten ein eigenständiges Urteil bezüglich des jeweiligen Falles zu bilden.[955]

Der Ansatzpunkt für ein solches „Bemühen um ein eigenständiges Urteil" liegt in dem Fehlen einer anwendbaren Regelung, wobei zugleich die Grenze dieses Bemühens gezogen wird, wenn das freie Denken in Widerspruch zu Koran und *Sunna* zu geraten droht.[956] Koran und *Sunna* erstrecken sich jedoch vornehmlich auf allgemeine Vorschriften, die lediglich den Rahmen für juristische Betrachtungen abstecken.[957] Fehlt indessen ein Hinweis auf den Zusammenhang, in dem die Überlieferung steht, oder ist der Bezug unklar, so ist es Sache des Muslims, selbst Überlegungen anzustellen.[958] Dabei sollten geistige Gesichtspunkte wie auch Erwägungen des Einzelnen und der Gemeinschaft hinreichend berücksichtigt werden. Der *iǧtihād* wird teilweise als wesentlichste Quelle des islamischen Rechts nach Koran und *Sunna* gesehen.[959]

950 Abū Zahrah, Uṣūl al-fiqh, S. 301.
951 Kamali, Principles, S. 468.
952 Poya, Igtihad, S. 40 und S. 42, sowie auf S. 88 ff.
953 So nach Wehr, Wörterbuch Arabisch-Deutsch, S. 480.
954 Krawietz, Habil. 1999, S. 53; Hasan, Early Development, S. 115.
955 Poya, Igtihad, S. 40.
956 Ramadan, Islamisches Recht, S. 78, wobei die Ausnahmen zu beachten sind, vgl. § 4 IV. 1. b. cc. sowie unter 2. b.
957 Siehe hierzu oben 3. Teil § 4 II. 1.
958 Ramadan, Islamisches Recht, S. 80.
959 Kamali, Principles, S. 468.

a. Geschichte des iğtihād

Der *iğtihād* hat im Laufe der Geschichte unterschiedliche Phasen durchlaufen. Diese sind für ein Verständnis der aktuellen Debatte über den Umfang des *iğtihād* von überragender Bedeutung.

aa. Iğtihād zu Zeiten des Propheten Muhammad

Der Prophet selbst war gehalten, *iğtihād* zu üben, bei Nichtvorliegen einer eindeutigen Auskunft Gottes (arab.: *kāna mutaʿabbidan bil-iğtihād*).[960] Die Betätigungsfelder des *iğtihād* des Propheten betrafen unterschiedliche Felder, etwa rein weltliche Angelegenheiten, richterliche Entscheidungen, und Fragen der religiösen Pflichtenlehre.[961] In einem *hadith* wird dazu folgendes berichtet: Der Prophet ernannte Mu'āḏ Ibn Ǧabal zum Richter im Jemen. Am Abend seiner Abreise fragte ihn der Prophet Muhammad:

„Auf was wird dein Urteil fußen?"
Er antwortete: „Es wird auf dem Buch Gottes fußen."
„Und wenn du dort nichts Entsprechendes findest?"
„Dann wird es auf der Sunna des Propheten Gottes fußen."
„Und wenn du dort nichts findest?"
„Dann werde ich mich bemühen, mir ein eigenes Urteil zu bilden."
Darauf sagte der Prophet: „Gelobt sei Gott, Der den Beauftragten Seines Propheten so geleitet hat, dass es Seinem Propheten wohl gefällt."[962]

bb. Iğtihād zu Zeiten der rechtgeleiteten Kalifen

Die Methodik des *iğtihād* stellte auch in der ersten Zeit der muslimischen Gemeinschaft ein deutliches Merkmal des Geisteslebens dar. Er avancierte nach dem Tod des Gesandten zu einer Quelle der Gesetzgebung.[963] Auf diese Weise war das Recht für alle künftig erforderlichen Adaptionsleistungen gerüstet.[964]

Die rechtgeleiteten Kalifen[965] werteten den *iğtihād* als „individuelle Rechtsauffassung", die keine besondere Dominanz gegenüber anderen Rechtsansprüchen beanspruchen konnte,[966] was die Respektierung der Freiheit von Rechtsmeinun-

960 Krawietz, Habil. 1999, S. 22.
961 Kamali, Principles, S. 474, 483 f.
962 Khallāf, ʿIlm uṣūl al-fiqh, S. 62; vgl. auch Ramadan, Islamisches Recht, S. 77.
963 Krawietz, Habil. 1999, S. 25, mit Begründung und Streitdarstellung auf S. 27 ff.
964 Krawietz, Habil. 1999, S. 42.
965 Abū Bakr (632-634 n.Chr.); Omar ibn al Khattab (ʿUmar b. al-Ḫaṭṭāb) (634-644 n.Chr.); ʿUṯmān bin ʿAffān (644-656 n.Chr.); ʿAlī b. Abū Tālib (656-661 n.Chr.).
966 Krawietz, Habil. 1999, S. 37.

gen verdeutlicht[967]. Die Gefährten schätzten die Meinungsfreiheit (arab.: *ḥurrīya al-fikr*) sehr, und niemand von ihnen meinte, er allein verkörpere die richtige Auffassung,[968] vielmehr waren sie sich der Fehlbarkeit ihres *iǧtihād* bewusst.[969] Die Gefährten des Propheten wahrten allerdings die Reihenfolge der Rechtsanwendung immer, so dass sie bei einem einschlägigen Textbeleg in dessen Rahmen entschieden und dabei ihre gesetzgeberischen Bemühungen ganz auf das richtige Verständnis dieses Textbeleges (arab.: *naṣṣ*) richteten und nur bei Nichtvorliegen eines solchen überhaupt zur freien Meinungsbildung übergingen.[970]

Der zweite Kalif Omar ibn al Khattab[971] war der Gefährte, der am bekanntesten für eine ausgiebige Verwendung des *iǧtihād* ist.[972] Er vollzog eine stark an öffentlichen und allgemeinen Interessen orientierte Interpretationstätigkeit.[973] Dies führte soweit, dass er sogar einige Bestimmungen modifizierte, die zur Zeit des Propheten als verbindlich galten, wie etwa die Aussetzung der *ḥadd*-Strafen für Diebstahl in Zeiten einer Hungersnot[974].

Die entscheidende Qualität des Gefährten-*iǧtihād* besteht darin, dass dieser zu Lebzeiten des Propheten von ihm selbst auf den Weg gebracht und eingeübt wurde. Der Gesandte Gottes lehrte die Gefährten wie Ableitungen aus Koran und *Sunna* herzuleiten sind, so dass diese darauf nach seiner Anleitung nach der *ratio legis* forschten und Bestimmungen verallgemeinerten.[975]

cc. Iǧtihād im weiteren Verlauf der Geschichte

Im weiteren Verlauf bis zu den Anfängen des zweiten islamischen Jahrhunderts wurde der *iǧtihād* weiterhin in gewohnter Weise vollzogen, allerdings gewannen nunmehr besondere politische und nicht politische Ereignisse einen deutlichen Einfluss auf die *iǧtihād*-Aktivität.[976]

Nachdem das islamische Territorium erheblich angewachsen war, wurden die Gelehrten auf die verschiedenen Gebiete verteilt, von denen jeder durch *iǧtihād* auf anstehende Fragen reagierte, so dass die Ansichten in ein und derselben Frage

967 Krawietz, Habil. 1999, S. 37: „*mablaġ iḥtirāmihim li-ḥurrīya al-raʾy*".
968 Vgl. Ramadan, Islamisches Recht, S. 82 f., entsprechend auch die künftigen Generationen.
969 Badran, Scharia, S. 106.
970 Krawietz, Habil. 1999, S. 38.
971 ʿUmar b. al-Ḫaṭṭāb.
972 Er regierte von 634-644 n.Chr.; Nabhān, Madḫal, S. 116.
973 Nabhān, Madḫal, S. 117, also am Maßstab der *maṣlaḥa*, vgl. hierzu § 4 IV 2.
974 Krawietz, Habil. 1999, S. 41.
975 Krawietz, Habil. 1999, S. 42.
976 Krawietz, Habil. 1999, S. 47, insbesondere in der Zeit der Dynastie der Omaijaden (661-750 n.Chr.).

auseinander gingen, ebenso wie ihre gerichtlichen Entscheidungen in ein und demselben Rechtsfall divergieren konnten.[977]

Zugleich teilte sich zu diesem Zeitpunkt die Methodik des Rechts in zwei verschiedene Formen: die Jurisprudenz juristischer Meinungsbildung (arab.: *fiqh al ra'y*)[978] und die orthodoxe Jurisprudenz (arab.: *fiqh 'aṯar*)[979].

Im Verlauf der Herrschaft der Abbasiden (750-1258 n.Chr.) kam den Rechtsgelehrten eine weitgehende Freiheit in der Ausübung des *iǧtihād* zu.[980] So konnten Reisen zum Zwecke des Wissenserwerbs unternommen werden, die dazu dienten, dass sich die Rechtsgelehrten unterschiedlicher Auffassungen und unterschiedlicher islamischer Zentren wie Mekka, Medina, Bagdad, Kufa, Kairo, Damaskus, Nischapur und Cordoba[981] kennenlernten, ihre Ansichten verglichen und austauschten.[982] Diese Kontakte und gerade dieser Austausch halfen bei der Herausbildung einer eigenständigen Jurisprudenz.[983]

dd. Schließung des Tores zum iǧtihād

Die Zerstörung Bagdads durch die Mongolen 1258 n.Chr.[984] führte dazu, dass die orthodoxen Denker des Islam, die eine noch tiefer gehende gesellschaftliche Zersetzung befürchteten, jede Art von *iǧtihād* unterließen;[985] vielmehr hing man nunmehr den entstandenen Rechtsschulen an und nahm ihre Meinung als verbindlich an (arab.: *taqlīd*).[986] Entsprechend wurde der Rückgriff auf frühere Autoritäten der Rechtswissenschaften und deren Rechtsentscheidungen als verpflichtend betrachtet.[987] Der Fall von Bagdad hatte somit eine durch absolute Dominanz zum *taqlīd* gekennzeichnete Phase eingeleitet.[988] „Aus Bequemlich-

977 Krawietz, Habil. 1999, S. 48.
978 Krawietz übersetzt dies mit „juristischer Spekulation", Habil. 1999, S. 51.
979 Krawietz übersetzt dies mit „an Tradition orientierter Jurisprudenz", Habil. 1999, S. 51.
980 Krawietz, Habil. 1999, S. 62.
981 Aufzählung aus Krawietz, Habil. 1999, S. 61.
982 Krawietz, Habil. 1999, S. 61.
983 Krawietz, Habil. 1999, S. 61.
984 1258 n.Chr. kam es zur Zerstörung der Millionenstadt Bagdad durch die Mongolen, sowie der Einnahme von Aleppo und Damaskus. Der mongolische Vorstoß brach an der überlegenen Tapferkeit der Mameluken, die eine Militärherrschaft über Ägypten bis 1517 n.Chr. ausübten und den Mongolen 1260 n.Chr. die Niederlage bei Ain Dschalut beibrachten, vgl. dtv-Atlas zur Weltgeschichte, S. 179.
985 Iqbal, The Reconstruction of Religious Thought in Islam, S. 149 ff.; Ramadan, Islamisches Recht, S. 86; Ahmad, Religion in Tradition, S. 24.
986 Ende/Steinbach-Peters, Der Islam, S. 92; Krawietz, Habil. 1999, S. 73.
987 Schirrmacher, Lexikon der Religionen, Der Islam, S. 537 unter „*taqlīd*".
988 Badran, Scharia, S. 153.

keit, übertriebener Verehrung, gepaart mit mangelndem Selbstvertrauen sowie aus Furcht vor Kritik, Neid und Verdächtigungen war selbstständige Forschung immer weiter zurückgegangen."[989]

Zudem gingen die Rechtsgelehrten der verschiedenen Rechtsschulen davon aus, alle wesentlichen Fragen abschließend geregelt zu haben,[990] so dass es keiner eigenständigen Rechtsfindung mehr bedurfte und schließlich die „Schließung des Tores zur Rechtsschöpfung" verkündet wurde.[991]

Zwar wird meist von der Existenz einer historischen Übereinkunft der Gelehrten bezüglich der Schließung des Tores zum *iǧtihād* ausgegangen, zugleich wird jedoch betont, dass das Tor des *iǧtihād* geöffnet ist und nicht geschlossen werden könne. So sei es niemandem erlaubt, die Schließung des Tores zum *iǧtihād* zu verkünden, zum einen, weil Gott ihn sanktioniert hat, zum anderen, weil nicht behauptet werden kann, dass kein hinreichend qualifizierter Rechtsgelehrter mehr auftauchen wird.[992] Entsprechend wird der Ansicht, „das Tor des *iǧtihād* sei verschlossen", häufig widersprochen und gerade in der Theorie wird dies von den meisten Gelehrten abgelehnt.

In der Praxis fand jedoch eine Einengung des *iǧtihād* in der Form statt, „dass sich eine Rechtsmethodik durchgesetzt hatte, die der Flexibilität des Rechts bestimmte Grenzen setzte und man sich gemeinhin nicht mehr traute, wirklich neue, innovative Gedanken einzubringen"[993]. Kennzeichen dieser Stagnation ist insbesondere die Verbreitung von Rechtsschulpolemiken, so dass die wissenschaftlichen Auseinandersetzungen nur noch von Konkurrenz und Parteiengeist geleitet werden.[994] Entsprechend spielte sich *iǧtihād* im Wesentlichen nur noch im Rahmen eines anerkannten Spektrums von tradierten Meinungen ab.[995]

989 Krawietz, Habil. 1999, S. 76.

990 Igtihad (*iǧtihād*) in: Encyclopaedia of Islam, Bd. III, S. 1026; Hallaq, Law and Legal Theory in Classical and Medieval Islam, S. 3-41.

991 Krawietz, Habil. 1999, S. 74, S. 77; Krämer hingegen betont, dass die Vorstellung, der *iǧtihād* sei nicht mehr zulässig, sich erst um die Wende zum 20. Jahrhundert verfestigt habe als Bestätigung der These von der jahrhundertelangen Stagnation „des Islam" in: Gottes Staat als Republik, S. 52.

992 Krawietz, Habil. 1999, S. 77.

993 Kalisch in: Muslime im Rechtsstaat, S. 47 (51).

994 Nabhān, Madḫal, S. 348; Krawietz, Habil. 1999, S. 78.

995 Kalisch in: Muslime im Rechtsstaat, S. 47 (51).

ee. *Bewegung zur Wiedereinführung des iğtihād*

Bereits im 14. Jahrhundert gab es Bewegungen, die eine Wiedereinführung des praktischen *iğtihād* verlangten.[996] Im 19. Jahrhundert formierte sich die „Islamische Bewegung“ unter al-Afġānī als politischem und Muḥammad ʿAbduh als geistigem Führer.[997] Diese Gruppe setzte sich für die Wiedereinführung des *iğtihād* ein und kritisierte zugleich die blinde Verfolgung der von den Rechtsschulen vertretenen Lehren (arab.: *taqlīd*), da sie zu einer Art geistiger Paralyse bei den meisten Muslimen geführt hat[998].

Offizielle Aufrufe zur Wiedereröffnung sind zudem unter anderem verknüpft mit Maḥmūd Šaltūt, dem ägyptischen Mufti und ehemaligen Rektor der angesehenen Al Azhar Universität in Kairo, der „officially announced that the door of *iğtihād* is open and that there is nothing objectionable about a follower of one school referring to the judgments of another school in case they are supported by former arguments“[999]. Auch heutige muslimische Autoren – wie Said Ramadan, Murad Hofmann[1000] und Muhammad Arkoun[1001] – setzen sich für die Wiedereinführung des *iğtihād* ein.

Die Diskussion um die Wiedereinführung des *iğtihād* erlangt dabei eine neue Dimension, da der *iğtihād* zu einer Methode zweckbestimmter Auslegung wurde, zu einem Mittel, den Islam den neuen Verhältnissen anzupassen.[1002] „*Iğtihād* stellt geradezu das Lebenselixier in Bezug auf die Anwendbarkeit des islamischen Rechts dar.“[1003] Hierdurch sei der Islam eine zum Wandel und zur Entwicklung fähige Religion.[1004]

996 Huber-Rudolf, Diss. 1995, S. 65; so machte bereits Ibn Taymiyya schon früh seinen Einfluss geltend, um zum ursprünglichen *iğtihād* zurückzukehren.

997 Dies sind die Begründer der sog. Salafiyya, die sich für die Wiedereinführung dieser Quelle einsetzten, vgl. hierzu Huber-Rudolf, Diss. 1995, S. 65; zu ihren Ansichten siehe unten 3. Teil, § 6, I.

998 Ramadan, Islamisches Recht, S. 83.

999 Mutahhari, Ijtihad in Legislation, S. 27.

1000 Vgl. Hofmann, Der Islam als Alternative, S. 152.

1001 Vgl. Arkoun, De l’ijtihad á la critique de la raison islamique: L’exemple de la statut de la femme dans la schari’a, in: La non-discrimination á l’égard des femmes, S. 73 (98).

1002 Ende/Steinbach-Peters, Der Islam, S. 108.

1003 Ramadan, Islamisches Recht, S. 89.

1004 Ende/Steinbach-Peters, Der Islam, S. 109.

b. Umfang und Grenzen des iğtihād

Für die Anhänger des *iğtihād* bedeutet dieser, sich unmittelbar den Quellen des Islams zuzuwenden, um auf diese Weise Gottes Gebote so zuverlässig wie möglich zu ermitteln. Das Festhalten an einer Lehrmeinung einer Rechtsschule führt demgegenüber das Element verstandesgemäßen Erfassens ein, das einem Irrtum unterworfen sein kann.[1005]

Allerdings sagt die Anerkennung des *iğtihād* nichts darüber aus, wie weit der Regelungsbereich der selbstständigen Meinungsbildung anerkannt wird. Entsprechend werden Umfang und Grenzen des *iğtihād* unterschiedlich beurteilt.

aa. Einschränkung im Bereich der Regeln über den Ritus

Zunächst ist festzuhalten, dass die eigenständige Rechtsfindung fehlbar ist,[1006] so dass Widerspruch erlaubt ist. Die Grenzziehung zwischen der göttlichen Autorität und der menschlichen, zwischen dem Gehorsam gegenüber den Quellen der Offenbarung und dem Recht, eigenständige Rechtsfindung zu betreiben, ist von besonderer Schwierigkeit. Deshalb werden die Rechtsbereiche, in denen *iğtihād* angewandt werden darf, eingeschränkt. Hierzu wurden die Äußerungen von Koran und *Sunna* in vier verschiedene Typen eingeteilt:

Zunächst in die Äußerungen, die ausschlaggebend und somit sowohl nach dem Sinn als auch nach der Authentizität des Beweises gesichert sind. Sodann in die Äußerungen, die zwar authentisch sind, aber bei denen der Sinn zweifelhaft ist. Des Weiteren in die Gruppe der Äußerungen, deren Authentizität zwar zweifelhaft ist, aber deren Sinn eindeutig und endlich in die Äußerungen, die sowohl im Rahmen ihrer Authentizität als auch ihres Sinnes zweifelhaft sind.[1007]

Iğtihād ist nicht auf die erste Gruppe von Belegen aus Koran und *Sunna* anwendbar,[1008] was zunächst insbesondere für die Regelungen gilt, die das Verhältnis des Menschen zu Gott betreffen (arab.: *ʿibādāt*).[1009] *Iğtihād* ist in diesem Fall

1005 Ende/Steinbach-Peters, Der Islam, S. 92.

1006 Kamali, Principles, S. 469.

1007 Kamali, Principles, S. 470: "The detailed evidences found in *Qurʾān* and the *Sunna* are divided into four types, as follows: (1) evidence which is decisive both into respect of authenticity and meaning; (2) evidence which is authentic but speculative in meaning; (3) that which is of doubtful authenticity, but definite in meaning; (4) evidence which is speculative in respect both of authenticity and meaning".

1008 Kamali, Principles, S. 470, mit Beispielen zur Anwendung von *iğtihād* in diesen Fällen.

1009 So etwa auch Kamali, Principles, S. 470.

sogar untersagt (sogar als „*harām*“, d.h. als verboten anzusehen[1010]). Dementsprechend ist der Gebrauch des *iǧtihād* unzulässig im Rahmen solcher Regelungspunkte, die etwa die Existenz Gottes, die Sendung der Propheten und ähnliche Fragen betreffen, “because there is only one correct view in regard to these matters, and anyone who differs from it is wrong.”[1011]

In den übrigen Bereichen ist der *iǧtihād* anwendbar. Damit wird der Bereich der zwischenmenschlichen Beziehungen, der *muʿāmlāt*, vorzugswürdig durch den *iǧtihād* beeinflusst.

bb. Beurteilung der eigenständigen Rechtsfindung

Formal werden innerhalb der Rechtslehre Koran und *Sunna* als primäre Rechtsquellen gesehen, so dass man sich nur dann der *iǧtihād*-Methode zuwenden kann, wenn sich innerhalb dieser Quellen der zu beurteilende Fall nicht lösen lässt.[1012]

Innerhalb des sunnitischen Islam gibt es jedoch weiterhin die Bewegung, die sich gegen den *iǧtihād* ausspricht und das Recht der vier sunnitischen Rechtsschulen unverändert anwenden möchte.[1013] Demnach wird jegliche Autorität der selbstständigen Meinungsfindung bestritten.[1014]

Innerhalb der Meinungen, die den *iǧtihād* anerkennen, werden unterschiedliche Ansichten über Form und Grenzen der selbstständigen Meinungsbildung vertreten:[1015]

(1) Rechtsfindung innerhalb der Schulmeinungen

Eine Richtung vertritt die Auffassung, dass der *iǧtihād* nicht völlig frei ist, vielmehr nur eine beschränkte Form zuzulassen ist,[1016] „*iǧtihād* vermengt mit *taqlīd*“[1017]. Hierunter ist zu verstehen, dass die Gelehrten unter den Lehrmeinungen der verschiedenen Rechtsschulen jene Regeln wählen können,[1018] die am

1010 Zuhayr, Uṣūl al-fiqh, Bd. IV, S. 217; Kamali, Principles, S. 472.
1011 Kamali, Principles, S. 470.
1012 Poya, Igtihad, S. 74, hierbei ist das Prinzip des Allgemeinwohls jedoch zu beachten, vgl. unten unter § 4 IV. 2.
1013 So Kalisch in: Christliche, jüdische und islamische Wirtschaftsethik, S. 105 (119).
1014 Poya, Igtihad, S. 36.
1015 Hierbei handelt es sich um eine Zusammenfassung, die keinen Anspruch auf Vollständigkeit erhebt.
1016 So insbesondere die Wahabiten, aber auch Šāh Walī Allāh Dihlawī (gest. 1762), vgl. Ende/Steinbach-Peters, Der Islam, S. 98 sowie S. 103.
1017 Ende/Steinbach-Peters, Der Islam, S. 97.
1018 Poya, Igtihad, S. 42.

besten mit Koran und *Sunna* übereinstimmen, und dass es für sie nicht zwingend ist, den Auffassungen einer ganz bestimmten Rechtsschule zu folgen.[1019] Diese Ansicht wird damit begründet, dass die Interpretationsmöglichkeiten durch die islamischen Rechtsgelehrten der verschiedenen Rechtsschulen vorweggenommen sind,[1020] so dass es eines weitergehenden *iǧtihād* nicht mehr Bedarf.

(2) Abschaffung der Rechtsschulmeinungen

Eine andere Richtung versteht unter *iǧtihād* die Abschaffung der verschiedenen Rechtsschulmeinungen,[1021] die durch Aussagen aus der *Sunna* ersetzt werden sollen. Die Gelehrten der Rechtsschulen – mit Ausnahme der Hanbaliten – werden danach als Juristen betrachtet, die sich zu viel Freiheit gegenüber der *Sunna* herausgenommen haben. Diese Strömung ist gekennzeichnet durch völliges Vertrauen in die *Hadith*überlieferung und möglichst wörtlichem Festhalten daran.[1022]

(3) Wiederbelebung der Methodenlehre

Letztlich setzt sich eine Strömung für die Wiederbelebung des gesamten methodischen Spektrums der tradierten Methodenlehre ein, die sich auf den Koran und dessen Auslegung durch die Vernunft stützt und die Überlieferung der *ahadith* kritisch am Maßstab von Vernunft und Koran überprüft.[1023] Die Vertreter dieser Richtung berufen sich darauf, dass diese methodische Flexibilität ursprünglich im Islam vorhanden war und erst später durch die traditionellen Methodiklehren der vier Rechtsschulen ersetzt wurde.[1024] Das Verbot, gegen den Koran und die *Sunna* zu verstoßen, ist somit ein Verbot gegen die *ratio legis* von Koran und *Sunna* zu verstoßen.[1025]

cc. Naṣṣ versus iǧtihād

Die überwiegende Ansicht in der islamischen Rechtsehre sieht die Grenze des *iǧtihād* in klaren Textstellen (arab.: *naṣṣ*) des Koran und der *Sunna*.[1026] Entsprechend äußerte sich ʿAbduh, in dem er auf das Vorbild der Gefährten (arab.:

1019 Ende/Steinbach-Peters, Der Islam, S. 97.
1020 Petersohn, Diss. 1999, S. 21.
1021 Poya, Igtihad, S. 75.
1022 Ramadan, Islamisches Recht, S. 78, S. 82.
1023 So Sir Sayid Ahmad Khan (1817-1898), vgl. Ende/Steinbach-Peters, Der Islam, S. 113.
1024 Kalisch in: Christliche, jüdische und islamische Wirtschaftsethik, S. 105 (109).
1025 Kalisch in: Christliche, jüdische und islamische Wirtschaftsethik, S. 105 (109).
1026 Ramadan, Islamisches Recht, S. 78, S. 82; Kamali, Principels, S. 470.

Ṣaḥāba) zurückgriff: „Sie gehorchten Gott, und sie gehorchten dem Propheten, und das soll für euch die erste Regel sein.“[1027] Die Autorität des *naṣṣ* wird in keinem Fall in Frage gestellt. Auch die Anhänger des *iǧtihād* lassen erst dann das Praktizieren des *iǧtihād* zu, wenn es zum jeweiligen Fall keinen *naṣṣ* gibt. Daher gehört die Formulierung „kein *iǧtihād* beim *naṣṣ*“[1028] zu den Standardaussagen der islamischen Rechtslehre.[1029]

Die eigenständige Rechtsfindung darf damit *naṣṣ* aus Koran oder *Sunna* nicht widersprechen, soweit sichergestellt ist, dass dieser authentisch ist.[1030] Eine derartige Aussage gilt jedoch nicht uneingeschränkt[1031].

Bezüglich der *Sunna* ist etwa anerkannt, dass die Substanz zur Offenbarung zählt, nicht der Wortlaut der in ihr bewahrten Überlieferungen von Tun und Handeln des Propheten.[1032] Auch eine wörtliche Anwendung des Koran ist nur dann geboten, wenn hierdurch der Sinn und Zweck der Norm bereits authentisch festgestellt werden kann.[1033] In allen übrigen Fällen ist *iǧtihād* in der Form auszuüben, dass nach dem wahren Sinn der Vorschrift gesucht und ihr entsprechend geurteilt wird.[1034]

Eine Abweichung auch von vermeintlich eindeutigen Aussagen des Koran kann folglich dann nicht als Verstoß gegen Koran und *Sunna* gewertet werden, wenn man entweder bestimmte *ahadith* als nicht authentisch ablehnt oder, wenn man die Regelungen von Koran und *Sunna* nach ihrem Sinn und Zweck versteht und deshalb bei einer Änderung der Umstände auch eine Änderung der Regelung als notwendig erachtet.[1035] Das Verbot, gegen den Koran und die *Sunna* zu verstoßen, wird jedenfalls teilweise derart verstanden, dass es verboten ist gegen die *ratio legis* von Koran und *Sunna* zu verstoßen.[1036]

2. *Maṣlaḥa, allgemeines Interesse der Gemeinschaft*

Ein weiteres Mittel der Rechtsfortentwicklung im sunnitischen Islam ist das „Allgemeine Interesse der Gemeinschaft“, die so genannte *maṣlaḥa*.

1027 ʿAbduh zitiert nach Huber-Rudolf, Diss. 1995, S. 67.
1028 „Al iǧtihād maʿa wuǧūd an-naṣṣ“.
1029 Poya, Igtihad, S. 82.
1030 Kamali, Principles, S. 470.
1031 Poya, Igtihad, S. 87.
1032 Krämer, Gottes Staat als Republik, S. 57; weitergehend zur *Sunna* unter § 4 II. 2.
1033 Kalisch in: Christliche, jüdische und islamische Wirtschaftsethik, S. 105 (109).
1034 Kalisch in: Christliche, jüdische und islamische Wirtschaftsethik, S. 105 (109).
1035 Kalisch in: Christliche, jüdische und islamische Wirtschaftsethik, S. 105 (122).
1036 Kalisch in: Christliche, jüdische und islamische Wirtschaftsethik, S. 105 (109).

a. Begriff des maṣlaḥa

Maṣlaḥa[1037] wird mit „Interesse" oder „allgemeinem Interesse" übersetzt. Gemeint ist hiermit das Interesse des Islam und der muslimischen Gemeinschaft.[1038] Alles, was im Interesse der Bewahrung der Religion, des Schutzes des Lebens, der Förderung des Geistes, der Erhaltung der Nachkommenschaft und des Bewahrens des Besitztums der Muslime steht, besitzt danach eine gesetzgeberische Kraft.[1039] Dieses Prinzip stellt somit auf die Finalität, die übergeordneten Ziele und Werte der *Scharia* ab, die unter Umständen sogar die Aussetzung autoritativer Ge- und Verbote erfordern können.[1040]

Bereits die Verfahrensweisen des Propheten Muhammad sowie der rechtgeleiteten Kalifen haben gezeigt, dass neue konkrete Fallgestaltungen nicht selten zur Einschränkung oder vorübergehenden Aussetzung der einen oder anderen Regel oder zur neuen Interpretation oder Uminterpretation der allgemeingültigen Prinzipien geführt haben.[1041] Der Prophet hat etwa die Anwendung der Diebstahlstrafe während des Krieges verhindert, obwohl der diesbezügliche Koranvers *expressis verbis* vorlag.[1042] In der Abbasidenzeit wurde ferner den Kalifen die Befugnis zugebilligt, das Recht der *Scharia* nach den Interessen des Gemeinwohls zu verwalten. Diese Methode dient auch heute noch häufig als Rechtfertigungsgrund für Fortentwicklungen des tradierten islamischen Rechts.[1043]

Maṣlaḥa vermag somit den Anlass zu neuer Gesetzgebung zu geben, den Anlass zur freien Handhabung der Anwendung bestehender Gesetze und schließlich sogar Anlass zur Änderung bzw. Aufhebung eines koranischen Gesetzes, wenn es aus klaren, einsichtigen Gründen nicht mehr dem Allgemeinwohl der Gemeinschaft (arab.: *umma*) entspricht.[1044] Die Interessen der Gemeinschaft müssen jedoch ihrerseits im Einklang mit den Zielen der *Scharia* stehen.[1045] Hergeleitet wird diese Rechtsfortentwicklungsmöglichkeit aus dem *istiṣlāḥ*, dem öffentlichen Interesse.[1046] In der modernen Diskussion hat dieser aber eine neue Ausrichtung und einen neuen Stellenwert erhalten.

1037 Eine eingehende Darstellung hierzu findet sich bei Kamali, Principles, S. 351-366.
1038 Krämer, Habil. 1999, S. 58; Falaturi, Die Scharia in: Weltmacht Islam, S. 93 (108).
1039 Falaturi, Die Scharia in: Weltmacht Islam, S. 93 (108).
1040 Malcolm Kerr, Islamic Reform, S. 80; Krämer, Habil 1999, S. 59.
1041 Falaturi, Die Scharia in: Weltmacht Islam, S. 93 (101).
1042 Falaturi, Die Scharia in: Weltmacht Islam, S. 93 (101).
1043 Ende/Steinbach-Dilger, Der Islam, S. 189.
1044 Falaturi, Die Scharia in: Weltmacht Islam, S. 93 (108).
1045 Kamali, Principles, S. 366.
1046 Krämer, Habil. 1999, S. 59 mit Bezug auf Malik; vgl. zu *istiṣlāḥ* oben unter § 4 II. 5. b.

Regelmäßig wird das allgemeine Interesse der Gemeinschaft (Allgemeinwohl) in drei Kategorien zu schützender Güter eingeteilt: den notwendigen (arab.: *ḍarūrāt*), den bedürfnisbezogenen (arab.: *ḥāǧiyyāt*) und den auf Verbesserung gerichteten (arab.: *taḥsīnāt*) Gütern.[1047]

b. Naṣṣ versus maṣlaḥa

Kontrovers ist die Gewichtung dieses Allgemeinwohlinteresses (arab.: *maṣlaḥa)* im Verhältnis zu ausdrücklichen Normierungen in Koran und *Sunna* (arab.: *naṣṣ*); mithin stellt sich die Frage, ob dem Schutz der Grundgüter Geltung und Vorrang zukommen soll, wenn er im Widerspruch zu einem autoritativen Beleg steht.[1048]

Krämer ist der Ansicht, dass „die Behauptung, sie (Anm. des Verfassers: die *muʿāmlāt*) seien generell nach Maßgabe der orts- und zeitgebundenen Gegebenheiten, d.h. vernunftgemäß, flexibel zu gestalten, nicht haltbar sein"[1049] kann. *Krämer* betont, dass „eine Position inmitten aller Differenzen unumstritten (ist): Der menschliche Wille und die menschliche Deutung des göttlichen Willens finden dort ihre Grenze, wo eine eindeutige und verbindliche Aussage Gottes oder des Propheten vorliegt. Zu Themen, die durch einen autoritativen Textbeleg geregelt sind, kann es keine Diskussion und daher auch keine Rechtsentwicklung (arab.: *iǧtihād*) mehr geben."[1050] Ein Propheten-*Hadith* soll dies eindeutig belegen, allerdings benennt *Krämer* diesen *hadith* nicht.

In den *naṣṣ* aus Koran und *Sunna* wird – insoweit ist *Krämer* zuzustimmen – eine Begrenzung auch für den Bereich der *muʿāmlāt* gesehen. Allerdings ist ein Grund für die Entstehung unterschiedlicher Rechtsauffassungen in der Tatsache zu erkennen, dass die Gelehrten *iǧtihād* auch im Bereich des *naṣṣ* praktizierten und seine Reichweite unterschiedlich auslegten.[1051] Entsprechend wurden sogar Entscheidungen durch *iǧtihād* getroffen, die im Widerspruch zum Wortlaut des *naṣṣ* standen.[1052]

Auch heute wird in Bereichen der zwischenmenschlichen Beziehungen vertreten, dass ein *iǧtihād* dem *naṣṣ* an sich widersprechen darf[1053], wenn das All-

1047 Krawietz, Habil. 1999, S. 229; Baradie, Gottes-Recht und Menschen-Recht, S. 169.

1048 Krämer, Gottes Staat als Republik, S. 59, vgl. hierzu oben bereits unter „*naṣṣ* versus *iǧtihād*", IV 1. b. cc.

1049 Krämer, Gottes Staat als Republik, S. 56.

1050 Krämer, Gottes Staat als Republik, S. 56.

1051 Poya, Igtihad, S. 82.

1052 Als Beispiel sei nur auf die Aussetzung der *ḥadd* Strafen bei Diebstahl in einer Notsituation verwiesen, die der Kalif Omar ibn al Khattab gegen die allgemeine Aussage des Koran anordnete.

1053 Poya, Igtihad, S. 83.

gemeinwohl (arab.: *maṣlaḥa*)[1054] dies erfordert. Es besteht damit die Möglichkeit, dem Allgemeinwohl Vorrang vor dem *naṣṣ* einzuräumen.[1055] Die Anforderungen an das Allgemeinwohl werden dabei unterschiedlich beurteilt. So ist *Ġazzālī* der Meinung, eine Entscheidung dürfte erst dann entgegen einer *naṣṣ*-Regelung lauten, wenn diese Entscheidung mit Sicherheit für das Allgemeinwohl der Gesamtheit der muslimischen Gemeinschaft notwendig ist.[1056] Auch zeitgenössische Gelehrte lassen es demnach zu, auf der Basis des Prinzips der *maṣlaḥa* Entscheidungen zu treffen, die einem *naṣṣ* widersprechen könnten.[1057] Es ist jedoch ausdrücklich darauf hinzuweisen, dass die Gelehrten, die von einer eventuellen Aussetzung der *naṣṣ*-Regelung in einem Rechtsfall ausgehen, vertreten, dass sie damit nicht den Verstoß gegen das religiöse Ge- oder Verbot legitimieren wollen, sondern die Flexibilität der *Scharia* unterstreichen.[1058]

Der Ansicht eines Vorranges der *maṣlaḥa* vor einem *naṣṣ* in Ausnahmefällen widersprechen einige Rechtsgelehrte vehement. Diese legen dar, dass das wahre Allgemeinwohl den *Scharia*-Quellen innewohnt, so dass sie der *maṣlaḥa* nicht widersprechen könne. Wird somit nach dem Allgemeinwohl geurteilt, so urteilt man nach dem Sinn der *naṣṣ*-Regelung.[1059] Somit kommt es nicht zu einem Widerspruch zwischen *naṣṣ* und *maṣlaḥa*.

3. *Weitere Rechtfortentwicklungsinstitute*

Zudem gibt es weitere Rechtfortentwicklungsinstitute, die hier nur skizziert werden sollen.

a. *Ḥiyal, sog. „Rechtskniffe“*

Ein weiteres Institut der Rechtsfortentwicklung ist in den so genannten „Rechtskniffen“ zu sehen, *ḥiyal*.[1060] Dieses Institut wird indessen allein von der hanafitischen Rechtsschule toleriert, während die übrigen Rechtsschulen dieses Institut verwerfen.[1061]

1054 Vgl. hierzu unter IV 2 a; innerhalb der islamischen Rechtslehre wird der einem *naṣṣ* widersprechende *iǧtihād* häufig in der *maṣlaḥa* Thematik behandelt, da das Allgemeinwohl die Voraussetzung für einen derartigen *iǧtihād* ist.

1055 Poya, Igtihad, S. 84.

1056 Ġazzālī, Al-mustaṣfā, Bd. 2, S. 489.

1057 Vgl. nur Abū Zahrah, Uṣūl al-fiqh, S. 227.

1058 Poya, Igtihad, S. 85 f.

1059 Poya, Igtihad, S. 86, mit Verweis auf al Buti, *„dawabit al-maṣlaḥa fi šaria al islamiya“*.

1060 Hiyal (*ḥiyal*) in: Encyclopaedia of Islam, Bd. III, S. 510.

1061 Petersohn, Diss. 1999, S. 33 f.

b. *Siyāsa, vertragliche Regelungen*

Durch *siyāsa* wird eine fakultative Regelung des islamischen Rechts durch Gesetzesvorschrift zwingender Bestandteil eines Rechtsgeschäfts.[1062] Hierdurch sollen prinzipiell schwächeren Parteien durch gesetzliche Regelungen ein hinreichenden Schutz erhalten. Dementsprechend wurden zur Verbesserung der Stellung der Frau im Scheidungsrecht bestimmte Einzelabreden obligatorische Bedingungen des Ehevertrages.

c. *Schweigen des Gesetzgebers*

Endlich ist das „Schweigen des Gesetzgebers" als Rechtsfortentwicklungsmethode zu nennen. Diese Form der Fortentwicklung beruht auf dem Prinzip, dass in der Regel alles, was nicht verboten ist, als erlaubt gilt.[1063] Das Schweigen des Koran und der *Sunna* in den Fällen, für die irgendeine Vorschrift zu erwarten wäre, wird entweder als Aufforderung an die Muslime zur eigenständigen Gesetzgebung betrachtet oder als positives Zeichen dafür, dass in dem betreffenden Fall ohne göttliche Bestimmung eine absolute Handlungsfreiheit eingeräumt ist.[1064]

4. *Zusammenfassende Betrachtung*

Petersohn[1065] stellte fest, dass die „Grenzen für Rechtsreformen in dem Tabu liegen, offen eindeutige, bis ins Detail geregelte koranische Anordnungen zu umgehen". Hierdurch werde die Schwierigkeit bei der Anpassung eines als für alle Zeiten vollkommen gedachten Textes nur zu deutlich.[1066]

Diese Betrachtung lässt die äußerst differenzierte Meinungsvielfalt völlig außen vor, so dass der Aussage in dieser Form nicht zugestimmt werden kann. Unumstritten stellt jeder Textbeleg in Form des *naṣṣ* eine Grenze für eine Interpretation dar. Da die Regelungen für den Muslim als von Gott gestiftet gelten, wird kein Muslim sich in die Position versetzen wollen, dem Gottgestifteten zu widersprechen. Daher muss natürlich die Grenze eines jeden menschlichen Handelns in Gottes Gebot gesehen werden. Maßstab für eine Änderung der islamischen Gesetze bleibt somit der Islam selbst. „Nicht der rastlose Wandel der zügellosen Wünsche und nicht die von außen an den Islam herangetragenen Kriterien, son-

1062 Dilger, Rechtsfortbildung durch siyāsa, S. 55; Ende/Steinbach-Dilger, Der Islam, S. 189; etwa Recht der Frau zum *ṭalāq* im Ehevertrag kodifizieren.

1063 Ramadan, Islamisches Recht, S. 71; Qaraḍāwī, Erlaubtes und Verbotenes im Islam, S. 8.

1064 Falaturi, Die Scharia in: Weltmacht Islam, S. 93 (94).

1065 Petersohn, Diss. 1999, S. 23.

1066 Petersohn, Diss. 1999, S. 23.

dern nur die immanent islamischen Maximen, Werte, Zielsetzungen und Maßstäbe sind es, die unter streng fachmännisch und gewissenhaft überprüften neuen Verhältnisse einen Wandel herbeirufen können."[1067] Dennoch ist der Muslim nicht immer – wie dargestellt – an den äußeren Wortlaut einer Regelung gebunden, vielmehr wird vielfach vertreten, dass der Sinn und Zweck der Regelung maßgeblich sein muss. Die vielfältigen Möglichkeiten, insbesondere die Möglichkeit zum *iğtihād* und die des *maṣlaḥa* verdeutlichen, dass islamische Strömungen existieren, die ohne jeden Zweifel fähig sind sich auf gesellschaftliche Veränderungen einzustellen.

Iğtihād und *maṣlaḥa* dürfen dabei keinesfalls der Willkür eines jeden Laien ausgesetzt sein, sondern sind vielmehr Sache des Fachgelehrten oder Sache eine Gruppe von Fachleuten, die umfassende Kenntnisse über die *Scharia* besitzen und zudem stets von Ehrfurcht vor Gott erfüllt sind.[1068]

V. Fazit

Die dargestellte Klassifizierung der Rechtsquellen ist keineswegs allgemeingültig oder gar verbindlich.[1069] Vielmehr ist festzustellen, dass die unterschiedlichen Rechtsquellen sich überschneiden und teilweise sogar übereinstimmen. "Thus a ruling of *ijma'* is often based on analogy, *maṣlaḥa* or *istiḥsān*, and so on, despite its being designated as *ijma'*. Similarly, *qiyās* and *istiḥsān* are closely related to one another in the sense that one of the two main varieties of *istiḥsān* consists of selection between two analogies on the same issue."[1070]

Insbesondere wurden zu Lebzeiten des Propheten Muhammad lediglich Koran und *Sunna* als rechtsverbindlich anerkannt. Die sekundären und ergänzenden Rechtsquellen wurden mindestens ein Jahrhundert nach dem Propheten eingeführt und gründen folglich auf der persönlichen Auffassung einzelner Juristen. Daher sind diese Rechtsquellen anders als die primären Hauptquellen bezüglich ihrer Gültigkeit oder ihrer Definition umstritten.[1071] Alle Rechtsgelehrten und alle hergeleiteten Rechtsmeinungen bemühen sich dabei um „islamische Authentizität"[1072]. Auch Umfang und Verbindlichkeit der einzelnen Rechtsquellen werden in verschiedenster Art dargestellt, so dass diese Darstellung allenfalls als eine Zusammenfassung der wesentlichsten Aussagen verstanden werden kann.

1067 Falaturi, Die Scharia in: Weltmacht Islam, S. 93 (113).
1068 Falaturi, Die Scharia in: Weltmacht Islam, S. 93 (110).
1069 Ramadan, Islamisches Recht, S. 33.
1070 Kamali, Priciples, S. 468 f.
1071 Ramandan, Islamisches Recht, S. 34.
1072 So Petersohn, Diss. 1999, S. 39.

Es sei jedoch darauf hingewiesen, dass die hierdurch entstandene Vielseitigkeit innerhalb der islamischen Rechtslehre keinesfalls als Übel oder Manko aufgenommen wird, Muslime qualifizieren dies vielmehr als „Gnade" Gottes.[1073]

In Anlehnung an Said Ramadan lassen sich die folgenden Aussagen treffen:[1074]

Koran und *Sunna* beinhalten grundsätzlich allgemeine Vorschriften, ohne im Detail auf Einzelheiten einzugehen.

Die Texte des Koran und der Sunna waren darauf angelegt, sich mit tatsächlichen Ereignissen auseinanderzusetzen.

In der Regel gilt alles, was nicht verboten ist, als erlaubt.

Selbst wenn es sich um Verbote handelt, wird im Koran teilweise eine Handhabung sichtbar, die ganz allmählich auf die wachsende Bereitschaft in der Gesellschaft auf Umsetzung dieser Vorschrift abgestimmt war, in der dieser Geltung verschafft werden sollte.

Alles was gemäß Koran und Sunna verboten ist, wird zulässig, sobald eine dringende Notwendigkeit dies erfordert.

Der Islam steht der Übernahme dessen, was sich als nützlich erweist, aufgeschlossen gegenüber, solange das Übernommene nicht im Widerspruch zu den Vorschriften von Koran und Sunna steht.

§ 5 Regelungen über Staatsorganisation in Koran und Sunna

Bevor die einzelnen Ansichten zur islamischen Staatsorganisation dargestellt werden, soll geprüft werden, inwieweit Regelungen zur Staatsorganisation in der Offenbarung zu finden sind. Die Verfassung eines Staates und dessen Staatsorganisation zählt zu dem Bereich der zwischenmenschlichen Beziehungen, den *muʿāmlāt*. Es zählt daher zu den Aspekten der islamischen Rechts- und Gesellschaftsordnung, die nach Ort und Zeit variieren.[1075]

I. Koran und Sunna

Insgesamt zehn Verse[1076] zielen auf das Regierungssystem und seine Grundlagen, die Beziehungen zwischen Herrscher und Volk sowie die Festlegung der Rechte

1073 Differenzierend: Šāfiʿī, al-Risāla, S. 333; vgl. auch Nagel, Islamisches Recht, S. 284-305; vgl. *hadith*: „Die Meinungsvielfalt meiner Gemeinde ist (ein Zeichen für die) Barmherzigkeit (Gottes)."

1074 Aus Ramadan, Islamisches Recht, S. 66-76.

1075 Nagel, Staat und Glaubensgemeinschaft, Bd. 2, S. 258 f.

1076 Siehe hierzu Khallāf, ʿIlm al uṣūl al-fiqh, S. 33; Nabhān, Madḫal, S. 100; Ramdan, Islamisches Recht, S. 44.

der Einzelnen und der Gruppen (arab.: *ǧamʿīya*).[1077] Eine solche Zählung kann allerdings nur als Annäherungswert verstanden werden, da der rechtliche Bezug einiger Vorschriften umstritten ist, während andere gleichzeitig auf mehrere Bereiche des Rechts anwendbar sind.[1078]

Der Koran bietet kein umfassendes Konzept von Individuum, Staat und Gesellschaft und er schreibt den Muslimen keine bestimmte Staatsform vor, "there is nothing as 'form of government' as the phrases connotes, in modern political parlance, which may be discernible from the Holy *Qur'ān*"[1079]. Der Koran enthält zwar zahlreiche Aufforderungen zu politischen Handlungen und Haltungen und die *Sunna* enthält bestimmte, auch politisch verwertbare Maximen und konkrete Verhaltensvorschriften, jedoch ist diesen keine bestimmte Staatsform zu entnehmen.[1080]

Aus den koranischen Offenbarungen werden folgende fünf Grundlagen für die Beziehung zwischen dem Herrschenden und den Beherrschten abgeleitet: (i) die Gerechtigkeit, (ii) das Prinzip der Beratung, (iii) die Orientierung am allgemeinen Interesse, (iv) die gegenseitige Zusammenarbeit und (v) der Schutz der Gesellschaft vor Lastern.[1081]

1. Kalif

An der Spitze des Staates steht ein Staatsoberhaupt.[1082] In der Zeit nach dem Propheten waren dies Kalifen (die vier Rechtgeleiteten Kalifen waren Abū Bakr, Omar ibn al Khattab[1083], ʿUṯmān bin ʿAffān und ʿAlī b. Abū Ṭālib), die gewählt wurden.[1084] Wer zum Kalifen gewählt werden konnte, war und ist innerhalb der islamischen Rechtslehre umstritten.[1085] Teilweise wird angenommen, dass ein Nachfolger unter den Angehörigen des Stammes Quraiš, also der Familie des Propheten, zu wählen ist. Dagegen wird von anderen angenommen, dass unabhängig von der Herkunft der Frömmste zum Kalifen gewählt werden kann.[1086] Der Kalif besaß keinerlei geistliche Macht, er war lediglich Beauftragter, Wahr-

1077 Krawietz, Habil. 1999, S. 114.
1078 Ramadan, Islamisches Recht, S. 45; Scholz, Malikitisches Verfahrensrecht, S 6.
1079 Akademie für islamische Studien der Al Azhar Universität Kairo, Framework of an Islamic State in: Muslim World League Journal, 6. April 1982, S. 29 (29).
1080 Asad, State and Government in Islam, S. 17; Krämer, Bertha Benz Vorlesung, S. 19; Krämer, Gottes Staat als Republik, S. 69.
1081 Abū Zahrah, Uṣūl al-fiqh, S. 79.
1082 Hoffmann, Der Islam als Alternative, S. 115.
1083 ʿUmar b. al-Ḫaṭṭāb.
1084 Kalisch in: Muslime im Rechtsstaat, S. 49 (61).
1085 Wild, Staatslexikon Band 3, 7. Auflage, München 1987, S. 198.
1086 Pauli, Islamisches Familienrecht, S. 6.

nehmer der Interessen der Gemeinschaft und dem Recht genauso wie jeder andere Bürger unterworfen.[1087]

Fraglich ist, ob das Kalifat als religiös verbindlich zu sehen und es daher in einem islamischen Staat einzuführen wäre. Ausgehend von der Annahme, dass Islam nur in einem islamischen Staat vollgültig gelebt werden könne, wird teilweise geschlossen, das Kalifat als historische Erscheinungsform islamischer Herrschaft bilde die (allein) gültige Form dieses islamischen Staatswesens.[1088] Dies war bereits in der Vergangenheit umstritten und ist es in der Gegenwart auch.[1089] Die Kalifatslehre wird heutzutage im sunnitischen Islam überwiegend nicht als bindende Norm angesehen, da Koran und *Sunna* keine Grundlage für eine derartige Bindung bietet.[1090] Dies wird nicht nur von Autoren vertreten, die den politischen Charakter des Islam bestreiten, sondern auch von Autoren, die am politischen Charakter des Islam festhalten, das Kalifat zwar für eine Möglichkeit, nicht jedoch für verbindliche halten.[1091]

2. *Konsultationsprinzip, šūrā*

Aus dem Koran ist sodann das Prinzip der Konsultationen (arab.: *šūrā*) zu isolieren. Danach sind exekutive wie legislative Funktionen auf der Grundlage von Konsultationen auszuüben. Aus dem Koran lassen sich hierfür folgende Verse anführen:

Sure 3, Vers 159: „Darum vergib ihnen und bete für sie um Verzeihung und ziehe sie in der Sache zu Rate, aber wenn du einmal entschlossen hast, dann vertraue auf Allah."

Sure 43, Vers 38: „Und die auf ihren Herrn hören und das Gebet verrichten und deren Angelegenheiten (durch) gegenseitige Beratung geregelt werden."

Dies stellt einen Verweis auf eine gesetzgeberische Institution dar, so dass „Beratschlagungen" bzw. „Konsultationen" durchzuführen sind zur Bestimmung und Lösung für von der Offenbarung nicht geregelte Fälle.[1092] Eine bestimmte Methode der Beratung ist dabei jedoch nicht vorgeschrieben.[1093] Hieraus wird als maßgebliches islamisches Prinzip abgeleitet, dass nur im Einvernehmen mit den Untertanen regiert werden darf. Umstritten ist jedoch, ob es sich bei diesen Konsultationen um eine dem Herrscher obliegende Pflicht oder nur um eine Empfehlung handelt.

1087 Wild, Staatslexikon Band 3, S. 198.
1088 Krämer, Gottes Staat als Republik, S. 69.
1089 Dagegen etwa Elwan, Constitutional Democracy, S. 183.
1090 Johansen, Staat, Recht und Religion, S. 27-29, 57; Elwan, Constitutional Democracy, S. 174.
1091 Krämer, Gottes Staat als Republik, S. 71.
1092 Falaturi, Die Scharia in: Weltmacht Islam, S. 93 (95).
1093 Hamidullah, Der Islam, § 283 Rn. 283.

II. Praktisches Beispiel: Die Verfassung Medinas

Die Befürworter einer islamischen Ordnung sprechen regelmäßig das Gemeinwesen an, das der Prophet Muhammad in Medina errichtete und dem er ein Jahrzehnt lang vorstand.[1094] Die dabei entstandene „Gemeindeordnung“ bzw. „Verfassung“ von Medina ist als weitere wesentliche Quelle des islamischen Staats- und Verfassungsrechts in die Betrachtung mit einzubeziehen, da ihr als praktische Handlung des Propheten Muhammad durchaus jedenfalls Vorbildcharakter zukommt. Aus diesem Grund ist eine Übersetzung dieser Verfassung im Anhang abgedruckt.

§ 6 Kompatibilität islamischer Staatsauffassungen mit der freiheitlich demokratischen Grundordnung

Das Verhältnis von Islam und Staat ist im Hinblick auf die viel zitierte Formel der „islamischen Ordnung“[1095] ein zentrales Thema der zeitgenössischen innermuslimischen Auseinandersetzung.[1096] In diesem Zusammenhang wird die neuzeitliche Formel *„Islām dīn wa daula“* („Der Islam ist Religion und Staat“) gebraucht, die Ausdruck der gegenwärtigen Frage nach dem korrekten Verhältnis von Staat und Religion ist.[1097] Die Spannung zwischen dem Ideal vom islamischen Staat und der islamischen Gesellschaft auf der einen und dem Zustand der islamischen Welt auf der anderen Seite soll überwunden werden.[1098]

Muslimische Autoren haben eindringlich die Entwicklung einer zeitgemäßen islamischen politischen Theorie angemahnt, die den ausgefeilten Regelungen im Bereich von Kultus und sozialen Beziehungen eine ebenso differenzierte politische Theorie an die Seite stellt, die im Islam wurzelt und zugleich die Bedürfnisse des modernen Lebens berücksichtigt.[1099] Die Lösungsvorschläge sind indessen vielfältig: Sie reichen von theologischer Neuinterpretation der Aussagen der islamischen Religion bis hin zum hartnäckigen Beharren auf der wortwörtlichen Fortgeltung von Koran und *Sunna*; von rigoroser Säkularisierung bis zur Feststellung, dass der Koran die „Verfassung“ des Staates sei; von der totalen Verwestlichung bis zu dem Versuch, ein islamisches Staatswesen einzuführen.[1100]

1094 Ende/Steinbach-Steinbach, Der Islam, S. 228.
1095 Zum Begriff vgl. Ende/Steinbach-Steinbach, Der Islam, S. 227 ff.
1096 Ende/Steinbach-Steinbach, Der Islam, S. 219.
1097 Krämer, Gottes Staat als Republik, S. 43.
1098 Ende/Steinbach-Steinbach, Der Islam, S. 214.
1099 Krämer, Gottes Staat als Republik, S. 29.
1100 Ende/Steinbach-Steinbach, Der Islam, S. 214.

Verschiedene Ansichten zu dieser Frage werden im Folgenden dargestellt. Dabei handelt es sich um eine beschränkte Auswahl der zu diesem Thema vorhandenen Meinungen. Neben den dargestellten Meinungen gibt es viele weitere, die innerhalb der muslimischen Diskussion und auch bei den in Deutschland lebenden Muslimen durchaus Bedeutung haben können. Die Arbeit stellt folglich eine Auswahl der zu diesem Thema vorhandenen Meinungen dar. Zu beachten ist jedoch, dass alle Autoren zuvorderst die Frage behandeln, wie das Staatsgefüge in einem Land mit einer muslimischen Mehrheit auszusehen hat. Die Autoren erörtern gerade nicht die Frage, wie das Staatsgefüge in einem Land auszusehen habe, in dem die Muslime die Minorität darstellen.[1101]

Die für die Darstellung selektiv ausgewählten Theoretiker wurden wegen ihres Einflusses auf Muslime in der Welt herangezogen. Sie gehören zu den wichtigsten Autoren der islamischen Lehre der Neuzeit, die in der islamischen Welt einen hohen Bekanntheitsgrad genießen. Es handelt sich hierbei um Meinungen, die innerhalb der islamischen Rechtslehre anerkannt sind und durchaus repräsentativen Charakter haben.

Die erste Autorengruppe besteht aus Muḥammad ʿAbduh sowie seinem Lehrer Ǧamāl ad-Dīn al-Afġānī. Die Autoren dieser Gruppe werden mitunter als die wichtigsten islamischen Reformer des 19. Jahrhunderts und als Begründer des islamischen Modernismus im arabischen Raum bezeichnet, deren Wirkung weit über die eigene Heimat und Zeit hinausreicht.[1102] Sie hatten und haben auf die späteren muslimischen Denker der verschiedensten Richtungen erheblichen Einfluss.[1103] Der ehemalige oberste Mufti der Al Azhar Universität ʿAbduh und sein Lehrer sind zwar zu ihren Lebzeiten von den islamischen Rechtsgelehrten (arab.: *ʿUlamāʾ*) fast durchweg mit Misstrauen oder Feindschaft behandelt worden, ihre Gedanken stoßen jedoch heute bei den sunnitischen Theologen kaum noch auf Widerstand.[1104] Die Autoren wurden und werden somit von den islamischen

1101 Vgl. etwa Qutb, Milestone, S. 3: "(…) in a Muslim society."

1102 Meier, Der politische Islam, S. 45, Balic, Die innerislamische Diskussion zu Säkularismus, Demokratie und Menschenrechten, S. 590 (593); Badawi, Afghani in: Reformers of Egypt, S. 19 (27).

1103 Zum Einfluss ʿAbduhs auf die Muslime siehe Badawi, 'Abduh in: Reformers of Egypt, S. 35, 86; zum Einfluss al-Afġānīs siehe Adams, Islam and Modernism, S. 12 und S. 17, der meint das er als Politiker von seinen Anhängern als großer Patriot angesehen wurde und von seinen Widersachern als gefährlicher Agitator; Kedourie, Afghani and 'Abduh, S. 1.

1104 Ende, Waren Ǧamāladdīn al-Afġānī und Muḥammad ʻAbduh Agnostiker?, S. 650 (651). Die Frage, ob die Autoren Agnostiker waren, wird von wenigen Muslimen und vielen Orientalisten bejaht (vgl. hierzu Badawi, Afghani in: Reformers of Egypt, S. 19 (24)). Hier kann die aufgeworfene Frage dahinstehen. Jedenfalls wurde der Vorwurf des Unglaubens (arab.: *kufr*) gegen die Autoren nicht erhoben.

Rechtsgelehrten, der *ʿUlamāʾ*, akzeptiert, obwohl sie erkannten bzw. erkennen, dass sie vom „klassischen" Islam abweichen.[1105] Da das Verhältnis dieser beiden Autoren als eng bezeichnet werden kann und ʿAbduh einer der Lieblingsschüler al-Afġānīs war, und al-Afġānī einer der Lieblingslehrer ʿAbduhs, sind die geistigen Grundlagen dieser beiden Autoren derart angenähert, dass sie in einer Gruppe zusammengefasst werden konnten.

Die zweite Gruppe besteht aus den Autoren Sayyid Quṭb und Abū l-Aʿlā Maudūdī. Diese zweite Gruppe hat ebenfalls erheblichen Einfluss innerhalb der muslimischen Welt. Die Bücher beider Autoren werden auch heute noch in hohen Auflagen gedruckt und sind – sowohl in der muslimischen Welt als auch in den großen muslimischen Exilgemeinden in Europa und in den USA – weit verbreitet.[1106] Sayyid Quṭb galt als Chefideologe der ägyptischen Muslimbrüderschaft.[1107] Zudem wird die Grundeinstellung der heutigen Terrororganisation „Al Qaida" auf Sayyid Quṭb zurückgeführt, da seine Schriften einen Schritt hin zum gewalttätigen Islamismus darstellen.[1108] Die Anhänger Quṭbs entwickelten seine Überzeugungen fort und schufen so die ideologische Grundlage für Gewalttaten „im Namen des Islam".[1109] Auch Maudūdī besaß als ehemaliger Führer der pakistanischen *„ǧāmaʿa ʾislāmīya"* Partei erheblichen Einfluss. So wird ihm insbesondere ein erheblicher Einfluss auf die politische Gestaltung Pakistans zugeschrieben.[1110] Aber auch unter Muslimen in anderen Ländern – insbesondere in westlichen Staaten – ist Maudūdī sehr bekannt und seine Schriften sind sehr einflussreich. Die Ansichten dieser beiden Autoren basieren auf derselben geistigen Grundlage. In vielen Punkten nähern sich die Positionen sehr aneinander an, wenn sie nicht sogar identisch sind. Es ist zwar zuzugeben, dass die Autoren teilweise unterschiedlicher Ansicht sind, jedoch handelt es sich dabei um Einzelfragen. Soweit dies der Fall sein sollte, wird dies entsprechend gekennzeichnet. Jedenfalls werden die Autoren wegen ihrer geistigen Nähe in einer Gruppe zusammengefasst.

Die dritte Autorengruppe besteht aus den Autoren Murad Wilfried Hofmann, Muhammad Asad und Said Ramadan. Diese Autoren verbrachten wenigstens mehrere Jahre in einer westlichen Demokratie, so dass sie jedenfalls zeitweise ihrem Einfluss unterlagen. Die Autoren verfügen über erheblichen Einfluss innerhalb der muslimischen Gemeinschaften in Deutschland und sind daher bei dieser Untersuchung von Interesse. Murad Hofmann ist durch eine Vielzahl von Publikationen in Deutschland bekannt. Er ist Vollmitglied des „Royal AAL AL BAYT

1105 Keddie, al-Afghani in: Pioneers of Islamic Revival, S. 24.
1106 Farschid, Ideologie der Muslimbrüderschaft, in Islamismus, S. 43 (48).
1107 Farschid, Ideologie der Muslimbrüderschaft, in Islamismus, S. 43 (45).
1108 Innenministerium NRW, Islamistische Organisationen in Deutschland, S. 36.
1109 Innenministerium NRW, Islamismus – Missbrauch einer Religion, S. 32.
1110 Encyclopaedia of Islam, Volume VI, S. 872 f. "Mawdudi".

Institute for Islamic Thought" in Amman (Jordanien), Beirat des Zentralrats der Muslime in Deutschland und Mitglied des *Scharia*-Rats der „Bosna Bank International" in Sarajewo. Said Ramadan, der wegen seiner Mitgliedschaft zur ägyptischen Muslimbrüderschaft Ägypten verlassen musste, wird als Begründer der „Islamischen Gemeinschaft in Deutschland e.V." (IGD) gesehen.[1111] Er promovierte an der Universität zu Köln. Seine Doktorarbeit „Das Islamische Recht" hat heute noch größeren Einfluss auf die Muslime in Deutschland. Er sowie die von ihm gegründeten Institutionen hatten eine enorme Ausstrahlungskraft bis zum schwarzen US-Bürgerrechtler Malcolm X.[1112] Muhammad Asad war ein in Lemberg in der heutigen Ukraine geborener bedeutender Autor. Er hatte nicht nur einen erheblichen Einfluss in Pakistan,[1113] dessen UN Botschafter er 1952 wurde. Seine Publikationen sind auch heute noch bei Muslimen in Deutschland, wie in ganz Europa und in den USA von Bedeutung und in muslimischen Kreisen bekannt.

Die Gemeinsamkeit dieser Autoren, ihren gewöhnlichen Aufenthalt für längere Zeit in einem europäischen Land gehabt zu haben, rechtfertigt, sie in eine Gruppe zusammen zu fassen. Zwar kann es auch hierbei in Einzelfragen zu unterschiedlichen Ansichten kommen, auf diese wird entsprechend hingewiesen.

I. Gruppe 1: Autoren um Ǧamāl ad-Dīn al-Afġānī und Muḥammad ʿAbduh

1. Kurzbiographie Ǧamāl ad-Dīn al-Afġānī

Ǧamāl ad-Dīn al-Afġānī wurde 1839 geboren.[1114] Der Geburtsort al-Afġānīs kann nicht mit abschließender Sicherheit bestimmt werden. Während teilweise behauptet wird, er sei in Afghanistan geboren,[1115] sind andere Autoren der Ansicht, er sei im Iran geboren[1116] und wolle durch den Namenszusatz „al-Afġānī" (was „der Afghane" bedeutet) seine persische Herkunft verschleiern.[1117]

1111 Islamistische Organisationen in Nordrhein-Westfalen, S. 41.

1112 Lau, Die Zeit vom 02.09.2004, Nr. 37.

1113 Hanimann, Frankfurter Allgemeine Zeitung vom 24. Juni 2005, Nr. 144, S. 48, allerdings sind nur wenige von seinen Anregungen in die Verfassung Pakistans eingegangen.

1114 Keddie, al-Afghani in: Pioneers of Islamic Revival, S. 11 und S. 15.

1115 Adams, Islam and Modernism, S. 4.

1116 Keddie, al-Afghani in: Pioneers of Islamic Revival, S. 13 ff., der diesen Streit kurz darstellt und sich für den Iran ausspricht mit Hinweis auf die Biographie des Neffen al-Afġānīs. Der Grund dafür, dass al-Afġānī seine persische Herkunft verschleiern wollte, sei danach darin zu sehen, dass Iran die Auslieferung al-Afġānīs von den Osmanen zwischen 1892 und 1897 verlangte, diese aber mit Hinweis auf seine afghanische Herkunft abgelehnt wurde, vgl. S. 22; anders insbesondere afgha-

Al-Afġānī ging zunächst bis zu seinem zehnten Lebensjahr in eine lokale Schule; anschließend wurde er in verschiedenen Teilen Afghanistans und Persiens ausgebildet.[1118] Bis zu seinem 18. Lebensjahr hatte er die „muslimischen Wissenschaften“ erlernt und war damit insbesondere geschult im Bereich der arabischen Grammatik, islamischen Geschichte, islamischen Theologie, Sufismus, Philosophie, Physik, Metaphysik, Mathematik, Astronomie, Medizin und Anatomie.[1119]

Mit 18 Jahren reiste er nach Indien, wo er eineinhalb Jahre verbrachte.[1120] Dort hatte er den ersten wesentlichen Kontakt mit westlichen Gedanken.[1121] 1857 vollzog al-Afġānī die Pilgerfahrt nach Mekka; anschließend reiste er weiter nach Afghanistan.[1122] Nachdem in Afghanistan eine probritische Regierung an die Macht gelangte, verließ er das Land. Er reiste 1868 über Bombay und Kairo – wo er 1869 erstmals seinem späteren Schüler Muḥammad ʿAbduh begegnete – nach Istanbul.[1123]

1870 wurde er wegen eines Vortrags über das Verhältnis von Religion und Philosophie ausgewiesen und musste Istanbul verlassen.[1124] *Keddie*[1125] ist dabei der Ansicht, dass die Ausweisung erfolgte, weil der Vortrag als ketzerisch gewertet wurde und dass "(...)Afghani brought in themes long condemned as heretical, including referring to prophecy as a craft". *Badawi*[1126] wie auch *Adams*[1127] sind hingegen der Ansicht, dass persönliche Gründe zwischen al-Afġānī und dem Direktor der Dar al-Funun Universität, Šaiḫ al ʾIslām, eine Rolle gespielt haben. Dieser sei eifersüchtig gewesen, da al-Afġānī in der Gunst des Sultans stand. Als Beleg führt diese Ansicht an, dass al-Afġānī sich seinen Vortrag vorab durch eine Vielzahl von Offiziellen bestätigen ließ.

Al-Afġānī verließ daraufhin Istanbul und traf 1871 in Kairo ein, wo er sodann an der Al Azhar Universitat lehrte und einen Kreis von Schülern um sich sammelte – unter anderem Muḥammad ʿAbduh, der wohl der bedeutsamste und

nische Rechtsgelehrte und Adams, Islam and Modernism, S. 4, mit Hinweis auf den Streit und Argumenten für den afghanischen Geburtsort.

1117 al-Afġānī folgte strikt der hanifitischen Rechtsschule, so dass er jedenfalls nicht dem Schiitismus folgte. Vgl. Murtaza, Die Reformer des Islam, S. 16.

1118 Adams, Islam and Modernism, S. 4.

1119 Adams, Islam and Modernism, S. 4.

1120 Srour, Staatstheorie bei Afghāni, S. 10; Adams, Islam and Modernism, S. 4.

1121 Keddie, al-Afghani in: Pioneers of Islamic Revival, S. 15.

1122 Adams, Islam and Modernism, S. 5.

1123 Keddie, al-Afghani in: Pioneers of Islamic Revival, S. 14 und S. 15.

1124 Badawi, Afghani in: Reformers of Egypt, S. 19 (20); Murtaza, Die Reformer des Islam, S. 17.

1125 Keddie, al-Afghani in: Pioneers of Islamic Revival, S. 16, allerdings ohne Beleg.

1126 Badawi, Afghani in: Reformers of Egypt, S. 19 (20).

1127 Adams, Islam and Modernism, S. 6.

einflussreichste Schüler al-Afġānīs werden sollte.[1128] Zusammen mit seinen Anhängern wie Muḥammad ʿAbduh und Saʾd Zaghlūl, der nach dem Ersten Weltkrieg der bekannteste politische Führer in Ägypten wurde, spielte er eine wichtige Rolle in der ägyptischen Politik jener Zeit.[1129] 1879 wurde er jedoch wegen seiner kompromisslosen Haltung gegenüber ausländischer Einmischung in die ägyptische Staatsführung ausgewiesen[1130] und reiste nach Indien.[1131]

1882 reiste al-Afġānī von Indien über London nach Paris, wo er drei Jahre verbrachte.[1132] Zusammen mit Muḥammad ʿAbduh – den er dort wieder traf – veröffentliche er die Zeitung *„Al ʿurwa al wuṯqā"* („Das feste Band", vgl. Koran 2:256 und 31:22), die trotz einer nur kurzen Erscheinungsdauer einen erheblichen Einfluss in der islamischen Welt besaß.[1133] 1886 reiste er nach Moskau und später nach St. Petersburg, wo er die Lage der islamischen Völker schilderte und in diesem Zusammenhang die englische Politik angriff.[1134] Gleichzeitig setzte er sich für die Lebensverhältnisse der Muslime in Russland ein. Die Situation der Muslime in Russland verbesserte sich durch das Wirken al-Afġānīs spürbar. Die russische Regierung gab aufgrund al-Afġānīs Wirken ihren muslimischen Mitbürgern die Druckgenehmigung für den Koran und andere religiöse Schriften.[1135] We-

1128 Murtaza, Die Reformer des Islam, S. 17.

1129 Ende/Steinbach-Peters, Der Islam, S. 115; Adams, Islam and Modernism, S. 6 f.

1130 Keddie, al-Afghani in: Pioneers of Islamic Revival, S. 16 f., die die Ansicht vertritt, al-Afġānī habe versucht, den damaligen Führer zu stürzen ("...replace him with his heir, Taufiq."). Al-Afġānī wurde jedoch von Taufiq ausgewiesen, nachdem dieser die Macht von Ismail Pasha übernommen hatte. Diese Ansicht ist daher nicht nachzuvollziehen. Adams, Islam and Modernism, S. 7 Fn. 2 stellt verschiedene Theorien für die Ausweisung dar: Maßgeblich sei danach die kritische Haltung al-Afġānīs zur Nähe Taufiqs zur britischen Besatzungsmacht gewesen. Dies räumt Keddie zwar ein, verneint jedoch jede Einflussnahme durch die Briten.

1131 Keddie ist der Ansicht, dass al-Afġānī in Indien seine religiösen Standpunkte verändert habe und führt dies darauf zurück, dass er Verbündete bei den Konservativen gegen die britische Besatzung gesucht habe. Diese Ansicht belegt Keddie nicht, vgl. Keddie, al-Afghani in: Pioneers of Islamic Revival, S. 18 ff.; „(...) Afghani's true ideas, as there was no reason why he should invent a line of argumentation that could only harm him if it became known in the Muslim world", S. 20; Murtaza, Die Reformer des Islam, S. 17.

1132 Adams, Islam and Modernism, S. 8.

1133 Adams, Islam and Modernism, S. 9; Die Zeitschrift wurde zum Teil kostenlos an Leser im gesamten Orient geschickt. Den Briten gelang es jedoch, die Verbreitung der Zeitschrift durch Androhung von Strafmaßnahmen gegen die Empfänger bzw. Leser zu verhindern.

1134 Srour, Staatstheorie bei Afghāni, S. 13.

1135 Srour, Staatstheorie bei Afghāni, S. 101.

gen Meinungsverschiedenheiten mit dem Zaren musste al-Afġānī jedoch Russland verlassen und ging nach München, wo er sich nur kurze Zeit aufhielt.[1136]

1889 reiste er auf Einladung des Schah Nāṣir al-Dīn weiter nach Teheran. Nachdem al-Afġānī versuchte, seine reformerischen Ziele durchzusetzen und den Sturz der selbstherrlichen Regierung des Schahs unterstützte, wollte der Schah ihn in die Stadt Qum verbannen.[1137] Al-Afġānī glückte jedoch die Flucht und er floh zum Heiligtum von Shahzadah Abd al-Azim im Süden Teherans.[1138] Dort besuchten ihn viele Menschen, um seine flammenden Reden gegen die Regierung zu hören, bis sich der Schah im Januar 1891 entschloss, den sakrosankten Charakter des Heiligtums zu verletzen und ihn durch seine Reiterei verhaften ließ.[1139] Er wurde in den Irak deportiert, wo er sich kurz aufhielt und anschließend nach London weiterreiste.

1892 folgte er einer Einladung des osmanischen Sultans Abdul Hamid II.[1140] als sein Gast nach Istanbul zu kommen.[1141] Dort verbrachte er seine letzten Jahre bis zu seinem Tod 1897, jedoch wie ein Gefangener im goldenen Käfig,[1142] da ihn der Sultan trotz mehrerer Gesuche das Verlassen des Landes zu erlauben, nicht gehen ließ.[1143] Ferner war es ihm in diesen Jahren in Istanbul nicht erlaubt, etwas zu veröffentlichen oder öffentlich zu sprechen.[1144]

2. Kurzbiographie Muḥammad ʿAbduh

Einer der hervorragendsten Schüler al-Afġānīs[1145] und auch Abū Ḥāmid al-Ġazālīs[1146] war Muḥammad ʿAbduh. Er wurde 1849 im Nildelta im Dorf Mahallat

1136 Srour, Staatstheorie bei Afghāni, S. 13.

1137 Ende/Steinbach-Peters, Der Islam, S. 116; Murtaza, Die Reformer des Islam, S. 18 meint hingegen: „... das Phänomen al-Afġānī konnte nicht nur die intellektuelle Elite für sich gewinnen, sondern auch das Volk. Der Schah fürchtete nun, al-Afġānī könnte ihn unterwandern, und begegnete dessen Reformvorschläge mit Ablehnung. Daraufhin drohte al-Afġānī, sie mit Hilfe seiner Anhänger selbst umzusetzen."

1138 Keddie, al-Afghani in: Pioneers of Islamic Revival, S. 21.

1139 Ende/Steinbach-Peters, Der Islam, S. 115; Keddie, al-Afghani in: Pioneers of Islamic Revival, S. 21.

1140 Der Name dürfte wie folgt transkibiert werden: „ʿAbd al-Ḥamīd II.".

1141 Adams, Islam and Modernism, S. 12.

1142 Srour, Staatstheorie bei Afghāni, S. 91.

1143 Ende/Steinbach-Peters, Der Islam, S. 11; Adams, Islam and Modernism, S. 12.

1144 Keddie, al-Afghani in: Pioneers of Islamic Revival, S. 22.

1145 Keddie, al-Afghani in: Pioneers of Islamic Revival, S. 25.

1146 Haddad, Muhammad Abduh in: Pioneers of Islamic Revival, S. 30.

Nāṣir geboren.[1147] ʿAbduhs Familie väterlicherseits war turkmenischen Ursprungs, während die arabische Linie mütterlicherseits bis zum 2. Kalifen Omar ibn al Khattab[1148] zurückreichte.[1149] Mit zehn Jahren besuchte ʿAbduh einen professionellen Rezitator, um das Rezitieren des Korans zu erlernen.[1150] 1862 ging er an die Moscheeschule der Ahmad-Moschee von Tanta (Ägypten).[1151] Nachdem er die Schule beendet hatte, ging er 1866 zum Studium an die Al Azhar Universität nach Kairo.[1152] ʿAbduh besuchte die Lehrveranstaltungen al-Afġānīs nach dessen Rückkehr nach Kairo im Jahr 1871 und „folgte ihm wie ein Schatten".[1153]

Nach seinem Studienabschluss mit dem Rang eines islamischen Gelehrten begann ʿAbduh 1877 am „*Dār al-ʿIlm College*" zu lehren.[1154] Diese Zeit nutzte er, um sich mit politischen wie auch sozialen Themen zu beschäftigen.

Als jedoch al-Afġānī 1879 ausgewiesen wurde, galt auch ʿAbduh als ein Sicherheitsrisiko für die damalige Regierung.[1155] Aus diesem Grund durfte er seine Lehrtätigkeit am College nicht mehr ausüben und wurde in sein Heimatdorf verbannt. Kurze Zeit später ermöglichte ihm der damalige ägyptische Premierminister Riad Pasha die Rückkehr in die Hauptstadt, jedoch ohne ihm zu gestatten wieder zu lehren.[1156] Indessen wurde er zum Chefredakteur der Zeitung „Al Wakāla al Miṣrīya" („Die ägyptischen Ereignisse") ernannt.[1157]

Wegen seiner Verbundenheit mit der *ʿUrābī*-Erhebung, einer Bewegung von Offizieren und Zivilisten gegen die türkisch-tscherkessische politische und militärische Oberschicht in Ägypten und gegen ausländische Einmischung, die zur Besetzung Ägyptens durch die Briten führte, stellte man ʿAbduh vor Gericht; er musste 1882 für drei Jahre ins Exil gehen.[1158] Zunächst begab er sich nach Beirut,

1147 Adams, Islam and Modernism, S. 19, der deutlich macht, dass weder Geburtsort noch Geburtsjahr sicher feststünden. Mehrheitlich wird das Geburtsjahr mit 1849 benannt, teilweise wird dieses jedoch mit 1842 angegeben.

1148 ʿUmar b. al-Ḫaṭṭāb.

1149 Srour, Staatstheorie bei Afghāni, S. 221.

1150 Adams, Islam and Modernism, S. 20.

1151 Haddad, Muhammad Abduh in: Pioneers of Islamic Revival, S. 30 (31), wobei er seinen Aufenthalt unterbrach und erst unter dem Einfluss seines Onkels, Scheich Darwisch Khadr wieder zurückkehrte, siehe hierzu eingehend Adams, Islam and Modernism, S. 23 f.

1152 Adams, Islam and Modernism, S. 27.

1153 Adams, Islam and Modernism, S. 34.

1154 Haddad, Muhammad Abduh in: Pioneers of Islamic Revival, S. 30 (32).

1155 Adams, Islam and Modernism, S. 46.

1156 Srour, Staatstheorie bei Afghāni, S. 225 f.

1157 Adams, Islam and Modernism, S. 56.

1158 Murtaza, Die Reformer des Islam, S. 26; Ende/Steinbach-Peters, Der Islam, S. 120.

reiste dann Anfang 1884 auf Einladung al-Afġānīs jedoch nach Paris.[1159] Dort gründeten beide die Zeitschrift *„Al ʿurwa al wuṯqā"*[1160] („Das feste Band"), dessen Ziel es war, die Muslime zu vereinigen und von den Ursachen für die offensichtliche Uneinigkeit zu befreien.[1161] Trotz Verbots fand diese Zeitung viele Leser und errang Einfluss unter Gebildeten der islamischen Welt.[1162]

Am Ende des Jahres 1884 kehrte ʿAbduh über Nordafrika in den Nahen Osten zurück. Zunächst arbeitete er als Lehrer an einer muslimischen Schule in Beirut.[1163] 1888 – nach Fürsprache des englischen Gesandten in Kairo, Lord Cromer,[1164] und der osmanischen Regierung –[1165] wurde seine Verbannung aufgehoben und er durfte nach Ägypten zurückkehren.[1166]

Nach seiner Rückkehr verabschiedete sich ʿAbduh von der Politik und fügte sich der britischen Besetzung seines Landes.[1167] Dennoch war es ʿAbduh nicht erlaubt, wieder in Kairo zu lehren; vielmehr erhielt er eine Anstellung als Richter an einem der einheimischen Gerichtshöfe, bis er 1891 aufgrund seiner außerordentlichen Beziehungen zu Lord Cromer zum Richter am Appellationsgericht befördert wurde.[1168] 1899 wurde er schließlich zum Großmufti von Ägypten berufen, dem höchsten religiösen Amt in Ägypten.[1169] Zudem wurde er im selben Jahr Mitglied des „Gesetzgebenden Rates", einer beratenden Körperschaft, deren Mitglieder in der Mehrzahl durch die Regierung ernannt wurden.[1170] Beide Funktionen behielt er bis zu seinem Tode am 11. Juli 1905.[1171]

1159 Haddad, Muhammad Abduh in: Pioneers of Islamic Revival, S. 30 (32).

1160 Murtaza, Die Reformer des Islam, S. 26.

1161 Haddad, Muhammad Abduh in: Pioneers of Islamic Revival, S. 30 (32): "(...) whose purpose was to unite Muslims and rid them of the causes of their apparent disunity.".

1162 Murtaza, Die Reformer des Islam, S. 17.

1163 Ende/Steinbach-Peters, Der Islam, S. 120.

1164 Earl of Cromer, 1883 – 1906 heimlicher Herrscher Ägyptens, vgl. Srour, Staatstheorie bei Afghāni, S. 65.

1165 Srour, Staatstheorie bei Afghāni, S. 228.

1166 Ende/Steinbach-Peters, Der Islam, S. 120.

1167 Ende/Steinbach-Peters, Der Islam, S. 120; Murtaza, Die Reformer des Islam, S. 26, führt dies auf die Misshandlungen zurück, die ʿAbduh während seiner Inhaftierung ertragen musste; vgl. auch Badawi, 'Abduh in: Reformers of Egypt, S. 35 (37), der deutlich macht, dass ʿAbduh zwar mit den Briten kooperierte, dieses jedoch keineswegs mit der Scharia rechtfertigte.

1168 Srour, Staatstheorie bei Afghāni, S. 229; Haddad, Muhammad Abduh in: Pioneers of Islamic Revival, S. 30 (33).

1169 Murtaza, Die Reformer des Islam, S. 27.

1170 Ende/Steinbach-Peters, Der Islam, S. 121.

1171 Murtaza, Die Reformer des Islam, S. 27; Ende/Steinbach-Peters, Der Islam, S. 121.

Zu al-Afġānīs wesentlichen Publikationen gehört zunächst sein Werk „*Tatimmat al-bayān*“, eine Darstellung der politischen, sozialen und kulturellen Geschichte Afghanistans, das 1879 in Kairo erschien. Ferner ist hierzu das in Kairo erschienene Werk „*Risālat al-wāridāt fī siyar al-ṭāǧāliyāt*“ zu zählen, das Afhgani seinem Schüler ʿAbduh widmete. Das wohl bedeutendste Werk al-Afġānīs ist sein Buch „*Ḥaqīqat al-Maḏhab al-Nayḫariy wa bayān ḥal al- Nayḫariyyin*“ (Die Wahrheit über die Sekte der Neichirin und Erläuterungen zu den Neichirin), das 1881 in Hayderabad erschien. Das auf Urdu erschienene Werk wurde von Muḥammad ʿAbduh ins Arabische übersetzt und erschien 1886 in Beirut unter dem Titel „*Al-Radd ʿalā al-ẓāhriyyn*“ (Zurückweisung des Materialismus). In diesem Werk beschäftigt sich al-Afġānī mit dem Naturalismus, den er gleichsetzt mit dem Materialismus.

Während ʿAbduh Großmufti Ägyptens war, schrieb er eine Reihe von theologischen, juristischen und philologischen Werken. Zu den wesentlichsten Werken ʿAbduhs gehört das Buch „*Tafsīr al Manār*“. 1898 hatte *Rašīd Riḍā*, ein syrischer Schüler ʿAbduhs, ihn aufgefordert, eine Koranexegese (arab.: *Tafsīr*) zu schreiben. ʿAbduh war zunächst nicht interessiert, allerdings gab er 1900/01 Vorlesungen über den Koran, wovon *Rašīd Riḍā* Mitschriften machte, sie zusammenfügte und ʿAbduh zur Veröffentlichung vorlegte. Dieser korrigierte und genehmigte die Mitschriften. Anschließend erschien dieser Teil 1900 in der Zeitschrift „*Al Manār*“ (Der Leuchtturm). Nach ʿAbduhs Tod 1905 komplettierte *Rašīd Riḍā* die für eine komplette Exegese noch fehlenden Teile und veröffentliche im Jahr 1927 die zwölfbändige Koranexegese „*Tafsīr al Manār*“. Auch weitere Vorlesungen ʿAbduhs zum Koran wurden editiert und unter „*Durūs min al-Qurʾān al-Karīm*“ (Lehren aus dem Koran) veröffentlicht.

Ein weiteres wesentliches Werk ist das Buch „*Risālat at-tauḥīd*“ (Botschaft des Monotheismus / der Einheit). Dieses Werk wurde 1966 von Isḥāq Musaʿad und Kenneth Cragg ins Englische übersetzt und erschien unter dem Titel „The Theology of Unity“.

Insbesondere gibt es zu diesen Autoren von Islamwissenschaftlern eingehende und anerkannte Abhandlungen. Zu den weitaus bekanntesten Werken gehören zunächst C. C. *Adams* „Islam and Modernism in Egypt“, der sich eingehend mit Muḥammad ʿAbduh beschäftigte. Hierzu zählt ferner Kedourie's “Afghani and ʿAbduh. An Essay on Religious Unbelief and Political Activism in Modern Islam”. Außerdem ist auch *Badawi's* Werk über ʿAbduh und al-Afġānī in “Reformers of Egypt” in diesem Zusammenhang zu nennen. Diese Standardwerke werden im Rahmen von weiteren Abhandlungen über al-Afġānī und ʿAbduh regelmäßig genutzt und zitiert.

4. *Positionen dieser Autorengruppe*

Die Autoren[1172] bemühten sich um politische Reformen und eine Re-Interpretation des Islam.[1173] Es ging ihnen sowohl um eine Auseinandersetzung mit dem Westen[1174] als auch um die Wahrung der eigenen religiösen und kulturellen Identität.[1175]

Al-Afġānī widmete fast sein ganzes Leben dem Kampf gegen die britische koloniale Expansion in der islamischen Welt.[1176] Er wünschte die islamische Welt wieder stark, so dass der andauernden europäischen kolonialen Expansion Widerstand geleistet werden könnte.[1177] Dieses Motiv leitete sein gesamtes Leben und Denken.[1178] Al-Afġānīs wesentlichstes Ziel war die äußere Verteidigung, wobei er die Ansicht vertrat, dass dieses Ziel nur durch interne Reformen erreicht werden könne.[1179] Hierzu strebte er einen Staat an, der lebensfähig ist und den Fortschritt bejaht.[1180] Dabei glaubte er – wie auch ʿAbduh[1181] –, dass die Muslime vieles von Europa lernen könnten, allerdings sollte Europa nicht blind nachgeahmt werden.[1182] Die Vereinbarkeit mit dem Islam sollte gebührend berücksichtigt werden.[1183] Anders als die *Wahabiten* verwarfen sie die westlichen Elemente nicht pauschal als Neuerung, sondern suchten durch Reform des Islams dessen Grundgehalt mit bestimmten Elementen des Westens zu verbinden.[1184]

Nach ihrer Ansicht sind alle Werte und Tugenden, die die Grundlage der europäischen Stärke bilden, im Islam enthalten. Tatsächlich sei der Islam eine vernunft-

1172 Peters bezeichnet diese Autoren eher als Reformer, vgl. in Ende/Steinbach, Der Islam, S. 109; so auch Abou Filali-Ansary, The Sources of Enlightened Muslim Thought in: Islam and Democracy in the Middle East, S. 237 (243); andererseits werden sie häufig auch als „Modernisten" bezeichnet, vgl. Balci, Die innerislamische Diskussion zu Säkularismus, Demokratie und Menschenrechten, S. 590 (593), der diese sogar als Fürsprecher des Säkularismus sieht (S. 596), was allerdings sehr zweifelhaft ist (siehe unten § 6 I. 3. a. ee.).

1173 Keddie, al-Afghani in: Pioneers of Islamic Revival, S. 12: „reinterpretation of Islam".

1174 Keddie, al-Afghani in: Pioneers of Islamic Revival, S. 26: „(…) wanted to make Islam compatible with modern western thought and science.".

1175 Bertelsmann, Handbuch der Religionen, Der Islam, S. 184.

1176 Keddie, al-Afghani in: Pioneers of Islamic Revival, S. 11 und S. 15.

1177 Badawi, Afghani in: Reformers of Egypt, S. 19 (21).

1178 Ende/Steinbach-Peters, Der Islam, S. 117.

1179 Badawi, Afghani in: Reformers of Egypt, S. 19 (21): „(…) external defence, but he realised that it could best be achieved through internal reform".

1180 Srour, Staatstheorie bei Afghāni, S. 103.

1181 Vgl. zu ʿAbduh: Haddad, Muhammad Abduh in: Pioneers of Islamic Reform, S. 30 (42): "… Abduh was in many ways drawn to European learning and culture.".

1182 Badawi, 'Abduh in: Reformers of Egypt, S. 35 (67).

1183 Keddie, al-Afghani in: Pioneers of Islamic Revival, S. 12.

1184 Ende/Steinbach-Steinbach, Der Islam, S. 220.

betonte Religion, die mit der menschlichen Vernunft übereinstimme und zu deren Gebrauch anrege.[1185] Der Islam sei eine Religion, die an die Vernunft appelliere und der Koran ermahne den Menschen dazu, seinen Verstand zu gebrauchen.[1186] Der heutige Islam hingegen sei verderbt und vom Aberglauben und scholastischer Kasuistik überwuchert, so dass die Grundlagen des Islam durch Ausübung der freien Meinungsbildung (arab.: *iǧtihād*) freigelegt werden müssten.[1187] Diese wahren Vorstellungen des Islam seien der Schlüssel für das Wohlergehen der Menschen – für sie als Individuen und als Gemeinschaft.[1188] Die Verhaltensweisen, die der Islam lehre, seien nicht nur gottgefällig, sondern zudem der beste Weg, um gesellschaftliche Stabilität und den Fortschritt der Gemeinschaft zu gewährleisten.[1189] Wenn erst einmal die Glaubensinhalte von schädlichen Neuerungen befreit seien, könne das Handeln der Muslime als Folge frei von Unordnung und Verworrenheit sein, die Lebensbedingungen der Muslime würden gebessert und ihr Verstand durch die wahren religiösen und weltlichen Wissenschaften erleuchtet.[1190] Hierdurch würden sich heilsame Charakterzüge entwickeln, die sich vom Einzelnen auf die gesamte Gemeinschaft übertragen könnten.[1191]

ʿAbduh leitete aus der herkömmlichen Unterscheidung zwischen den Teilen der *Scharia* – also den Regelungen, die sich mit den religiösen Pflichten (arab.: *ʿibādāt*) befassen und ferner den Regelungen, die sich mit den Beziehungen der Menschen untereinander (arab.: *muʿāmlāt*) befassen –[1192] ab, dass im ersten Bereich die Vorschriften klar und eindeutig niedergelegt und daher unveränderbar seien.[1193] Bezüglich des zweiten Bereiches, der Beziehungen der Menschen untereinander, enthalte der Koran und die *Sunna* nur allgemeine Grundsätze und Prinzipien, die den konkreten Umständen entsprechend ausgelegt werden könnten.[1194] Hierzu seien Fehler, die sich durch das Missverständnis der grundlegenden Texte der Religion eingeschlichen haben, zu beseitigen.[1195]

Nach dieser Ansicht handelt es sich nicht um einen Angriff gegen die europäischen Mächte, wenn Muslime sich für eine Rückkehr zu ihrer Religion aus-

1185 Meier, Der politische Islam, S. 45; Keddie, al-Afghani in: Pioneers of Islamic Revival, S. 12.
1186 Srour, Staatstheorie bei Afghāni, S. 49.
1187 Ende/Steinbach-Peters, Der Islam, S. 118; vgl. auch Haddad, Muhammad Abduh in: Pioneers of Islamic Reform, S. 30 (42).
1188 Keddie, al-Afghani in: Pioneers of Islamic Revival, S. 12.
1189 Keddie, al-Afghani in: Pioneers of Islamic Revival, S. 12.
1190 Adams, Islam and Modernism, S. 110
1191 Adams, Islam and Modernism, S. 110; Ende/Steinbach-Peters, Der Islam, S. 121.
1192 Siehe hierzu oben 3. Teil, § 4 I. 3. c.
1193 Ende/Steinbach-Peters, Der Islam, S. 123.
1194 Ende/Steinbach-Peters, Der Islam, S. 123.
1195 Adams, Islam and Modernism, S. 110.

sprechen.[1196] Der Fortschritt für die islamischen Länder sei vielmehr nur mit Hilfe der Religion zu erzielen.[1197] Keiner dieser Denker bestand jedoch darauf, einen rein islamischen Staat zu errichten, der die Einheit von Religion und Politik verkörpern sollte.[1198] Sie sahen keinerlei Widerspruch zwischen dem Islam und den Prinzipien der modernen Gesellschaft.[1199] Dementsprechend favorisierte al-Afġānī die Abschaffung der autoritäten Systeme und wollte diese durch das „*šūrā*"-System ersetzen;[1200] dabei sprach er sich für eine republikanische Staatsform aus (arab.: *Ḥukūma Ǧumhūrīya*).[1201]

a. Achtung vor den Menschenrechten

Für al-Afġānī hat die Religion die Funktion, eine menschliche Gesellschaft und Zivilisation zu gewährleisten und die Menschen so zur Entwicklung bis zur Perfektion zu bewegen.[1202] Die Religion bringe die menschliche Seele zur Überzeugung, dass der Mensch die „höchste" Kreatur auf Erden ist und der Mensch erschaffen wurde, um Perfektion zu erreichen.[1203] Den Menschen seien wegen dieser Stellung als höchste Kreatur auf Erden gewisse unumstößliche und durch den Staat zwingend zu gewährleistende Rechte zuzubilligen.[1204]

aa. Menschenwürde

Eines dieser unumstößlichen und zwingend zu gewährleistenden Rechte ist nach dieser Ansicht die Menschenwürde.[1205] Für ʿAbduh wird die Menschenwürde daher auch im Islam nicht in abgeschwächter Form, sondern vollumfänglich gewährleistet.[1206]

1196 Haddad, Muhammad Abduh in: Pioneers of Islamic Revival, S. 30 (45).
1197 Srour, Staatstheorie bei Afghāni, S. 108.
1198 Ende/Steinbach-Peters, Der Islam, S. 124.
1199 Haddad, Muhammad Abduh in: Pioneers of Islamic Revival, S. 30 (44); Keddie, al-Afghani in: Pioneers of Islamic Revival, S. 28.
1200 Srour, Staatstheorie bei Afghāni, S. 115.
1201 Badawi, Afghani in: Reformers of Egypt, S. 19 (22), wobei dieser gleichzeitig darlegt, dass "(…) he was still willing to support an enlighted dictator.".
1202 Badawi, Afghani in: Reformers of Egypt, S. 19 (30).
1203 Badawi, Afghani in: Reformers of Egypt, S. 19 (30): "Religion, he suggested, instils in the human soul the conviction that man is the noblest creature and that one's nation is the noblest of nations and that man came into this world to achieve perfection (…).".
1204 Adams, Islam and Modernism, S. 151: der diese als "inherent rights" bezeichnet.
1205 Adams, Islam and Modernism, S. 151, "inherent right"; Badawi, 'Abduh in: Reformers of Egypt, S. 35 (53).
1206 Badawi, 'Abduh in: Reformers of Egypt, S. 35 (53).

bb. *Recht der Persönlichkeit auf Leben und körperliche Unversehrtheit*

Nach Ansicht dieser Autoren ist auch das Recht des Menschen auf Leben und körperliche Unversehrtheit als unumstößliches Recht des Menschen zu gewährleisten.[1207] Eine Einschränkung des Rechts auf Leben erkennt ʿAbduh in der für Mord angedrohten Todesstrafe. Danach dürfe die Todesstrafe für Mord beibehalten werden, obwohl einige Gesetzgeber statt dessen eine moralische Unterrichtung des Kriminellen zur Resozialisierung forderten.[1208]

cc. *Recht der Persönlichkeit auf freie Entfaltung*

Nach dieser Ansicht kommt dem Menschen auch das Recht auf freie Entfaltung seiner Persönlichkeit zu; abgeleitet wird dies aus den dem Menschen zukommenden freien Willen. Der Mensch sei keine „Feder im Wind", vielmehr sei der Mensch für die Ereignisse verantwortlich, so dass er sein Schicksal selbst bestimme.[1209] Dem Menschen komme der freie Wille zu, auf Grund dessen er schließlich am Tag des Jüngsten Gerichts beurteilt würde.[1210] ʿAbduh betont nachdrücklich das menschliche Bewusstsein von der eigenen Handlungsfreiheit und in Konsequenz dazu die Verantwortlichkeit des Menschen für die eigene Handlungen.[1211]

dd. *Gleichheit als diskriminierungsfeindliche Gleichbehandlung*

Auch bezüglich der Gleichbehandlung wurden von den Autoren Aussagen getroffen.

1207 Adams, Islam and Modernism, S. 151, "inherent right".

1208 Adams, Islam and Modernism, S. 171: "Further on the subject of justice, he maintains that capital punishment for murder should be retained as a general law, (…), although some legislators (…) advocate moral training for the reclamation of the criminal instead.".

1209 Badawi, Afghani in: Reformers of Egypt, S. 19 (28): Al-Afġānī "could no longer accept the position current in his time of fatalism and the inevitable deterioration of mankind. He rejected most firmly the concept of man as a feather in the wind and insisted that he is capable of influencing events and deciding his destiny.".

1210 Adams, Islam and Modernism, S. 153.

1211 Adams, Islam and Modernism, S. 153: "(…) emphazises with great clearness and force man's consciousness of his own freedom of action and his consequent responsibility for what he does.".

(1) Gleichheit vor dem Gesetz

In einem Staat müsse die Macht auf Grundlage der Gerechtigkeit ausgeübt werden, da die „Gerechtigkeit" für den Staat von essentieller Bedeutung ist.[1212] ʿAbduh fügte hinzu, dass alle Menschen absolut gleich sind und dass dies auf die Lehren des Propheten zurückgeht.[1213] Der wirkliche Herrscher über die Bürger sei das Gesetz, das keinen Unterschied zwischen den Rassen macht und die Nation vereint.[1214]

(2) Gleichheit von Mann und Frau

Im Islam seien Frauen und Männer in jeder Hinsicht gleichberechtigt; zum Beleg führt ʿAbduh unter anderem Sure 3, Vers 193 an.[1215] Danach komme Männern und Frauen die gleichen Rechte und Pflichten zu.[1216] Frauen und Männer seien vor Gott gleich, so dass es keinen Unterschied zwischen ihnen gebe und keiner von beiden dem anderen vorgesetzt sei.[1217]

ʿAbduh sah in der traditionellen Sichtweise in den islamischen Ländern zur Frage der Gleichbehandlung von Mann und Frau, insbesondere bezüglich der Polygamie und des Scheidungsrechts, den Grund für die Rückwärtsgewandtheit der islamischen Länder.[1218] Um Frauen den Status zu verleihen, denen ihnen der Islam im Ursprung zuerkannt habe, sei die Rolle der Frau dringend zu reformieren.[1219] Indessen wies ʿAbduh die Ansicht zurück, dass der Grund für eine Rückständigkeit im Islam selber liege und in der Unfähigkeit des Islam die moderne Welt zu adaptieren.[1220] Der Islam habe die Stellung der Frau im Vergleich zur vorislamischen Zeit erheblich reformiert und verbessert.[1221]

1212 Srour, Staatstheorie bei Afghāni, S. 130.
1213 Adams, Islam and Modernism, S. 151, "With respect to their essential nature, their inherent rights, and their relation to God, all men are on a plane of absolute equality".
1214 Srour, Staatstheorie bei Afghāni, S. 107.
1215 Adams, Islam and Modernism, S. 151 f.: „(…) in all respect (…)".
1216 Haddad, Muhammad Abduh in: Pioneers of Islamic Revival, S. 30 (56).
1217 Adams, Islam and Modernism, S. 152, "There is no difference between them in regard to humanity, and no superiority of one over the other in works."
1218 Haddad, Muhammad Abduh in: Pioneers of Islamic Revival, S. 30 (44).
1219 Adams, Islam and Modernism, S. 231.
1220 Haddad, Muhammad Abduh in: Pioneers of Islamic Revival, S. 30 (44): „ (…) that this backwardness was due to the religion of Islam itself and its inability to adapt to the modern world".
1221 Adams, Islam and Modernism, S. 152.

(a) Bildung

Die Autorengruppe bemängelte Fehler bei der Aus- und Fortbildung von Frauen in ihrer Zeit.[1222] Mädchen und Frauen sind nach ihrer Ansicht genauso zu schulen und auszubilden wie Jungen und Männer.[1223]

(b) Polygamie

Die Autoren erkennen an, dass die Polygamie im Koran erlaubt wird. Gleichzeitig sind sie jedoch der Ansicht, der Islam bevorzuge die Monogamie. Der Koran stellt die Polygamie unter die Bedingung der Gewähreistung durch den Mann, für alle Frauen sorgen zu können und zu allen Frauen gleich gerecht zu sein.[1224] Dies sei praktisch dem Mann nicht möglich; der Koran indziere sogar dieses Unvermögen. Daher komme zum Ausdruck, dass der Islam die monogame Ehe bevorzuge.[1225]

Die Autoren sprechen sich daher gegen die Zulässigkeit der Polygamie in der modernen Welt aus. Diese Praxis war zwar in der frühen Zeit des Islam durchaus von großem Nutzen, insbesondere sei hierdurch eine islamische Gesellschaft gebildet worden. Wesentlicher Unterschied sei jedoch, dass der Prophet und seine Gefährten (arab. *Ṣaḥāba*) die Fähigkeit besaßen, absolut gerecht zu sein.[1226] Das menschliche Unvermögen zur Herstellung der geforderten Gleichbehandlung wirke sich heute jedoch nachteilig auf das Allgemeinwohl der Gesellschaft aus, so dass zum Zwecke des Allgemeinwohls (arab.: *maṣlaḥa*) die Polygamie verboten werden sollte.[1227]

(c) Eherecht

Das Eheleben zwischen Mann und Frau sei insbesondere durch den gegenseitigen Respekt gekennzeichnet. Die Beziehung zwischen Ehemann und Ehefrau müsse von gegenseitigem Respekt und Achtung getragen sein, um eine gesunde Generation von Bürgern zu erziehen, die selbstbewusst sind und sich nicht vor Fremden fürchten.[1228]

1222 Adams, Islam and Modernism, S. 152.
1223 Srour, Staatstheorie bei Afghāni, S. 122; Adams, Islam and Modernism, S. 230.
1224 Haddad, Muhammad Abduh in: Pioneers of Islamic Revival, S. 30 (58).
1225 Adams, Islam and Modernism, S. 230.
1226 Haddad, Muhammad Abduh in: Pioneers of Islamic Revival, S. 30 (58): "But while the prophet and the *Ṣaḥāba* were meticulously fair, this is impossible for other humans.".
1227 Haddad, Muhammad Abduh in: Pioneers of Islamic Revival, S. 30 (58).
1228 Haddad, Muhammad Abduh in: Pioneers of Islamic Revival, S. 30 (56): "Abduh believed that the relationship between husband and wife must be one of mutual

Gleichzeitig seien Mann und Frau verschieden erschaffen, damit jeder spezielle Aufgaben erfüllen könne.[1229] Die Familie sei eine soziale Institution, die unter die Führung einer Person gestellt werden müsse.[1230] Danach seien die Männer für das Wohlbefinden der Familie verantwortlich.[1231] Sie seien dazu verpflichtet, die Ehefrau zu beschützen und für diese zu sorgen. Die Frau hingegen sei die „Königin des Hauses", die vornehmlich mit der Erziehung der Kinder beauftragt sei.[1232] Eine Tätigkeit der Frau außerhalb des Hauses mag zwar gewisse materielle Vorteile mit sich bringen, die Nachteile für Heim und ihre Kinder seien indessen größer.[1233] Nichtsdestotrotz akzeptiert diese Ansicht eine Tätigkeit der Frau auch außerhalb des Hauses, wenn dies möglich sei und dem Mann helfe.[1234]

Der Mann habe jedoch grundsätzlich das letzte Wort, da diesem insoweit die Führungsposition zukomme.[1235] Allerdings sei der Mann nicht berechtigt, die Frau schlecht zu behandeln. Keineswegs sei es daher erlaubt, die Frau zu unterdrücken oder willkürlich mit ihr umzugehen.[1236] ʿAbduh schränkte die Regelung zur Führungsrolle des Mannes außerdem dahingehend ein, dass dies dann nicht gelten soll, wenn die Frau im konkreten Fall die Führungsqualitäten inne habe.[1237]

(d) Scheidungsrecht

Das Scheidungsrecht muss nach dieser Ansicht umfassend reformiert werden. Soziale Einschränkungen der Scheidung seien erforderlich, da die Scheidung einer Ehe die gesamte Gesellschaft betreffe und nicht nur die Individuen oder die Familie.[1238]

respect and consideration in order to raise a healthy generation of citizens who are confident, self-assertive and not cowed by foreigners.".

1229 Srour, Staatstheorie bei Afghāni, S. 123.

1230 Haddad, Muhammad Abduh in: Pioneers of Islamic Revival, S. 30 (58).

1231 Haddad, Muhammad Abduh in: Pioneers of Islamic Revival, S. 30 (58).

1232 Srour, Staatstheorie bei Afghāni, S. 123.

1233 Srour, Staatstheorie bei Afghāni, S. 123.

1234 Srour, Staatstheorie bei Afghāni, S. 123.

1235 Haddad, Muhammad Abduh in: Pioneers of Islamic Revival, S. 30 (57).

1236 Haddad, Muhammad Abduh in: Pioneers of Islamic Revival, S. 30 (56): „This, however, does not mean that women can be coerced or pushed around. Rather, they have complementary functions.".

1237 Haddad, Muhammad Abduh in: Pioneers of Islamic Revival, S. 30 (57),: "He did, however, believe that if women actually have the qualities of leadership and decision making, then men's superiority is not operable. (…) Men's leadership and distinction is operative only in the case of disruptive wife."; vgl. ʿAbduh, *al-šūrā* in: al Muslimūn, S. 190 ff.

1238 Haddad, Muhammad Abduh in: Pioneers of Islamic Revival, S. 30 (58).

Gerade die den Männern ermöglichte Scheidung in Form des „*ṭalāq*“[1239] sei zu einfach und daher einzuschränken.[1240] Das Scheidungswesen sollte insgesamt dem Recht des Richters unterstellt und nicht der Willkür der Ehemänner belassen werden.[1241] Zudem sei das Scheidungsrecht der Frauen dahingehend auszuweiten, dass es dem der Männer gleiche.[1242]

(e) Bekleidungsvorschriften

Die Tradition der Verschleierung ist nach dieser Ansicht nicht Kernaussage des Islam, zumal eine koranische Regelung fehle, die die Verschleierung anordne.[1243] ʿAbduh war daher der Auffassung, dass die Muslime die Bekleidungsvorschriften von anderen Volksstämmen übernommen hätten und dies nichts mit der Religion zu tun habe.[1244]

(3) Gleichheit unabhängig von Glaube und religiöser Anschauung

Die Autorengruppe ist der Ansicht, alle Menschen seien wegen der ihnen zukommenden natürlichen Rechte absolut gleich.[1245] Religiöse Unterschiede seien daher im Staat zu tolerieren.[1246]

Dementsprechend sah al-Afġānī Religion, insbesondere die drei semitischen Religionen (Judentum, Christentum und Islam), nicht als teilenden Faktor.[1247] Er strebte sogar eine Vereinigung der drei semitischen Religionen an, indem er

1239 Die Scheidung in Form des “*ṭalāq*” wird dadurch ausgeübt, dass der Mann sein Scheidungsbegehren dreimal der Frau gegenüber zum Ausdruck bringt. Dabei ist innerhalb der islamischen Jurisprudenz umstritten, wie viel Zeit zwischen den Begehren liegen muss. Nach dem dritten Ausspruch des Scheidungsbegehrens gilt die Ehe als geschieden. Es bedarf daher grundsätzlich keines weiteren gerichtlichen Scheidungsverfahrens.

1240 Adams, Islam and Modernism, S. 234.

1241 Haddad, Muhammad Abduh in: Pioneers of Islamic Revival, S. 30 (58).

1242 ʿUmāra, Al-Aʿmal, S. 641; Nur dem Ehemann kommt grundsätzlich das Recht des “*ṭalāq*” zu, währenddessen der Frau die Scheidung nur möglich ist durch Anrufung des Gerichts.

1243 Haddad, Muhammad Abduh in: Pioneers of Islamic Revival, S. 30 (58): “Abduh believed that the prevalent custom of veiling was not of essence of Islam since there is no *naṣṣ*, or *Qurʾānic* text, for veiling.”

1244 Haddad, Muhammad Abduh in: Pioneers of Islamic Revival, S. 30 (58): “It is a custom acquired by Muslims from other nations and has nothing to do with religion.”

1245 Adams, Islam and Modernism, S. 151, “With respect to their essential nature, their inherent rights, and their relation to God, all men are on a plane of absolute equality”.

1246 Badawi, 'Abduh in: Reformers of Egypt, S. 35 (51).

1247 Badawi, 'Abduh in: Reformers of Egypt, S. 19 (32).

durch Herausstellen der gemeinsamen Prinzipien und Ziele dieser drei Religionen die Missverständnisse unter den Menschen zu beseitigen suchte und sie zusammenführen wollte.[1248] Mit einer Vereinigung der Religionen wäre nach Überzeugung al-Afġānīs ein großer Schritt zum Frieden in diesem Leben getan.[1249] Er gab dieses Vorhaben jedoch wegen der tiefen Gräben zwischen den Religionsgemeinschaften mit bitterer Enttäuschung wieder auf.[1250]

Auch die verschiedenen muslimischen Sekten seien als gleichermaßen wahr und im Staat als gleichberechtigt zu akzeptieren.[1251] Solange die Basis des Glaubens beibehalten würde, könne keine Interpretation dazu führen, den Menschen nicht mehr als Muslim zu sehen.[1252]

(4) Gleichheit der staatsbürgerlichen Rechte und Pflichten

Die Autorengruppe erkennt grundsätzlich die Gleichheit der staatsbürgerlichen Rechte und Pflichten an. Insbesondere erkennen die Autoren die nationale Zugehörigkeit des Menschen an. So war es al-Afġānīs Bestreben, in den verschiedenen Ländern das regionale Nationalbewusstsein zu wecken und zu verbreiten.[1253] Jeder Mensch sei danach ein vollwertiges Mitglied einer Nation.[1254] Diese Nationen bildeten sich aufgrund vereinender Faktoren wie etwa einer gemeinsamen Sprache oder der räumlichen Zugehörigkeit zu einem bestimmten Landesabschnitt.[1255] Jegliche Differenzierung zwischen den Menschen innerhalb einer Nation auf politischer wie auch auf religiöser Ebene sei abzulehnen.[1256]

1248 Srour, Staatstheorie bei Afghāni, S. 105 f.
1249 Srour, Staatstheorie bei Afghāni, S. 106.
1250 Srour, Staatstheorie bei Afghāni, S. 106.
1251 Badawi, 'Abduh in: Reformers of Egypt, S. 35 (51).
1252 Badawi, 'Abduh in: Reformers of Egypt, S. 35 (61), wobei die Allgemeinheit dieser Interpretation nicht folgen sollte.
1253 Srour, Staatstheorie bei Afghāni, S. 166.
1254 Srour, Staatstheorie bei Afghāni, S. 165, der auf S. 168 besonders auf die Bedeutung der Sprache hinwies. „Es gibt keine Zugehörigkeit zur gleichen ethnischen Gemeinschaft ohne die Sprache (…).“ Al-Afġānī hat somit bereits zu diesem Zeitpunkt die Erforderlichkeit der Sprachkenntnisse für die Einheit einer Nation erkannt. Auch in Deutschland ist im Rahmen der Integrationspolitik dieses Erfordernis erkannt worden. Dabei bemühte sich al-Afġānī ferner die orientalischen Sprachen vor Verfremdung zu bewahren; so sprach er sich gegen die englische Sprache als Nationalsprache in Indien aus, da dies die Verneinung der indischen Sprache bedeuten würde und er der Ansicht war, dass, wenn die Menschen ihre Sprache verlieren, sie auch ihre Geschichte verlieren und ihre Glorie vergessen (vgl. Srour, Staatstheorie bei Afghāni, S. 169 ff.).
1255 Srour, Staatstheorie bei Afghāni, S. 165.
1256 Srour, Staatstheorie bei Afghāni, S. 188.

Soweit eine islamische Konföderation zustande käme, die auf der Grundlage der Zugehörigkeit zum Islam basiere[1257] und die die muslimischen Nationen vereine,[1258] dürfe dies nicht als Faktor gegen Andersgläubige verstanden werden und keine Nachteile für diese bringen.[1259]

Gleichzeitig seien die Nichtmuslime jedoch verpflichtet, die „*ǧizya*"-Steuer als Ersatz dafür zu leisten, dass sie vom Wehrdienst befreit werden. ʿAbduh rechtfertigte diese Steuer damit, dass der Staat dem Leistenden dafür zu Schutz und Hilfe verpflichtet sei; gleichzeitig betonte er, dass die Steuer geringer war als die Steuer, die Christen in der vorislamischen Zeit zu zahlen hatten.[1260]

ee. Religionsfreiheit

Die Autoren sprachen sich für religiöse Toleranz und Freiheit aus. Zum einen befürworteten al-Afġānī und ʿAbduh die Einheit der Sunniten und Schiiten, was den Geist der Toleranz verdeutlicht.[1261] Zum anderen sollte den Angehörigen der vorhandenen muslimischen Sekten und den Angehörigen anderer Religionen mehr Toleranz entgegen gebracht werden.[1262] Dabei erkannte die Autorengruppe auch die Freiheit der Religionsausübung der Andersgläubigen an. Dementsprechend war al-Afġānī der Ansicht, dass jeder seinen Glauben habe, Gott für alle Menschen da sei und nicht etwa nur für Juden, Christen oder Muslime.[1263] Muslimen sei es mithin weder erlaubt Andersgläubige zur Übernahme des Islam zu zwingen, noch sich an denen zu vergreifen, die nicht ihre Meinung teilten.[1264]

ʿAbduh und al-Afġānī befürworteten jedoch nicht die Säkularisierung, zu der das Europa des 19. Jahrhunderts tendierte.[1265] Die Autorengruppe zeigte sich

1257 Ein weiterer Faktor, der nach al-Afġānī befähigt sei, eine Nation zu bilden. Vgl. Srour, Staatstheorie bei Afghāni, S. 165.

1258 Siehe hierzu unten unter § 6 I. 3. b. bb.

1259 Srour, Staatstheorie bei Afghāni, S. 185.

1260 Haddad, Muhammad Abduh in: Pioneers of Islamic Revival, S. 30 (41), m.w.N.: "Abduh said that jizya is justified since its aim is to help those who pay it and to preserve their security and because it actually amounts to less than Christians paid prior to Islam.".

1261 Srour, Staatstheorie bei Afghāni, S. 9 Fn. (1); Adams, Islam and Modernism, S. 14.

1262 Adams, Islam and Modernism, S.133, "He urged tolerance among the adherents of the different sect of Muslims, and between Muslims and the adherents of other religions".

1263 Srour, Staatstheorie bei Afghāni, S. 105.

1264 Haddad, Muhammad Abduh in: Pioneers of Islamic Revival, S. 30 (41): "It has never been to force people to convert to the religion nor to take revenge on those who disagree with them.".

1265 Srour, Staatstheorie bei Afghāni, S. 249.

vielmehr äußerst besorgt über die Säkularisierung des damaligen Ägyptens; hierdurch würden Muslime in Teile geteilt, die zusammengehörten.[1266] Die Struktur der islamischen Gesellschaft würde durch die äußerst individualistischen Tendenzen der Säkularisierung zerstört und damit die Gesellschaft zu Grunde gehen.[1267] Daher sei die Säkularisierung eine Bedrohung für die Gesellschaft.[1268] ʿAbduh war bewusst, dass Ägypten die Moderne brauchte, aber er wollte kein säkulares Ägypten und daher versuchte er eine Brücke zu bauen, die den Modernismus und den Islam miteinander verbinden sollte.[1269] Zwischen Staat und Religion sei eine wirkliche Trennung niemals möglich. Die Religion hinterlasse – gleichgültig wie man sich verhalte – beim Menschen stets ihre Spuren, sei es in der Denkweise oder auf das Handeln des Menschen.[1270] Der Staat könne daher nicht wirklich säkular sein.[1271] Außerdem sei eine Trennung zwischen Religion und Staatswesen wegen der besonderen Bedeutung des Koran kaum denkbar.[1272]

Ferner sah diese Autorengruppe nicht die Erforderlichkeit für eine derartige Trennung. Die Trennung in den europäischen Ländern sei eine solche zwischen verschiedenen Institutionen gewesen, die es im Islam nicht gebe, da der Islam nicht über eine Kirche verfüge.[1273] Die Autoren vermochten daher nicht nachvollziehen, warum der Staatschef des islamischen Staates nicht als „Kalif der Muslime“ oder als „Herrscher der Gläubigen“ bezeichnet werden könne, obwohl in manchen europäischen Staaten die Zugehörigkeit zum christlichen Glauben weiterhin von überragender Bedeutung sei.[1274]

ff. Meinungsfreiheit

Die Autorengruppe erkennt die Meinungsfreiheit an und sieht diese als durch den Koran gewährleistet an. ʿAbduh verdeutlichte dies zum Abschluss einer Konferenz von muslimischen Gelehrten in Tunis, in dem er sagte: “I have made these remarks of mine, but have not intended that those who hear them are required to accept them. Otherwise, I should be acting contrary to the independece of thought and freedom of opinion which I am advocating. However, I do not

1266 Haddad, Muhammad Abduh in: Pioneers of Islamic Revival, S. 30 (42).
1267 Srour, Staatstheorie bei Afghāni, S. 231.
1268 Murtaza, Die Reformer des Islam, S. 31.
1269 Murtaza, Die Reformer des Islam, S. 29.
1270 Srour, Staatstheorie bei Afghāni, S. 105.
1271 Murtaza, Die Reformer des Islam, S. 31.
1272 Srour, Staatstheorie bei Afghāni, S. 249.
1273 Badawi, 'Abduh in: Reformers of Egypt, S. 35 (48).
1274 ʿUmāra, Al-Aʿmal, vol. III, p. 233.

suppose that any one of my hearers would accept them, because required to, even though I sought to require it of them. But these remarks are an opinion which I offer to my hearers. If they find it correct, they may accept it; if not, they have nought to fear but the bearing of the hardship of the free man in this assembly. And that is a lot in which both they and I share."[1275]

Für al-Afġānī ist die europäische Zivilisation durch diejenigen aufgekommen, die in den Gedanken frei waren und für sich das Recht in Anspruch nahmen, die Basis des Christentums in Frage zu stellen und die religiösen Autoritäten zurückzuweisen.[1276]

Nach Ansicht ʿAbduhs wird auch die Freiheit der Wissenschaft im Islam gewährleistet.[1277] Die Philosophie und die säkularen Wissenschaften sollten gerade nicht mit Fragen der Religion vermischt werden.[1278] Der Geist des Islam sei tolerant gegenüber allen wissenschaftlichen Untersuchungen.[1279] Religion und Wissenschaft basieren beide auf dem Verstand und beschäftigen sich mit denselben Phänomenen; allerdings mit unterschiedlicher Betrachtungsweise, so dass zwischen der Religion und der Wissenschaft kein Konflikt entstehe.[1280] Diese Bereiche seien gerade nicht antagonistisch; allein religiöse Intoleranz und Sektierertum behindere den Geist der freien Wissenschaft.[1281]

Das Pressewesen sei entsprechend den zeitgemäßen Erfordernissen anzupassen.[1282] Inwiefern die Autoren dabei von einer freien Presse ausgehen, bleibt allerdings unbeantwortet.

b. *Volkssouveränität*

Im Islam liegt nach dieser Ansicht die einzige absolute Autorität bei Gott und seinem Propheten.[1283] Gott sei als einzige absolute Autorität anzuerkennen. Zugleich sollte jedoch das Volk an einer legislativen Versammlung teilhaben, so dass die gesetzgebende Macht durch das Volk ausgeübt wird. Im Rahmen dieses legislativen Wirkens sei allerdings der Koran von maßgebender Bedeutung. Die Offenheit des Koran für verschiedene Auslegungen müsse als ein wesentliches

1275 Abduh, Risālat at-tauḥīd, Kairo 1926, 5. Auflage, S. 224, übersetzt ins Englische bei Adams, Islam and Modernism, S. 133.
1276 Badawi, Afghani in: Reformers of Egypt, S. 19 (31).
1277 Adams, Islam and Modernism, S. 135.
1278 Adams, Islam and Modernism, S. 125 f.; S. 134 f.
1279 Adams, Islam and Modernism, S. 142.
1280 Adams, Islam and Modernism, S. 134.
1281 Adams, Islam and Modernism, S. 125 f.; S. 134 ff.
1282 Srour, Staatstheorie bei Afghāni, S. 234.
1283 Haddad, Muhammad Abduh in: Pioneers of Islamic Revival, S. 30 (53): "(…) that in Islam there is no final authority besides that of God and the Prophet (…).".

Prinzip des Islam berücksichtigt werden.[1284] Im Rahmen der Auslegung des Koran sei sodann das Allgemeinwohl des Volkes als wesentliches Kriterium anzuerkennen.[1285]

Für diese Autorengruppe ist somit der Koran – den sie als Meister der Entwicklung und Anpassung sahen – das wesentliche Fundament jeder Reform.[1286] "The establishment of a righteous and just society must be in accordance with the teachings of the *Qur'ān*. Such exegesis should involve a straightforward understanding of the meaning of the text to encourage Muslims to follow divine teachings."[1287]

aa. Begriffsverständnis

Im Islam sei keine religiöse Autorität vorhanden, so dass die Quelle der Macht das Volk sei.[1288] Daher entscheide das Volk, was seinem Interesse entspreche und wie diese Interessen verwirklicht werden sollten.[1289] Dabei sei eine Nationalversammlung im Staat einzurichten, zumal im Parlamentarismus ein Äquivalent zum islamischen „*šūrā*"-Prinzip zu sehen sei.[1290] Die legislative Versammlung, die durch einen König oder eine äußere Kraft eingesetzt wurde, könne keine Bindungswirkung haben, da diese von den Bürgern selbst eingesetzt werden müsse.[1291] Die Nation habe das Recht an der Regierung teilzuhaben.[1292] Die Repräsentanten des Volkes in der legislativen Versammlung sollten daher durch Wahlen ermittelt werden.[1293] Die Forderungen nach einem Ende der Diktaturen in den Staaten mit muslimischer Bevölkerungsmehrheit und nach der Beteiligung des Volkes am Staatswesen entspreche den Regelungen der *Scharia* – keineswegs verstanden die Autoren dies als Nachahmung des Westens.[1294] Um die Macht des Volkes wiederherzustellen, müssten die Muslime nach Ansicht al-Afġānīs eine

1284 Haddad, Muhammad Abduh in: Pioneers of Islamic Revival, S. 30 (40).
1285 Haddad, Muhammad Abduh in: Pioneers of Islamic Revival, S. 30 (47).
1286 Haddad, Muhammad Abduh in: Pioneers of Islamic Revival, S. 30 (46).
1287 Haddad, Muhammad Abduh in: Pioneers of Islamic Revival, S. 30 (37).
1288 Haddad, Muhammad Abduh in: Pioneers of Islamic Revival, S. 30 (53).
1289 Haddad, Muhammad Abduh in: Pioneers of Islamic Revival, S. 30 (53).
1290 Murtaza, Die Reformer des Islam, S. 30; Schura wird in diesem Rahmen als „Konsultation" bzw. „Beratung" verstanden, vgl. hierzu oben 3. Teil, § 5 I. 2.
1291 Badawi, Afghani in: Reformers of Egypt, S. 19 (21).
1292 Haddad, Muhammad Abduh in: Pioneers of Islamic Revival, S. 30 (54).
1293 Badawi, Afghani in: Reformers of Egypt, S. 19 (21 f.).
1294 Haddad, Muhammad Abduh in: Pioneers of Islamic Revival, S. 30 (54).

religiöse Bewegung ins Leben rufen, die sich auf die eigentlichen Quellen der Religion zurückbesinnt, so wie es Martin Luther in Europa getan hatte.[1295]

bb. Umfang

Da das Volk die Quelle der Macht sei, stellt sich die Frage, wer nach dieser Ansicht zum Volk gehört. In al-Afġānīs Werk "*The Truth about the Neicheri Sect and an Explanation of the Neicheris*" setzt dieser die „*Umma*" anderen Völkern gleich und erklärt, dass für sie die gleichen Mechanismen gelten, wie für andere Gesellschaften.[1296]

Allerdings hielten ʿAbduh und al-Afġānī eine Vereinigung aller Muslime innerhalb eines Großreiches für tatsächlich nicht realisierbar.[1297] So erkannten sie praktische Schwierigkeiten einer globalen Einigung aller Muslime. Daher müssten die Muslime nicht in einem einzigen Staat vereinigt sein, vielmehr sollte eine Einheit insoweit gebildet werden, wie dies zu Verteidigungszwecken erforderlich sei.[1298] Die muslimische Gemeinschaft könnte sich hierzu der Form einer Konföderation bedienen.[1299] Insbesondere sollte die „*Umma*" als moralische Einheit jede Staatsgrenze überschreiten.[1300]

ʿAbduh und al-Afġānī sprachen sich somit für das Prinzip des Nationalstaates (arab.: „*waṭan*") aus, den sie als einfachsten vereinenden Faktor ansahen.[1301] Sie erkannten daher eine nationale Zugehörigkeit neben der religiösen Zugehörigkeit an.[1302] Die in der Nation lebenden Menschen bildeten danach das Staatsvolk.

1295 Badawi, Afghani in: Reformers of Egypt, S. 19 (29); Murtaza, Die Reformer des Islam, S. 23.

1296 Murtaza, Die Reformer des Islam, S. 23.

1297 Badawi, Afghani in: Reformers of Egypt, S. 19 (27); Badawi, 'Abduh in: Reformers of Egypt, S. 35 (45).

1298 Badawi, Afghani in: Reformers of Egypt, S. 19 (27): "He therefore suggested that the muslims need not to be united in one single state but could achieve such a unity as essential for their defence."; Murtaza, Die Reformer des Islam, S. 21.

1299 Srour, Staatstheorie bei Afghāni, S. 118 und S. 184.

1300 Murtaza, Die Reformer des Islam, S. 31.

1301 Badawi, 'Abduh in: Reformers of Egypt, S. 35 (41 f.), auch al-Afġānī sprach sich für einen Nationalstaat im Sinne des "*waṭan*" aus, vgl. hierzu Srour, Staatstheorie bei Afghāni, S. 172.

1302 Srour, Staatstheorie bei Afghāni, S. 161 f, S. 163, S. 167 f.; Srour hebt dabei hervor, dass al-Afġānī sich für ein arabisches Kalifat einsetzte, die Gründungsväter des türkischen Nationalismus ihn ihm ebenfalls einen von ihren sehen und auch auf dem indischen Subkontinent er die Wichtigkeit des Nationalbewusstseins her-vor hob.

cc. Grenzen der Volkssouveränität

Da im Koran eine universelle und allumfassende, zeitlich und örtlich unabhängige Botschaft enthalten sei,[1303] müsse der Koran die erste und wesentlichste Quelle der Gesetzgebung für eine rechtschaffende Gesellschaft sein.[1304] Allein der Koran sei die Basis für die Fortentwicklung der Menschen.[1305] ʿAbduh führte die missliche Situation der muslimischen Länder darauf zurück, dass die Menschen die Anweisungen des Koran missachten.[1306] Daher müsste auch die Übernahme neuer Maßnahmen und neuer Ideen mit den wesentlichen Prinzipien des Islam übereinstimmen.[1307]

Die Autoren setzen sich dabei für eine zeitgemäße, von der Nachahmung losgelöste Interpretation des Islam ein.[1308] Es sollte nicht auf die durch die Rechtsschulen begründete Tradition zurückgegriffen werden, vielmehr sollte die freie Meinungsbildung (arab.: *iğtihād*) bei der Interpretation des Koran als legitimes Mittel herangezogen werden.[1309] Zugleich sollte nach Ansicht ʿAbduhs jedoch eine Revision der *Scharia* durchgeführt werden.[1310] Nur so könne die Fähigkeit zur Annahme einer Staatsform unter zeitgemäßen Konditionen demonstiert[1311] und diese an die Bedürfnisse der heutigen Zeit angepasst werden.[1312]

Im Rahmen einer derartigen Revision sei zwischen den folgenden zwei wesentlichen Bereichen zu differenzieren: Zum einen gebe es den Bereich der ausdrücklich im Koran und in der Sunna niedergelegten Gesetze, an die sich jeder Muslim zu halten habe. In diesem Bereich gibt es für die Autoren keine Möglichkeit zu einer eigenen Rechtfindung.[1313] Zum anderen gebe es den Bereich,

1303 Haddad, Muhammad Abduh in: Pioneers of Islamic Revival, S. 30 (47).
1304 Badawi, Afghani in: Reformers of Egypt, S. 19 (31); Haddad, Muhammad Abduh in: Pioneers of Islamic Reform, S. 30 (47).
1305 Badawi, Afghani in: Reformers of Egypt, S. 19 (29).
1306 Adams, Islam and Modernism, S. 141, "The reason why Muslims have fallen prey to other nations is because they have neglected to obey the injunction of the *Qurʿān* to study the laws to which it points the way.".
1307 Badawi, Afghani in: Reformers of Egypt, S. 19 (29).
1308 Srour, Staatstheorie bei Afghāni, S. 111.
1309 Badawi, Afghani in: Reformers of Egypt, S. 19 (31); Haddad, Muhammad Abduh in: Pioneers of Islamic Reform, S. 30 (47).
1310 Srour, Staatstheorie bei Afghāni, S. 221.
1311 Adams, Islam and Modernism, S. 109, "(…) there is a need for a revision of the system of canon la, which is as an essential part of Islam, that its adaptability as an instrument of government under modern conditions may be practically demonstrated".
1312 Haddad, Muhammad Abduh in: Pioneers of Islamic Revival, S. 30 (56); Srour, Staatstheorie bei Afghāni, S. 221.
1313 Badawi, 'Abduh in: Reformers of Egypt, S. 35 (82).

der nicht durch ausdrückliche Texte abschließend geregelt wird. Dieser Bereich betreffe keine allgemeine Regeln der Rituale oder Verbote, sondern berühre Detailfragen dieser religiösen Aspekte und die Beziehungen zwischen Individuen (arab.: *muᶜāmlāt*).[1314] Insbesondere hinsichtlich der Rechtsfragen, die die Beziehungen zwischen den Menschen (arab.: *muᶜāmlāt*) betreffen, sei eine eigenständige Rechtsfindung möglich und sollte am Prinzip des Allgemeinwohls ausgerichtet sein.[1315] Gesetze reflektierten die Mentalität der Menschen, ihrer Gebräuche und Traditionen. Daher sei es nur natürlich, dass die Gesetze orts- und zeitabhängig seien, und sich entsprechend unterschieden.[1316] Dementsprechend sind für die Autoren die generellen Prinzipien der *Scharia* permanenter Natur, während die Details veränderbar bleiben.[1317]

c. *Wahlrecht*

Das Volk habe Autorität über den Staatschef und sei daher befugt diesen zu ernennen und ihn wieder abzusetzen, wenn er nicht dem Allgemeinwohl dient.[1318] Die Ernennung des Staatschefs habe dabei durch Wahlen zu erfolgen.

Ferner wähle das Volk die Repräsentanten der gesetzgebenden Versammlung und nehme somit an der Regierung des Staates teil.[1319]

aa. *Aktives Wahlrecht*

Die Repräsentaten der gesetzgebenden Versammlung sollten durch das Volk gewählt werden.[1320] Eine durch einen König oder eine äußere Kraft eingesetzte gesetzgebende Versammlung besitze keine Bindungswirkung.[1321] Die Autoren halten somit Wahlen für die Besetzung der gesetzgebenden Versammlung für erforderlich. Daher erkennen sie im Grundsatz das aktive Wahlrecht an. Allerdings

1314 Badawi, 'Abduh in: Reformers of Egypt, S. 35 (83): „This type does not concern general rules of ritual or prohibitons, but it touches upon details of these aspects of religion and also upon the relationship between individuals".

1315 Badawi, 'Abduh in: Reformers of Egypt, S. 35 (83).

1316 Badawi, 'Abduh in: Reformers of Egypt, S. 35 (85).

1317 Badawi, 'Abduh in: Reformers of Egypt, S. 35 (86): "He stresses the changing nature of the detailed items of the *Scharᶜia* in contrast to the permanent nature of its general principles.".

1318 Murtaza, Die Reformer des Islam, S. 30.

1319 Haddad, Muhammad Abduh in: Pioneers of Islamic Revival, S. 30 (54), Badawi, Afghani in: Reformers of Egypt, S. 19 (21 f.).

1320 Badawi, Afghani in: Reformers of Egypt, S. 19 (21 f.).

1321 Badawi, Afghani in: Reformers of Egypt, S. 19 (21).

wird keine ausdrückliche Aussage dahingehend getroffen, wem das aktive Wahlrecht zukommt – insbesondere, ob Frauen und Nichtmuslime dieses Recht haben.

bb. Passives Wahlrecht

Die Besetzung der gesetzgebenden Versammlung sowie die Ermittlung der Person des Staatsoberhauptes habe durch Wahlen zu erfolgen. Fraglich ist, wer passiv wahlberechtigt ist.

(1) Staatschef

Dem Staat sollte ein Kalif vorstehen,[1322] wobei al-Afġānī die Herrschaft eines „erleuchteten" Herrschers favorisierte[1323]. Der Regierende existiere für das Wohl der Menschheit; er habe die sich verändernden und sich fortentwickelnden Verhältnisse zu überblicken.[1324] Der Kalif sei jedoch nicht frei von Sünden, er erhalte keinerlei Offenbarungen und er besitze auch kein Recht den Koran zu interpretieren.[1325] Das Staatsoberhaupt sei daher in jeder Hinsicht ein weltlicher Herrscher ohne theokratischen Herrschaftsbereich, da er keine Gesetze von Gott erhält.[1326] Der Kalif sei lediglich das politische Haupt der Gemeinschaft, keinesfalls sei er dem Papst gleichzusetzen.[1327] Die Position des Staatsoberhauptes sei nicht das Privileg einer bestimmten Gruppe der Bevölkerung.[1328] Al-Afġānī hob daher hervor, dass kein Muslim aus Stolz auf seine Nationalität die Herrschaft eines anderen Muslims mit anderer Nationalität ablehnen dürfe.[1329] Die Position des Staatsoberhauptes sei jedoch einem Muslim vorbehalten, da die Macht von einer

1322 Badawi, 'Abduh in: Reformers of Egypt, S. 35 (45).

1323 Badawi, 'Abduh in: Reformers of Egypt, S. 19 (22); Murtaza, Die Reformer des Islam, S. 20.

1324 Haddad, Muhammad Abduh in: Pioneers of Islamic Revival, S. 30 (53): "The ruler exists for the welfare of humanity, overseeing its changing and progessing conditions.".

1325 Haddad, Muhammad Abduh in: Pioneers of Islamic Revival, S. 30 (54); Badawi, 'Abduh in: Reformers of Egypt, S. 35 (48).

1326 Haddad, Muhammad Abduh in: Pioneers of Islamic Revival, S. 30 (54): "By all count, therefore, the Caliph or Sultan is civil ruler whose domain is not a theocracy because he does not receive laws from God.".

1327 Badawi, 'Abduh in: Reformers of Egypt, S. 35 (48).

1328 Badawi, 'Abduh in: Reformers of Egypt, S. 19 (22), der darstellt, dass dies eine Neuerung jedenfalls in Ägypten war.

1329 Srour, Staatstheorie bei Afghāni, S. 158; Ṣalaḥ ad-Dīn ist ein gutes Beispiel dafür, dass dies in der Vergangenheit durchaus gelungen ist. Er stellte seine kurdische Abstammung in den Hintergrund.

Person ausgehen müsse, die die Ideologie[1330] als Grundgefüge des Staates vertrete.[1331] Aus diesem Grund sei die religiöse Bindung von besonderer Wichtigkeit.[1332] Des Weiteren müsse das Staatsoberhaupt der arabischen Sprache mächtig sein, um den Koran und die Lebensweise des Propheten zu verstehen und zwischen richtig und falsch entscheiden und so Gerechtigkeit etablieren zu können.[1333]

Bemerkenswert ist in diesem Zusammenhang jedoch, dass ʿAbduh – der im damals von den Briten besetzten Ägypten lebte – mit dem damaligen britischen Generalkonsul und heimlichen Herrscher Ägyptens Lord Cromer[1334] kooperierte und sich zwischen beiden eine außerordentlich freundliche, kooperationsbereite Beziehung entwickelte, die für ʿAbduh teilweise von großem Nutzen war.[1335]

1330 Der Begriff „Ideologie" wird in allen Schattierungen von individueller und kollektiver bis hin zur Inszenierung von Herrschaftsinteressen gebraucht, die als „Allgemeininteresse" firmieren. Er oszilliert zwischen einer positiven, einer pejorativen und einer wertneutralen Bedeutung (vgl. hierzu Reinhold, Soziologie-Lexikon, „Ideologie", S. 279). Daher hat der Begriff eine übergroße Vielfalt an Bedeutungen (Endruweit/Trommsdorff, Wörterbuch der Soziologie, „Ideologie", S. 221). Vorliegend wird der Begriff „Ideologie" ausschließlich rein beschreibend und wertneutral verstanden. Er wird in mehr umgangssprachlicher Bedeutung als allgemeinsoziologischer-wissenschaftstheoretischer Begriff verstanden. Der Begriff „Ideologie" bezeichnet daher in allgemeiner Form eine Weltanschauung oder ein System von Wertvorstellungen (vgl. Smelser/Baltes, International Encyclopedia of the social, "Ideology", S. 7170). Somit ist hierunter ein System von Überzeugungen und Begriffen zu verstehen, das die soziale Wirklichkeit in einer Weise sinnhaft strukturiert, um in ihr Leben zu können. Die Aussagen dieses Systems sind bedingt durch die jeweils spezifische politisch-ökonomische Strukturierung der Gesellschaft (vgl. Fuchs-Heinritz/Lautmann/Rammstedt/Wienold, Lexikon zur Soziologie, „Ideologie", S. 284, [2]). "Ideology" is used in a largely descriptive way to refer to any system of thougt or belief which animates social or political action: this is what could be described as a *neutral conception* of ideology". Dementsprechend wird vorliegend Ideologie verstanden als "discrete and relatively coherent system of thought and belief which inform social and political action, and the task confronting the analyst of ideology is to delineate these systems and describe their main features" (vgl. Smelser/Baltes, International Encyclopedia of the social, "Ideology", S. 7173).

1331 Srour, Staatstheorie bei Afghāni, S. 117 und 130.

1332 Srour, Staatstheorie bei Afghāni, S. 159.

1333 Haddad, Muhammad Abduh in: Pioneers of Islamic Revival, S. 30 (54): "He is obeyed as long as he adheres to the truth of the book and the way of the Prophet.".

1334 Earl of Cromer, von 1883 bis 1906 britischer Generalkonsul Ägyptens, vgl. Srour, Staatstheorie bei Afghāni, S. 65.

1335 Srour, Staatstheorie bei Afghāni, S. 248.

Lord Cromer war kein Muslim, so dass ʿAbduh die faktische Herrscherposition Cromers akzeptierte und diese für seine Ziele auch nutzen wollte.[1336]

(2) Zugang zu sonstigen öffentlichen Ämtern

Für die Autoren sind die Nichtmuslime gleichberechtigte Staatsbürger mit allen Rechten und Privilegien.[1337] Die Teilnahme an den Geschehnissen der Nation stehe danach allen Bürgern offen, unabhängig von ihrer religiösen Zugehörigkeit. Alle Bürger seien Brüder und alle Menschen daher gleich zu behandeln.[1338] Nichtmuslimen stehen folglich nach dieser Ansicht sämtliche Posten im Staatsdienst offen, mit Ausnahme der islamischen Gerichtsbarkeit und des Amtes des Staatsoberhaupts.[1339]

d. Mehrheitsprinzip

Eine ausdrückliche Stellungnahme dieser Autoren zum Mehrheitsprinzip liegt nicht vor. Allerdings hob ʿAbduh hervor, dass eine Nationalversammlung für ihn das moderne Äquivalent zur islamischen Tradition darstellt.[1340] Verfassungsgemäße Institutionen wie ein Parlament widersprächen dementsprechend keineswegs der islamischen Tradition.[1341] Islamische Institutionen wie die „*šūrā*“ (Prinzip der Konsultationen) könnten sogar nach westlichem Vorbild zu demokratischen Institutionen ausgebaut werden; die Regierungen müssten diese respektieren und hätten sich daran zu halten.[1342] Die durch das Volk zu besetzende Nationalversammlung treffe sodann die gesetzlichen Entscheidungen[1343] nach europäischem Vorbild. Aus diesen Aussagen kann gefolgert werden, dass das Mehrheitsprinzip ebenfalls zur Anwendung kommen sollte. Zwingend ist diese Folgerung indessen nicht.

1336 Srour, Staatstheorie bei Afghāni, S. 247.
1337 Haddad, Muhammad Abduh in: Pioneers of Islamic Revival, S. 30 (55).
1338 Haddad, Muhammad Abduh in: Pioneers of Islamic Revival, S. 30 (55): “He affirmed that the national party is a secular party whose membership is open to all regardless of religion, one in which Jews and Christians can participate. All are brothers, he said, and the Islamic Shari'a forbids hatred and considers all humans equal in treatment.”.
1339 Haddad, Muhammad Abduh in: Pioneers of Islamic Revival, S. 30 (55).
1340 Badawi, 'Abduh in: Reformers of Egypt, S. 35 (42): “The consultation or Schura of the past was to be the consultative assembly of the present.”.
1341 Badawi, 'Abduh in: Reformers of Egypt, S. 35 (42).
1342 Srour, Staatstheorie bei Afghāni, S. 232.
1343 Haddad, Muhammad Abduh in: Pioneers of Islamic Revival, S. 30 (53).

e. *Gesetzesmäßigkeit der Verwaltung*

Die Autoren kritisierten ausdrücklich die autoritären Systeme, die in den muslimischen Staaten ihrer Zeit vorherrschten.[1344] Sie stellten sich gegen autokratische Regierungen und verfolgten die Idee, dass eine legitimierte Autorität von der gerechten Anwendung des Gesetzes abhängig ist.[1345] Dieses Recht des Volkes auf die Gerechtigkeit der Regierung sei das Fundament, auf dem das Sozialleben basiere.[1346] Der Staatschef und damit die gesamte Regierung sei an das Gesetz gebunden und habe folglich keine absolute Macht; ferner sei das Staatsoberhaupt verpflichtet mit Mitgliedern der Nationalversammlung über die Regierungsgeschäfte zu beraten.[1347]

f. *Unabhängigkeit der Gerichte*

ʿAbduh erkannte, dass die gerechte Gerichtsbarkeit eine unerlässliche Stütze des Aufbaus einer fortschrittlichen Gesellschaft ist.[1348] So favorisierte er die Zusammenlegung der vielen, unterschiedlichen Rechtssysteme im Ägypten seiner Zeit zu einem einheitlichen System.[1349] Hierzu leitete er in seiner Amtszeit als Mufti von Ägypten eine Kommission zur Reformierung des Gerichtswesens. Die seiner Ansicht nach notwendigen Reformen schilderte er in einem Bericht; insbesondere sei ein höheres Bildungsniveau der Richter und Standesbeamten bis hin zu den „kleinsten" Schreibern notwendig.[1350] Außerdem forderte er Sachlichkeit, verantwortungsbewusste Urteile und das Abschaffen von Verfahrensverzögerungen.[1351]

Gleizeitig erkannte ʿAbduh, dass die Staatsoberhäupter das Rechtssystem korrumpiert und dieses für eigene Zwecke ausgenutzt hatten, indem sie die Gerichte dazu brachten, Rechtsgutachten (arab.: *fatwā*) anzufertigen, um die

1344 Badawi, Afghani in: Reformers of Egypt, S. 19 (31).

1345 Badawi, 'Abduh in: Reformers of Egypt, S. 35 (48): "Like al-Afghani, Abduh opposed autocratic government and subscribed to the idea that a legitimate authority was conditioned by the just application of the law.".

1346 Srour, Staatstheorie bei Afghāni, S. 238 f., woraus dieser folgert, dass ʿAbduh einen Rechtsstaat im wahrsten Sinne des Wortes anstrebt.

1347 Badawi, 'Abduh in: Reformers of Egypt, S. 35 (48).

1348 Srour, Staatstheorie bei Afghāni, S. 251.

1349 Badawi, 'Abduh in: Reformers of Egypt, S. 35 (48).

1350 Srour, Staatstheorie bei Afghāni, S. 251.

1351 Srour, Staatstheorie bei Afghāni, S. 251.

eigene Politik zu rechtfertigen.[1352] Um derartiges zu verhindern, müsse eine Einflussnahme der Regierenden ausgeschlossen werden.

g. *Verantwortlichkeit der Regierung*

Die fehlende Verantwortlichkeit der Regierung für die eigene Politik in den islamischen Nationen wurde von dieser Autorengruppe ebenfalls kritisiert.[1353] Das Scheitern der muslimischen Politik folgerten die Autoren aus der zu mächtigen Stellung der Regierenden, denen das Volk zwingend zu folgen hatte.[1354] Daher müsse gewährleistet werden, dass die Regierenden durch das Volk kontrolliert werden.[1355] Der Verantwortlichkeit der Regierung dem Volke gegenüber wird daher auch eine überragende Bedeutung zugewiesen.[1356] Dem Herrscher dürfe keineswegs mehr zugestanden werden als einfachen Bürgern.[1357] Das Staatsoberhaupt sei daher selber an das Gesetz gebunden und sollte vom Volk kontrolliert und notfalls auch abgesetzt werden können.[1358]

Der Islam beschreibe die Rechte ebenso wie die Pflichten des Staatschefs und der Regierung.[1359] An diese Pflichten habe sich der Staatschef sowie die Regierung zwingend zu halten. Die Bewahrung der Macht durch den Herrscher hänge mithin von der Erfüllung seiner Pflichten ab.[1360]

h. *Mehrparteiensystem*

Auch hinsichtlich der Frage eines Mehrparteiensystems fehlt eine ausdrückliche Äußerung dieser Autoren. Es lassen sich hierzu lediglich Einzelaussagen finden. So vertrat al-Afġānī die Auffassung, dass Parteien jedenfalls eine Hilfsfunktion bei der Modernisierung der islamischen Länder haben könnten.[1361]

1352 Haddad, Muhammad Abduh in: Pioneers of Islamic Revival, S. 30 (53): "The rulers, (...) not only were ignorant of how to administer government and justice, they had corrupted the jurists and used them for their own purpose by making them produce *fatwā* to vindicate the policies of the government.".
1353 Haddad, Muhammad Abduh in: Pioneers of Islamic Revival, S. 30 (53).
1354 Badawi, 'Abduh in: Reformers of Egypt, S. 35 (44).
1355 Badawi, 'Abduh in: Reformers of Egypt, S. 35 (44).
1356 Badawi, 'Abduh in: Reformers of Egypt, S. 35 (44).
1357 Srour, Staatstheorie bei Afghāni, S. 107.
1358 Murtaza, Die Reformer des Islam, S. 30.
1359 Haddad, Muhammad Abduh in: Pioneers of Islamic Revival, S. 30 (53 f.): "Islam set path establishing limits and identifying rights.".
1360 Badawi, Afghani in: Reformers of Egypt, S. 19 (22): "(...) the ruler's retention of power is contingent on his performing his duties.".
1361 Srour, Staatstheorie bei Afghāni, S. 125.

Tatsächlich gab es zu Lebzeiten der Autoren in Ägypten bereits verschiedene Parteien, die zum Teil sogar unter Einfluss dieser beiden Denker standen.[1362] Aus der Tatsache, dass sie die Parteienpluralität kannten und diese Parteien teilweise unter ihrem Einfluss standen, kann gefolgert werden, dass die Autoren jedenfalls faktisch ein derartiges Mehrparteiensystem anerkannten.

4. Einordnung der Position

Festzuhalten ist zunächst, dass für diese Autorengruppe der Islam in seinem Urbild keinen Absolutismus als Herrschaftssystem anerkennt; die Herrschaft basiere auf Konsultationen (arab.: *šūrā*) und dem Konsens (arab.: *iǧmāʿ*).[1363] Für ʿAbduh und al-Afġānī hindern die Gedanken des Absolutismus mit seinen negativen Begleiterscheinungen die Fortentwicklungsmöglichkeiten der Individuen, so dass sie diese ablehnten.[1364] ʿAbduh war sogar beeindruckt davon, wie die Demokratie die Allmacht des Staatsoberhauptes beschränkt und er betonte daher die Bedeutung der *šūrā*.[1365]

Insgesamt bemühten sich diese Autoren, die Kompatibilität des Islam mit der Moderne zu beweisen.[1366] Wesentlich im Rahmen dieser Autorengruppe ist jedoch eine neue Sichtweise: „ʿAbduh fragte nicht mehr, (...) ob der fromme Muslim mit den Institutionen und Ideen der modernen Welt leben könne; sie waren da, sie waren unwiderrufliche Tatsachen geworden. Vielmehr fragte ʿAbduh, ob jemand, der in dieser Welt lebte, noch ein frommer Muslim sein könne. Seine Antwort war ein emphatisches „Ja". Da der Islam eine rationale Religion sei, könne er auch die moralische Basis einer fortschrittlichen Gesellschaft bilden. Die *Scharia* müsse im Lichte der Probleme der Zeit verstandesmäßig interpretiert werden."[1367]

Dies bedeutet jedoch nicht, dass ʿAbduh mit allem, was der Fortschritt brachte einverstanden war. Vielmehr war er der Überzeugung, dass der Islam den Muslimen hilft, sich in der Moderne für das zu entscheiden, was gut für sie ist

1362 Eine eingehende Darstellung dazu, welchen Einfluss die Autoren auf welche Partei hatten, ist bei Adams, Islam and Modernism, S. 220 ff. zu finden.

1363 Srour, Staatstheorie bei Afghāni, S. 135.

1364 Srour, Staatstheorie bei Afghāni, S. 135.

1365 Haddad, Muhammad Abduh in: Pioneers of Islamic Revival, S. 30 (59): "It is also clear that he was impressed with the role that democracy plays in providing constraints on the ruler, hence his emphasis on *Shura*."

1366 Badawi, 'Abduh in: Reformers of Egypt, S. 35 (49); Srour, Staatstheorie bei Afghāni, S. 50.

1367 Murtaza, Die Reformer des Islam, S. 31.

und sie von dem abhält, das schlecht für sie ist.[1368] Politische Reformen stünden daher in Überstimmung mit dem wahren Geist des Islam,[1369] da der Islam als zeitlose Religion verschiedene Formen erlauben muss, um die wahren Ziele seiner Prinzipien zu erfüllen.[1370] Beweggrund für diesen Reformwillen der Autoren waren die kolonialen Expansionen der europäischen Mächte, die als unmoralisch und ungerecht angesehen wurden.[1371] Um dieser Expansion entgegen treten zu können, müsse die islamische Welt wieder erstarken.[1372]

Methodisch sei hierzu erforderlich, dass zu den wesentlichen Grundsätzen der islamischen Theologie zurückgekehrt werde.[1373] Daher sollte zur wesentlichen Rechtsquelle der islamischen Rechtsfindung zurückgefunden werden: dem Koran, der zeitgemäß interpretiert werden sollte.[1374] „Dabei darf diese Rückkehr zu den Quellen des Islam nicht missverstanden werden als eine Rückkehr ins 7. Jahrhundert, sondern muss vielmehr verstanden werden als eine Orientierungshilfe in der Moderne aus dem Geiste des ursprünglichen Islam."[1375]

Die Berücksichtigung der Vernunft sei unumgänglich, da der wahre Islam die Vernunft beinhaltete.[1376] Der Vernunft komme daher eine besondere Bedeutung zu. Die Vernunft biete dem Menschen eine erhebliche Fortentwicklungsmöglichkeit, wenn sie sich frei entwickeln könne.[1377] Hierzu müsse die Möglichkeit der freien Meinungsbildung (arab.: *iǧtihād*) eröffnet werden.[1378] Dies allerdings nur in dem Bereich, der nicht durch eine ausdrückliche Regelung im Koran oder der Sunna (arab.: *naṣṣ*) abschließend behandelt wurde[1379]. In allen übrigen Bereichen – insbesondere der Bereich der zwischenmenschlichen Beziehungen (arab.: *muʿāmlāt*) –

1368 Badawi, 'Abduh in: Reformers of Egypt, S. 35 (49); Murtaza, Die Reformer des Islam, S. 32.
1369 Adams, Islam and Modernism, S. 109.
1370 Badawi, 'Abduh in: Reformers of Egypt, S. 35 (49): "(...) as a timeless religion must permit of various forms to fulfil the true aims of its principles.".
1371 Badawi, Afghani in: Reformers of Egypt, S. 19 (23), der darauf hinweist, dass al-Afǧānī wegen dieser Ungerechtigkeiten und der stetigen Kriege diese Gesellschaft als unzivilisiert bezeichnete.
1372 Haddad, Muhammad Abduh in: Pioneers of Islamic Revival, S. 30 (36).
1373 Murtaza, Die Reformer des Islam, S. 23 f.; Keddie, al-Afghani in: Pioneers of Islamic Revival, S. 26.
1374 Keddie, al-Afghani in: Pioneers of Islamic Revival, S. 26; Srour, Staatstheorie bei Afghāni, S. 220.
1375 Murtaza, Die Reformer des Islam, S. 24.
1376 Srour, Staatstheorie bei Afghāni, S. 50.
1377 Srour, Staatstheorie bei Afghāni, S. 53.
1378 Badawi, Afghani in: Reformers of Egypt, S. 19 (28): "The aim of the new Ijtihad is to arrive at the true Islam, the Islam which is not corrupted by harmful ideas and practices.".
1379 Badawi, 'Abduh in: Reformers of Egypt, S. 35 (82).

sei im Wege der freien Meinungsbildung zu verfahren.[1380] Maßstab der freien Meinungsbildung sollte das Allgemeinwohl (arab.: *maṣlaḥa*) bilden, dem ʿAbduh eine gewichtige Bedeutung zusprach.[1381]

Ferner müsse nach dieser Ansicht die blinde Nachahmung (arab.: *taqlīd*) der Rechtsschulen unterbunden werden.[1382] Die Meinungen der Rechtsschulen, insbesondere die Jurisprudenz (arab.: *fiqh*), könne demnach die Muslime nicht binden.[1383] Daher sei nicht zwingend einer Rechtsschule zu folgen, vielmehr bestünde insbesondere die Möglichkeit mehreren Rechtsschulen anzugehören.[1384]

Die Autoren sahen auch keinen Grund dafür, dass der Islam aufgrund seiner Natur gegen einen Weg der Kooperation zwischen Muslimen und Nichtmuslimen stünde.[1385] ʿAbduh meint: "The true religion of Islam is not against friendship and it does not war against love, nor does it forbid Muslims taking advantage of the actions of those of other religions with whom they have common interests"[1386]. Diese Ansicht ʿAbduhs wurde durch die von ihm als Mufti von Ägypten ausgesprochene „Transvaal-*Fatwā*" verdeutlicht, in der er sich mit den Auswirkungen des unvermeidlichen Kontakts zwischen afrikanischen Muslimen und Europäern befasste: Diese *Fatwā* (Rechtsgutachten) war seine Antwort auf die Anfrage der islamischen Gemeinden in Transvaal (Südafrika).[1387] Darin gab ʿAbduh seiner Meinung Ausdruck, dass es Muslimen erlaubt sei das Fleisch von Tieren zu essen, das von Nichtmuslimen geschlachtet wurde. Ferner sei es danach Muslimen auch erlaubt, europäische Kleidung zu tragen.[1388]

Diesem Rechtsgutachten ist zu entnehmen, dass sich nach ʿAbduhs Ansicht Muslime soweit wie möglich anpassen dürfen, jedoch nicht auf Kosten des eigenen Glaubens.[1389] Es wird deutlich, dass ʿAbduh versuchte, die Muslime die mit der europäischen Gesellschaft in Berührung kamen, vor einem Gewissenskonflikt zu bewahren und er daher eine aufgeschlossene Gesellschaft befürwortete.[1390] So-

1380 Badawi, 'Abduh in: Reformers of Egypt, S. 35 (83); Haddad, Muhammad Abduh in: Pioneers of Islamic Revival, S. 36: "In all of this Abduh urged the use of reason and what he saws as the essential freedom of man to understand the laws that govern human life.".

1381 Haddad, Muhammad Abduh in: Pioneers of Islamic Revival, S. 30 (59).

1382 Murtaza, Die Reformer des Islam, S. 24.

1383 Badawi, Afghani in: Reformers of Egypt, S. 19 (28); zu ʿAbduh S. 35 (82).

1384 Badawi, 'Abduh in: Reformers of Egypt, S. 35 (81).

1385 Badawi, 'Abduh in: Reformers of Egypt, S. 35 (74).

1386 ʿAbduh zitiert aus Badawi, 'Abduh in: Reformers of Egypt, S. 35 (74).

1387 Srour, Staatstheorie bei Afghāni, S. 244.

1388 Vgl. im Einzelnen zu diesem Gutachten Adams, Muhammad 'Abduh and the Transvaal Fatwā in: Macdonald Presentation Volume, New York 1933, S. 12-29.

1389 Srour, Staatstheorie bei Afghāni, S. 246.

1390 Srour, Staatstheorie bei Afghāni, S. 246.

lange folglich nicht das Fundament der Religion betroffen sei und nicht gegen zwingende islamische Vorschriften verstoßen würde, könne der Muslim sich den Gegebenheiten anpassen.

Eine derartige Position ist durchaus mit der freiheitlich demokratischen Grundordnung vereinbar. Denn diese ermöglicht es dem Muslim sich den Gesetzen und der Gesellschaft anzupassen. Die Anpassung würde auch nicht auf Kosten der Religion geschehen. Aufgrund der gewährleisteten Religionsfreiheit wird das Fundament des Islam durch die Gesetze nicht betroffen, so dass der Muslim durchaus seinen religiösen Verpflichtungen nachkommen könnte.

II. Gruppe 2: Autoren Abū l-Aʿlā Maudūdī und Sayyid Quṭb

1. Kurzbiographie Abū l-Aʿlā Maudūdī

Abū l-Aʿlā Maudūdī[1391] wurde am 25. September 1903 in Aurangabad, Indien, geboren. Maudūdī wuchs als jüngster von drei Söhnen in einer angesehenen sunnitischen Familie auf. Er war dabei von der westlichen Kultur und der englischen Sprache isoliert und wurde zu Hause ausgebildet; dabei erhielt er weder den typischen Unterricht der islamischen Lehre (arab. *ʿilm*) noch der britisch-indischen Regierung.[1392]

1918 arbeitete Maudūdī bei einer führenden auf Urdu erscheinenden Zeitung. 1920 kam Maudūdī nach Dehli, wo er von 1921 bis 1923 Chefredakteur der Zeitung „*Muslim*“ und von 1925 bis 1928 Chefredakteur der Zeitung „*al Ǧamʿīyāt*“ war.[1393] Während dieser Zeit war er zudem beteiligt an der „*Kalifat Bewegung*“, lernte die arabische und englische Sprache und kam mit vielen islamischen Gelehrten zusammen.[1394] In dieser Zeit begann Maudūdī sich für Politik zu interessieren. So schloss er sich der „*Ṭarīk al-Hiǧrā*“ an, einer Bewegung gegen die britische Kolonialmacht.[1395] 1928 verließ er schließlich die Bewegung und ging zurück nach Hyderabad, wo er sich der Lehre hingab. 1932 übernahm Maudūdī die Chefredaktion des monatlich erscheinenden Journals „*Turǧumān*

1391 Die richtige Transkription des Namens lautet „Abū l-Aʿlā Maudūdī“. Auf eine derartige Transkription wurde bei diesen Autoren verzichtet, weil diese nicht zwingend einheitlich ist (vgl. nur die unterschiedlichen Transkirptionsarten bei Krämer, Gottes Staat als Republik, S. 320) und Veröffentlichungen der Autoren unter der gewählten Schreibform in deutschen Bibliotheken zu finden sind.

1392 Encyclopaedia of Islam, Volume VI, S. 872 “Mawdudi”: “He experienced neither the typical schooling of the *ʿilm* nor that of the British Indian Government.”.

1393 www.abulala.com/shortbio.asp

1394 Encyclopaedia of Islam, Volume VI, S. 872 “Mawdudi”.

1395 www.abulala.com/shortbio.asp

al-Qur'ān" (Übersetzung des Koran), die für den Rest seines Lebens seine Ideen am meisten verbreiten sollte.[1396]

1941 gründete Maudūdī eine politische Partei unter dem Namen „*Ǧāmaʿa 'islāmīya*" („Islamische Gesellschaft"), deren Vorsitzender er bis 1972 war.[1397] 1947 emigrierte Maudūdī nach Pakistan, wo er sich darum bemühte, seine Vorstellungen eines islamischen Staatswesens und einer islamischen Gesellschaft zu etablieren.[1398] Wegen dieses Engagements wurde Maudūdī häufig festgenommen und befand sich von 1948 bis 1950, sowie von 1953 bis 1955 in Haft.[1399] 1953 wurde er sogar zum Tode verurteilt; dieses Urteil wurde jedoch zunächst in eine lebenslange Haftstrafe umgewandelt und schließlich ganz aufgehoben.[1400]

Nachdem die Frage, welche Rolle der Islam im Staatswesen in Pakistan einnehmen sollte, seit 1956 an Bedeutung verloren hatte, hielt sich Maudūdī vermehrt außerhalb von Pakistan auf und besuchte Muslime auf der ganzen Welt.[1401] Während seiner unzähligen Reisen, lehrte er in Kairo, Damaskus, Amman, Mekka, Medina, Jeddah, Kuwait, Rabat, Istanbul, London, New York und Toronto.[1402] 1979 reiste Maudūdī nach Buffalo, New York, wo sein zweiter Sohn arbeitete, um sich dort ärztlich behandeln zu lassen. Am 22. September 1979 verstarb Maudūdī im Alter von 76 Jahren im Bundesstaat New York. Begraben wurde Maudūdī an seinem Wohnsitz in Lahore.

2. *Kurzbiographie Sayyid Quṭbs*

Sayyid Quṭb[1403] wurde 1906 in dem mittelägyptischen Dorf Musha geboren[1404] und entstammt einer bürgerlichen Familie[1405]. Sein Vater war Abgeordneter der Nationalen Partei, so dass er schon frühzeitig mit Politik und dem arabischen

1396 Encyclopaedia of Islam, Volume VI, S. 872 "Mawdudi": "(..) which was the main vehicle of his ideas for the rest of his life.".

1397 www.abulala.com/shortbio.asp; Brockhaus der Religionen, Maududi, S. 419.

1398 www.abulala.com/shortbio.asp; Encyclopaedia of Islam, Volume VI, S. 872 "Mawdudi".

1399 Brockhaus der Religionen, Maududi, S. 419.

1400 www.abulala.com/shortbio.asp

1401 Encyclopaedia of Islam, Volume VI, S. 873 "Mawdudi".

1402 www.abulala.com/shortbio.asp

1403 Die richtige Transkription des Namens lautet "Sayyid Quṭb". Auf eine derartige Transkription wurde bei diesen Autoren verzichtet, weil diese nicht zwingend einheitlich ist und Veröffentlichungen der Autoren unter der gewählten Schreibform in deutschen Bibliotheken zu finden sind.

1404 Walther in DIE ZEIT vom 31.07.2003, Nr. 32; http://images.zeit.de/text/2003/32/A-Carrel

1405 Dörfler, Islam, Islamismus und islamischer Extremismus, S. 79.

Nationalismus in Berührung kam.[1406] Nachdem Quṭb von 1929 bis 1933 eine westliche Schulausbildung in Kairo erhielt, begann er sein Studium am Institut für Lehrerausbildung.[1407]

Anschließend arbeitete Quṭb von 1939 an für das Bildungsministerium als Lehrer[1408] und verfasste zahlreiche Reformentwürfe zur Verbesserung des Erziehungswesens. Gleichzeitig betätigte er sich als Journalist einer auflagenstarken Zeitung und Literaturkritiker.[1409] Als ehemaliges Mitglied der *Wafd*-Partei entsagte er 1945 der Parteipolitik und wandelte sich zum Fürsprecher nationalistischer Ideen, wodurch er den Zorn König Faruks auf sich zog.[1410]

1948 wurde er im Auftrag des Bildungsministeriums außer Landes geschickt, um für unbegrenzte Zeit in den Vereinigten Staaten von Amerika zu bleiben und das dortige Schul- und Bildungssystem zu studieren.[1411] Er besuchte Vorlesungen an drei verschiedenen Colleges und schloss seinen Studienaufenthalt mit einem M.A. vom Wilsons Teacher's College (Washington, D.C.) ab.[1412] Die Hoffnung, er würde als begeisterter Anhänger des American Way of Life zurückkehren, erwies sich als Irrtum. Im Gegenteil, die Erlebnisse während seines Aufenthaltes, die von ihm wahrgenommene sexuelle Promiskuität, der in den Vereinigten Staaten von Amerika dieser Zeit offenkundige Rassismus, die auch ihn als Ägypter treffende Rassentrennung sowie die Missachtung für ihn so wichtiger Werte beeinflussten seine Weltanschauung nachhaltig.[1413] Als er 1950 nach Ägypten zurückkehrte, entdeckte er den Islam für sich.[1414] Er begann massiv Kritik an der ägyptischen Regierung zu üben und kündigte seine Stelle als Berater des Bildungsministeriums.[1415] 1953 trat Quṭb schließlich der Muslimbrüderschaft bei und wurde Chefredakteur der wöchentlich erscheinenden Zeitung „*Al-iḫwān al muslimūn*" (Die Muslimbrüder).[1416]

Am 23. Juni 1952 stürzten Oberst Jamal Abdel Nasr[1417] und das „Komitee der freien Offiziere" das Regime König Faruks.[1418] Zunächst verbündeten sich

1406 Dörfler, Islam, Islamismus und islamischer Extremismus, S. 79.
1407 Dörfler, Islam, Islamismus und islamischer Extremismus, S. 79.
1408 Dörfler, Islam, Islamismus und islamischer Extremismus, S. 79.
1409 Walther in DIE ZEIT vom 31.07.2003, Nr. 32; http://images.zeit.de/text/2003/32/A-Carrel
1410 Dörfler, Islam, Islamismus und islamischer Extremismus, S. 79 f.
1411 Dörfler, Islam, Islamismus und islamischer Extremismus, S. 81.
1412 Dörfler, Islam, Islamismus und islamischer Extremismus, S. 81.
1413 Dörfler, Islam, Islamismus und islamischer Extremismus, S. 81 – 83.
1414 Walther in DIE ZEIT vom 31.07.2003, Nr. 32; http://images.zeit.de/text/2003/32/A-Carrel
1415 Dörfler, Islam, Islamismus und islamischer Extremismus, S. 83.
1416 Dörfler, Islam, Islamismus und islamischer Extremismus, S. 83 f.
1417 Ǧamāl ʿAbd an-Nāṣir.

die Muslimbrüder mit diesen Freien Offizieren.[1419] Am 08. Oktober 1954 scheiterte ein Attentat auf Jamal Abdel Nasr, wobei vermutet wurde, dass Anhänger der Muslimbrüder an der Tat beteiligt waren. Oberst Nasr nahm dies zum Anlass, die Muslimbrüderschaft zu zerschlagen und ließ zahlreiche Aktivisten festnehmen.[1420] Auch Sayyid Quṭb wurde festgenommen und am 13. Juli 1955 zu 25 Jahren Zwangsarbeit verurteilt. Die Haftbedingungen waren gerade in den ersten Jahren äußerst schlecht, zumal er sogar gefoltert wurde.[1421] 1964 wurde Quṭb durch Intervention des damaligen irakischen Ministerpräsidenten, der sich im Rahmen eines Staatsbesuchs in Ägypten aufhielt, aus dem Gefängnis entlassen. Allerdings wurde er nach nur acht Monaten im August 1965 wieder in Haft genommen.[1422] Ihm wurde vorgeworfen, einen Umsturz im Staat vorzubereiten.[1423] Quṭb wurde zum Tode durch den Strang verurteilt und am 29. August 1966 hingerichtet.[1424]

3. Publikationen dieser Autorengruppe

Maudūdī hat insgesamt mehr als 120 Bücher und Broschüren geschrieben, mehr als 1000 Reden und Bekundungen gegeben, von denen etwa 700 schriftlich verfügbar sind. Unter Maudūdīs Leitung avancierte die Zeitung *„al Ǧamʿīyāt“* zur führenden Zeitung der Muslime in Indien. In den 1920ern schrieb Maudūdī auch sein erstes bedeutendes Buch: *„Al ǧihād fi al-Islām“* (Der *ǧihād* im Islam). Das Buch wurde 1930 veröffentlicht und ist eines seiner auch heute noch bekanntesten Bücher. Von besonderer Bedeutung waren zudem seine Abhandlungen in dem monatlich erscheinenden Journal *„Turǧumān al-Qurʾān“* (Übersetzung des Koran), durch die sich seine Ideen am meisten verbreiteten.

Das wohl umfangreichste Werk Maudūdīs ist jedoch *„Tafhīm al-Qurʾān“*, eine umfangreiche Koranerläuterung auf Urdu, für deren Fertigstellung Maudūdī 30 Jahre benötigte. Dieses Buch wurde von Zafar Ishaq Ansari ins Englische übersetzt und mit dem Titel „Towards understanding the *Qurʾān*“ veröffentlicht. Ingesamt

1418 Walther in DIE ZEIT vom 31.07.2003, Nr. 32; http://images.zeit.de/text/2003/32/A-Carrel

1419 Walther in DIE ZEIT vom 31.07.2003, Nr. 32; http://images.zeit.de/text/2003/32/A-Carrel

1420 Dörfler, Islam, Islamismus und islamischer Extremismus, S. 84.

1421 Vgl. hierzu die Darstellung von Dörfler, Islam, Islamismus und islamischer Extremismus, S. 84 f.

1422 Dörfler, Islam, Islamismus und islamischer Extremismus, S. 85.

1423 Dörfler, Islam, Islamismus und islamischer Extremismus, S. 85, der das ganze als „Hexenjagd“ bezeichnet.

1424 Walther in DIE ZEIT vom 31.07.2003, Nr. 32; http://images.zeit.de/text/2003/32/A-Carrel

wurden viele Bücher Maudūdīs in viele Sprachen der Welt übersetzt, zum Beispiel ins Arabische, Englische, Türkische, Deutsche und Französische.

Zu der wichtigsten Publikation Sayyid Quṭbs gehört sein Werk *„Maʿālim fi ṭ-ṭarīq"* (Wegzeichen), das während seiner Haftzeit entstand und erstmals 1962 einem größerem Personenkreis zugänglich gemacht worden ist. Die Veröffentlichung erfolgte jedoch erst nachdem er 1964 aus dem Gefängnis entlassen wurde. Es wurde zunächst durch Zensur verboten, anschließend wieder zugelassen und schließlich in der fünften Auflage erneut verboten. Das ursprünglich auf arabisch erschienene Buch ist in viele Sprachen, so etwa auch ins Englische und Deutsche, übersetzt worden.

Ein weiteres wesentliches Werk Quṭbs ist *„Fi ẓilāl al-Qurʾān"* (Im Schatten des Koran), ein 1954 erschienener 30-bändiger Korankommentar. Außerdem zählt zu den wesentlichen Werken Quṭbs das Buch *„Al Islām wa muškilat al-ḥaḏāra"* (Der Islam und die Probleme der Zivilisation), das nach 1954 erschien und 2005 von David Rami ins Englische übersetzt und unter dem Titel "Basic Principles on the Islamic worldview" veröffentlicht wurde. Sämtlichen Werke wurden zunächst auf arabisch publiziert, anschließend jedoch in verschiedene Sprachen übersetzt.

Die vorliegend genutzten Übersetzungen der Werke der Autoren wurden weitgehend von Anhängern der jeweiligen Autoren geschrieben bzw. publiziert. Es kann daher davon ausgegangen werden, dass die Übersetzer sich größte Mühe gaben, die Ansichten der Autoren unverfälscht wieder zu geben.

4. Positionen dieser Autorengruppe

Für diese Autorengruppe reguliert der Islam nicht nur einen Teil des Lebens, sondern das gesamte Leben.[1425] Der Islam sei Wegweiser in geistigen Dingen und gebe eine Richtschnur für das soziale Leben der Menschen.[1426] Die Autorengruppe wendet sich gegen eine Liberalisierung der islamischen Gesellschaft und ist der Ansicht, die einzig wahre und gerechte Staatsform sei in der *Scharia* zu finden. Die „islamische Zivilisation" könne zwar unterschiedliche organisatorische Strukturen aufweisen, allerdings seien die Prinzipien und Werte auf denen diese basierten ewig und nicht veränderbar.[1427] Die weitere Ausgestaltung – ausgerichtet an den unveränderbaren Prinzipien – hänge von den Konditionen und Einflüssen des industriellen, ökonomischen und wissenschaftlichen Fortschritts ab.[1428]

1425 Ahmed, Der Islamische Staat nach Maududi, S. 1.
1426 Ahmed, Der Islamische Staat nach Maududi, S. 1.
1427 Qutb, Milestone, Chapter VII, S. 58.
1428 Qutb, Milestone, Chapter VII, S. 59.

Maudūdī stellte dabei klar, dass im Islam keine Theokratie gewollt sei. "(…) A Theocracy is a State run and overlorded by the clergy and because Islam is, by its very nature against such an institution the Islamic State in which we accept the Sovereignty of God as a source of law is not theocratic but theo-democratic."[1429] Sayyid Quṭb meinte, die Muslime sollten nicht nach Ähnlichkeiten zwischen dem Islam und anderen zeitgenössischen Systemen und Ideen Ausschau halten; vielmehr sollten die Muslime diese Systeme im Osten wie im Westen verwerfen.[1430] Alle Systeme und Regierungen seien zu verwerfen, die auf der Herrschaft eines Menschen über den anderen basierten.[1431] Dies entsprach seiner Grundthese, dass alle existierenden Staaten, einschließlich der sogenannten muslimischen, sich noch – oder wieder – in der vorislamischen Welt des Unglaubens (arab.: *Ǧāhiliyya*) befänden.[1432]

Diese Autorengruppe sieht sich als Gegenpol zu den westlichen[1433] – insbesondere auch damaligen kommunistischen[1434] – Staatsstrukturen und ist überzeugt im Islam die gerechte Staatsform zu finden.[1435] "In this respect, Islam's way of life is unique, for in systems other that Islam, some people worship others in some form or another. Only in the Islamic way of life do all men become free from the servitude of some men to others and devote themselves to the worship of God alone, deriving guidance from Him alone, and bowing before Him alone. (...) In order to bring this about, we need to initiate the movement of Islamic revival in some Muslim country."[1436]

Deutlich wird dabei, dass Quṭb methodisch nicht zwischen den Regelungen des Koran zu den zwischenmenschlichen Angelegenheiten und den koranischen Regelungen zu den religiösen Pflichten differenziert und damit die dargestellte anerkannte Rechtsmethodik nicht berücksichtigt.

a. Achtung vor den Menschenrechten

Der Islam legt nach Ansicht Maudūdīs einige allgemeingültige Rechte für die gesamte Menschheit fest, die unter allen Umständen einzuhalten und zu achten

1429 Ahmad, Maulana Maududi and the Islamic State, S. 76.
1430 Qutb, Milestone, Chapter X, S. 117.
1431 Qutb, Milestone, Chapter IV, S. 31.
1432 Qutb, Milestone, Chapter V, S. 43: "According to this definition, all the societies existing in the world today are *jahili*.".
1433 Qutb, Milestone, Chapter X, S. 75.
1434 Vgl. nur Qutb, Milestone, Chapter V, S. 43.
1435 Qutb, Milestone, Introduction, S. 1: "Islam is the only system (…). All man-made individual or collective theories have proved to be failures.".
1436 Qutb, Milestone, Introduction, S. 3, ähnlich auf S. 63.

seien, unabhängig davon, ob sich der Betreffende innerhalb des Territoriums des islamischen Staates aufhalte oder nicht.[1437]

aa. Menschenwürde

Die Autorengruppe hat sich zur Frage der Menschenwürde nicht explizit geäußert.

bb. Recht der Persönlichkeit auf Leben und körperliche Unversehrtheit

Das Recht der Persönlichkeit auf Leben und das Recht auf Schutz des Lebens werden als fundamentale Rechte der Bürger angesehen.[1438] Das Blut eines Menschen sei heilig und dürfe keinesfalls ungerechtfertigt vergossen werden.[1439]

cc. Recht der Persönlichkeit auf freie Entfaltung

Der Islam etabliere ein neues soziales, ökonomisches und politisches System, in welchem das Konzept der Freiheit des Menschen praktische Anwendung finde.[1440] Der Islam verkünde die Freiheit der Menschen von der Sklaverei durch andere Menschen.[1441] Die „menschliche Zivilisation" basiere auf der vollständigen und wahren Freiheit einer jeden Person und auf der vollen Würde eines jeden Individuums in der Gesellschaft.[1442] Daher müssten auch Zusammenschlüsse von Menschen auf den freien Willen der Menschen gründen.[1443]

dd. Gleichheit als diskriminierungsfeindliche Gleichbehandlung

Nach Maudūdī ist es erforderlich, dass "all citizens must be guaranteed – of course, within the limits of law – the following rights: (...) (f) Equality of opportunity in all walks of life, and equal right of benefiting from all public instructions"[1444].

1437 Maududi, Islamische Lebensweise, S. 66.
1438 Maududi, The Islamic Law and Constitution, S. 304.
1439 Maududi, Islamische Lebensweise, S. 67.
1440 Qutb, Milestone, Chapter IV, S. 31.
1441 Qutb, Milestone, Chapter IV, S. 31.
1442 Qutb, Milestone, Chapter VII, S. 52.
1443 Qutb, Milestone, Chapter VII, S. 53: "Thus it is clear that only such a society is civilized in which human associations are based on the free choice, and that society is backward in which the basis of association is something other than free choice; (...).".
1444 Maududi, The Islamic Law and Constitution, S. 304 f.

(1) Gleichheit vor dem Gesetz

Die Grundmauern der islamischen Gesellschaftsordnung ruhen nach dieser Ansicht auf der Überzeugung, dass alle Menschen gleich sind und eine einzige Bruderschaft bilden.[1445] Daher gebe es keinen Unterschied im Hinblick auf Rasse, Herkunft oder Hautfarbe zwischen den Menschen.[1446] Die tatsächlichen Unterschiede zwischen den Menschen seien als natürliche Variationen zu sehen, wobei der Islam nicht danach trachte, diese auszugleichen oder zu ignorieren.[1447] Der Islam missbillige jedoch die aus diesen Unterschieden innerhalb der Menschheit entstandenen Vorurteile.[1448]

Alle Menschen seien folglich keiner rassischen oder klassenmäßigen Unterscheidung unterworfen; kein Mensch könne aufgrund seiner Kastenzugehörigkeit oder Abstammung irgendwelche Sonderrechte beanspruchen; der Verdienst des Menschen bemesse sich nicht nach seiner familiären Beziehung, sondern hänge allein von seiner Frömmigkeit und Rechtschaffenheit ab.[1449]

Muslime und Nichtmusime unterliegen nach dieser Ansicht grundsätzlich auch denselben Gesetzen. Wegen der Gleichheit der Menschen sollten Muslime und Nichtmuslime auch denselben strafrechtlichen Vorschriften unterliegen.[1450] Auch das Zivilrecht sei für Muslime und Nichtmuslime gleichermaßen verbindlich, so dass diesbezüglich vollständige Gleichheit zwischen den Muslimen und Nichtmuslimen bestehe.[1451] Das bedeutete für Maudūdī jedoch auch, dass jede Form von Gewerbe, die den Muslimen verboten sei, auch für die Nichtmuslime verboten ist.[1452] Da Nichtmuslimen erlaubt ist, Wein zu trinken und Schweinefleisch zu essen, sei es ihnen auch erlaubt hiermit Handel zu treiben.[1453] Ferner sollten alle Bürger – Muslime oder Nichtmuslime – die gleichen Rechte im Bereich des Wirtschaftsrechts besitzen.[1454]

1445 Maududi, Islamische Lebensweise, S. 74.
1446 Qutb, Milestone, Chapter IX, S. 70, 71.
1447 Maududi, Islamische Lebensweise, S. 74.
1448 Maududi, Islamische Lebensweise, S. 75.
1449 Maududi, Islamische Lebensweise, S. 77 f.
1450 Maududi, Rights of Non-Muslim, S. 13: "The *Zimmis* (Anm. d. Verf.: hiermit werden die *ḏimmī*, also Nichtmuslime gemeint) are subject to the same penalties as are Muslims.".
1451 Maududi, Rights of Non-Muslim, S. 13.
1452 Maududi, Rights of Non-Muslim, S. 14.
1453 Maududi, Rights of Non-Muslim, S. 14: "But in the case of drinking wine and eating pork the *Zimmis* (Anm. d. Verf.: hiermit werden die *ḏimmī*, also Nichtmuslime gemeint) are free to take them. They can prepare, drink and deal in wine and they can also rear, eat and sell pigs.".
1454 Maududi, Rights of Non-Muslim, S. 27.

Im Rahmen der persönlichen Angelegenheiten seien die Nichtmuslime dagegen an ihr "*Personal Law*" gebunden, die entsprechenden Regelungen der *Scharia* seien insoweit nicht anzuwenden.[1455] Demzufolge finde das islamische Ehe- und Erbrecht auf Nichtmuslime keine Anwendung.[1456] Im Übrigen hätten die Nichtmuslime dieselbe Meinungs-, Gewissens- und Vereinigungsfreiheit wie die muslimischen Bürger, begrenzt durch die Schranken, die auch für die Muslime gelten.[1457]

(2) Gleichheit von Mann und Frau

Die Stellung der Frauen im Staatsgefüge ist für die Autoren von wesentlicher Bedeutung.[1458] Dem Mann komme eine Vorrangstellung zu, um als Oberhaupt des Hauswesens Ordnung und Disziplin aufrechterhalten zu können.[1459] Gleichzeitig sei es ihm jedoch verwehrt, sich als Tyrann und Unterdrücker zu gerieren; die Frau dürfe dem Mann daher nicht hilflos ausgeliefert sein[1460].

Während dem Mann somit die Aufgabe des Ernährers zukomme,[1461] seien die Frauen die Gebieterinnen des Hauses; ihre Aufgabe sei es also, die Verwaltung im Hause zu übernehmen[1462]. Frauen müssen diese ihnen von der *Scharia* zugewiesene Stellung einnehmen, da andernfalls Gefahr für die gesamte Gesellschaft drohe.[1463] Allerdings könnten Frauen auch außerhalb des Hauses aktiv werden und nach Arbeit suchen, wenn die Umstände dies erforderten.[1464]

(a) Eherecht

Muslimische Frauen haben nach Ansicht Maudūdīs das Recht, jeden männlichen Erwachsenen zum Ehemann zu nehmen, mit Ausnahme eines Nichtmuslims.[1465] Ferner sei es ihnen verboten, einen Mann zu ehelichen, wenn sich das Familien-

1455 Maududi, Rights of Non-Muslim, S. 15, läßt allerdings offen, was unter "Personal Law" zu verstehen ist; hiermit ist wohl das jeweilige religiöses Personenstandsrecht gemeint.
1456 Maududi, Rights of Non-Muslim, S. 15.
1457 Maududi, Rights of Non-Muslim, S. 26: "(...) subject to the same limitations as are imposed by law on the Muslims.".
1458 Ahmad, Maududi and the Islamic State, S. 150.
1459 Maududi, Islamische Lebensweise, S. 83.
1460 Maududi, Islamische Lebensweise, S. 84.
1461 Ahmad, Maududi and the Islamic State, S. 152.
1462 Ahmad, Maududi and the Islamic State, S. 153.
1463 Ahmad, Maududi and the Islamic State, S. 150.
1464 Ahmad, Maududi and the Islamic State, S. 154.
1465 Maududi, Towards understanding the Qur'ān, S. 147.

oberhaupt gegen die Ehe ausgesprochen hat.[1466] Keinesfalls dürfe eine Frau gegen ihren Willen verheiratet werden.[1467]

Maudūdī ist ferner der Ansicht, dass die Polygamie nicht vollständig verboten werden dürfe. Die Polygamie sei nicht per se ein Übel, da es unter bestimmten Bedingungen eine moralische und soziale Notwendigkeit für diese gebe. Ein vollständiges Verbot der Polygamie würde dazu führen, dass Männer, die sich mit einer Frau nicht zufrieden geben können, ihre Befriedigung außerhalb der Schranken des Ehelebens suchten, was zu sexueller Anarchie und sittlicher Entartung führe.[1468] Hierdurch würde größerer Schaden angerichtet als durch die Polygamie.[1469]

(b) Wahlrecht

Frauen besitzen nach dieser Ansicht zwar das aktive Wahlrecht, allerdings können sie nicht selber gewählt werden.[1470] Es ist ihnen nicht möglich die Position einer Staatschefin, einer Ministerin, einer Behördenleiterin einzunehmen oder Mitglied im Parlament zu sein.[1471]

(c) Erb- und Zeugenrecht

Hinsichtlich des Erb- und Zeugenrechts seien die ausdrücklichen Regelungen im Koran umzusetzen. Danach habe eine Frau das Recht, die Hälfte des Erbteils eines Bruders vom verstorbenen Vater zu verlangen, da sie andere Vorteile – wie die Brautgabe – habe und ihre finanziellen Verpflichtungen geringer seien als die eines Mannes, der für die Familie aufzukommen habe.[1472]

1466 Ahmad, Maududi and the Islamic State, S. 154.
1467 Ahmad, Maududi and the Islamic State, S. 154.
1468 Maududi, Towards understanding the Qur'ān, Kapitel über Familie und Frauen, S. 131.
1469 Maududi, Towards understanding the Qur'ān, Kapitel über Familie und Frauen, S. 131.
1470 Ahmed, Der Islamische Staat nach Maududi, S. 7, allerdings schlägt Maudūdī ein eigenes Parlament von Frauen für Frauen vor, siehe hierzu § 6 II. 3. c. bb. (2).
1471 Ahmed, Der Islamische Staat nach Maududi, S. 8; eingehend zu dieser Frage siehe unten unter § 6 II. 3. c. bb. (2).
1472 Ahmad, Maududi and the Islamic State, S. 155.

(3) *Gleichheit unabhängig von Glauben und religiöser Anschauung*

Der islamische Staat ist für diese Autoren ein ideologischer Staat, der sich erheblich vom Nationalstaat unterscheidet.[1473] "An Islamic State (...) is by its very nature bound to distinguish between Muslims and non-Muslims (...)."[1474] Die Gesellschaftsordung von zwei im selben Land lebenden Gruppen, deren ideologische Vorstellungen voneinander abweichen, seien daher durchaus verschieden; allerdings seien beide Gruppen weiterhin durch das gemeinsame Band der Menschheit miteinander verbunden.[1475] Daher müssen Muslime Andersgläubigen mit Toleranz und Brüderlichkeit begegnen.[1476]

Die nichtmuslimischen Bürger erhalten nach dieser Ansicht den Schutz des Staates ebenso wie die muslimischen Bürger.[1477] Dabei seien sie insbesondere in den Grundrechten den Muslimen gleichgestellt.[1478] Niemand habe das Recht, diese Rechte zu beschränken;[1479] für Muslime seien diese Rechte der Nichtmuslime verbindlich. Selbst die Begehung einer erheblichen Straftat durch einen Nichtmuslim oder die Nichtentrichtung der geschuldeten Steuern, führe nicht zum Verlust des Rechts auf Schutz durch den Staat.[1480] Auch Quṭb ist dieser Ansicht und hebt hervor, dass "The Islamic homeland is a refuge for any who accepts the Islamic *sharīʿa* to be the law of the state, as is the case with the *Dhimmies* (Anm. d. Verfassers: gemeint sind „*ḏimmī*")"[1481].

(4) *Gleichheit der staatsbürgerlichen Rechte und Pflichten*

Im Rahmen der staatsbürgerlichen Rechte und Pflichten differenziert diese Ansicht zwischen Nichtmuslimen und Muslimen: Nichtmuslimen sei es danach nicht erlaubt Schlüsselpositionen im Staat zu übernehmen.[1482] Maudūdī zieht dabei Parallelen zum Nationalstaat und begründet die Nichtzulassung von Andersgläubigen in Schlüsselpositionen des Staates damit, dass in National-

1473 Maududi, Rights of Non-Muslim, S. 3, der die seiner Ansicht nach vorhandenen Unterschiede zwischen einem Nationalstaat und einem ideologischen Staat darstellt.
1474 Maududi, Rights of Non-Muslim, S. 4.
1475 Maududi, Islamische Lebensweise, S. 79.
1476 Maududi, Islamische Lebensweise, S. 79.
1477 Maududi, Rights of Non-Muslim, S. 7: "... all are treated alike ..."; S. 12: "The blood of a Zimmi (Anm. d. Verf.: hiermit werden die *ḏimmī*, also Nichtmuslime gemeint) is considered as sacred as that of a Muslim".
1478 Maududi, Rights of Non-Muslim, S. 4.
1479 Maududi, Rights of Non-Muslim, S. 5.
1480 Maududi, Rights of Non-Muslim, S. 15.
1481 Qutb, Milestone, Chapter IX, S. 70.
1482 Maududi, Rights of Non-Muslim, S. 4 f.

staaten Minderheiten faktisch auch nicht die Möglichkeit hätten, an der Macht im Staate teilzuhaben, auch wenn ihnen das auf dem Papier zugebilligt würde.[1483] Zu diesen Schlüsselpositionen zählt für Maudūdī auch die Mitgliedschaft im Parlament.[1484] Die Mitgliedschaft eines Nichtmuslims im Parlament des islamischen Staates käme nur dann in Betracht, wenn diese anerkennen, dass es eine Überschreitung der Befugnisse des Parlaments darstellt, ein Gesetz zu erlassen, das gegen die Vorschriften des Koran oder der *Sunna* verstößt.[1485]

Außerdem sind Nichtmuslime nach dieser Ansicht vom Militärdienst befreit.[1486] Wie die Muslime haben die Nichtmuslime im Staat die üblichen Steuern, wie die Umsatzsteuer zu leisten.[1487] Zusätzlich seien Nichtmuslime verpflichtet, eine Steuer zu entrichten, um den Schutz des Staates genießen zu können (arab.: *ǧizya*).[1488] Die Pflicht, diese Steuer zu leisten, stehe im unmittelbaren Zusammenhang zu der Befreiung der Nichtmuslime vom Wehrdienst. Da der islamische Staat auf einer Ideologie[1489] basiere, sei es Nichtmuslimen nicht zuzumuten, diese Ideologie[1490] mit Waffengewalt zu verteidigen.[1491] "*Jizyah* (Anm. des Verfasser: gemeint ist die *ǧizya*) is thus not only a symbol of loyalty to the state but it is also the contributory compensation for exemtion from military service, and that is why it is imposed only males, capable of military service."[1492] Sollten die Muslime etwa nicht fähig sein, die Nichtmuslime zu schützen, müsse die Steuer zurückgezahlt werden.[1493] Außerdem seien nur wehrfähige männliche Nichtmuslime verpflichtet, diese Steuer zu entrichten.[1494] Daneben sei es verboten, Beträge zu verlangen, die über das Einkommen des Steuerpflichtigen hinausgehen.[1495] In Grundstückseigentum der Steuerpflichtigen dürfe außerdem nicht vollstreckt werden, um die *ǧizya*-Steuer zu realisieren.[1496] Ferner dürfe der Steuerpflichtige

1483 Maududi, Rights of Non-Muslim, S. 5 ff. (rechte Spalte), S. 7.

1484 Ahmed, Der Islamische Staat nach Maududi, S. 7; Maududi, Rights of Non-Muslim, S. 24.

1485 Maududi, Rights of Non-Muslim, S. 25.

1486 Ahmed, Der Islamische Staat nach Maududi, S. 7.

1487 Maududi, Rights of Non-Muslim, S. 20.

1488 Maududi, Rights of Non-Muslim, S. 10 f.

1489 Eine Erläuterung des Begriffes „Ideologie" ist unter Fussnote 1331 zu finden.

1490 Eine Erläuterung des Begriffes „Ideologie" ist unter Fussnote 1331 zu finden.

1491 Maududi, Rights of Non-Muslim, S. 20 f.

1492 Maududi, Rights of Non-Muslim, S. 21.

1493 Maududi, Rights of Non-Muslim, S. 21.

1494 Maududi, Rights of Non-Muslim, S. 11: "Non-combatants like women, children, lunatics, slaves, blind, lame, age-stricken or physically disabled persons are exempt from *Jizyah*. Similarly the clegy, the monks and the servants of the monasteries are exempt therefrom.".

1495 Maududi, Rights of Non-Muslim, S. 18.

1496 Maududi, Rights of Non-Muslim, S. 18.

bei der Realisierung dieser Steuer nicht genötigt werden; daher seien Inhaftierungen zur Durchsetzung der Zahlung der Steuer unzulässig.[1497]

ee. Religionsfreiheit

Die Glaubens- und Gewissensfreiheit zählt Maudūdī ebenfalls zu den Grundfreiheiten eines jeden Menschen.[1498] Kein Nichtmuslim könne zum Islam gezwungen werden, vielmehr sei es ein verfassungsrechtlich gewährleistetes Grundrecht eines Menschen, Handlungen zu verweigern, die gegen den eigenen Glauben verstoßen.[1499]

Auch Quṭb erkennt die Freiheit des Menschen an, an den Islam zu glauben oder nicht, so dass keinem Menschen diese Religion aufgezwungen werden dürfe.[1500] Diese Freiheit bedeute jedoch nicht, dass die Menschen ihre Lüste und Wünsche zu Gottheiten machen dürften, oder dass sie wählen könnten in der Dienerschaft von anderen Menschen zu verbleiben. Grundlage eines jeden Systems müsse Gottes Autorität und die von Ihm abgeleiteten Gesetze sein.[1501] Jedes Individuum sei unter dem Schutz dieses universellen Systems frei, jeden Glauben anzunehmen, den es wolle. In einem islamischen System sei Raum für alle Arten von Glaubensrichtungen, solange sie die Gesetze des Landes befolgten, die ihrerseits auf Gottes Autorität basieren."[1502]

Die Religionsfreiheit umfasse die Kundgebung des eigenen Glaubens, nicht aber die Missionierung.[1503] Nichtmuslime besitzen danach die Freiheit ihre religiösen

1497 Maududi, Rights of Non-Muslim, S. 18 f.
1498 Maududi, Islamische Lebensweise, S. 69.
1499 Maududi, Rights of Non-Muslim, S. 26.
1500 Qutb, Milestone, Chapter IV, S. 31: "When Islam releases people from this political pressure and presents to them its spiritual message, appealing to their reason,it gives the complete freedom to accept or not to accept its belief.".
1501 Qutb, Milestone, Chapter IV, S. 32.
1502 Qutb, Milestone, Chapter IV, S. 32: "(…) make their desires their gods, or that they can choose to remain in the servitude of other human being, making some men lords over others. Whatever system is to be established in the world ought to be on the authority of God, deriving its laws from Him alone. Then every individual is free, under the protection of this universal system, to adopt any belief he wishes to adopt. (...) In an Islamic system there is room for all kinds of people to follow their own beliefs, while obeying the laws of the country which are themselves based on Divine authority.".
1503 Ahmed, Der Islamische Staat nach Maududi, S. 8; wobei Maudūdī meint, "They will likewise be fully entitled to propagate the good points of their religion …". Ferner macht Maudūdī deutlich, dass in einem Fall des Religionswechsels durch den Muslim dieser hierfür zur Verantwortung gezogen würde, nicht der Nicht-

Riten und kommunalen Feste innerhalb ihrer Städte und Dörfer frei zu begehen.[1504] In Städten mit überwiegend muslimischer Bevölkerung seien Kundgaben der Nichtmuslime ebenfalls erlaubt, allerdings dürften Nichtmuslime dann nicht etwa Prozessionen mit dem Kreuz durchführen oder öffentlich das Muschelhorn blasen.[1505] Nichtmuslime dürften innerhalb der überwiegend durch sie besiedelten Gebiete Orte des Gottesdienstes errichten. In nur muslimischen Gebieten dürften nichtmuslimische Religionshäuser der Vergangenheit bestehen bleiben oder wieder aufgebaut werden. Neue Gotteshäuser dürften in diesen Gebieten jedoch nicht errichtet werden.[1506]

Anders als dem Nichtmuslim stehe es dem Muslim nicht frei, den Glauben zu wechseln.[1507] Für denjenigen muslimischen Bürger, der den Islam verlasse, sieht diese Ansicht Strafen vor, die von der Enterbung bis zur Hinrichtung reichen.[1508]

ff. Meinungsfreiheit

Die Meinungsfreiheit gehört für Maudūdī ebenfalls zu den fundamentalen Rechten eines Bürgers, die von Verfassungs wegen durch den Staat garantiert werden müssen.[1509] Danach habe jeder Bürger das Recht, am Staatsoberhaupt und seiner Regierung Kritik zu üben.[1510]

Nach dieser Ansicht ist es Andersgläubigen erlaubt, innerhalb der von Gesetz und Anstand vorgeschriebenen Grenzen, Kritik am Islam zu üben.[1511]

muslim, dessen Einfluss die Veränderung hervorgerufen habe; vgl. Maududi, Rights of Non-Muslim, S. 26.

1504 Maududi, Islamische Lebensweise, S. 69.

1505 Maududi, Rights of Non-Muslim, S. 17: "And even in purely Muslim cities and towns, they are only restricted from taking out public processions of the Cross and of the idols and from openly blowing conches in the markets and along the roads."; das Muschelhorn ist ein Brauch aus dem Buddhismus und Hinduismus.

1506 Maududi, Rights of Non-Muslim, S. 17: "Even in purely Muslim areas, the non-Muslim places of worship built in the past are not to be interfered with, and if they are damaged or destroyed, the *Zimmis* (Anm. d. Verf.: hiermit werden die *ḏimmī*, also Nichtmuslime gemeint) have the right to rebuild or repair them. But they are not entitled to build new places of worship in these areas.".

1507 Maududi, Rights of Non-Muslim, S. 26.

1508 Ahmed, Der Islamische Staat nach Maududi, S. 8.

1509 Maududi, The Islamic Law and Constitution, S. 304.

1510 Maududi, Islamische Lebensweise, S. 71.

1511 Maududi, Islamische Lebensweise, S. 69.

gg. *Versammlungsfreiheit*

Maudūdī zählt auch die Freiheit zusammenzutreten und sich zu vereinigen zu den vom Staat zu gewährenden fundamentalen Rechten der Bürger.[1512]

b. *Volkssouveränität*

Das Recht der Machtausübung, und damit die Souveränität, gebühre einzig und allein Gott.[1513] "He alone is the Creator and the Ruler of this universe. Therefore to Him belongs the sole right of being the sovereign over all this creation."[1514] Diese Souveränität Gottes führe dazu, dass ausschließlich die Gesetze Gottes Gültigkeit haben können.[1515] Die Soveränität Gottes würde dadurch, dass Menschen diese auf andere übertragen und diese zu Gebietern über andere machen, negiert.[1516] Quṭb meint daher: "No sovereignty except God's, no law except from God, and no authority of one men over another, as the authority in all respects belong to God"[1517]. Dies bedeute eine Einschränkung der gesetzgeberischen Befugnisse der Staatsorgane, mit der Folge, dass keine Gesetze erlassen werden dürften, die im Widerspruch zur *Scharia* stehen.[1518]

Diese Souveränität Gottes führt nach Ansicht Maudūdīs jedoch nicht zu einer „Theokratie", da nicht eine Priesterklasse die Herrschaft ausübe.[1519] Maudūdī sprach sich vielmehr für eine sogenannte „Theodemokratie" aus.[1520]

Sayyid Quṭb ging darüber hinaus und lehnte jeden Vergleich und jede Suche nach Gemeinsamkeiten der Systeme ab.[1521] Er lehnte eine „Islamische Demokratie" genauso ab, wie auch die Ansicht, dass die aktuellen politischen oder gesetzlichen Staatssysteme – abgesehen von einigen Kleinigkeiten – durchaus durch den Islam akzeptiert werden könnten.[1522] Für Sayyid Quṭb ist jede Form der Gesetzgebung ein göttliches Attribut, jede legislative Tätigkeit eines Parlaments

1512 Maududi, The Islamic Law and Constitution, S. 304.
1513 Ahmed, Der Islamische Staat nach Maududi, S. 1; Maududi, The Islamic Law and Constitution, S. 204.
1514 Maududi, The Islamic Law and Constitution, S. 204.
1515 Ahmed, Der Islamische Staat nach Maududi, S. 1.
1516 Qutb, Milestone, Introduction, S. 3.
1517 Qutb, Milestone, Chapter II, S. 11.
1518 Ahmed, Der Islamische Staat nach Maududi, S. 1.
1519 Ahmed, Der Islamische Staat nach Maududi, S. 2.
1520 Brockhaus der Religionen, Maududi, S. 419; so auch Ahmed, Der Islamische Staat nach Maududi, S. 2; Encyclopaedia of Islam, Volume VI, S. 873 "Mawdudi".
1521 Qutb, Milestone, Chapter X, S. 77.
1522 Qutb, Milestone, Chapter X, S. 76.

daher blasphemische Anmaßung und Rebellion gegen Gott.[1523] Dementsprechend ist der Gehorsam gegenüber dem Gesetz und der Rechtsprechung für ihn eine Art der Religionsausübung und jedermann, der dies nicht beachte, als außerhalb des Islam stehend zu betrachten.[1524] Quṭb geht noch weiter und legt dar, dass eine wahrhafte islamische Gesellschaft keine sei, deren Mitglieder sich als „Muslime“ bezeichnen, in der das „islamische Gesetz“ aber keinen hohen Status genieße, und zwar selbst dann, wenn die Gebote befolgt und Gebet, Fasten und Pilgerfahrt verrichtet würden.[1525]

aa. Gottes Souveränität

Maudūdī versteht unter Souveränität die absolute Autorität, “which means that, in relation to his orders, question of good and evil and right and wrong cannot and should not arise at all. Whatever he does, is just and nobody can question his conduct or his orders and their enforcement. His behaviour is the criterion of right and wrong and none can question it. It is thus inescapable that the sovereign should be acctepted as being absolutely above all aberrations and errors, even though he may not actually be so.”[1526]

Diese Souveränität – und somit die absolute Autorität – könne nicht beim Menschen liegen. Andernfalls würden vielzählige Faktoren außerhalb der Kontrolle des Souveräns liegen, was wiederum nicht mit der absoluten Autorität vereinbar sei.[1527] Souverän sei Gott allein. Niemand könne für sich beanspruchen, die Attribute der Souveränität zu besitzen. Da Gott allein omnipotent ist, sei Er die Quelle jeder Autorität und nichts könne seine Macht und seine Autorität begrenzen. Er stehe über aller Fehlbarkeit.[1528] Daher sei Gottes Souveränität auf Erden zu akzeptieren.[1529] Diese Ansicht belegt Quṭb unter anderem mit dem Koranvers Sure 43, Vers 84:[1530]

1523 Qutb, Milestone, Chapter V, S. 44, Hofmann Der Islam S. 115.
1524 Qutb, Milestone, Chapter IV, S. 31.
1525 Qutb, Milestone, Chapter VII, S. 51.
1526 Maududi, The Islamic Law and Constitution, S. 205.
1527 Maududi, The Islamic Law and Constitution, S. 206.
1528 Maududi, The Islamic Law and Constitution, S. 207: “Even in the entire gamut of creation, there is no creature who can claim to possess all the attributes of sovereignty. (...) sovereignty belongs to God and God alone. He is Omnipotent, i.e. He can whatever He likes; He has to refer to none and to render account to none; He is the source and fount of all authority; He is the only one whose authority and power nothing can limit or restrain; and He alone is above all aberration and error.”.
1529 Qutb, Milestone, Introduction, S. 3.
1530 Qutb, Milestone, Chapter VII, S. 52: In der englischen Übersetzung wird der Vers wie folgt übersetzt: “It is He Who is Sovereign in the heavens and Sovereign in the earth.”; Ferner wird Sure 12, Vers 40 aufgeführt.

„Er aber ist Derjenige, Der Gott ist im Himmel und Gott ist auf Erden. Und Er ist der Weise, der Wissende."

Die Souveränität Gott zuzuschreiben bedeute, dass die Autorität den Priestern und Stammesführern, den Wohlhabenden und den Machthabern entzogen werde und wieder zu Gott zurückkehre.[1531] Kein Geschöpf habe das Recht, sein Wort oder seinen Willen einem anderen aufzuzwingen, so dass dieses Recht ausschließlich Gott vorbehalten sei.[1532] Die Souveränität des Menschen birgt nach dieser Ansicht die Gefahr der Ungerechtigkeit und Misswirtschaft.[1533] Daher seien Gottes Herrschaft sowie Gottes Gebote zu akzeptieren als einzig gültige Basis allen gesetzgebenden Rechts.[1534]

bb. *Abgeleitete Souveränität des Parlaments*

Im Islam komme die *de jure* Souveränität Gott und – unter Seiner Patronage – dem Propheten Muhammad zu.[1535] Das System des Islam umfasse alle Bereiche des Lebens; alle wesentlichen und unwesentlichen Angelegenheiten der Menschheit würden erörtert; das menschliche Leben im Diesseits wie im Jenseits würde geordnet; Informationen über die sichtbare und nicht sichtbare Welt würden gegeben.[1536] Maudūdī definiert die *Scharia* als die Kombination des Koran als Buch, in dem Gott Sein Gesetz erklärt hat, und die *Sunna* als maßgebende Interpretation und Veranschaulichung des Buch Gottes durch den Propheten, durch sein Wort und seine Taten.[1537]

Das Volk könne nicht die wahre Souveränität inne haben, weil die Macht des Volkes durch dieses oberste Gesetz beschränkt werde und das Volk dieses oberste Gesetz weder abändern noch beeinflussen könne.[1538] Daher könne auch das durch das Volk besetzte Parlament nicht der unmittelbare Souverän eines Staates sein. Allerdings sei das Parlament als „Statthalter" des wahren Souveräns auf Erden zu sehen.[1539] In dieser Ableitung der Souveränität sieht Maudūdī die islamische

1531 Qutb, Milestone, Chapter II, S. 10.
1532 Maududi, The Islamic Law and Constitution, S. 207.
1533 Maududi, The Islamic Law and Constitution, S. 208.
1534 Qutb, Milestone, Chapter V, S. 44.
1535 Maududi, The Islamic Law and Constitution, S. 208, S. 210: "As a matter of fact the Prophet (peace be on him) is the physical manifestation of God's de jure sovereignty on earth and His mouthpiece for this purpose.".
1536 Qutb, Milestone, Chapter II, S. 15.
1537 Maududi, Islamische Lebensweise, S. 59.
1538 Maududi, The Islamic Law and Constitution, S. 210.
1539 Maududi, The Islamic Law and Constitution, S. 210: "Such an agency is not sovereign in itself but is the vicegerent of the *de jure* and the *de facto* sovereign viz., God Almighty."

Demokratie in Abgrenzung zur Theokratie, zur Monarchie wie auch in Abgrenzung zu den westlichen säkularen Demokratien.[1540] In der muslimischen Demokratie würden die Menschen die Souveränität nur stellvertretend von Gott erhalten, während Gott allein der Souverän bleibe.[1541] Hierin sieht Maudūdī den wesentlichsten Unterschied zu westlichen Demokratien, in denen das Volk Inhaber der absoluten Souveränität sei.[1542]

„Statthalter" dieser Souveränität könnten allerdings nur diejenigen sein, die die absolute Souveränität Gottes anerkennen und das göttliche Recht als das über allen Gesetzen stehende Recht akzeptieren.[1543]

Im Gegensatz zu Maudūdī kann für Quṭb ein Parlament keine mögliche islamische Funktion haben. Vielmehr müssen alle Institutionen und Gesetze auf der Vorlage Gottes basieren.[1544]

cc. Grenzen der abgleiteten Souveränität des Parlaments

Im Staat nach Maudūdīs Vorstellung üben die Menschen zwar die Macht aus, allerdings nicht die gesamte Macht; daher sei diese Staatsform als beschränkte Demokratie zu sehen.[1545] Der Staat dürfe nicht gegen den Koran oder die *Sunna* verstoßen, auch wenn ein Konsens der Meinungen durch die Menschen dies verlange.[1546] Folglich dürfe der Staat nur im Rahmen dieser Beschränkungen agieren und sei nicht berechtigt, diese zu verletzen oder zu übertreten.[1547] Die gesetzgeberische Tätigkeit der Legislative beschränkt sich nach dieser Ansicht daher auf die folgenden vier[1548] Bereiche:

1540 Maududi, The Islamic Law and Constitution, S. 211.
1541 Maududi, The Islamic Law and Constitution, S. 211: "(...) people enjoy only the right of *Khalifat* or vicegerency of God who alone is the Sovereign.".
1542 Maududi, The Islamic Law and Constitution, S. 211. "In Western Democracy, the Government is established or changed by the exercise of the will of the common voters. Our democracy also envisages the same; but the difference lies in the fact that whereas in the Western systems a democratic state enjoys the right of absolute authority, in our democracy the *Khalifat* is bound to keep within the limits prescribed by the Divine Code.".
1543 Maududi, The Islamic Law and Constitution, S. 210.
1544 Qutb, Milestone, Chapter V, S. 44.
1545 Ahmad, Maulana Maududi and the Islamic State, S. 76.
1546 Maududi, The Islamic Law and Constitution, S. 213; Ahmad, Maulana Maududi and the Islamic State, S. 76.
1547 Maududi, The Islamic Law and Constitution, S. 211.
1548 Ahmad, Maulana Maududi and the Islamic State, S. 113 f. nimmt eine Unterteilung in sechs Bereiche vor.

In den Fällen, in denen ein eindeutiges Gebot Gottes oder Direktiven des Propheten existieren, darf die Legislative keinerlei Änderungen beschließen.[1549] In diesem Fall sei es ausschließlich ihre Aufgabe, Durch- und Ausführungsvorschriften zu erlassen.[1550]

Bei solchen Geboten, die nicht eindeutig formuliert sind, sei die Legislative befugt, aus verschiedenen möglichen Interpretationen eine auszuwählen und ihr Gesetzeskraft zu verleihen.[1551]

In Bereichen, in denen keine eindeutigen Gebote und Richtlinien vorliegen, sei das Parlament nach dieser Ansicht aufgefordert, im Lichte der allgemeinen Grundsätze des islamischen Rechts neue Entscheidungen zu treffen oder solche von den traditionellen Rechtsschulen zu übernehmen.[1552]

Im übrigen müsse überall dort, wo keine prinzipielle Anleitung gegeben sei, angenommen werden, dass Gott den Menschen die gesetzgeberische Freiheit gewährt hat.[1553] Alles was nicht ausdrücklich verboten ist, gehöre zum zulässigen Bereich.[1554] In diesem Bereich, der sehr weitreichend sei, werde dem Gesetzgeber freie Hand gewährt.1555 Hierin sei es dem Gesetzgeber möglich, nach eigenem Ermessen Gesetze zu erlassen, um den Bedürfnissen und Gegebenheiten der Zeit zu entsprechen.[1556]

Maudūdī ist der Ansicht, dass eine „islamische Gesellschaft", die sich bewusst entscheidet, die *Scharia* nicht anzuerkennen und beschließt, ihre eigenen Gesetze in Kraft treten zu lassen oder sie in völliger Mißachtung der *Scharia* aus irgendeiner anderen Quelle entlehnt, den mit Gott geschlossenen Vetrag bricht und damit das Recht verwirkt, „islamisch" genannt zu werden.[1557] Und der Staat wiederum verliere hierdurch den Anspruch auf die Loyalität seiner Bürgern, wenn die Gesetze Gottes und die Beschränkungen nicht eingehalten werden.[1558]

1549 Qutb, Milestone, Chapter V, S. 46; Maududi, The Islamic Law and Constitution, S. 213.
1550 Ahmed, Der Islamische Staat nach Maududi, S. 5; Maududi, The Islamic Law and Constitution, S. 213.
1551 Ahmad, Maulana Maududi and the Islamic State, S. 113 f; Ahmed, Der Islamische Staat nach Maududi, S. 5; Maududi, Islamische Lebensweise, S. 72.
1552 Ahmad, Maulana Maududi and the Islamic State, S. 113; Ahmed, Der Islamische Staat nach Maududi, S. 5; Maududi, The Islamic Law and Constitution, S. 214.
1553 Maududi, The Islamic Law and Constitution, S. 214; Ahmad, Maulana Maududi and the Islamic State, S. 76.
1554 Maududi, Islamische Lebensweise, S. 34.
1555 Maududi, Islamische Lebensweise, S. 34.
1556 Maududi, Islamische Lebensweise, S. 34, S. 214; Ahmed, Der Islamische Staat nach Maududi, S. 5.
1557 Maududi, Islamische Lebensweise, S. 30.
1558 Maududi, The Islamic Law and Constitution, S. 212.

Quṭb geht in diesem Punkt darüber hinaus und fordert die Einführung der *Scharia* als auf allen Gebieten unmittelbar anzuwendendes Recht.[1559] Für staatliche Gesetzbücher sei kein Raum.[1560] Sobald das göttliche Recht maßgeblich in allen Dingen des menschlichen Lebens werde, entstehe eine Harmonie zwischen der Menschheit und dem Universum.[1561] Für Quṭb ist diese Gehorsamkeit der *Scharia* gegenüber sogar wichtiger als die Etablierung des islamischen Glaubens.[1562] Dabei konkretisiert er nicht sein Begriffsverständnis von der *Scharia*. Insbesondere lässt er offen, wie die praktische Ausgestaltung des Staatswesens auszusehen habe, bei dem auf staatliche Gesetzbücher gänzlich verzichtet wird, allerdings nur wenige Regelungen in Koran und *Sunna* für viele Bereiche der zwischenmenschlichen Beziehungen vorhanden sind.[1563]

c. *Wahlrecht*

Auch zum Wahlrecht äußerte sich diese Autorengruppe. Danach liege ein demokratisches System offensichtlich nur dann vor, wenn Wahlen durchgeführt werden.[1564]

aa. *Aktives Wahlrecht*

Im Staat seien alle Erwachsenen und geistig gesunden Menschen beiden Geschlechts zur Stimmabgabe bei der Wahl berechtigt[1565] und haben das gleiche Stimmrecht[1566]. Allerdings schränkte Maudūdī an anderer Stelle ein, dass das Wahlrecht der Frauen für die Gegenwart von einem bestimmten Bildungsstand abhängig gemacht werden sollte.[1567]

1559 Qutb, Milestone, Chapter I, S. 18.
1560 Qutb, Milestone, Chapter I, S. 18.
1561 Qutb, Milestone, Chapter III, S. 23, Chapter VI, S. 49: "This obedience to the *Shari'ah* becomes a necessity for human beings so that their lives may become harmonious and in tune with the rest of the universe; (...) the only way in which harmony can be brought about between the physical laws which are operative in the biological life of a man and the moral laws which govern his voluntary actions is solely through obedience to the *Shari'ah*.".
1562 Qutb, Milestone, Chapter VI, S. 49.
1563 Vgl. § 5 zu den wenigen Regelungen, die sich im Koran und in der Sunna zur Staatsorganisation finden lassen.
1564 Maududi, The Islamic Law and Constitution, S. 309: "It is a truism that very existence of a democratic system depends on the nature of elections and the constitution and powers of the legislatures.".
1565 Maududi, Islamische Lebensweise, S. 70.
1566 Ahmed, Der Islamische Staat nach Maududi, S. 3.
1567 Maududi, The Islamic Law and Constitution, S. 310: "The right of vote given to women should be qualified, at least for the present, by a certain standard of education.".

Ein bestimmter Wahlmodus sei nicht zwingend vorgeschrieben, daher könne ein den Erfordernissen der Zeit entsprechendes Wahlsystem angewandt werden.[1568]

bb. Passives Wahlrecht

Nach dieser Ansicht wird der Staatschef wie auch die beratende Versammlung (das Parlament) vom Volk gewählt. Die Wahlen müssten frei von Beeinflussung durch die Legislative und Exekutive bleiben, so dass es diesen nicht erlaubt sei, Einfluss auf die Wahl auszuüben und eine Partei oder Person zu bevorzugen.[1569] Daher sei auch die Wahlleitung zur Objektivität und Überparteilichkeit verpflichtet.[1570]

Diejenigen Kandidaten, die sich selbst zur Wahl vorgeschlagen haben und somit nicht von einer dritten Person vorgeschlagen wurden, seien von der Wahl zum Staatschef wie auch zum Parlament ausgeschlossen.[1571] Im Übrigen differenziert diese Ansicht:

(1) Staatschef

Maudūdī ist der Ansicht, dass der Islam keinen irdischen Herrscher kenne, da Gott die Herrschaft für sich vorbehalten habe. Er habe allerdings Menschen zu Seinen Stellvertretern (arab.: *Kalif*) ernannt, die das *Kalifat* leiten.[1572] Die Gesellschaft trage gemeinsam die Verantwortung für das Kalifat und jeder einzelne nehme am *Kalifat* teil.[1573] Mit der Verantwortung für die Regierungsgeschäfte werde ein vom Volk zu wähendes Staatsoberhaupt betraut.[1574] Die Wahl des *Kalifen* – den man mit einem Präsidenten oder Premierminister vergleichen und den man durchaus auch anders bezeichnen könnte – stelle eine freiwillige Konzentration der Macht in einer Person zu Verwaltungszwecken da.[1575] Diese Regentschaft sei dabei keinesfalls für eine Person, eine Familie, ein Geschlecht oder eine Klasse reserviert.[1576]

1568 Ahmed, Der Islamische Staat nach Maududi, S. 6; Maududi, The Islamic Law and Constitution, S. 310 unter (3) favorisiert ein „Ja“ und „Nein“ Wahlsystem, bei dem über den konkreten Kandidaten mit „Ja“ oder „Nein“ abgestimmt wird.
1569 Maududi, The Islamic Law and Constitution, S. 310.
1570 Maududi, The Islamic Law and Constitution, S. 310, der der Ansicht ist, dass jeder Staatsbürger diese Unabhängigkeit auch gerichtlich überprüfen lassen könne muss.
1571 Maududi, The Islamic Law and Constitution, S. 310.
1572 Maududi, Islamische Lebensweise, S. 61.
1573 Maududi, Islamische Lebensweise, S. 61.
1574 Maududi, Islamische Lebensweise, S. 70.
1575 Ahmed, Der Islamische Staat nach Maududi, S. 3.
1576 Ahmed, Der Islamische Staat nach Maududi, S. 3.

Wählbarkeitsvoraussetzung sei, dass der Kandidat von der islamischen Eigenschaft der Gottesfurcht beseelt und mit staatsmännischem Geschick ausgestattet ist.[1577] Eine Frau könne jedoch nicht das Amt des Staatsoberhauptes übernehmen.[1578] Da der islamische Staat ideologischer Natur sei, könne auch ein Nichtmuslim nicht das oberste Amt des Staates belegen.[1579]

(2) Zugang zu sonstigen öffentlichen Ämtern

Da die Muslime die Angelegenheiten des Staates durch gegenseitige Konsultationen regeln,[1580] sei eine beratende Versammlung (Parlament) einzusetzen, die dem Staatsoberhaupt bei seinen Amtsgeschäften helfe und gegebenenfalls leitende Funktionen übernehme.[1581] Die Legislative sei befugt, aus verschiedenen möglichen Interpretationen derjenigen Gebote, die nicht eindeutig formuliert sind, eine auszuwählen und ihr Gesetzeskraft zu verleihen. Daher sei es unerlässlich, nur solche Personen als Mitglieder des Parlaments zu wählen, die über gute Kenntnisse der Rechtsquellen und Lehren des Islam verfügen.[1582] Außerdem müssten die Anwärter weitere Qualifikationen besitzen.[1583] Insbesondere sollte das passive Wahlrecht daher nur volljährigen Muslimen männlichen Geschlechts zukommen,[1584] die im Staatsgebiet leben[1585].

Frauen komme das passive Wahlrecht nicht zu. Für Maudūdī verstößt das Wahlrecht der Frauen gegen den Geist und die Regeln des Islam und stellt lediglich eine Imitation des Westens dar.[1586] Frauen sollten vielmehr eine eigene Versammlung errichten, deren Mitgliedschaft Frauen vorbehalten sei, die wiederum ausschließlich von Frauen gewählt werden würde.[1587] Diese Versammlung sei für die speziellen Belange der Frauen verantwortlich, sollte jedoch auch das Recht haben, die Angelegenheiten des Gemeinwohls des Staates zu beurteilen; darüber hinaus sei die Versammlung zwingend bei dem Erlass von Gesetzen, die die Angelegenheiten der Frauen betreffen, zu konsultieren.[1588]

1577 Maududi, Islamische Lebensweise, S. 70.
1578 Ahmed, Der Islamische Staat nach Maududi, S. 8.
1579 Maududi, Rights of Non-Muslim, S. 24 f.
1580 Qutb, Milestone, Chapter IX, S. 66; Maududi, Islamische Lebensweise, S. 71.
1581 Maududi, Islamische Lebensweise, S. 71.
1582 Ahmed, Der Islamische Staat nach Maududi, S. 5.
1583 Maududi, The Islamic Law and Constitution, S. 309.
1584 Maududi, Rights of Non-Muslim, S. 25.
1585 Ahmed, Der Islamische Staat nach Maududi, S. 7.
1586 Maududi, The Islamic Law and Constitution, S. 311; Ahmad, Maududi and the Islamic State, S. 155.
1587 Maududi, The Islamic Law and Constitution, S. 311.
1588 Maududi, The Islamic Law and Constitution, S. 311.

Ferner sei auch die Zugehörigkeit zum Islam wesentliches Qualifikationsmerkmal zur Erlangung des passiven Wahlrechts. Allerdings könne das Erfordernis der Zugehörigkeit zum Islam heutzutage aufgelockert werden, wenn die Nichtmuslime anerkennen, dass es eine Überschreitung der Befugnisse des Parlaments darstellt, ein Gesetz zuwider des Koran oder der *Sunna* zu erlassen, ferner dass Koran und *Sunna* die Hauptquelle des öffentlichen Rechts des Landes ist und schließlich, dass der Staatsführer des Staates zwingend ein Muslim sein muss.[1589] Bei Einhaltung dieser Regeln würde der Einfluss der nichtmuslimischen Minderheiten auf die Bereiche begrenzt, die allgemeine Probleme des Landes betreffen oder die Interessen der Minderheiten; ihre Teilhabe würde fundamentale Anforderungen des Islam nicht verletzen.[1590]

Maudūdī sieht ferner die Möglichkeit, ein getrenntes Parlament für Nicht-Muslime zu errichten.[1591] In diesem Parlament könnten die Mitglieder Gesetze für die Nichtmuslime initiieren und zur Annahme durch den Staatspräsidenten vorbereiten.[1592] Außerdem könnten Fragen des Staates aufgeworfen werden, die die Gemeinschaft der Nichtmuslime und den Staat in seiner Gesamtheit betreffen.[1593] Die Nichtmuslime hätten das Recht ihre eigenen Repräsentanten im Rahmen einer separaten Wahl zu bestimmen, wobei die Zahl der Mandate nach ihrem Anteil in der Bevölkerung festzusetzen wäre.[1594]

Mit Ausnahme einiger Schlüsselpositionen stehen nach dieser Ansicht im Übrigen den Nichtmuslimen jedoch alle anderen Stellen offen. Die Kriterien der Kompetenzbeurteilung von Muslimen und Nichtmuslimen sollten daher dieselben sein, so dass der kompetenteste Anwärter unter ihnen für die zu besetzende Stelle ausgewählt wird.[1595]

1589 Maududi, Rights of Non-Muslim, S. 25.

1590 Maududi, Rights of Non-Muslim, S. 25: "With these provisions ensured, the sphere of influence of non-Muslim minorities would be limited to matters relating to the general problems of the country or to the interests of minorities concerned and their participation would not damage the fundamental requirements of Islam.".

1591 Ahmed, Der Islamische Staat nach Maududi, S. 7; Maududi, Rights of Non-Muslim, S. 25: "The membership and voting rights of such an Assembly will be confined to non-Muslim and they would be given the fullest freedom within its framework.".

1592 Maududi, Rights of Non-Muslim, S. 25.

1593 Maududi, Rights of Non-Muslim, S. 26.

1594 Maududi, The Islamic Law and Constitution, S. 311.

1595 Maududi, Rights of Non-Muslim, S. 27: "With the exception of a few key-posts, all other services will be open to them (Anm. des Verfassers: gemeint sind die Nichtmuslime) without any prejudice. The criteria of competence for Muslims and non-Muslims will be the same and the most competent persons will always be selected without any discrimination.".

d. *Mehrheitsprinzip*

Maudūdī stellt mit Hinweis auf Sure 42, Vers 38 sowie Sure 3, Vers 159 die Verbindlichkeit der Konsultationen für den Staatsführer fest.[1596] Der Staatschef habe jedoch immer ein Vetorecht gegen Entscheidungen der Mehrheit, so dass er nicht dazu verpflichtet werden könne, der Meinung oder dem Urteil der Mehrheit zu folgen.[1597] Maudūdī weist jedoch gleichzeitig darauf hin, dass diese Verfahrensweise auf die Zeiten der *Kalifen* zurückgeht und diese einen besonderen Geist und einen besonderen Zugang zu den islamischen Lehren hatten. In der heutigen Zeit sei demgegenüber – jedenfalls solange ein solcher Geist nicht hergestellt worden sei – die Exekutive durch die Mehrheitsentscheidungen der Legislative gebunden.[1598]

e. *Gewaltenteilung*

Nach Ansicht Maudūdīs findet sich zur Frage der Gewaltenteilung in der *Scharia* zwar keine eindeutige Anleitung.[1599] Aus der Geschichte schließt er aber, dass der Staatsführer der oberste Leiter aller drei Organe sei.[1600] "But under the Head of State the three organs functioned separately and independently of one another."[1601]

Gleichzeitig stellt Maudūdī klar, dass dieses System der heutigen Zeit angepasst werden könnte, wobei allerdings die grundlegenden Prinzipien unberührt bleiben müssten.[1602] So könne man die Macht des Staatsführers überdenken und diese soweit erforderlich beschränken, um diktatorische Tendenzen zu verhindern.[1603]

1596 Maududi, The Islamic Law and Constitution, S. 219.

1597 Maududi, The Islamic Law and Constitution, S. 220, mit Hinweis darauf, dass dies in der Gegenwart missverstanden werden könnte, da dies die Praxis in Zeiten war, in denen es noch keine Parteien und Parlamente im heutigen Sinne gab. Damals wurden danach die Probleme offen mit dem Kalifen diskutiert, die Argumente wurden abgewogen und schließlich musste der Kalif eine Entscheidung treffen.

1598 Maududi, The Islamic Law and Constitution, S. 221.

1599 Maududi, The Islamic Law and Constitution, S. 217.

1600 Maududi, The Islamic Law and Constitution, S. 217.

1601 Maududi, The Islamic Law and Constitution, S. 217.

1602 Maududi, The Islamic Law and Constitution, S. 218.

1603 Maududi, The Islamic Law and Constitution, S. 218: "We can, therefore, consider and restrict his administrative powers in order to safeguard against dictatorial tendencies.".

f. Gesetzesmäßigkeit der Verwaltung

Die Grundsätze und das System der Verwaltung seien bereits durch die *Scharia* geregelt.[1604] Die Exekutive sei danach ebenfalls an die Gesetze des Staates und damit an die *Scharia* gebunden.[1605] Die Mitarbeiter der Regierung unterliegen nach dieser Ansicht keiner Immunität[1606], sondern der Gerichtsbarkeit wie alle anderen Bürger auch.[1607]

Unter keinen Umständen sei die Exekutive berechtigt, die fundamentalen Rechte der Staatsbürger oder das „*Habeas corpus*" zu suspendieren.[1608] Die Verfassung des Staates habe zu garantieren, dass keinem Staatsbürger seine fundamentalen Rechte entzogen werden, ohne dass seine Schuld in einem öffentlichen Gerichtsverfahren im Einklang mit dem geltenden Recht des Staates festgestellt wurde.[1609] Ohne diese Garantie sei niemand sicher gegen die Selbstherrlichkeit der Exekutive.[1610]

Dementsprechend wendet sich Maudūdī ausdrücklich gegen die präventive Haft[1611] bzw. unterstellt sie zahlreichen Voraussetzungen und Restriktionen: Jeder Person müsse der vorgeworfene Gesetzesverstoß dargelegt werden; es bedarf zwingend einer bestimmten Anklage vor einem Gericht; es ist der Verwaltung verboten, dem Gericht Beweise vorzuenthalten; ferner sollte ausschließlich ein Gericht die Möglichkeit haben, eine derartige Haft wie auch die Dauer dieser Haft anzuordnen, wobei eine Haftdauer von mehr als sechs Monaten ohne abgeschlossenes Verfahren abgelehnt wird.[1612]

g. Unabhängigkeit der Gerichte

Die richterliche Gewalt darf nach dieser Ansicht nicht der Kontrolle der Exekutive unterstellt werden.[1613] "It is the independence and impartiality of the

1604 Qutb, Milestone, Chapter VIII, S. 60: "By the *Shari'a* of God is meant everything legislated by God for ordering man's life; it includes the principles of belief, principles of administration and justice, principles of morality and human relationship, and principles of knowledge.".
1605 Maududi, Islamische Lebensweise, S. 72.
1606 Wie dies in Indien und Pakistan zur Zeit der britischer Besatzung der Fall war.
1607 Maududi, The Islamic Law and Constitution, S. 308 f., 313.
1608 Maududi, The Islamic Law and Constitution, S. 306.
1609 Maududi, The Islamic Law and Constitution, S. 305: "No citizen of the state shall be deprived of the fundamental rights without his guilt being judicially established in an open court of law according to the common law of the land.".
1610 Maududi, The Islamic Law and Constitution, S. 305.
1611 So genannte: "Preventive Detention".
1612 Maududi, The Islamic Law and Constitution, S. 306.
1613 Maududi, Islamische Lebensweise, S. 72.

judiciary which ensures the internal peace of a country and the tranquillity of its people."[1614] Die in der Verfassung niedergelegten Rechte und Privilegien der Menschen wären nicht effektiv, wenn die Rechtspflege nicht uneingeschränkt und frei Recht sprechen könnte.[1615] Gleichzeitig sei jedoch die Ernennung der Richter durch die Regierung zulässig.[1616]

Die Gerichte haben hiernach das uneingeschränkte Recht, jede Art von Beweis zu erheben, die von diesen für die Rechtsprechung für erforderlich gehalten werden.[1617] Das Gericht müsse sich wiederum an Recht und Gesetz halten und die eigenen Entscheidungen auf das von Gott übermittelte Gesetz stützen.[1618]

Die gerichtlichen Verfahren seien im Übrigen zwingend öffentlich durchzuführen; weder die Gesetzgebung noch die Regierung oder der Staatschef hätten das Recht, ein Gericht zu einem „*in camera*"-Verfahren zu zwingen.[1619]

h. Verantwortlichkeit der Regierung

Die Politik des Staates muss nach dieser Ansicht auf Gerechtigkeit, Wahrhaftigkeit und Ehrlichkeit basieren.[1620] Dies lege der Islam als unveränderliches Verfassungsprinzip fest. Unter keinen Umständen sei Betrug, Falschheit oder Ungerechtigkeit um politischer, administrativer oder nationaler Zweckdienlichkeit willen zu tolerieren.[1621]

Der Staatsführer sei zum einen Gott gegenüber, zum anderen aber auch den Menschen gegenüber verantwortlich.[1622] Daher räumt Maudūdī der Kontrolle der Regierung, insbesondere des Staatsoberhauptes, bereits im Diesseits eine bedeutende Rolle zu.[1623] So sei das Staatsoberhaupt unter keinen Umständen berechtigt, die Verfassung außer Kraft zu setzen, da dies andernfalls zur Diktatur führen würde.[1624]

1614 Maududi, The Islamic Law and Constitution, S. 307.
1615 Maududi, The Islamic Law and Constitution, S. 307.
1616 Maududi, Islamische Lebensweise, S. 72..
1617 Maududi, The Islamic Law and Constitution, S. 308.
1618 Maududi, The Islamic Law and Constitution, S. 216.
1619 Maududi, The Islamic Law and Constitution, S. 308.
1620 Maududi, Islamische Lebensweise, S. 64.
1621 Maududi, Islamische Lebensweise, S. 65.
1622 Ahmed, Der Islamische Staat nach Maududi, S. 4.
1623 Maududi, The Islamic Law and Constitution, S. 313.
1624 Maududi, The Islamic Law and Constitution, S. 313; S. 305: "(...) if our Constitution-makers try to take away or abridge or limit these rights, they will be guilty of causing discontent and disruption in the country, and it will be an unpardonable act of perfidy, on their part, towards the people and the state (...).".

Die mit der Leitung der Staatsangelegenheiten beauftragte Verwaltung werde in Übereinstimmung mit dem Willen der einzelnen Bürger gebildet.[1625] Dabei sei die Staatsgewalt lediglich ein Zuwachs der Bevollmächtigung der einzelnen Bürger, die sie der Verwaltung übertragen haben.[1626] Sobald das Staatsoberhaupt das Vertrauen der Bürger verliere, sei es gezwungen abzudanken und sich dem Willen zu beugen.[1627] Niemand im Staate – auch nicht das Staatsoberhaupt – dürfe über dem Gesetz stehen oder außerhalb der Gerichtsbarkeit.[1628]

i. Mehrparteiensystem

Für Quṭb haben politische Parteien im „Islamischen Staat" keinen Platz. Dementsprechend sollte es in der Welt nur eine Partei Gottes geben; alles andere seien Parteien des Satans und der Rebellion.[1629]

Dagegen war Maudūdī der Ansicht, dass verschiedene Parteien an Wahlen teilnehmen sollten, zumal dieser selber eine solche gegründet hatte. Allerdings sollten derartige Parteien und Fraktionen nach Durchführung der Wahlen im Parlament nicht mehr existieren. „The formation of parties and cliques within the Legislative Assemblies should be constitutionally prohibited. Various parties in the country may take part in the election as parties for sending to the Assemblies the most suitable members in their opinion but after election the members of the Assembly should owe allegiance solely to the STATE, its CONSTITUTION, and the entire NATION, and should vote and act according to the dictates of their own conscience."[1630]

j. Chancengleichheit der politischen Parteien

Die Legislative dürfe keine Gesetze oder Regeln erlassen, die in irgendeiner Art und Weise die freie und unabhängige Wahl beeinträchtige oder eine Partei vor einer anderen bevorzuge.[1631]

1625 Maududi, Islamische Lebensweise, S. 62.
1626 Maududi, Islamische Lebensweise, S. 62.
1627 Maududi, Islamische Lebensweise, S. 62.
1628 Maududi, The Islamic Law and Constitution, S. 313.
1629 Qutb, Milestone, Chapter IX, S. 66, wobei Quṭb sich in diesem Zusammenhang einer Polemik bedient, die es zweifelhaft erscheinen lässt, ob damit wirklich politische Parteien entsprechend dem heutigen Begriffsverständnis gemeint waren.
1630 Maududi, The Islamic Law and Constitution, S. 311.
1631 Maududi, The Islamic Law and Constitution, S. 310: "No legislature have the powers to make any such rules or laws concerning elections which may, in any way, impair the free and impartial holding of elections or favour any particular party or parties as against other.".

Zwar muss berücksichtigt werden, dass diese Autorengruppe sich ausschließlich mit dem Fall der Errichtung eines islamischen Staates innerhalb eines Gebiets mit muslimischer Mehrheit beschäftigte und damit gerade nicht die Gesellschaften der westlichen Welt mit der heutigen gesellschaftlichen Zusammensetzung im Blick hatte. Dennoch lassen sich aus den Schriften der Autorengruppe durchaus einige Ergebnisse für die hier aufgeworfene Fragestellung gewinnen.

Die von Quṭb vertretene Staatsauffassung ist mit den Vorstellungen der freiheitlich demokratischen Grundordnung nicht zu vereinbaren. Gerade die Auffassung Quṭb's zu den politischen Parteien, zum Parlament sowie sein Verständnis von der Souveränität divergieren derart von den Vorstellungen der freiheitlich demokratischen Grundordnung, dass diese nicht in Einklang zu bringen sind. Zwei wesentliche Punkte sollten jedoch berücksichtigt werden, um eine umfassende Bewertung vornehmen zu können:

Zunächst ist fraglich, wie heute die Ansichten Quṭbs von Muslimen verstanden werden und inwiefern diesen Ansichten noch gefolgt wird. Am Beispiel der Muslimbrüder, die unter einem maßgeblichen Einfluss von Quṭb gestanden haben, wird eine fortschreitende Entwicklung deutlich. Nur 30 Jahre nach „Milestone" (arab.: *Maʿālim fī ṭ-ṭarīq*, deutsch: Wegzeichen) legte die jetzige ägyptische Muslim-Bruderschaft schriftlich die Befürwortung des Folgenden fest: geschriebene Verfassung, allgemeine Wahl des Staatsoberhauptes für ein zeitlich befristetes Mandat, Mehrparteiensystem, politischer Pluralismus, Parlamentarismus, unabhängige Gerichte sowie ein aktives und passives Wahlrecht der Frau.[1632] Die Muslimbrüder befürworten dabei explizit ein umfassendes und auf freier Konkurrenz beruhendes Parteiensystem, in dem auch eine Islamische Partei ihren Platz einnehme.[1633] Damit hat sich die Muslimbrüderschaft von den Ansichten ihres früheren Chefideologen deutlich distanziert.

Zudem müssen Quṭbs Äußerungen in den gesellschaftlichen Kontext gebracht werden,[1634] um richtig eingeordnet werden zu können. Seine politischen Aussagen entstanden im politischen Zusammenhang mit der Auseinandersetzung

1632 "The Muslim Brotherhood's Statement on *Shura* (Anm. des Verfassers: gemeint ist *šūrā*) in Islam and the Multi-Party System in an Islamic Society"; "Statement of the Muslim Brotherhood on the Role of Muslim Women in Islamic Society and its Stand on the Women's Right to Vote, be Elected and Occupy Public and Governmental Posts and Work in General" in: Documentation, Encounters, Jg. 1, Nr. 2, Markfield, LE (UK) 1995, S. 100 ff. und S. 85 ff.; Hofmann, Der Islam, S. 129.

1633 Farschid, Ideologie der Muslimbruderschaft, S. 43 (53).

1634 Farschid, Ideologie der Muslimbruderschaft, S. 43 (60).

zwischen dem ägyptischen Staat und der islamistischen Opposition. Die Propagierung der Ideologie[1635] einer gewaltsamen Befreiung durch Quṭb stellt eine Reaktion auf die seinerzeit massiven Repressionen des ägyptischen Staates dar.[1636] Sayyid Quṭb war in den 1930er Jahren der säkularen Reformbewegung angehörig und erst später in den 1950er und 1960er Jahren der Muslimbrüderschaft verbunden.[1637] Einer der Gründe für die spätere Radikalisierung waren die Haftbedingungen, deren Zeuge er während seiner Haftzeit von 1954 bis 1964 wurde. Er – wie auch die übrigen Mitgefangenen – war der Folterung ausgesetzt, so dass er zu dem Ergebnis gelangte, dass nur ein Staat mit einer islamischen Regierung solche Zustände verhindern könne[1638].

Ferner ist zu berücksichtigen, dass das Buch „Milestone" – welches auch nach dem Tod Quṭbs mehrfach neu aufgelegt wurde – viele Lesarten zulässt: Fromme Muslime könnten sich ebenso darauf beziehen, wie religiöse Fanatiker.[1639] Quṭb schrieb etwa: "(...) A Muslim has no country except that part of the earth where the Sharīʿa of God is established and human relationships are based on the foundation of relationship with God; a Muslim has no nationality except his belief, which makes him a member of the muslim community in *Dār al-Islām*; a Muslim has no relatives except those who share the belief in God, and thus a bond established between him and other Believers through their relationship with God."[1640] Dies kann dahingehend verstanden werden, dass dem Muslim jede Bindung im Staat untersagt wird. Es kann aber auch dahingehend interpretiert werden, dass Quṭb hiermit lediglich die Bindung der Muslime untereinander hervorheben wollte und dabei jede Bindung nach der Blutsverwandtschaft ablehnte.[1641]

1635 Eine Erläuterung des Begriffes "Ideologie" ist unter Fussnote 1331 zu finden.
1636 Farschid, Ideologie der Muslimbruderschaft, S. 43 (60).
1637 Dörfler, Islam, Islamismus und islamischer Extremismus, S. 79 ff.
1638 Dörfler, Islam, Islamismus und islamischer Extremismus, S. 84.
1639 Walther in DIE ZEIT vom 31.07.2003, Nr. 32; http://images.zeit.de/text/2003/32/A-Carrel.
1640 Qutb, Milestone, Chapter IX, S. 67.
1641 Diese zweite Auslegung ist nahe liegend, da das 10. Kapitel "A Muslim's nationality" von der Gemeinschaft der Muslime als Brüder handelt, deren Gemeinsamkeit durch den Glauben an den Islam begründet wird (vgl. Qutb, Milestone, Chapter IX, S. 68: "When the relationship of the belief ist established (…) the Believers become like brothers.") und dies durch Beispiele belegt wird. Als Beleg wird etwa Abraham aufgeführt, der seine Familie wegen ihres Unglaubens verlassen hatte sowie Noah, der seinen Sohn wegen seines Unglaubens zurücklassen musste (vgl. Qutb, Milestone, Chapter IX, S. 68 ff.). Daher ist zu erkennen, dass Quṭb die Zusammengehörigkeit auf Grund der Blutsverwandtschaft sowie eine solche wegen der Nationalität oder Rasse ablehnte und die Bruderschaft basierend auf dem Glauben favorisierte (vgl. Qutb, Milestone, Chapter IX, S. 70).

Außerdem gibt es Aussprüche Quṭbs, die ihn weniger radikal erscheinen lassen. Sein Ausspruch: „Wir sind Prediger und keine Richter. Unser Ziel ist es nicht, den Menschen Regeln aufzuzwingen, sondern ihnen diese eine Wahrheit nahezubringen, dass es keinen Gott außer Gott gibt. Tatsächlich wissen die Menschen nicht, welche Anforderungen diese Formel beinhaltet“[1642], dass er auf einen Islam setzte, den er als „ehrfürchtige emanzipatorische Kraft“ verstand.[1643]

Auch die Ansichten Maudūdīs sind nur schwerlich mit der freiheitlich demokratischen Grundordnung zu vereinen. Maudūdī ist wegen der in seiner Zeit stattfindenden Staatsgründung Pakistans erheblich praktischer und daher auch wesentlich konkreter in seinen Vorstellungen und Ansichten als Sayyid Quṭb.[1644] Maudūdī beteiligte sich rege an der Bildung der Staatsverfassung Pakistans, so dass er 1952 – als die Verfassungsentstehung an einen kritischen Punkt gelangte – einige konkrete Verfassungsvorschläge hervorbrachte.[1645]

Gerade seine Positionen zu den Rechten der Frau im Staat, zum Erb- und Zeugenrecht der Frauen sowie seine Vorstellung von der Beteiligung von Andersgläubigen am Staatswesen differieren erheblich von dem Verständnis des Grundgesetzes. Maudūdī war gerade bezüglich der Rechte der Frauen äußerst konservativ, wobei seine Argumentation in vielen Hinsichten lückenhaft geblieben ist.[1646]

Methodisch orientiert sich diese Autorengruppe bevorzugt am Wortlaut des Koran und an der *Sunna* des Propheten Muhammad. Dabei nutzen sie teilweise eine höchst selektive und opportunistische Bezugnahme und ignorieren bei der Interpretation die umfassenden Grundsätze zur Auslegung von Koran und *Sunna*, die die klassische islamische Theologie und Rechtswissenschaft vorsehen.[1647] Insofern ist die von Quṭb vorgenommene Auslegung der koranischen Verse eine Verallgemeinerung vieler Koranaussagen in unhistorischer Weise und stellt einen Versuch der Instrumentalisierung dieser Verse für politische Zwecke

1642 Kepel, Der Prophet und der Pharao, S. 64.

1643 Walther in DIE ZEIT vom 31.07.2003, Nr. 32; http://images.zeit.de/text/2003/32/A-Carrel.

1644 Ahmad, Maulana Maududi and the Islamic State, S. 103: “In spite of the fact that Maulana Maududi’s writings are basically topical and propagandist (for he is a politician who until recently headed a political striving for power and has dealt with the problems of the Islamic State according to exigencies of time and events), there emerges from his writings a systematic attitude towards constitutional law and jurisprudence.”.

1645 Maududi, The Islamic Law and Constitution, S. 303 ff.

1646 So auch Ahmad, Maududi and the Islamic State, S. 156.

1647 Farschid, Ideologie der Muslimbruderschaft, S. 43 (49).

dar.[1648] Dabei widerspricht diese Methode dem historischen Koranverständnis vieler klassischer Korankommentatoren.[1649]

III. Gruppe 3: Autoren Muhammad Asad, Murad Hofmann und Said Ramadan

1. Kurzbiographie Muhammad Asad

Muhammad Asad wurde am 02. Juli 1900 in Lemberg im damaligen Österreich-Ungarn (heutige Ukraine) als Leopold Weiß geboren. Er stammte aus einer jüdischen Familie, sein Vater, Karl Weiß, war Rechtsanwalt und sein Großvater, Benjamin Arje Weiß, war der Rabbi von Czernowitz.[1650] Asad erhielt eine religiöse Ausbildung, so dass er mit 13 Jahren bereits die hebräische und aramäische Sprache beherrschte und mit den heiligen jüdischen Texten vertraut war.[1651] Nach dem ersten Weltkrieg zog Asad mit seinen Eltern nach Wien. Dort begann er an der Universität Kunstgeschichte[1652] bzw. Philosophie[1653] zu studieren.

1920 verließ Asad Wien und ging nach Berlin, um Journalist zu werden. Asad arbeitete für kurze Zeit als persönlicher Assistent des Filmemachers Friedrich Wilhelm Murnau, um anschließend für den United Telegraph, einem Ableger der United Press of America,[1654] tätig zu sein.[1655] Ihm gelang durch ein Interview mit der Ehefrau des populären russischen Autors Maxim Gorky der berufliche Durchbruch, der zur allgemeinen Anerkennung seiner Person als Reporter führte.[1656] Als die Herausgeber zudem bemerkten, dass er fließend einige Sprachen beherrschte, wurde er zum stellvertretenden Redakteur der skandinavischen Presse gemacht.[1657]

1922 folgte Asad einer Einladung seines Onkels, Dr. Dorian Feigenbaum, nach Jerusalem.[1658] Er verfasste einen Artikel über den Mittleren Osten und sandte diesen an zehn große Zeitungen in Europa.[1659] Er erhielt positive Nachricht von der Frankfurter Zeitung (heute: Frankfurter Allgemeine Zeitung, „FAZ"), einer der bedeutendsten Zeitungen des frühen 20. Jahrhunderts, für die er fortan als

1648 Farschid, Ideologie der Muslimbruderschaft, S. 43 (49).
1649 Farschid, Ideologie der Muslimbruderschaft, S. 43 (49), der dies an Sure 2, Vers 190 beispielhaft verdeutlicht.
1650 Hanimann, Frankfurter Allgemeine Zeitung vom 24. Juni 2005, Nr. 144, S. 48.
1651 http://www.haaretz.com/hasen/pages/ShArt.jhtml?itemNo=95213.
1652 http://www.haaretz.com/hasen/pages/ShArt.jhtml?itemNo=95213.
1653 Hanimann, Frankfurter Allgemeine Zeitung vom 24. Juni 2005, Nr. 144, S. 48.
1654 Hanimann, Frankfurter Allgemeine Zeitung vom 24. Juni 2005, Nr. 144, S. 48.
1655 http://www.haaretz.com/hasen/pages/ShArt.jhtml?itemNo=95213.
1656 Hanimann, Frankfurter Allgemeine Zeitung vom 24. Juni 2005, Nr. 144, S. 48.
1657 http://www.haaretz.com/hasen/pages/ShArt.jhtml?itemNo=95213.
1658 Hanimann, Frankfurter Allgemeine Zeitung vom 24. Juni 2005, Nr. 144, S. 48.
1659 Hanimann, Frankfurter Allgemeine Zeitung vom 24. Juni 2005, Nr. 144, S. 48.

Korrespondent arbeitete.[1660] Asad, der zu diesem Zeitpunkt noch Weiß hieß, lehnte die zionistische Bewegung in Palästina ab.[1661] Er hielt diese Bewegung für unmoralisch und gefährlich.[1662]

Schließlich entschloss sich Asad Palästina zu verlassen und durch den Nahen Osten zu reisen. Nach einem kurzen Besuch in Ägypten 1923, reiste Asad nach Jordanien, wo er den Emir Abdullah traf.[1663] Anschließend kehrte er nach Jerusalem zurück und reiste von dort heimlich und zu Fuß nach Damaskus und Beirut, da die französischen Behörden sich weigerten, ihm als Österreicher ein Visum zu erteilen.[1664] Ende 1923 kehrte Asad zurück nach Deutschland und sah dort erstmalig das Redaktionsbüro der Frankfurter Zeitung.[1665]

Im Frühjahr 1924 reiste Asad erneut in den Nahen Osten. In Ägypten freundete er sich mit dem Scheich Muṣṭafā al-Marġī an, einem der führenden Dozenten an der Al Azhar Universität in Kairo.[1666] Anschließend reiste er weiter über Afghanistan und Bagdad nach Persien, wo er anderthalb Jahre verweilte.[1667] Schließlich kehrte Asad zurück nach Berlin. Er verließ die Frankfurter Zeitung und schloss Verträge mit der Züricher Zeitung, dem Telegraf of Amsterdam und der Kölner Zeitung.[1668]

1926 trat Leopold Weiß in Berlin zum Islam über und nahm den Namen Muhammad Asad (Asad bedeutet Löwe, das arabische Äquivalent zu „Leo“) an.[1669] Er beschäftigte sich intensiv mit dem Koran und dem Islam und schrieb mehrere Bücher über sein Religionsverständnis. Im Januar 1927 reiste Asad nach Saudi Arabien, um die Pilgerfahrt (arab.: *ḥaǧǧ*) zu vollziehen.[1670] Nach Abschluss der Pilgerfahrt blieb er in Mekka, um den Islam in der Bibliothek der Großen Moschee von Mekka zu studieren.[1671] Er publizierte eine Vielzahl von Artikeln für europäische und amerikanische

1660 http://www.haaretz.com/hasen/pages/ShArt.jhtml?itemNo=95213.

1661 Hanimann, Frankfurter Allgemeine Zeitung vom 24. Juni 2005, Nr. 144, S. 48: „Die Gründung eines jüdischen Staates nach europäischem Vorbild erschien ihm den europäischen Machtinteressen verdächtig nahe und für die arabische Bevölkerung schwer akzeptabel.“.

1662 http://www.haaretz.com/hasen/pages/ShArt.jhtml?itemNo=95213; „Asad stand dem israelischen Staat kritisch gegenüberstand; gleichzeitig war seine Achtung für die jüdische Kultur und Religion sehr groß.“; vgl. Hanimann, Frankfurter Allgemeine Zeitung vom 24. Juni 2005, Nr. 144, S. 48.

1663 http://www.haaretz.com/hasen/pages/ShArt.jhtml?itemNo=95201.

1664 Hanimann, Frankfurter Allgemeine Zeitung vom 24. Juni 2005, Nr. 144, S. 48.

1665 http://www.haaretz.com/hasen/pages/ShArt.jhtml?itemNo=95201.

1666 http://www.haaretz.com/hasen/pages/ShArt.jhtml?itemNo=95201.

1667 Hanimann, Frankfurter Allgemeine Zeitung vom 24. Juni 2005, Nr. 144, S. 48.

1668 http://www.haaretz.com/hasen/pages/ShArt.jhtml?itemNo=95201.

1669 http://www.haaretz.com/hasen/pages/ShArt.jhtml?itemNo=95201.

1670 Hanimann, Frankfurter Allgemeine Zeitung vom 24. Juni 2005, Nr. 144, S. 48.

1671 http://www.haaretz.com/hasen/pages/ShArt.jhtml?itemNo=95201.

Zeitungen, die wiederum für die Presse in den arabischen Ländern, wo sein Name Bekanntheitsgrad erlangte, ins Arabische übersetzt wurden.[1672] Er lernte über den Prinzen Faisal König Abdel Aziz Ibn Saud kennen, der von der Person Asads beeindruckt war. Er lud ihn fast täglich zu sich ein und hörte seine Meinung über den Westen, über den Imperialismus und die Situation der arabischen Welt.[1673] Asad durchquerte die arabische Halbinsel, heiratete und ließ sich in Medina nieder, wo ihn muslimische Führer besuchten, um mit ihm zu diskutieren.[1674]

Asad erhielt vermehrt Einladungen aus Indien, denen er schließlich folgte. Er verließ Saudi Arabien und reiste nach Indien in die Gegend des Panjab,[1675] wo er in Kontakt kam mit Muḥammad Iqbāl, dem spirituellen Vater Pakistans.[1676] 1939 wurde Asad nach Ausbruch des zweiten Weltkrieges durch die Briten verhaftet.[1677] Asad war österreichischer Staatsbürger und Autor vieler deutschsprachiger Artikel, in denen er den britischen Imperialismus kritisierte, so dass die Spannungen in Europa Grund genug waren, Asad für die Zeit des Krieges zu inhaftieren.[1678] Die Briten brachten Asad mit seiner Ehefrau Monira und deren gemeinsamen Sohn Talal 1940 in eine Haftanstalt für Familien nach Bombay.[1679] Gleichzeitig bemühte sich Asad, seinen Vater und seine Schwester, die in Deutschland zurückgeblieben waren, nach Indien zu holen – seine Bemühungen blieben jedoch erfolglos: Sein Vater und seine Schwester wurden von den Nationalsozialisten getötet.[1680]

Nach Ende des Krieges ließen die Briten Asad frei und er begann sich bei der Gründung des Staates Pakistan zu engagieren.[1681] Er unterstützte dabei die Errichtung eines muslimischen Staates in Pakistan.[1682] Nach der Errichtung des Staates wurde Asad 1948 zum Leiter des Ministeriums für „Islamische Rekonstruktion" ernannt.[1683] Einige Zeit später wechselte er zum Außenministerium, um dort die Abteilung „Mittlerer Osten" zu leiten. Im Rahmen dieser Position reiste er durch

1672 http://www.haaretz.com/hasen/pages/ShArt.jhtml?itemNo=95201.
1673 http://www.haaretz.com/hasen/pages/ShArt.jhtml?itemNo=95201.
1674 http://www.haaretz.com/hasen/pages/ShArt.jhtml?itemNo=95201.
1675 Hanimann, Frankfurter Allgemeine Zeitung vom 24. Juni 2005, Nr. 144, S. 48.
1676 http://www.haaretz.com/hasen/pages/ShArt.jhtml?itemNo=95201.
1677 Hanimann, Frankfurter Allgemeine Zeitung vom 24. Juni 2005, Nr. 144, S. 48.
1678 http://www.haaretz.com/hasen/pages/ShArt.jhtml?itemNo=95213
1679 http://www.haaretz.com/hasen/pages/ShArt.jhtml?itemNo=95213, „(…) wo die Mithäftlinge überwiegend vermögende Juden aus Deutschland waren, die vor den Nationalsozialisten geflohen waren, aber wegen ihrer deutschen Staatsbürgerschaft von den Briten festgenommen wurden.".
1680 Hanimann, Frankfurter Allgemeine Zeitung vom 24. Juni 2005, Nr. 144, S. 48; http://www.haaretz.com/hasen/pages/ShArt.jhtml?itemNo=95213
1681 Hanimann, Frankfurter Allgemeine Zeitung vom 24. Juni 2005, Nr. 144, S. 48.
1682 http://www.haaretz.com/hasen/pages/ShArt.jhtml?itemNo=95201.
1683 http://www.haaretz.com/hasen/pages/ShArt.jhtml?itemNo=95201.

den Mittleren Osten, insbesondere nach Saudi Arabien und Ost-Jerusalem.[1684] 1951 ernannte ihn die pakistanische Regierung zum UN-Botschafter in New York.[1685]

Nach Beendigung seiner Tätigkeit bei den Vereinten Nationen ging Asad nach Algerien und anschließend nach Kairo, wo er an der Al Azhar Universität dozierte.[1686] Anschließend verließ er Kairo in Richtung Schweiz. Nach einigen Jahren des Aufenthalts in der Schweiz reiste Asad schließlich nach Tanger, Marokko.[1687] Später lebte Asad in Mijas an der Costa del Sol in Andalusien, Spanien, wo er am 20. Februar 1992 im Alter von 92 Jahren verstarb.[1688]

2. *Kurzbiographie Murad Wilfried Hofmann*

Murad Wilfried Hofmann wurde 1931 geboren und stammt aus einer katholischen Familie. Während seiner Pflichtmitgliedschaft in der Hitlerjugend (Jungvolk 1940-1945) war er auch Mitglied der illegalen, von Jesuiten geleiteten katholischen Jugendorganisation „*Congregatio Mariana*". Nachdem er das Abitur als Klassenbester in Aschaffenburg absolvierte, begann er 1950 sein Studium als „HELP"-Stipendiat („Higher Education for Lasting Peace") und Gast der „Psi Ypsilon Fraternity" am Union College in Schenectady, New York, mit Schwerpunkt Soziologie, Arbeitsrecht und angloamerikanischer Literatur. Anschließend bereiste Hofmann den Süden der Vereinigten Staaten per Anhalter, wobei er durch einen Geisterfahrer-Unfall schwer verletzt wurde.

Nach seiner Rückkehr nach Deutschland studierte er Rechtswissenschaften an der Ludwigs Maximilian Universität München. Er schloss das Studium am 27. Februar 1955 mit dem 1. juristischen Staatsexamen ab. Anschließend promovierte Murad Wilfried Hofmann über das Thema „Der Schutz der Gerichte vor Beeinflussung und Verunglimpfung durch die Presse nach deutschem und amerikanischem Recht (Contempt of Court by Publications)" bei Prof. Dr. Rudolf Pohle.

Während seines Rechtsreferendariats in München von 1955 bis 1959 arbeitete Hofmann auch als Assistent an der Universität München (Prof. Dr. Leo Rosenberg; Prof. Dr. Pohle) sowie bei deutschen und amerikanischen Anwaltsfirmen (Dres.

1684 http://www.haaretz.com/hasen/pages/ShArt.jhtml?itemNo=95201.
1685 http://www.haaretz.com/hasen/pages/ShArt.jhtml?itemNo=95213
1686 http://www.haaretz.com/hasen/pages/ShArt.jhtml?itemNo=95201.
1687 Hanimann, Frankfurter Allgemeine Zeitung vom 24. Juni 2005, Nr. 144, S. 48.
1688 http://www.haaretz.com/hasen/pages/ShArt.jhtml?itemNo=95201: „Hier sah er zu seinem Leidwesen den Verfall der muslimischen Gesellschaften durch die korrupten arabischen Regime und die Verdrängung der freien muslimischen Gesellschaft, die er sich erträumte, durch die Diktatur in Pakistan. Den Imām Chomeini jedenfalls hielt er für schlimmer als den Schah.", vgl. Hanimann, Frankfurter Allgemeine Zeitung vom 24. Juni 2005, Nr. 144, S. 48.

Winkelmann; Dres. Oehl & Nörr; Milton M. Crook). Das 2. juristische Staatsexamen legte er am 27. April 1959 in München ab.

Schließlich studierte er von 1960 bis 1961 amerikanisches Recht an der Harvard Law School in Cambridge (Massachusetts) mit Schwerpunkt Vertragsrecht, Zivilprozessrecht und Rechtsvergleichung. Gleichzeitig war er als Forschungsassistent für den Supreme Court tätig zum Thema: „Welche Ursachen führten zu Reformen des Zivilprozeßrechts in den deutschen Staaten von 1750-1830".

Von 1961 bis 1994 war Hofmann für den Diplomatischen Dienst der Bundesrepublik Deutschland in verschiedenen Ländern tätig. Er begann seine Tätigkeit am Generalkonsulat in Algier während des algerischen Befreiungskrieges. Von 1979 bis 1983 leitete er das Referat „NATO und Verteidigung" im Auswärtigen Amt in Bonn. Von 1983 bis 1987 arbeitete er als Informationsdirektor der NATO in Brüssel. Von 1987 bis 1990 war Hofmann deutscher Botschafter in Algier. Anschließend war er bis 1994 deutscher Botschafter in Rabat, Marokko. Murad Hofmann konvertierte 1980 zum Islam.

3. *Kurzbiographie Said Ramadan*

Said Ramadan wurde am 12. April 1926 in Schibin al-Kum in Ägypten geboren. 1946 schloss er sein Studium der islamischen Rechtswissenschaften ab und wurde Herausgeber der islamischen Wochenzeitschrift „*Al-Šihāb*". 1948 kämpfte er als Freiwilliger im arabisch-israelischen Krieg. Nach dem Krieg reiste er in verschiedene muslimische Länder. So reiste er 1948 nach Pakistan, wo seine Eignung für den Posten des Generalsekretärs des Islamischen Weltkongresses sondiert wurde. Anschließend blieb er noch einige Monate in Pakistan; er nahm an der Debatte über die Verfassungsfrage teil und leitete eine wöchentliche Radiosendung.[1689] Anschließend kehrte er nach Ägypten zurück und engagierte sich für soziale und politische Reformen. Er reiste quer durch das Land, hielt Vorträge und richtete Treffen aus. 1952 gab er zudem die monatliche Zeitschrift *Al Muslimīn* heraus, in der viele muslimische Gelehrte schrieben und die von Marokko bis Indonesien in arabischer und englischer Sprache Verbreitung fand.[1690]

Bei seinem Aufenthalt in Ägypten wurde er auf Anweisung des damaligen Präsidenten Jamal Abdel Nasr[1691] verhaftet und musste Ägypten 1954 verlassen. Zunächst ging er nach Palästina, wo er zum Generalsekretär des Islamischen Weltkongresses von Jerusalem designiert wurde.[1692] Anschließend ging er nach Damaskus, dort nahm er die Herausgabe der Monatsschrift *Al Muslimīn* wieder

1689 Tariq Ramadan, Der Islam und der Westen, S. 18.
1690 Tariq Ramadan, Der Islam und der Westen, S. 18.
1691 Ǧamāl ʿAbd an-Nāṣir.
1692 Tariq Ramadan, Der Islam und der Westen, S. 19.

auf. Sodann ging er in den Libanon, bevor er 1958 nach Genf übersiedelte.[1693] In Köln promovierte er 1959 zum islamischen Recht. In Genf gründete Ramadan 1961 – unter anderem mit der Unterstützung von Muhammad Asad – das Islamische Zentrum Genf (*Centre islamique à Genève*). 1962 war er maßgeblich an der Gründung der Islamischen Weltliga beteiligt.

1995 verstarb Ramadan in Genf. Er wurde am 9. August 1995 an der Seite Hasan al-Bannās in Ägypten begraben.

4. *Publikationen dieser Autorengruppe*

Muhammad Asad hat eine Vielzahl von Büchern veröffentlicht. Zu seinen wesentlichsten Veröffentlichungen gehört zunächst das Buch „*Unromantisches Morgenland – Aus dem Tagebuch einer Reise*“, das 1924 in Frankfurt am Main erschien. Außerdem ist hierzu das Werk „*Islam at the crossroads*“ zu zählen, das 1924 in Delhi und 1946 unter dem Titel „*Al Islām ʿalā muftaraq al-ṭuruq*“ auf arabisch und 1991 schließlich auch auf Urdu erschien.

Von besonderer Bedeutung – jedenfalls im Rahmen dieser Abhandlung – ist Asads Werk „*The Principles of State and Government in Islam*“, das 1961 in Berkeley, Kalifornien erschien und sich explizit mit der Organisation des Staates beschäftigt.

Das wohl bedeutendste Werk Said Ramadans ist seine Dissertation vom 27. Januar 1959 an der Universität zu Köln mit dem Titel „*Islamic Law*“. Dieses Werk wurde von Fatima Heeren ins Deutsche übersetzt und in der zweiten Auflage von Amena El-Zayat bearbeitet. Es wurde 1996 unter dem Titel „*Das islamische Recht*“ in Deutschland veröffentlicht.

Murad Hofmann hat ebenfalls viele Bücher veröffentlicht. Insbesondere veröffentlichte er eine deutsch-arabische Koranübersetzung, die zu den renommiertesten in Deutschland gehört. Zu einem seiner bekanntesten Werke gehört sein Buch „*Der Islam als Alternative*“, welches 1993 in München erschien. Ferner ist das im Jahr 2000 publizierte Buch „*Der Islam im 3. Jahrtausend*“ als bedeutendes Werk des Autors zu nennen. Schließlich ist auch sein Buch „*Islam und der Westen*“ als wesentliches Werk mit Blick auf die hier behandelte Fragestellung zu sehen. Das Buch ist 2004 in München erschienen.

5. *Position dieser Autorengruppe*

Diese Autoren heben hervor, dass weder im Koran noch in der *Sunna* eine bestimmte Form des Staatswesen bestimmt werde und sich dort auch keine aus-

1693 Tariq Ramadan, Der Islam und der Westen, S. 19.

gearbeitete verfassungsrechtliche Staatstheorie finden lasse.[1694] Das islamische Recht verlange keine bestimmte Staatsform, vielmehr sei jede muslimische Generation dazu aufgerufen, diejenige staatliche Organisation für sich zu finden, die ihrem Entwicklungsstand und ihrer Tradition am Besten entspreche.[1695] Es gebe folglich nicht etwa nur eine bestimmte Form eines islamischen Staatswesens, sondern viele verschiedene.[1696]

Diese entwickelte Staatsform sei auch nicht für die folgenden Generationen bindend, vielmehr hätten die folgenden Generationen, im Rahmen der unabdingbaren Regeln der *Scharia*, die für ihre Belange sinnvollste Staatsform zu wählen.[1697] Der Islam überlasse vieles den Wünschen des Einzelnen und den zeitlichen und örtlichen Gegebenheiten. Den verschiedenen Völkern und Gemeinschaften werde ein weiter Spielraum für die Schaffung ihrer eigenen Gesetze gelassen, mit deren Hilfe sie den neuen und veränderten Umständen gerecht werden könnten.[1698] Asad konkretisierte dies, in dem er formulierte: "Being a Divine Ordinance, it duly anticipates the fact of historical evolution, and confronts the believer with no more than very limited number of broad political principles; beyond that, it leaves a vast field of constitution-making acitivity, of governal methods, and of day-to-day legislation to the *ijtihad* (Anm. des Verfassers: *iğtihād*) of the time concerned."[1699]

Insgesamt stehe der Islam der Übernahme all dessen, was sich als nützlich erweist, äußerst aufgeschlossen gegenüber, wobei der Ursprung keine Rolle spielt, solange das Übernommene nicht im Widerspruch zu den Vorschriften von Koran und *Sunna* steht.[1700]

a. Achtung vor den Menschenrechten

Hofmann erkennt einen Kernbereich der Menschenrechte an, wozu er das Recht auf Leben, Freiheit von Folter, Meinungs- und Gewissensfreiheit, Religionsfreiheit und die Freizügigkeit zählt.[1701] Der Islam kenne bereits seit 1400 Jahren

1694 Asad, State and Government in Islam, S. 22, siehe auch S. 17: "If we examine objectively the political ordinance of *Qur'ān* and *Sunnah*, we find that they do not lay down any specific form of state: that is to say, the *sharīʿa* does not prescribe any definite pattern to which an Islamic state must conform, nor does it elaborate in detail an constitutional theory.".
1695 Hofmann, Der Islam, S. 113.
1696 Hofmann, Der Islam, S. 114.
1697 Asad, State and Government in Islam, S. 23.
1698 Ramadan, Islamisches Recht, S. 72.
1699 Asad, State and Government in Islam, S. 23.
1700 Ramadan, Islamisches Recht, S. 74.
1701 Hofmann, Der Islam. S. 95.

diese klassischen Menschenrechte[1702] und stelle auch heute noch ein komplementäres Menschenrechtssystem dar.[1703] Denn für den Muslim sei das gesamte Recht – das den Namen verdiene – auf göttliches Recht, jedenfalls auf göttliche Quellen zurückzuführen.[1704] Die heutzutage auftretenden Verletzungen von Menschenrechten durch Staaten mit muslimischer Bevölkerung können daher nicht als islamisch motiviert oder islamisch legitimiert angesehen werden.[1705]

Die Menschenrechte haben danach ihre Grundlage in der göttlichen Offenbarung, zumal derartiges Recht nicht vom Menschen gesetzt, sondern nur von ihm vorgefunden würde.[1706] Alle Rechte, einschließlich der Menschenrechte, könnten in der Rechtswirklichkeit jedoch nur gewährleistet werden, wenn die gesamte Rechtsordnung stimmt, so dass das edle Ziel der Gerechtigkeit nur als Produkt eines stimmigen, umfassenden Gesellschaftssystem verwirklicht werden könne[1707].

aa. Menschenwürde

Nach Ansicht dieser Autoren ist die Menschenwürde vom Staat zu achten, wobei die Menschenwürde für die muslimischen wie nichtmuslimischen Bürger des islamischen Staates gleichermaßen Schutzwirkung entfaltet.[1708] Das Verantwortungsgefühl jedes Menschen sich selbst und Gott gegenüber gehe Hand in Hand mit der Achtung des Menschen und der menschlichen Würde, auf die jeder Anspruch habe.[1709] Belegt wird diese Aussage mit der Sure 17, Vers 70: „Wir haben doch wahrlich die Kinder Adams mit Würde ausgestattet".

bb. Recht der Persönlichkeit auf Leben und körperliche Unversehrtheit

Der Staat habe ferner die Pflicht, die Staatsbürger gegen äußere und innere Feinde zu schützen. Daher sei die Regierung zum Schutz des Lebens, der Ehre und Würde sowie des Privatlebens der Staatsbürger verpflichtet.[1710] Die Sicherheit

1702 Hofmann, Der Islam, S. 97.

1703 Hofmann, Der Islam als Alternative, S. 161; zur Frage der Menschenrechte siehe auch Bielefeldt, Zum islamischen Menschenrechtsdiskurs, Zeitschrift für Rechtspolitik 1992, Heft 4, S. 146.

1704 Hofmann, Der Islam als Alternative, S. 157.

1705 Hofmann, Der Islam, S. 94.

1706 Hofmann, Der Islam, S. 94.

1707 Hofmann, Der Islam als Alternative, S. 158.

1708 Ramadan, Islamisches Recht, S. 157.

1709 Ramadan, Islamisches Recht, S. 158.

1710 Asad, State and Government in Islam, S. 84: "This (...) calls for an incorporation in the constitution of an Islamic State of a clause to the effect that lives, persons, and possessions of the citizens are inviolable, and that none shall be deprived of his live, freedom, or property, except by due process of law. This protection (...) is eines jeden Menschen, sei er Muslim oder Nichtsmuslim, sei ein unverrückbarer, unverletzlicher und geheiligter Grundsatz.[1711] Die Unantastbarkeit der menschlichen Persönlichkeit sei die Grundlage der von Gott für alle Menschen geforderten Gerechtigkeit.[1712] Aus der Tatsache, dass Gott in Sure 4, Vers 92 den Mord verbietet und in Sure 5, Vers 32 den Mörder eines Einzelnen mit jemandem gleichsetzt, der die gesamte Menschheit ermordet hat, leitet diese Ansicht ein allgemeines Recht auf Leben ab.[1713]

Die Schranke der Grundfreiheit auf Leben wie auch der Grundfreiheit auf körperliche Unversehrtheit wird in der Verletzung eines Strafgesetzes gesehen.[1714] Der Koran gebiete strafrechtliche Ahndung nur für sechs Delikte. Anderes Fehlverhalten – vom Glücksspiel bis zum Abfall vom Glauben – werde missbilligt; hierfür würden jedoch Konsequenzen erst im Jenseits angedroht.[1715] Bei den mit Strafe bedrohten Handlungen handele es sich um Mord (Sure 2, Vers 178), Raub auf offener Straße (Sure 5, Verse 33 f.), Hochverrat (Sure 5, Vers 33), Verleumdung mit Ehebruch (Sure 4, Vers 15; Sure 24, Vers 4), Ehebruch unter Unbescholtenen (Sure 17, Vers 32; Sure 2, Vers 188) und Diebstahl einer behüteten Sache von Wert (Sure 24, Vers 4; Sure 4, Vers 15).

Auf das erste bis dritte Verbrechen stehe die Todesstrafe,[1716] wobei Hofmann der Ansicht ist, dass die Todesstrafe als Höchststrafe verhängt werden könne, aber nicht notwendig verhängt werden müsse[1717]. Hinsichtlich eines Diebstahls wird auf die Regelung im Koran in der Sure 5, Vers 38 hingewiesen: „Dem Dieb und der Diebin schneidet ihr die Hände ab, als Vergeltung für das, was sie begangen haben (…)“. Im Rahmen dieser Regelung ist nach Ansicht Hofmanns zwingend die Definition des Diebstahls zu berücksichtigen. Als Diebstahl im Sinne des Koran gelte nur die Wegnahme einer gut verwahrten Sache, die nicht nur Bagatellwert habe[1718]. Erforderlich sei daher die Wegnahme größerer, gesicherter Wertgegenstände, die nicht im öffentlichen Eigentum stehen[1719]. Im Übrigen sei diese Strafe nur anwend-

not limited to the tangible factors of their existence, such as their persons and possessions, but must extend to their dignity and honour and the privacy of their homes as well.”

1711 Ramadan, Islamisches Recht, S. 142 mit Verweis auf Sure 6, Vers 152.
1712 Ramadan, Islamisches Recht, S. 157.
1713 Hofmann, Der Islam, S. 97.
1714 Asad, State and Government in Islam, S. 84.
1715 Hofmann, Der Islam als Alternative, S. 186.
1716 Hofmann, Der Islam als Alternative, S. 186.
1717 Hofmann, Der Islam, S. 102.
1718 Hofmann, Der Islam als Alternative, S. 188.
1719 Hofmann, Der Islam, S. 103.

bar im Rahmen eines voll funktionierenden sozialen Systems.[1720] Allenfalls unter diesen Voraussetzungen sei die Regelung in Sure 5, Vers 38 anzuwenden.

Ferner sei über ein äußerst strenges strafprozessuales Verfahrensrecht mit sehr kurzen Verjährungsfristen die potentielle Tragweite der Strafe zu mildern,[1721] da es dann nur selten zu einer Durchsetzung der Strafandrohung kommt[1722]. Der Koran enthalte nur sehr wenige strafprozessuale Vorschriften, so dass der humanitär an den menschlichen Realitäten orientierten islamischen Jurisprudenz hierzu die notwendige Freiheit eingeräumt würde.[1723] So verlange der Koran bezüglich der Bestrafung des Ehebruches einen Nachweis durch vier unbescholtene Augenzeugen, die sämtlich höchste Strafen riskierten, sobald auch nur einer von ihnen „umfalle".

Zudem ist Hofmann der Ansicht, dass die Strafen nur auf die Taten angewandt werden sollten, die im Koran ausdrücklich mit diesen Strafen bedroht worden sind; die Strafen sollten nicht – wie dies im Laufe der islamischen Rechtswissenschaft geschah – auf weitere Fälle ausgeweitet werden.[1724] Hierdurch hätten Menschen eine im Koran nicht erwähnte Strafe unter Verschärfung eines vom Koran unmittelbar und eindeutig geregelten Straftatbestandes in das islamische Recht eingeführt.[1725] Mit dieser Begründung lehnt Hofmann etwa die Steinigung für den Fall des Ehebruches ab.[1726]

cc. Recht der Persönlichkeit auf freie Entfaltung

Die Ansicht erkennt das Recht der Menschen auf freie Entfaltung an. Die *Scharia* zeige zwar den göttlichen Willen an, jedoch könne dem Menschen dieser Wille nicht aufgezwungen werden.[1727] Vielmehr gebe Gott dem Menschen die Entscheidungsfreiheit sich sogar gegen Gott und seine Gesetze zu entscheiden, mit der Folge, dass die Menschen die Konsequenzen für ihr Verhalten zu tragen hätten.[1728] Begrenzt werde dieses Recht der Persönlichkeit auf freie Entfaltung

1720 Hofmann, Der Islam als Alternative, S. 189.
1721 Hofmann, Der Islam als Alternative, S. 186.
1722 Hofmann. Der Islam, S. 103.
1723 Hofmann, Der Islam als Alternative, S. 186.
1724 Hofmann, Der Islam als Alternative, S. 160.
1725 Hofmann, Der Islam als Alternative, S. 188.
1726 Hofmann, Der Islam, S. 102 f.; Hofmann, Der Islam als Alternative, S. 188 mit Hinweis auf den Meinungsstand innerhalb der islamischen Rechtslehre in Endnote 9.
1727 Asad, State and Government in Islam, S. 3.
1728 Asad, State and Government in Islam, S. 3: "(...) we may, if we choose, go against Him, disregard His Law, and risk the consequences. However we decide, the responibility is ours.".

durch die Rechte der übrigen Bevölkerung auf freie Entfaltung der Persönlichkeit sowie durch das Allgemeinwohl.[1729]

Der Bürger sei ferner berechtigt, sich frei fortzubilden; gleichzeitig sei es die Pflicht des Staates, Bildung frei zugänglich für jeden Mann und jede Frau im Staat zu machen.[1730] Dabei dürfe die Möglichkeit der (Fort-)Bildung nicht etwa auf die muslimischen Staatsbürger begrenzt werden.[1731]

dd. Gleichheit als diskriminierungsfeindliche Gleichbehandlung

Ein wichtiger moralischer Grundsatz im Islam sei die Auffassung, dass alle Menschen ein und desselben Ursprungs sind.[1732] Der Sinn des menschlichen Lebens bestünde darin, dass sich die Völker näher kämen und sich besser kennenlernten.[1733] Der Muslim solle sich aufgrund seines Glaubens mit der gesamten Menschheit eng verbunden fühlen und sich stets der Tatsache bewusst sein, dass geographische Grenzen, politische Trennlinien und Unterschiede in Erscheinung, Rasse oder Sprache keine Schranken zwischen den Menschen bilden dürfen.[1734]

(1) Gleichheit vor dem Gesetz

Alle Menschen sind nach dieser Ansicht unabhängig von ihrer Herkunft und Hautfarbe gleichberechtigt. Ein Unterschied zwischen den Menschen aufgrund ihrer Herkunft, ihrer Rasse, ihrer Hautfarbe wird verworfen.[1735] Dies folge bereits daraus, dass der Prophet einen Schwarzen, Bilāl, als ersten mit dem Amt des Gebetsrufs und einen Perser, Salmān al-Farisī, mit dem Amt des Finanzberaters beauftragte.[1736]

Grundsätzlich gelte für alle im Staat das gleiche Gesetz, so dass alle demselben Gesetz unterworfen seien.[1737] Ausgenommen sei jedoch für Nichtmuslime der Bereich, der durch die religiösen Gesetze eines Nichtmuslims geregelt werde. In diesem Fall sei dieses Recht anzuwenden. Daher sei innerhalb des Personenrechts zwischen den Muslimen und Nichtmuslimen zu differenzieren. Hierdurch

1729 Asad, State and Government in Islam, S. 3 f.
1730 Asad, State and Government in Islam, S. 86.
1731 Asad, State and Government in Islam, S. 87: "Because it is one of the basic tenets of such a state to make all the facilities of life available to its non-Muslim citizens as well, eduction must be free and compulsory for all citizens, regardless of religion."
1732 Ramadan, Islamisches Recht, S. 117.
1733 Ramadan, Islamisches Recht, S. 117.
1734 Ramadan, Islamisches Recht, S. 117.
1735 Ramadan, Islamisches Recht, S. 117; Hofmann, Der Islam als Alternative, S. 106.
1736 Hofmann, Der Islam als Alternative, S. 106.
1737 Ramadan, Islamisches Recht, S. 172.

finde sich das Prinzip der Rechtsautonomie anderer religiöser Gruppierungen im islamischen Recht.[1738] Daher sieht Ramadan keine Diskriminierung der Nichtmuslime. Dies sei vielmehr Ausdruck einer ideologischen Koexistenz, einhergehend mit der Integrität aller religiösen Gruppierungen, die innerhalb des islamischen Staates leben.[1739]

(2) Gleichheit von Mann und Frau

Said Ramadan[1740] wie Murad Hofmann[1741] bezeichnen die heutige Stellung der Frau in der islamischen Gesellschaft als eines der Hauptprobleme, auf die sich die Aufmerksamkeit der islamischen Gelehrten konzentrieren müsste. In der muslimischen Welt gebe es eine spezifische, wenngleich weniger religions- als kulturbestimmte Benachteiligung der Frau.[1742] Den Grund der Benachteiligung sieht Hofmann in einem „traditionsgeprägten Mischmasch, den die Leute als Religion bezeichnen und Islam nennen“[1743]. In Sachen Frauen müsste sich in der islamischen Welt etwas ändern.[1744] Bei der Prüfung, was zu ändern sei, müsse allerdings verantwortlich mit Koran und Sunna umgegangen werden.

Die muslimische Frau unterscheide sich in ihrem spirituell-religiösem Status nicht vom Mann, unterliege also auch allen Pflichten eines Muslims, vom Gebet und Fasten bis zur Sozialsteuer und Pilgerfahrt.[1745] Der Koran wende sich daher an Frauen und Männer gleichermaßen. Hofmann[1746] weist darauf hin, dass der Koran unter den 114 Suren, sogar eine – die vierte Sure – aufweist, die sich nicht nur „Die Frauen“ (arab.: *al nisā'*) nennt, sondern sich inhaltlich auch mit ihren Rechten und ihrer Rolle im Familienleben befasst.

Der Koran erwähne auf verschiedene Weise die Stellung der Frau. Der Koran gehe auf die Stellung der Frau auch in Gegenüberstellungen mit dem Mann in den Augen Gottes ein und erkläre, dass der Status von Männern und Frauen vollkommen gleich sei.[1747] Der Islam wolle keine Über- und Unterordnung und schon gar keine Männerherrschaft, sondern eine rücksichtsvolle Partnerschaft zwischen

1738 Ramadan, Islamisches Recht, S. 172; mit Hinweis auf den Propheten Muhammad, der bei Juden das Gesetz der Thora zur Anwendung brachte.
1739 Ramadan, Islamisches Recht, S. 173.
1740 Ramadan, Hauptprobleme, S. 3, 11 ff.
1741 Hofmann, Der Islam, S. 132.
1742 Hofmann, Der Islam, S. 134.
1743 Hofmann, Der Islam, S. 134; so auch Ramadan, Hauptprobleme, S. 11.
1744 Hofmann, Der Islam, S. 135.
1745 Hofmann, Der Islam, S. 136; Hofmann, Der Islam als Alternative, S. 163.
1746 Hofmann, Der Islam als Alternative, S. 163.
1747 Ramadan, Hauptprobleme, S. 12 mit Verweis auf Sure 33, Vers 195.

Mann und Frau.[1748] Nach Ansicht Hofmanns ist es erst unter dem Kalifen Omar ibn al Khattab[1749] zum Wiedereindringen vorislamischer, frauenfeindlicher Denkweisen gekommen, die bis heute als arabischer Eifersuchts- und Macho-Kult lebendig geblieben sind.[1750]

Der Islam gewähre den Frauen vielmehr hohes Ansehen: Zu einer Zeit, als im Römischen Reich erörtert wurde, ob Frauen als „Personen“ oder als „Sache“ rechtlich einzuordnen sind, habe Muhammad verkündet, dass Frauen die „Schwestern des Mannes“ seien.[1751] Ramadan meint hierzu: „Der Islam begründete zum ersten Mal in der Geschichte die Stellung der Frauen als vollwertige Mitglieder in der Gemeinschaft und gewährte ihnen das Recht, zu besitzen, was sie verdienten.“[1752]

Im Hinblick auf den Status der Frauen erkennt die Autorengruppe zudem besondere Aspekte an. Das islamische Menschenbild gehe von der Ungleichheit der Geschlechter als Schöpfungsprinzip aus.[1753] Hierzu gehöre, dass die Frauen sich vom Mann im biologischen und damit auch in psychischer Hinsicht unterscheide.[1754] Es sei daher notwendig, dass Mann und Frau gleich zu behandeln sind, soweit sie gleich sind; sie seien aber ungleich zu behandeln, soweit sie ungleich sind.[1755]

Für den Islam seien daher Mann und Frau von gleicher Würde, aber hätten unterschiedliche Aufgaben; sie seien von gleichem Wert, aber hätten unterschiedliche Fähigkeiten; sie seien von gleicher Stellung vor Gott, aber hätten unterschiedliche Rollen im Leben.[1756]

(a) Eherecht

Das eheliche Verhältnis von Mann und Frau sei ein partnerschaftliches, auf Liebe gegründetes Verhältnis.[1757] Dass in Sure 4, Vers 34 die Rede davon sei, dass der Ehemann eine widerspenstige Frau »schlagen« dürfe, um ihr die von ihr herbeigeführte Gefährdung der Ehe vor Augen zu führen, verliere in einer partnerschaftlichen Ehe jede Bedeutung. Jedenfalls hätten die Muslime von Anfang an,

1748 Hofmann, Der Islam, S. 136.
1749 ʿUmar b. al-Ḫaṭṭāb.
1750 Hofmann, Der Islam als Alternative, S. 166.
1751 Hofmann, Der Islam als Alternative, S. 166.
1752 Ramadan, Hauptprobleme, S. 15 mit Verweis auf Sure 4, Vers 32.
1753 Hofmann, Der Islam, 151.
1754 Hofmann, Der Islam als Alternative, S. 172.
1755 Hofmann, Der Islam, S. 151.
1756 Hofmann, Der Islam als Alternative, S. 173.
1757 Hofmann, Der Islam, S. 140.

nämlich in der Person des Propheten Muhammad, diesen Vers nie als Aufforderung zu wirklichem Zuschlagen verstanden.[1758]

Während einem Muslim die Ehe mit Christinnen und Jüdinnen erlaubt sei, dürfe eine Muslima nur einen Muslim heiraten.[1759] Dies sei notwendige Konsequenz der Eheverfassung im Islam, bei der dem Vater die Entscheidung über die Erziehung der älteren Kinder zustehe.[1760] Eine Muslima könne danach somit nicht verhindern, dass ihr christlicher Ehemann die gemeinsamen Kinder im christlichen Glauben erzieht. Der Islam habe dafür optiert, dass Fragen der Familienführung in der Familie entschieden würden und in der Regel dabei das Votum des Mannes ausschlaggebend sei.[1761] Dies beziehe sich jedoch nicht auf die Kleinkindbetreuung und auf Fragen, die das Vermögen der Frau betreffen.[1762]

Ferner dürfe eine Muslima nur einen Mann heiraten, während dem Mann unter bestimmten Bedingungen die Mehrehe mit bis zu vier Frauen gestattet sei.[1763] Die Autorengruppe ist der Ansicht, dass dieser koranische Vers unabänderlich sei und in besonderen Situationen zu einem sozialen Sicherungsmechanismus führen könne.[1764] Allerdings seien die erwähnten Bedingungen derart restriktiv, dass Polygamie unter heutigen Umständen meistens ausgeschlossen und aus der islamischen Welt weitestgehend verschwunden sei.[1765] Die Mehrehe sei nur noch in Grenzfällen gerechtfertigt, etwa bei starkem Männermangel, wie nach großen Kriegen und, wenn dies vaterlose Haushalte verringern helfe.[1766] Dem Koran wohne allerdings die Tendenz zur Monogamie inne.[1767] Insbesondere wird nach dieser Ansicht der Frau das Recht zugestanden, in einem Ehevertrag die Mehrehe auszuschließen, so dass diese *eo ipso* unzulässig wäre.[1768]

Die Zwangsehe wird kategorisch abgelehnt. Hierzu führt Ramadan einen *hadith* an, in dem der Prophet Muhammad seine Zustimmung zur Ungültigerklärung einer Ehe umgehend gab, als ein jung verheiratetes Mädchen sich bei dem Propheten darüber beschwerte, ihr Vater habe ihren Mann ausgesucht, ohne sie zu befragen.[1769]

1758 Hofmann, Der Islam, S. 141.
1759 Hofmann, Der Islam als Alternative, S. 166 mit Hinweis auf Sure 5, Vers 5.
1760 Hofmann, Der Islam als Alternative, S. 166.
1761 Hofmann, Der Islam als Alternative, S. 168.
1762 Hofmann, Der Islam als Alternative, S. 168.
1763 Hofmann, Der Islam, S. 138, mit Hinweis auf Sure 4, Vers 3.
1764 Hofmann, Der Islam, S. 138.
1765 Hofmann, Der Islam, S. 138.
1766 Hofmann, Der Islam, S. 138.
1767 Hofmann, Der Islam als Alternative, S. 166.
1768 Hofmann, Der Islam als Alternative, S. 167.
1769 Ramadan, Hauptprobleme, S. 16.

(b) *Bekleidungsvorschriften*

Die Autorengruppe lehnt den Gesichtsschleier ab. Für einen solchen Gesichtsschleier gebe es keine islamische Rechtfertigung, daher sei hierin eine willkürliche Beschneidung der koranischen Rechte der muslimischen Frau zu sehen.[1770]

Im Übrigen vertritt Asad die Ansicht, dass der Vers 31 in Sure 24 nicht das Bedecken des Kopfhaars im Auge hatte, sondern die Verhüllung der weiblichen Brüste, da diese im Gegensatz zu Haaren ein sekundäres Geschlechtsmerkmal darstellen.[1771] Für Asad folgt der Umfang der weiblichen Bedeckung letztlich aus der flexiblen Formel „außer was (anständigerweise) sichtbar ist". Was über die Verhüllung der primären und sekundären Geschlechtsmerkmale sichtbar bleiben dürfe, hänge somit von den jeweiligen zivilisatorischen Bedingungen ab.[1772] Was als anständig bzw. unanständig zu gelten habe, bleibe nicht notwendig konstant.[1773] Essentiell sei dabei die Zielrichtung, dass Frauen – wie auch Männer – ihre Reize nicht zur Schau stellen sollten.

Hinsichtlich einer *Sunna* des Propheten Muhammad zu Vers 31, Sure 24, in der dieser den Vers konkretisiert, in dem er mit den Händen wortlos zeigte, dass eine Muslima in der Öffentlichkeit Gesicht, Hände und Füße zeigen darf, weist Hofmann darauf hin, dass dieser Konkretisierung nur zeitliche Bedeutung für die arabische Gesellschaft des 7. Jahrhunderts zukomme.[1774]

(c) *Scheidungsrecht*

Die Scheidung der Ehe sei im Islam zwar eine nicht gern gesehene Handlung,[1775] gleichwohl sei sie erlaubt und stehe beiden Ehepartnern zu[1776]. Einen Unterschied gebe es danach nur im Prozeduralen.[1777]

Die Ehescheidung auf Initiative des Mannes in Form des „*ṭalāq*" sei verfahrensrechtlich einfacher, da der Mann mit der Scheidung die von ihm erbrachte Morgen-

1770 Hofmann, Der Islam, S. 146.
1771 Asad, The Message of Qur'ān, Fussnote 38 zu 24:31, S. 538.
1772 Asad, The Message of Qur'ān, Fussnote 38 zu 24:31, S. 538.
1773 Asad, The Message of Qur'ān, Fussnote 37 zu 24:31, S. 538.
1774 Hofmann, Der Islam, S. 145, der jedoch nicht deutlich macht, welcher Ansicht er in diesem Punkt folgt, obwohl er auf S. 152 wohl eine Tendenz zur vorherrschenden Meinung erkennen lässt, die eine Bedeckung des Hauptes für notwendig erachtet.
1775 Mit Bezug auf einen Prophetenhadith, dem zu entnehmen ist, dass die Scheidung unter allen von Gott zugelassenen Handlungen die hassenswerteste sei.
1776 Hofmann, Der Islam als Alternative, S. 170.
1777 Hofmann, Der Islam als Alternative, S. 170.

gabe verliere.[1778] Wenn die Ehefrau sich ebenso leicht aus der Ehe lösen könnte, würde dies einer missbräuchlichen Aneignung der Morgengabe Vorschub leisten.[1779] Deshalb müsse über streitige Ehescheidungen auf Initiative der Ehefrau ein Gericht entscheiden.

Frauen könnten sich jedoch nach Ansicht Hofmanns im Ehevertrag durchaus begünstigte Scheidungsgründe festschreiben lassen.[1780] Ferner sieht er auch die Möglichkeit, die Scheidung durch den Mann an ein gerichtliches Verfahren zu koppeln, um Missbrauch auszuschließen.[1781]

(d) Erb- und Zeugenrecht

Das koranische Erbrecht ordnet die Erbberechtigung von Frauen und Männern gegenüber ihren Eltern an (vgl. Sure 4, Vers 7), allerdings erbt die Schwester nur die Hälfte dessen, was ihr Bruder erbt (Sure 4, Vers 11). Die *Ratio* für diese koranische Regelung sieht diese Ansicht in der Verpflichtung nur der männlichen Erben, für den Unterhalt der gesamten Familie Sorge zu tragen.[1782] Ungleiche Verpflichtungen führe zu ungleichen Ansprüchen, „hier wird Ungleiches ungleich behandelt"[1783]. Es stehe dem Erblasser allerdings frei, seine Tochter besser zu stellen, weil er über einen Drittel seines Nachlasses testamentarisch frei verfügen dürfe[1784] und er diesen Teil einer Tochter zusätzlich überlassen könnte.[1785]

In Sure 2, Vers 282 verlangt der Koran, dass eine Tatsache im Rahmen eines Beweisverfahrens durch die Aussage zweier Zeugen belegt wird, wobei das Zeugnis von zwei Frauen dasjenige eines Mannes ersetzt.[1786] Hofmann ist der Ansicht, diese Einschränkung gelte nur bei Streit über Kredittransaktionen, da die „Frauen zur damaligen Zeit in aller Regel im Kreditwesen inkompetent waren (...), ohne ausschließen zu wollen (oder zu können), dass Frauen in der Zukunft dank besserer Ausbildung und Einbeziehung in den Wirtschaftsprozess Kompetenz auf diesem Gebiet erlangen könnten"[1787]. Daher könne man darauf schließen, dass das Zeugnis einer Frau dem des Mannes generell gleichwertig sei, es sei denn, es handele sich um eine Zeugin im Rahmen eines Wirtschafts-

1778 Hofmann, Der Islam, S. 149, der zum Beleg Sure 2, Vers 229 aufführt.
1779 Hofmann, Der Islam, S. 149.
1780 Hofmann, Der Islam, S. 149.
1781 Hofmann, Der Islam, S. 149.
1782 Hofmann, Der Islam als Alternative, S. 170.
1783 Hofmann, Der Islam, S. 149.
1784 Was sich aus der Sunna ergibt, Muslim, Ṣaḥīḥ, Nr. 3991-4000.
1785 Hofmann, Der Islam, S. 149.
1786 Hofmann, Der Islam als Alternative, S. 171; Hofmann, Der Islam, S. 149.
1787 Hofmann, Der Islam, S. 150.

prozesses und diese Zeugin verfüge über keine entsprechende Ausbildung oder Berufskenntnis.[1788]

(3) Gleichheit unabhängig von Glauben und religiöser Anschauung

Nach Ansicht von Ramadan ist der Status der nichtmuslimischen Untertanen sowohl im Koran als auch in der *Sunna* eindeutig festgelegt, als ein Status, der den höchsten Anforderungen von Gerechtigkeit und Gleichheit entspricht.[1789] Der Staat sei verpflichtet, die politische und spirituelle Freiheit der nichtmuslimischen Mitbürger zu gewährleisten und zu verteidigen.[1790] Dabei unterliegen Nichtmuslime denselben Gesetzen wie Muslime und genießen gleichen Schutz durch den Staat.[1791] Der Schuldige sei schuldig und der Unschuldige unschuldig, gleich welcher Religion der Beschuldigte auch angehören mag.[1792] Hierdurch werde Gerechtigkeit geübt von Mensch zu Mensch und diese Gerechtigkeit gehe allen anderen Überlegungen vor.[1793]

Hofmann zieht als Beleg für die Gleichbehandlung von Muslimen und Nichtmuslimen die frühislamische Zeit heran. Zu dieser Zeit hätten religiöse Minderheiten autonome Selbstverwaltung in religiösen Angelegenheiten genossen.[1794] Zudem hätten die Nichtmuslime staatlichen Schutz für Leib und Leben, Eigentum,

1788 Hofmann, Der Islam, S. 150.

1789 Ramadan, Islamisches Recht, S. 113.

1790 Asad, State and Government in Islam, S. 71.

1791 Ramadan, Islamisches Recht, S. 113; Diese Gleichbehandlung versucht Ramadan an folgendem Fallbeispiel zu verdeutlichen: „Ein Muslim hatte ein Panzerhemd gestohlen und, nachdem er es im Haus eines Juden versteckt hatte, diesen des Diebstahls bezichtigt. Sein gesamter Stamm unterstützte den Muslim, als dieser die ungerechtfertigte Anklage vorbrachte. Der Prophet sprach den Juden von der Anklage frei und überzeugte auch die Muslime von dessen Unschuld, obwohl sich dies zu einer Zeit zutrug, als jeder Muslim dringendst zur Verteidigung des Islams gebraucht wurde und ein Urteilsspruch gegen einen Mann, der die Unterstützung seines gesamten Stammes genoß, den Verlust dieses Stammes bedeutete. Solche Erwägungen galten dem Propheten jedoch nichts.“.

1792 Ramadan, Islamisches Recht, S. 116.

1793 Ramadan, Islamisches Recht, S. 116 f., der als Beleg anführt, dass die syrischen Christen mehr bürgerliche und öffentliche Rechte unter den arabischen Eroberern als unter der Herrschaft des Heraclius genossen hätten, so dass sie keine Sehnsucht danach verspürten, den früheren Zustand wiederherzustellen. Außerdem weist Ramadan auf einen *hadith* des Propheten hin, in dem dieser äußerte, dereinst als Kläger gegen all jene Muslime aufzutreten, die Nichtmuslime schlecht behandelt hätten und diese unerträglich hoch besteuert hätten.

1794 Hofmann, Der Islam, S. 252.

öffentliche Glaubensausübung, Kirchen und Synagogen genossen – ohne Unterschied zu den Rechten der Muslime.[1795]

(4) Gleichheit der staatsbürgerlichen Rechte und Pflichten

Alle Menschen seien vollwertige und gleichwertige Bürger des (islamischen) Staates,[1796] unabhängig von der religiösen Zugehörigkeit. Ramadan[1797] legt dar, dass dies auch aus der Verfassung Medinas[1798] folge. Aus dieser sei eine gesellschaftspolitische Einrichtung hervorgegangen, der Muslime und Juden angehörten.[1799] Dabei habe vollkommene Gleichheit in Bezug auf Schutz und Sicherheit – unabhängig von religiösen Unterschieden – bestanden.[1800]

Die Rechtsstellung der Nichtmuslime werde auf Grundlage eines gesellschaftlich-politischen Vertrages festgelegt, der als *„ʿaqd al ḏimma"* bezeichnet wird, was wörtlich „ein Vertrag, dessen Einhaltung Gewissenspflicht der Gemeinschaft ist" bedeutet.[1801] Dabei bestehe kein rechtliches Hindernis, Nichtmuslimen die vollen Bürgerrechte zu verleihen.[1802] Andernfalls würden sich die religiösen Minderheiten für Bürger zweiter Klasse halten, wenn man ihnen nicht die volle Staatsbürgerschaft zuerkennen, sondern sie – wie in der Vergangenheit – lediglich als Schutzbefohlene sehen würde.[1803] Zugleich wird jedoch auch von dieser Autorengruppe eingeräumt, dass – wenngleich die Nichtmuslime volle Bürger des (islamischen) Staates seien – eine gewisse Differenzierung zwischen muslimischen und nichtmuslimischen Untertanen erfolge.[1804]

(a) Besteuerung der Nichtmuslime

Nichtmuslimische Staatsbürger seien verpflichtet eine besondere Steuer zu entrichten (arab.: *ǧizya*).[1805] Sie seien vom Wehrdienst befreit, da der islamische Staat auf einer Ideologie[1806] gründe, an die die Nichtmuslime nicht glauben.[1807]

1795 Hofmann, Der Islam, S. 252.
1796 Ramadan, Islamisches Recht, S. 125, sowie S. 130, der zum Beleg verschiedene Verse des Koran anführt.
1797 Ramadan, Islamisches Recht, S. 133.
1798 Zur Verfassung siehe Anhang.
1799 Ramadan, Islamisches Recht, S. 133.
1800 Ramadan, Islamisches Recht, S. 133.
1801 Ramadan, Islamisches Recht, S. 133; Als Beispiel wird der Vertrag mit den Christen von Nadschran aufgeführt.
1802 Hofmann, Der Islam, S. 101.
1803 Hofmann, Der Islam, S. 100.
1804 Ramadan, Islamisches Recht, S. 182.
1805 Ramadan, Islamisches Recht, S. 137.
1806 Eine Erläuterung des Begriffes "Ideologie" ist unter Fussnote 1331 zu finden.

Andererseits seien die Nichtmuslime aber vollwertige Bürger mit Rechten und Pflichten gleich denen der muslimischen Bürger, so dass sie durch den Staat ebenfalls gegen Angriffe von innen wie von außen verteidigt werden müssen. Für diesen Schutz des Staates, an dem sie selber jedoch nicht tatsächlich mitwirken müssen, bezahlen sie die *ǧizya*-Steuer.[1808] Entsprechend sei diese Steuer nur von allen männlichen Bürgern in guter körperlicher Verfassung zu erheben.[1809] Frauen, Kinder und Mönche seien hiervon ausgenommen.[1810] Zudem seien jene von dieser Steuer ausgenommen, die nicht in der Lage sind, diese Steuer zu bezahlen.[1811] Eine rückständige Steuer könne schließlich nach dem Tod des Verpflichteten nicht bei seinen Erben eingezogen werden.[1812]

Außerdem seien diejenigen Nichtmuslime von dieser Steuer auszunehmen, die in der muslimischen Armee ihren Dienst verrichten. Da der Wehrdienst und die daraus folgende Pflicht für den Staat einzustehen lediglich zu Verteidigungszwecken eingesetzt werden dürfe und damit jeder Angriffskrieg verboten sei, werde die Pflicht zur Verteidigung auch eine Pflicht der nichtmuslimischen Staatsbürger, insbesondere in Anbetracht der Tatsache, dass der Islam den Schutz auch auf die spirituelle Freiheit erstreckt.[1813] Nichtmuslimische Staatsbürger sollten daher ihren Wehrdienst leisten, und nur, wenn sie dies aus religiösen Gründen zulässigerweise verweigerten, wären sie – wie die muslimischen Staatsbürger, die nicht zum Wehrdienst eingezogen werden – verpflichtet, diese Steuer zu entrichten.[1814] Folglich müsste diese Steuer auch von diejenigen muslimischen Staatsbürger entrichtet werden, die den Wehrdienst verweigern.[1815] Mit Verweis auf die Praxis der damaligen Kalifen seien zudem die Nichtmuslime, die dem Staat wichtige und nützliche Dienste erweisen, von dieser Steuer befreit.[1816]

1807 Asad, State and Government in Islam, S. 73.
1808 Ramadan, Islamisches Recht; S. 142.
1809 Ramadan, Islamisches Recht, S. 144.
1810 Asad, State and Government in Islam, S. 75; Ramadan, Islamisches Recht, S. 141.
1811 Ramadan, Islamisches Recht, S. 140.
1812 Ramadan, Islamisches Recht, S. 142.
1813 Asad, State and Government in Islam, S. 74: ; "(...) and the more so in view of the fact that Islam extends this protection not merely to their material concerns but also to their spiritual freedom.".
1814 Asad, State and Government in Islam, S. 74.
1815 Ramadan, Islamisches Recht, S. 144 mit Verweis darauf, dass von ägyptischen Bauern, die trotz ihrer Zugehörigkeit zum Islam vom Militärdienst befreit wurden, als Ersatz eine ebensolche Steuer erhoben worden sei. Dies ist auch heute in vielen arabischen Ländern wie auch in der Türkei gängige Praxis: Sobald man den Wehrdienst verweigert, ist man gezwungen einen gewissen Geldbetrag zu entrichten. In Jordanien beträgt dieser Betrag zur Zeit etwa EUR 5.000.
1816 Ramadan, Islamisches Recht, S. 144 mit einer Übersetzung des Briefes von Abū Yūsuf, dem damals Obersten Richter unter dem Abbasidischen Kalifat, den dieser

Die Höhe der Steuer ist weder im Koran noch in der Sunna festgesetzt. Der einzige Maßstab sei daher die finanzielle Möglichkeit der Nichtmuslime.[1817] Dementsprechend bliebe unter diesem Gesichtspunkt die Festlegung der Höhe der Steuer dem Gutdünken der Behörden und den gegenseitigen Abkommen vorbehalten.[1818]

(b) Besteuerung der Muslime

Muslime sind zudem verpflichtet die *zakāt*-Steuer zu leisten. Diese Steuer sei ausschließlich von den muslimischen Bürgern zu entrichten und werde nicht dem Gutdünken des Einzelnen überlassen.[1819] Nach Ansicht Ramadans ist diese Steuer bei der Beurteilung der Steuer als Ersatz für den Wehrdienst (arab.: *ǧizya*) in die Betrachtung einzubeziehen.[1820]

Der vom Propheten vorgeschrieben Prozentsatz für die *zakāt*-Steuer beträgt zweieinhalb Prozent des Überschusses an Geld; für alle anderen Vermögenswerte sind verschiedene Prozentsätze festgelegt worden.[1821] Die *zakāt* sei nur vom Nettoüberschuss zahlbar, sofern dieser in jeder Kategorie von Vermögenswerten ein bestimmtes, eigens festgesetztes Minimum übersteige.[1822] Die Einkünfte aus der *zakāt*-Steuer sollten in eine Sonderkasse fließen und dürften nur für die ausdrücklich in Sure 9, Vers 60 erwähnten Zwecke verwendet werden: „Die Almosen sind für die Armen und Bedürftigen und für die mit ihrer Verteilung beauftragten und für die, deren Herzen versöhnt werden sollen, für die (Befreiung von) Gefangenen und für die Schuldner, für die Sache Gottes und für den Wandersmann: eine Vorschrift von Gott. Und Gott ist allwissend, weise." Obwohl die Pflicht zur Abgabe der *zakāt*-Steuer ausschließlich den Muslimen obliege, werden die nichtmuslimischen Bürger nicht von sozialer Gerechtigkeit und Sicherheit ausgeschlossen.[1823]

an den Kalifen Hārūn Al-Rašīd (reg. 786 – 809) richtete als Beleg für die hier getroffenen Aussagen.

1817 Asad, State and Government in Islam, S. 74.

1818 Ramadan, Islamisches Recht, S. 146.

1819 Ramadan, Islamisches Recht, S. 149 mit Verweis auf Sure 9, Vers 103. Ramadan weist darauf hin, dass das Geben von Almosen auf freiwilliger Basis ursprünglich als Beweis echten Glaubens eingeführt worden sei, als jedoch der islamische Staat in Medina errichtet worden sei, wurde die Almosenabgabe zur bindenen Pflicht erhoben.

1820 Ramadan, Islamisches Recht, S. 148.

1821 Ramadan, Islamisches Recht, S. 150.

1822 Ramadan, Islamisches Recht, S. 150.

1823 Ramadan, Islamisches Recht, S. 150, als Beleg wird der Vertrag mit den Bürgern von *Ḥīrā'* angeführt, in dem den nichtmuslimischen Bürgern volle soziale Sicherheit auf Kosten der Staatskasse zugestanden wurde.

Ramadan ist wegen dieser den Muslimen auferlegten *zakāt*-Steuer der Ansicht, dass die *ǧizya*-Steuer keine willkürliche Ungleichbehandlung der nichtmuslimischen Bürger darstelle.[1824] Die *zakāt*-Steuer sei eine bindende Pflicht, die unter keinen Umständen erlassen würde. Die *ǧizya* dagegen stelle eine freiwillige Entscheidung dar, lieber eine Steuer zu entrichten als für den Staat Militärdienst zu leisten.[1825] Zudem sei die *ǧizya* erheblich geringer als die *zakāt* Abgabe. Während die *ǧizya* auf die wehrfähigen Männer begrenzt sei, Geistliche und Mönche ausnehme, wird die *zakāt*-Steuer in genau festgelegten Prozentsätzen vom Eigentum eines jeden Muslims, egal ob Mann oder Frau, Erwachsenen oder Minderjährigen, eingezogen. Anders als die *ǧizya*-Steuer, die nach dem Tod des Verpflichteten nicht mehr bei den Erben beigetrieben werden könnte, sei die Zahlung von rückständiger *zakāt*-Steuern zudem vorranging aus der Hinterlassenschaft eines Verstorbenen zu erfüllen.[1826]

Eine willkürliche Ungleichbehandlung der Nichtmuslime könne daher nicht gesehen werden, vielmehr sei aus dem Grund der religiösen Zugehörigkeit zu unterschiedlichen Religionsgemeinschaften eine differenzierte Behandlung erforderlich.[1827]

ee. Religionsfreiheit

Diese Autorengruppe ist der Ansicht, dem Islam wohne eine prinzipielle Toleranz gegenüber anderen Religionen inne.[1828] Zum Beleg verweist diese Ansicht auf Sure 2, Vers 256; Sure 109, Vers 6; Sure 18, Vers 29; Sure 22, Verse 67 bis 69. Insbesondere führt Hofmann als wichtigen Beleg für den religiösen Pluralismus Sure 5, Vers 48 an[1829]: „Jedem von euch gaben Wir ein Gesetz und einen Weg. Wenn Allah gewollt hätte, hätte Er euch zu einer einzigen Gemeinde gemacht. Doch Er will euch in dem prüfen, was Er euch gegeben hat. Wetteifert darum – im Guten. Zu Allah ist eure Heimkehr allzumal. Und Er wird euch dann darüber aufklären, worüber ihr uneins seid.“ Zudem folge aus Sure 2, Vers 256 ein Gebot der Toleranz: „Kein Zwang im Glauben“.[1830] Diese Verse seien Nachweis genug, dass aus islamischer Sicht, religiöser wie ethnischer Pluralismus gottgewollte Normalität sei.[1831]

1824 Ramadan, Islamisches Recht, S. 137.
1825 Ramadan, Islamisches Recht, S. 152.
1826 Ramadan, Islamisches Recht, S. 152.
1827 Ramadan, Islamisches Recht, S. 153.
1828 Hofmann, Der Islam, S. 249.
1829 Hofmann, Religionsfreiheit, in: Muslime im Rechtsstaat, S. 146; Hofmann, Der Islam als Alternative, S. 98.
1830 Asad, State and Government in Islam, S. 73; Hofmann, Religionsfreiheit, in: Muslime im Rechtsstaat, S. 146.
1831 Hofmann, Der Islam, S. 250.

Die Wurzel der islamischen Theorie des religiösen Pluralismus sieht Hofmann „in der Erkenntnis der ontologischen Einheit aller Kreaturen und ihrer besonderen Wurzel in der Auffassung vom ibrahimischen Verbund aller monotheistischen Religionen“[1832].

Diese Religionsfreiheit galt zunächst für die „Menschen der Schrift“ (arab.: *ahl al-kitāb*), worunter die Christen und Juden verstanden wurden. Sodann sei diese Freiheit auf die Zoroastrier und schließlich auch auf die Hindus ausgedehnt worden.[1833] Daher sei heutzutage dieser Status weiter auszudehnen und gelte auch für Atheisten.[1834]

(1) Verhältnis Staat und Religion

Im Islam gibt es nach Ansicht Hofmanns ein Konzept der Integration von Staat und Religion. Die gesamte koranische Offenbarung sei „integristisch“, in dem sie den Muslim als ein moralisches Wesen sieht, das ohne Einschränkung, also auch als Staatsbürger, theozentrisch denken und handeln soll.[1835] Der Mensch werde vom Islam in seiner Gesamtheit erfasst.[1836] Es gelte den Muslimen als axiomatisch, dass es keine gesinnungsfreien Staatswesen geben kann: Auch Wertneutralität und Laizismus seien letztlich eine Weltanschauung; die Absage an Ideologie[1837] sei selbst Ideologie. Der Versuch einer strikten Trennung von Religion und Staat laufe beim Individuum auf Schizophrenie hinaus, da niemand zur nur temporären Ausübung seines Glaubens fähig sei.[1838]

Eine Analyse des westlichen Säkularismus zeige, dass Staat und Gesellschaft, Politik im weitesten Sinne, trotz aller Dementis weiterhin christlich geprägt seien – ob nun von christlicher Religion im engeren Sinne oder christlicher Zivilisation.[1839] Der Islam will nach Hofmanns Ansicht „nichts anderes als einen Staat diesen Zuschnitts, in dem Religion und Politik, Religion und Wirtschaft, Religion und Gesellschaft harmonisch aufeinander bezogen sind, also kein arabisiertes Germanistan mit theokratischer Klerikerherrschaft von »Mullahs am Rhein« (oder an der Spree)“[1840]. Staat und Religion seien daher nicht identisch, vielmehr handele es

1832 Hofmann, Religionsfreiheit, in: Muslime im Rechtsstaat, S. 145.
1833 Hofmann, Der Islam, S. 253 f.
1834 Hofmann, Religionsfreiheit, in: Muslime im Rechtsstaat, S. 149; Ramadan, Islamisches Recht, S. 124.
1835 Hofmann, Der Islam als Alternative, S. 113.
1836 Hofmann, Der Islam als Alternative, S. 113.
1837 Eine Erläuterung des Begriffes "Ideologie" ist unter Fussnote 1331 zu finden.
1838 Hofmann, Der Islam als Alternative, S. 114.
1839 Hofmann, Der Islam, S. 110, mit Beispielen aus dem Alltag in Deutschland.
1840 Hofmann, Der Islam, S. 111.

sich um unterschiedliche Bereiche, die allerdings auf islamische Weise in harmonische Beziehung zueinander gebracht werden müssten.[1841]

Die von der Religion vorgegebene Moral, die zugleich intendiere, was richtig und falsch ist, sei nicht vom Menschen gemacht und gelte daher unabhängig von Zeit und Gegebenheit.[1842] Eine moralische Verpflichtung könne aber gerade nicht bestehen, wenn dieses Konzept moralischer Verpflichtung nicht als absolut anerkannt werde.[1843] Daher bedürfe es eines Grundkerns an unveränderbaren Regeln, die das Zusammenleben des Menschen harmonisiere. Dies sei wichtig für die Einheit und den Zusammenhalt des dem Staat angehörenden Volkes. Eine derartige Einheit könne nur durch eine alle am Staat beteiligten Gruppen gleichermaßen bindende Moral erreicht werden. Nur die Religion vermag eine derartige Moral, die alle Mitglieder des Staates gleichermaßen bindet, verbindlich festzulegen.[1844]

Der Religion sollte in jeder Gesellschaft der ihr gebührende Platz eingeräumt werden, damit jeder Einzelne in Übereinstimmung mit seinem Gewissen handeln könne, während alle Bürger zusammen trotz ihrer Zugehörigkeit zu verschiedenen Religionen in Eintracht zusammenwirken könnten.[1845]

(2) Rechte der Andersgläubigen

Der Koran halte seinen Gläubigen immer wieder vor, dass die Verschiedenheit der Menschen, nicht nur nach Farbe, Geschlecht und Sprache, eine natürliche Sache sei.[1846] Der weltanschaulich-religiöse Pluralismus sei in Sure 5, Vers 48 verankert, daher müssten Muslime andere Religionsgemeinden in ihrer Mitte tolerieren.[1847] Diese Haltung zur Toleranz werde durch weitere Verse des Koran erhärtet, so etwa in der Sure 18, Vers 29, in dem es heißt: „Und sprich: Die Wahrheit ist von eurem Herrn. Wer nun will, der glaube, und wer will, der glaube nicht."

1841 Hofmann, Der Islam als Alternative, S. 114.

1842 Asad, State and Government in Islam, S. 6.

1843 Asad, State and Government in Islam, S. 6: "In logical pursuance of this thought, one would have no choice but deny the existence of any moral obligation in human life: for the very concept of moral obligation becomes meaningless if it is not conceived as something absolute.".

1844 Asad, State and Government in Islam, S. 6, 10: "Only religion can provide a broad platform for an agreement among large groups of men as to what is good (and therefore desirable) and what is evil (and therefore to be avoided).".

1845 Ramadan, Islamisches Recht, S. 119.

1846 Hofmann, Der Islam als Alternative, S. 97 unter Hinweis auf Sure 5, Vers 48.

1847 Hofmann, Der Islam, S. 67, der Beispiele für diese Toleranz benennt.

Der Islam lasse aggressive Missionierung nicht zu.[1848] Kernstück dieser umfassenden Haltung intellektueller wie praktischer Duldsamkeit sei die fundamentale Aussage in der Sure 2, Vers 256: „Es gibt keinen Zwang im Glauben."[1849] Da Glauben das *forum internum* betreffe, sei es verboten, Gewalt in Glaubensangelegenheiten anzuwenden und jeder Zwang dazu stelle einen „untauglichen Versuch" dar,[1850] wobei selbst dieser aussichtslose Versuch verboten sei[1851]. Gleichzeitig könnten nichtmuslimische Staatsbürger wegen dieses Koranverses nicht an die religiösen Gebote gebunden sein.[1852] Auf dieser Grundlage sei das vom Geist der menschlichen Würde getragene Verhältnis des Muslim zum Nichtmuslim vom Islam festgelegt worden.[1853]

Dieses Verhältnis begann mit den Beziehungen der Muslime zu den Christen und Juden, die im Koran als „Menschen der Schrift" (arab.: *ahl al-kitāb*) bezeichnet werden. Der Glaube an die Schrift, also die Bibel bzw. die Thora einschließlich der religiösen Überlieferungen, sei Ausgangspunkt ihrer Beziehung zu den Muslimen.[1854] Dies bedeute aber nicht die völlige Übereinstimmung in Glaubensdingen, Unterschiede seien vielmehr vorhanden.[1855] Als Beleg wird Sure 42, Vers 15 angeführt: „(…) Ich glaube an das Buch, was immer es sei, das Gott herabgesandt hat, und mir ist befohlen, gerecht zwischen euch zu richten. Gott ist unser Herr und euer Herr. Für uns unsere Werke, und für euch eure Werke! Kein Streit ist zwischen uns und euch. Gott wird uns zusammenbringen, und zu Ihm ist die Heimkehr".

Der Prophet habe diese Grundsätze auf die Anhänger anderer Glaubensrichtungen ausgeweitet.[1856] Dies sei geschehen, als die Muslime erstmals mit den Anhängern der zoroastrischen Religion von Bahrain zusammentrafen. Ramadan führt an, dass der Prophet Muhammad bei dieser Gelegenheit sagte: „Lasst uns ihnen begegnen wie den *ahl al-kitāb*".[1857] Das weitere Vorgehen der ersten Kalifen lasse sodann erkennen, dass sie die Anweisung des Propheten hinsichtlich der Anhänger Zarathustras als Richtschnur für den Umgang mit jeglichen Andersgläubigen verstanden haben.[1858] Schließlich seien auch die Hindus unter „Menschen

1848 Hofmann, Der Islam als Alternative, S. 98.
1849 Asad, State and Government in Islam, S. 73.
1850 Hofmann, Religionsfreiheit, in: Muslime im Rechtsstaat, S. 146.
1851 Hofmann, Der Islam als Alternative, S. 98.
1852 Asad, State and Government in Islam, S. 73.
1853 Ramadan, Islamisches Recht, S. 123.
1854 Ramadan, Islamisches Recht, S. 124, belegt mit Sure 2, Vers 136.
1855 Ramadan, Islamisches Recht, S. 124.
1856 Hofmann, Der Islam, S. 253 f.
1857 Ramadan, Islamisches Recht, S. 124.
1858 Ramadan, Islamisches Recht, S. 124.

der Schrift“ subsummiert worden.[1859] Daher beschränke sich der Schutz der freien Ausübung der Religion nicht nur auf die Buchreligionen. Vielmehr dürften auch Atheisten keinen Zwangsmaßnahmen ausgesetzt werden und auch ihnen müsse der Schutz des Staates zukommen.[1860]

Dies gebe anderen Religionen somit eine strukturelle Bestandsgarantie.[1861] Die Nichtmuslime sollten daher in religiösen Angelegenheiten autonome Selbstverwaltung genießen.[1862] Die nichtmuslimischen Staatsbürger seien berechtigt, ihre religiösen Riten und Bräuche beizubehalten.[1863] Christen sei es daher etwa erlaubt, Schweine zu halten und mit Wein zu handeln und Juden Kapital gegen Zinsen zu verleihen.[1864]

(3) Freiheit die Religion zu wechseln

Hofmann ist der Ansicht, es gebe für den bloßen Abfall vom Islam nach Koran und Sunna keine „in dieser Welt“ zu vollziehende Strafe.[1865] Zum Beleg führt er an, dass in allen Fällen, in denen der Abfall vom Glauben im Koran beschrieben wird, nur auf die Folgen im Jenseits verwiesen werde.[1866] Jedenfalls fehle es für Apostaten an einem koranischen Hinrichtungsgebot.[1867] Dieses Hinrichtungsgebot sei auf die unhaltbare Gleichsetzung von friedlichem, privatem Abfall vom Glauben und Hochverrat in der aktiven Form der Bekämpfung des früheren Glaubens zurückzuführen.[1868]

1859 Hofmann, Der Islam, S. 253 f.
1860 Hofmann, Der Islam, S. 254, mit Verweis auf den Koranvers: „Es gibt kein Zwang im Glauben.“.
1861 Hofmann, Der Islam, S. 196.
1862 Hofmann, Der Islam, S. 252.
1863 Ramadan, Islamisches Recht, S. 156.
1864 Hofmann, Der Islam, S. 252; Ramadan, Islamisches Recht, S. 120: Ramadan führt zum Beleg an, dass unter der Herrschaft der Muslime die spanisch-romanischen und westgotischen Bewohner der Halbinsel ihr Eigentum, ihre Gesetze, ihre Richter, ihre Kirchen und ihre Geistlichen beibehalten konnten. Er weist in diesem Rahmen zudem darauf hin, dass die Lebensumstände insbesonders der Juden, die während der Zeit des westgotischen Königreichs grausam verfolgt worden waren, sich unter den Muslimen erheblich verbesserten, da ihnen in vollem Umfang ihre Freiheit gewährleistet wurde; insbesondere wurde ihnen gestattet, sich an der neuen Regierung zu beteiligen und Verwaltungsposten einzunehmen.
1865 Hofmann, Der Islam, S. 99 m.w.N..
1866 Hofmann, Der Islam, S. 99.
1867 Hofmann, Der Islam als Alternative, S. 159.
1868 Asad, The Message of Qur'ān, Fn. 45 zu 5: 33; Hofmann, Der Islam als Alternative, S. 98 f.

Die Maxime, „kein Zwang im Glauben“ (Sure 2, Vers 256), sollte nicht nur das Verhältnis zwischen Muslimen und Nicht-Muslimen beherrschen, sondern auch dasjenige zwischen Muslimen.[1869] Die Sure 2, Vers 256 wurde zwar im Hinblick auf die Beziehungen des Islam zu anderen Religionen offenbart. Allerdings erzeuge Zwang in Glaubensangelegenheiten eine Scheinheiligkeit, also eine Haltung, die Gott zutiefst zuwider sei. Da es auf die innere Einstellung ankomme, die nicht erzwungen werden kann, kämen verdienstvolle Handlungen durch Gewaltanwendung nicht zustande.[1870] Der Prophet Muhammad habe schließlich gesagt „Religion ist Aufrichtigkeit“. Entsprechend habe das Toleranzgebot nach innen wie nach außen zu gelten.[1871]

Der Wechsel der Religion habe für den Muslim jedoch erbrechtliche Folgen. Die Zugehörigkeit zum Islam sei wie eine Staatsangehörigkeit zu sehen; dass das Erbrecht an den Besitz einer Staatsangehörigkeit anknüpfen darf, sei im internationalen Privatrecht unumstritten.[1872]

ff. Meinungsfreiheit

Diese Autorengruppe ist der Ansicht, die Meinungsfreiheit in Wort und Schrift – einschließlich der Pressefreiheit – sei ein dem Bürger zugestandenes fundamentales Recht.[1873] Die Freiheit der Meinungsäußerung in Wort und Schrift, in der Wahl des Bekenntnisses, der Zugehörigkeit zu einer bestimmten Gemeinschaft und des Berufs und im Kommen und Gehen aller Untertanen, gleichviel ob sie Muslime oder Nichtmuslime sind, werde zugesichert.[1874] Dieses Recht ergebe sich aus dem Grundsatz der vollkommenen Verantwortlichkeit des Einzelnen sich selbst und Gott gegenüber.[1875] Unterschiedliche Auffassungen seien im Koran als stets wirksamer Aspekt des menschlichen Lebens und sogar als Zweck der Schöpfung bezeichnet worden.[1876]

Es sei nicht zulässig, die Freiheit des Einzelnen in irgendeiner Weise einzuschränken, außer wenn er die ihm gesetzlich zustehenden Rechte auf Kosten der Rechte und Unantastbarkeit anderer überschreitet oder die Interessen des Volkes

1869 Hofmann, Der Islam, S. 99.
1870 Hofmann, Der Islam als Alternative, S. 100, mit Hinweis darauf, dass der Prophet Muhammad gesagt habe: „Religion ist Aufrichtigkeit“.
1871 Hofmann, Der Islam als Alternative, S. 101.
1872 Hofmann, Der Islam, S. 100; Hofmann, Der Islam als Alternative, S. 159.
1873 Asad, State and Government in Islam, S. 83; Ramadan, Islamisches Recht, S. 157.
1874 Ramandan, Islamisches Recht, S. 157.
1875 Asad, State and Government in Islam, S. 81, der zum Beleg viele *ahadithe* anführt; Ramandan, Islamisches Recht, S. 157, mit Verweis auf Sure 74, Vers 38.
1876 Sure 11 Vers 18 f; zitiert von Ramadan, Islamisches Recht, S. 157.

durch ungesetzliches Handeln schädigt.[1877] Asad meint zu den Schranken der Meinungsfreiheit: "It must (...) be understood that such freedom of opinion and of its expression (...) must not be used for incitement against the Law of Islam or sedition against the established government, and must not be allowed to offend against common decency."[1878]

b. *Volkssouveränität*

Die Frage der Volkssouveränität spielt auch bei dieser Autorengruppe eine wesentliche Rolle. Eine unbeschränkte Volkssouveränität, in der Menschen, weil sie die Mehrheit im Parlament besitzen, nach Lust und Laune regeln könnten, was sie wollten und wie sie es wollten, lehnt diese Autorengruppe ab.[1879] Ein muslimisches Parlament habe vielmehr – wie andere Parlamente auch – die Verfassung, hier die koranischen Normen, die *Scharia* im engsten Sinne, zu beachten.[1880]

aa. *Begriffsverständnis*

Die Herrschaft Gottes bedeute nicht, dass Gott den Menschen das Regieren auf Erden abnehme. Vielmehr bedeute „Souveränität Gottes" die Souveränität seines Wortes und seiner Gesetze.[1881] Die Macht und damit die Souveränität sei von Gott auf den Menschen delegiert, so dass das Volk nunmehr die Macht ausübe.[1882] Asad meint dazu: "The power of the Muslim community is of a vicarious kind, being held, as it were, in trust from God; and so the Islamic state – which owes his existence to the will of the people and is subject to control by them – derives its sovereignty, ultimately, from God"[1883]. Als Beleg hierfür wird Sure 3, Vers 26 herangezogen: „Sprich: O Allah, Herrscher aller Herrscher! Du gibst (irdische) Herrschaft, wem Du willst, und nimmst die Herrschaft, wem Du willst. Und Du ehrst, wen Du willst, und demütigst, wen Du willst. In Deiner Hand ist das Gute. Wahrlich, Du hast Macht über alle Dinge."

bb. *Umfang*

Der Islam habe nur auf dem religiösen Gebiet, nämlich in Sachen des Glaubens (arab.: *ʿaqīda*), des Gottesdienstes (arab.: *ʿibādāt*) und der Sittlichkeit im Koran

1877 Ramadan, Islamisches Recht, S. 158.
1878 Asad, State and Government in Islam, S. 83
1879 Hofmann, Der Islam, S. 116.
1880 Hofmann, Der Islam als Alternative, S. 116.
1881 Hofmann, Der Islam, S. 115.
1882 Asad, State and Government in Islam, S. 39.
1883 Asad, State and Government in Islam, S. 39.

seine Vollendung gefunden.[1884] In diesem Bereich sei eine Gesetzgebung ausgeschlossen. Keine Volksvertretung dürfe bindend über von Koran und *Sunna* bereits abschließend geregelte theologische und sonstige religiöse Angelegenheiten neu oder anders befinden, mit oder ohne Mehrheit.[1885] In dem darüber hinausgehenden Bereichen sei jedoch Raum für Gesetzgebung, sofern dies nur den moralischen Prinzipien des Koran entspreche und der *Scharia* nicht widerspreche.[1886] Daher bedürfe es weitergehender Gesetzgebung, die insbesondere durch die freie Meinungsbildung (arab.: *iǧtihād*) in Verbindung mit dem Geiste des Islam gewonnen werden müsste.[1887]

Asad meint zur Gesetzgebung: "(...) the legislative work of the *majlis ash-shura* (Anm. der Verfassers: gemeint ist die *maǧlis as šūrā*[1888]) will only relate to matters of public concern, and more particularly to matters which have not been regulated in terms of law by *nuṣuṣ* of *Qur'ān* and *Sunnah*. Whenever the interest of the community calls for legislative enactment, the *majlis* must first look into the context of the *sharī'a* for a guiding general principle of law bearing on the problem under consideration. If such a general principle is forthcoming, it falls the scope of the legislature to draw up an enactment in consonance with the established *sharī'ai* principle. But very often the *majlis* will be confronted with problems on which the *sharī'a* is entirely silent. (...) In such instances it is for the *majlis* to devise the requisite legislation, taking only the spirit of Islam and the community's welfare into consideration."[1889]

cc. *Grenzen der Volkssouveränität*

Das Parlament übt nach dieser Ansicht eine gesetzgebende Gewalt aus, die stets den verbindlichen Texten des islamischen Rechts untergeordnet sein müsse.[1890] Der Koran sei dabei die oberste Norm, an der alle Gesetze – auch die Verfassung – zu messen seien.[1891] Die Grenzen der Volkssouveränität seien in den koranischen Normen, der *Scharia* im engsten Sinne, zu sehen.[1892] Die *Scharia* als Grenze der Volkssouveränität sei unveränderbar, da es sich um göttliches Recht handele.[1893]

1884 Hofmann, Der Islam, S. 119.
1885 Hofmann, Der Islam, S. 120.
1886 Hofmann, Der Islam, S. 120.
1887 Asad, State and Government in Islam, S. 14.
1888 Siehe zu diesem Begriff: 3. Teil, § 6 III. 3. d.; gemeint ist das Parlament.
1889 Asad, State and Government in Islam, S. 447 f.
1890 Ramadan, Islamisches Recht, S. 155.
1891 Hofmann, Der Islam als Alternative, S. 152
1892 Asad, State and Government in Islam, S. 13.
1893 Asad, State and Government in Islam, S. 14 f: "(…) because all its ordinances are so formulated that none of them ever conflicts with the real nature of man and the

Unter *Scharia* im engeren Sinne werden ausschließlich die eindeutigen Ge- und Verbote (arab.: *naṣṣ*) verstanden.[1894] "All such *naṣṣ* ordinances are so formulated that they can be applied to every stage of man's social and intellectual development."[1895] Dabei sei mit „*Scharia*" das koranische Recht gemeint, nicht das gesamte Rechtsgebäude der islamischen Orthodoxie des 14./15. Jahrhunderts.[1896] Die durch die Rechtslehre entwickelten Rechtssätze seien dagegen lediglich Reflektionen dieser Zeit, so dass diesen keine Bindungswirkung zukommen könne.[1897] Entsprechend formuliert Asad: "(…) The true *sharīʿa* is far more concise and very much smaller in volume than the legal structure evolved through the *fiqh* of various schools of Islamic thought. (…) It is the *nuṣuṣ* (Anm. des Verfassers: Mehrzahl von *naṣṣ*) of *Qur'ān* and *Sunnah* – and only these – that collectively constitute the real, eternal *sharīʿa* of Islam."[1898] Die Anzahl dieser verbindlichen Regelungen in Koran und *Sunna* sei knapp und präzise, so dass sie einfach zu verstehen seien.[1899]

c. *Wahlrecht*

Durch die Wahl der ersten drei Kalifen[1900] – Abū Bakr, Omar ibn al Khattab[1901] sowie ʿUṯmān bin ʿAffān, die alle nicht unmittelbare Mitglieder der Prophetenfamilie waren – anstelle ʿAlī b. Abū Tālibs, der wie der Prophet dem arabischen Stamm der Quraiš entstammte und ebenfalls zu der Sippe der Haschemiten[1902] gehörte, habe sich der sunnitische Islam seine Potenz für universelle und demokratische Entwicklung bestimmungsgemäß gewahrt[1903].

genuine requirements of human society at any time: simply because its legislates only with regard to those aspects of human life which by their very nature are not subject to change.".

1894 Asad, State and Government in Islam, S. 13.

1895 Asad, State and Government in Islam, S. 12.

1896 Hofmann, Der Islam als Alternative, S. 121.

1897 Asad, State and Government in Islam, S. 12.

1898 Asad, State and Government in Islam, S. 12 f.

1899 Asad, State and Government in Islam, S. 14: "(…) and because it is so small in volume, it cannot (…) provide detailed legislation for every contingency of life.".

1900 Der erste Kalif wurde 632 n.Chr. – allerdings nach Eliminierung von Gegenkandidaten – öffentlich gewählt. Der zweite Kalif wurde 634 n.Chr. ohne Gegenkandidaten per Akklamation bestimmt. Der dritte Kalif ging zwar aus einer Wahl hervor, doch diese war auf sechs besonders qualifiziert erscheinende Glaubens-Aristokraten beschränkt gewesen.

1901 Die richtige Transkription lautet "ʿUmar b. al-Ḫaṭṭāb".

1902 Dieser Familie entstammt auch der heutige König von Jordanien. Das Königreich heißt offiziell: Haschemitisches Königreich von Jordanien (arab.: *Al Mamlaka al hāšimīya al ʾurdunnī*). Hieraus leiteten die Könige von Jordanien ihren Herrschaftsanspruch ab.

1903 Hofmann, Der Islam als Alternative, S. 104; Hofmann, Der Islam, S. 97.

Neben dem Staatsführer ist nach dieser Autorengruppe auch die gesetzgebende Gewalt durch Wahlen zu bestimmen. Asad meint hierzu: "(...) Hence, the legislative assembly – (...) the *Mağlis as šūrā* – must be truly representative of the entire community,(…). Such a representative character can be achieved only through free and general elections: therefore, the members of the *Mağlis* must be elected by means of the widest possible suffrage, including men and women."[1904]

aa. Aktives Wahlrecht

Der Umfang des aktiven Wahlrechts sei weder im Koran noch in der *Sunna* eindeutig geregelt, daher müsse der Umfang konsequenterweise durch die Gesellschaft im Lichte der Anforderungen der Zeit bestimmt werden.[1905] Aus der Geschichte der Kalifen folge kein festgelegtes Wahlverfahren.[1906] Die Umsetzung der Wahl – insbesondere die Frage einer unmittelbaren oder mittelbaren Wahl, eines übertragbaren oder nicht übertragbaren Stimmrechts, einer regionalen oder proportionalen Repräsentation – sei nicht in der *Scharia* geregelt, so dass dies Gegenstand einer regionalen Entscheidung sei.[1907]

Das aktive Wahlrecht der Frauen wird anerkannt.[1908] Nichtmuslimische Staatsbürger seien ebenfalls wahlberechtigt.[1909] Ramadan zieht als Beleg für diese Ansicht die Verfassung des Stadtstaates von Medina[1910] heran. Die selbstständigen jüdischen Dörfer traten nach der Verfassung von Medina aus freien Stücken dem Bündnisstaat bei und erkannten Muhammad als obersten Herrscher an. Hieraus schließt Ramadan, dass auch die nichtmuslimischen Untertanen im politischen Leben des Landes Stimmrecht bei der Wahl des Leiters des muslimischen Staates besitzen.[1911] Zudem sei aus den in der Verfassung Medinas niedergelegten Bestimmungen „Es soll eine gemeinsame Verantwortung für die Verteidigung geben …"[1912] und „Die Juden sollen sich mit den Muslimen die Unkosten für einen Krieg teilen (…)"[1913] das aktive Wahlrecht der nichtmuslimischen Bürger herzuleiten.[1914]

1904 Asad, State and Government in Islam, S. 45.
1905 Asad, State and Government in Islam, S. 45.
1906 Hofmann, Der Islam, S. 121.
1907 Asad, State and Government in Islam, S. 46.
1908 Asad, State and Government in Islam, S. 45.
1909 Ramadan, Islamisches Recht, S. 155.
1910 Hierzu siehe oben unter 3. Teil, § 5, II; die Verfassung ist im Anhang angedruckt.
1911 Ramadan, Islamisches Recht, S. 134.
1912 Vgl. Art. 6 Abs. 14 der Verfassung, hierzu oben 3. Teil § 5 II.
1913 Vgl. Art. 5 Abs. 1 der Verfassung, hierzu oben 3. Teil, § 5, II..
1914 Ramadan, Islamisches Recht, S. 155.

bb. Passives Wahlrecht

Nach Ansicht dieser Autoren ist das Parlament nach freien und allgemeinen Wahlen mit Volksvertretern zu besetzen.[1915] Dabei komme nichtmuslimischen Bürger passive Wahlrecht ebenfalls zu.[1916] Nichtmuslime haben danach das Recht auf Mitgliedschaft im Parlament.[1917] Zugleich differenziert diese Autorengruppe hinsichtlich des obersten Amtes im Staat:

(1) Staatschef

Aus Sure 4, Vers 59 und Sure 2, Vers 30 sei das Präsidialprinzip herzuleiten, wonach an der Spitze des Staates nicht ein Kollegialorgan, sondern ein Staatschef zu stehen habe.[1918] Nur eine Person, die an den göttlichen Ursprung des Rechts glaubt, sei befähigt, das Amt eines Staatschefs eines islamischen Staates auszuüben.[1919] Staatsoberhaupt sollte daher ein Muslim sein.[1920] Dies folge auch aus Sure 4, Vers 59: „Oh die ihr glaubt, gehorchet Gott und gehorchet dem Gesandten und denen, die Befehlsgewalt unter euch haben“. Hieraus sei abzuleiten, dass die oberste Herrschaftsgewalt ausschließlich jenen aus den Reihen der Gläubigen zustehen könne.[1921]

Nichtmuslimische Staatsbürger eines islamischen Staates genießen im politischen Bereich insofern keine gleiche Zulassung zu politischen Ämtern, da ihnen das Amt des Staatsoberhauptes verwehrt sei.[1922] Dies sei damit zu begründen, dass es sich bei dem islamischen Staat um einen ideologischen Staat handele, der grundsätzlich auf die verantwortungsbewusste Loyalität seiner Anhänger angewiesen sei.[1923] Asad stellt ebenfalls klar, dass Nichtmuslimen insgesamt die gleichen Rechte zukommen müssten wie einem Muslimen; sie könnten lediglich nicht die Schlüsselposition des Staatschefs einnehmen.[1924] Asad begründet diese Ansicht ebenfalls damit, dass der islamische Staat auf einer

1915 Hofmann, Der Islam, S. 117 f.
1916 Ramadan, Islamisches Recht, S. 155.
1917 Ramadan, Islamisches Recht, S. 155.
1918 Hofmann, Der Islam als Alternative, S. 115.
1919 Asad, State and Government in Islam, S. 40; Hofmann, Der Islam als Alternative, S. 116
1920 Beachte: Ramadan in Islamisches Recht, S. 154 benutzt dabei lediglich „sollte“.
1921 Ramadan, Islamisches Recht, S. 153.
1922 Hofmann, Der Islam als Alternative, S. 160.
1923 Ramadan, Islamisches Recht, S. 154.
1924 Asad, State and Government in Islam, S. 40: "(...) only they may not be entrusted with the key position of leadership.".

Ideologie[1925] basiert: "(…) No non-Muslim citizen – however great his personal integrity and his loyality to the state (is) – could (...) ever be supposed to work wholeheartedly for the ideological objectives of Islam"[1926]. Für Hofmann ist die Position des Staatsoberhauptes zwingend einem Muslim vorbehalten, allerdings könnte der Posten des Regierungschefs durchaus durch einen Nichtmuslim besetzt werden.[1927]

Die Auswahl des Staatsoberhauptes unter den Muslimen habe wiederum ausschließlich aufgrund der Leistungen der Person zu erfolgen. Jede Unterscheidung nach Rasse, familiärer Herkunft oder sozialem Status wird abgelehnt.[1928] Dies folge aus der Tatsache, dass der Prophet seiner Gemeinde keinen Nachfolger empfahl und damit Chancengleichheit unter den Kandidaten gewahrt wurde.[1929] Asad ist daher der Ansicht, dass es bis auf die Voraussetzung, dass der Staatschef Muslim und er der Befähigste aller Anwärter sein müsse, keine weiteren Voraussetzungen in der *Scharia* gebe.[1930] Ferner gebe es weder eine bestimmte Form der Wahl noch eine Regelung über die Dauer der Amtszeit des Staatschefs.[1931] Folglich seien diese Details durch die Gesellschaft und im Interesse der Gemeinschaft und entsprechend den Anforderungen der Zeit zu ermitteln.[1932]

Auch Frauen sind nach Ansicht Hofmanns insgesamt passiv wahlberechtigt, also auch in Bezug auf das Amt des Staatsoberhauptes. Die Überlieferung, aus der geschlussfolgert werde, dass das Staatsoberhaupt männlich zu sein habe, sei nach Ansicht Hofmanns tatsächlich eher informativ als legislativ und überdies schwach, wenn nicht gefälscht, weil sie erst Jahrzehnte später und unter zweifelhaften Umständen hervorgebracht worden sei.[1933]

(2) Zugang zu sonstigen öffentlichen Ämtern

Im Übrigen seien die nichtmuslimischen Bürger befähigt, jeden anderen bedeutenden Posten im Staat einzunehmen.[1934] Es habe in der ersten Zeit des islamischen Staates und im Verlauf der gesamten darauffolgenden muslimischen Geschichte

1925 Eine Erläuterung des Begriffes "Ideologie" ist unter Fussnote 1331 zu finden.
1926 Asad, State and Government in Islam, S. 41; so auch Ramandan, Islamisches Recht, S. 154.
1927 Hofmann, Der Islam, S. 121.
1928 Asad, State and Government in Islam, S. 42, mit Hinweis auf Sure 49, Vers 13.
1929 Hofmann, Der Islam als Alternative, S. 106.
1930 Asad hierzu: "He must be mature, wise, and superior in character (…)", State and Government in Islam, S. 42.
1931 Asad, State and Government in Islam, S. 42.
1932 Asad, State and Government in Islam, S. 42.
1933 Hofmann, Der Islam, S. 121.
1934 Hofmann, Der Islam, S. 253.

unzählige Fälle gegeben, in denen nichtmuslimische Bürger bedeutende Posten an höchster Stelle bekleidet haben.[1935] Als Beleg hierfür wird zum einen angeführt, dass der Prophet als ersten Botschafter zum Negus von Abessinien ʿAmr ibn ʾUmayya al-Ḍāmiry entsandte, der zu diesem Zeitpunkt nicht zum Islam übergetreten war. Des weiteren habe der zweite Kalif Omar ibn al Khattab[1936] einen griechischen Christen zum Hauptkassenverwalter in Medina bestellt.

Nichtmuslime könnten somit zu Ministern, Mitgliedern von Exekutivausschüssen, zu Staatssekretären und zum Premierminister ernannt werden.[1937] Insbesondere nichtmuslimische Kabinettsmitglieder habe es im gesamten Verlauf der islamischen Geschichte gegeben.[1938]

d. Mehrheitsprinzip und Minderheitenschutz

Aus Sure 42, Vers 38, in dem es heißt „Und die auf ihren Herrn hören und das Gebet verrichten und deren Angelegenheiten (eine Sache) gegenseitiger Beratung ist (…).“ schließt diese Auffassung, dass im Staat die Angelegenheiten durch Beratungen zu erledigen seien.[1939] Hiervon werde das Prinzip der Volksvertretung umfasst.[1940] Diese legislative Volksvertretung wird als *Maǧlis as šūrā* bezeichnet.[1941]

Da einstimmige Entscheidungen äußerst selten sein dürften,[1942] seien Mehrheitsentscheidungen erforderlich.[1943] Im Rahmen der Mehrheitsentscheidungen sei nach der jeweiligen Art der Mehrheit zu unterscheiden: “(…) Preferably a simple majority in respect of ordinary legislation, and perhaps a two-third majority in question of exeptional importance, such as a demand for deposition of government, amendment of constitution, declaration of war, and so forth”[1944].

1935 Ramadan, Islamisches Recht, S. 154; Hofmann, Der Islam, S. 253.
1936 ʿUmar b. al-Ḫaṭṭāb.
1937 Mit Hinweis auf die Zeit der Kalifen, in der derartiges geschehen sei; Ramadan, Islamisches Recht, S. 154 f.; Beispiele sind zu finden bei Hamidullah, Der Islam, S. 139.
1938 Hofmann, Der Islam, S. 253.
1939 Hofmann, Der Islam, S. 117.
1940 Ramadan, Islamisches Recht, S. 67.
1941 Asad, State and Government in Islam, S. 43, dem Begriff schließt sich auch Hofman an, Der Islam, S. 117.
1942 Asad, State and Government in Islam, S. 48verweist darauf, dass der Prophet Muhammad dies als Güte Gottes wertete.
1943 Asad, State and Government in Islam, S. 48.
1944 Asad, State and Government in Islam, S. 49.

e. *Gewaltenteilung*

Durch die Trennung von Exekutive, Legislative und Judikative erkennt Hofmann die Gewaltenteilung als wesentliches Merkmal des Staates an.[1945]

Die exekutive Macht falle in die Hand des Staatschefs. Der Staatschef vereinige in seiner Person die Funktionen der Staatsoberhauptes und des Premierministers.[1946] Asad ist ferner der Meinung, dass der Staatschef als Repräsentant des Staates auch der Vorsitzende der Volksvertretung (arab.: *Maǧlis as šūrā*) zu sein habe, der pflichtgemäß die Aktivitäten und die Beratungen der Volksvertretung leite.[1947] Hieraus folgert Asad: "This stipulation, implying as it does the idea that in a state subject to the authority of a Divine Law there can be no radical seperation of the legislative and the executive phases of government, constitutes a most important, specifically Islamic contribution to political theory. (…) Islam is as uncompromisingly opposed to autocracy as any of the Western democratic politics could conceivably be: but in this, as in so many other matters, Islam follows a "middle way", avoiding the disadvantages of either of these systems and securing to the Muslim community the advantages of both"[1948].

Allerdings erkennt Asad die Gefahren, die aus einer Machtkonzentration beim Staatschef resultieren. Wegen dieser Gefahren ist er der Ansicht, dass die gesetzgebende Gewalt des Staates "(...) should be vested in a body of legislators whom the community would elect for this specific purpose"[1949]. Aus Sure 42, Vers 38 folgert Asad sodann, dass die gesetzgebende Gewalt in der legislativen Versammlung verbleiben sollte, die durch die Gemeinschaft gewählt wurde.[1950] Der Staatschef habe daher nur eine Leitfunktion innerhalb der parlamentarischen Vertretung. Die legislativen Funktionen seien auf Grundlage von Konsultationen auszuüben.[1951]

f. *Gesetzesmäßigkeit der Verwaltung*

Das Erfordernis der Gesetzesmäßigkeit der Verwaltung wird ebenfalls anerkannt. Asad führt hierzu aus: "(...) The decisions arrived at by the *Maǧlis as šūrā* through a majority vote are not a merely advisory character – to be accepted or rejected by the holders of executive power at their discretion – but are legally binding on them."[1952]

1945 Hofmann, Der Islam, S. 120.
1946 Asad, State and Government in Islam, S. 60.
1947 Asad, State and Government in Islam, S. 51.
1948 Asad, State and Government in Islam, S. 52.
1949 Asad, State and Government in Islam, S. 44.
1950 Asad, State and Government in Islam, S. 44 f.
1951 Asad, State and Government in Islam, S. 52.
1952 Asad, State and Government in Islam, S. 52.

g. *Unabhängigkeit der Gerichte*

Gerechte Urteile seien von einer unabhängigen Gerichtsbarkeit abhängig. „Imprisonment or internment without previous trial and conviction by a duly established court of law would clearly contravene the principle of the invoilability of the human person laid down so unequivocally in *Qur'ān* and *Sunnah.*"[1953]

h. *Verantwortlichkeit der Regierung*

Die Äußerung des Koran in Sure 4, Vers 49, in dem es heißt „Ihr, die ihr glaubt, gehorchet Gott und gehorchet dem Gesandten und denjenigen, die unter euch autorisiert sind, und wenn ihr über etwas miteinander streitet, so bringt es vor Gott und den Gesandten (…)", darf nach Ansicht dieser Autorengruppe nicht politisch dahingehend verstanden werden, die Menschen hätten gegenüber den Staatsführern gehorsam zu sein. Für Ramadan ist mit dem Ausdruck „diejenigen, die unter euch autorisiert sind" die führende Stellung in der Kenntnis des Islam gemeint, weniger aber der weltliche Herrscher.[1954] Jedenfalls sei Depotismus der Herrschenden durch die Festlegung, dass sie in Übereinstimmung mit den Geboten Gottes und den Worten des Propheten regieren sollen, ausgeschlossen.[1955]

Der Staatsbürger habe zwar eine Verpflichtung dem Staate gegenüber, insbesondere nicht gegen den Staat zu revoltieren. Allerdings sei der Bürger nicht der Willkür des Staatsführers ausgesetzt, denn der Loyalitätspflicht dem Staat gegenüber seien Grenzen gesetzt.[1956] Die Bürger hätten daher das Recht und die Pflicht, über die Aktivitäten des Staates zu wachen und gegebenenfalls die administrative und legislative Politik zu kritisieren.[1957]

Sobald die Regierung sich gegen das Recht stelle, sei ihr die Autorität zu entziehen, wobei dies keineswegs mit Waffengewalt geschehen dürfe.[1958] Dies sei auch keineswegs die Entscheidung einer Einzelperson. Vielmehr habe der oberste Gerichtshof zu entscheiden, ob die Regierung das Recht verletzt habe und eine Volksabstimmung stattfinden soll, in der die Bürger über eine Absetzung der Regierung entscheiden.[1959] "If, by means of such a referendum, the majority of the community pronounce themselves against the *amīr* (Anm. des Verfassers:

1953 Asad, State and Government in Islam, S. 86.
1954 Ramadan, Hauptprobleme, S. 22.
1955 Ramadan, Hauptprobleme, S. 22 mit Verweis auf den Hadith: „Wahrlich, Gehorsam hat nur in guten Dingen zu erfolgen."
1956 Asad, State and Government in Islam, S. 74; 76 f.
1957 Asad, State and Government in Islam, S. 77.
1958 Asad, State and Government in Islam, S. 79.
1959 Asad, State and Government in Islam, S. 80.

Staatschef), he must be regarded as having been legally deposed, whereupon the people's pledge of allegiance to him ceases to be effective."[1960]

5. *Einordnung der Position*

Für diese Autorengruppe gibt es keine umfangreichen Abweichungen zwischen den okzidentalen und den islamischen Idealvorstellungen des Verhältnisses zwischen Staat und Bürger.[1961] Diese Meinungsgruppe sieht es als maßgeblich für die Vereinbarkeit eines konkreten Staatswesens mit dem Islam an, „dass in ihm mit breitem Konsens, unter Zustimmung der meisten, regiert wird, so dass ein die beiderseitigen Rechte und Pflichten regelndes Rousseaussches Vertragsverhältnis zwischen Regierung und Volk unterstellt werden kann"[1962]. Das ideale Staatswesen sei daher eine rechtsstaatliche, parlamentarische Republik mit einer Verfassung.[1963] Die Autoren kommen zu dem Ergebnis, dass die Demokratie die Kernprobleme des „*quis custodiet custodes*" („wer kontrolliert den Kontrolleur") am relativ sichersten zu lösen vermag.[1964] Dabei räumt die Ansicht ein, dass eine islamische Demokratie nicht in jeder Hinsicht der westlichen Demokratie gleichen würde, allerdings es auch innerhalb der verschiedenen westlichen Demokratien erhebliche Unterschiede gebe.[1965]

Bei der Frage der Vereinbarkeit dieser Staatsauffassung mit der freiheitlich demokratischen Grundordnung ist zunächst zu berücksichtigen, dass die Autoren eine Theokratie im engeren Sinne, also eine dem Klerus vorbehaltene Herrschaft, ablehnt.[1966]

Allerdings ist es nach dieser Ansicht Frauen im Rahmen des Eherechts nicht erlaubt, einen andersgläubigen Mann zu ehelichen. Dies wird damit begründet, dass andernfalls nicht gewährleistet sei, dass die Kinder aus einer solchen Ehe ebenfalls Muslime würden. Offen lässt diese Autorengruppe dagegen, ob dies in einer Gesellschaft wie der hiesigen in Deutschland, in der die religiöse Erziehung sich nicht automatisch nach der des Vaters richtet, auch anzuwenden ist.

Bei der Frage des Scheidungsrechts erkennt diese Ansicht zwar eine unterschiedliche Behandlung von Ehefrau und Ehemann an, gibt aber gleichzeitig die Möglichkeit, fexibel diese Regelungen zu modifizieren. Entsprechendes gelte für

1960 Asad, State and Government in Islam, S. 80.
1961 Hofmann, Der Islam als Alternative, S. 159.
1962 Hofmann, Der Islam, S. 114.
1963 Hofmann, Der Islam, S. 122: „Die gegenteilige These von einem einzigartigen, allgemeinen Webfehler der Muslime in Sachen Demokratie wirkt wie postmoderner Rassismus".
1964 Asad, State and Government in Islam, S. 80.
1965 Hofmann, Der Islam, S. 122.
1966 Hofmann, Der Islam, S. 114.

das Erb- und Zeugenrecht. Das Zeugnis einer Frau wird dann nicht als gleichwertig angesehen, wenn sie über keine entsprechenden Berufskenntnisse verfügt. Dabei stellt sich die Frage, wie die Beurteilung der Autoren ausfällt, wenn ein Mann diese geforderten wirtschaftlichen Kenntnisse nicht besitzt und Zeuge eines Rechtsstreits wäre.

Der Muslim ist nach dieser Ansicht religiös dazu verpflichtet, Ungerechtigkeiten zu beseitigen, und zwar allen Menschen gegenüber, so dass auch den nichtmuslimischen Mitbürgern kein Unrecht zugeführt werden darf.[1967] Daher seien die staatsbürgerlichen Rechte für muslimische und nicht muslimische Staatsbürger grundsätzlich gleich.[1968] Es ist jedoch fraglich, ob das fehlende passive Wahlrecht der Nichtmuslime für den Posten des Staatsoberhauptes eine Vereinbarkeit ausschließt. In einigen europäischen Ländern ist es durchaus üblich, dass das Amt des Staatsoberhauptes an die Zugehörigkeit einer Religion gebunden ist. In Deutschland ist dies indessen nicht der Fall.

Auch die Vereinbarkeit des Verständnisses von der Volkssouveränität mit der freiheitlich demokratischen Grundordnung ist fraglich. Die Auffassung, dass die Souveränität des Volkes von Gott abgeleitet wird, findet sich auch innerhalb der christlichen Ansichten zur Volkssouveränität. Hieraus lässt sich eine Unvereinbarkeit nicht herleiten. Allerdings ist nach dieser Ansicht der Koran und die *Sunna* für den Staat und dessen Organe bindend.[1969] Dabei sei der Brauch und die Sitten der muslimischen Gemeinschaft nicht mit der *Scharia* gleichzusetzen, daher führe ein Abweichen von diesen Brauchtümern nicht zu einem Verstoß gegen den Islam.[1970] Asad führt hierzu aus: "By insisting that the political forms and procedures of a contemporary Islamic State must strictly follow the pattern evolved in the early period of Islam (an insistence for which there is not the slightest warrant in *Qur'ān* or *Sunnah*), these self-appointed "guardians" of Muhammad's message make it impossible for many educated Muslims to accept the *sharīʿa* as a practical proposition for the political exigencies of our time."[1971] Die Jurisprudenz der vorhergehenden Generationen (arab.: *fiqh*) begründe daher keine Bindungswirkung.[1972] Nur ein geringer Teil von der *Scharia* sei geregelt, so dass eine weitergehende Gesetzgebung zwingend erforderlich ist und zwar im Rahmen der freien Meinungsbildung (arab.: *iǧtihād*).[1973] Asad meint hierzu: „We must remeber that the true *sharīʿa* (consisting of the *naṣṣ* ordinances of *Qur'ān*

1967 Asad, State and Government in Islam, S. 99.
1968 Asad, State and Government in Islam, S. 99.
1969 Asad, State and Government in Islam, S. 99.
1970 Asad, State and Government in Islam, S. 97.
1971 Asad, State and Government in Islam, S. 98.
1972 Asad, State and Government in Islam, S. 99.
1973 Asad, State and Government in Islam, S. 106.

and *Sunnah*) was never intended to cover every detail and every possible constellation of our lives, but is only framework within which we are expected to unfold our creative powers and in the light of which we have to regulate our daily affairs.“[1974] Allerdings begründen die verbindlichen *naṣṣ*-Regelungen eine Bindungswirkung. Hierzu müssten diese aus Koran und *Sunna* herausgearbeitet werden und wären als Grenze für die weitere Ausgestaltung des Rechts zu beachten.[1975]

Diese erwähnten Einzelpunkte spielen bei der Frage der Vereinbarkeit eine erhebliche Rolle. Hofmann[1976] erkennt diese Unterschiede an, hebt jedoch hervor, dass diese Unterschiede für den Alltag der im Westen lebenden Muslime keine Rolle spielten, weil sie hier nicht dem islamischen, sondern europäischem Recht unterworfen sind. Die in Deutschland lebenden Muslime sind danach zwingend an das Grundgesetz – insbesondere an die freiheitlich demokratische Grundordnung – gebunden. Daher ist diese Ansicht mit der freiheitlich demokratischen Grundordnung vereinbar, da damit die Anwendbarkeit der freiheitlich demokratischen Grundordnung ausdrücklich akzeptiert wird.

1974 Asad, State and Government in Islam, S. 106.

1975 Asad, State and Government in Islam, S. 103 f. und S. 105, der in diesem Rahmen aber auf die Schwierigkeit hinweist, wie diese verbindlichen Regelungen überhaupt zu ermitteln sind und gleichzeitig Lösungsvorschläge gibt.

1976 Hofmann, Der Islam, S. 151.

Der Islam hat es in der Geschichte bereits zuvor geschafft, sich mit fremden Kulturen, mit denen Muslime in Berührung kamen, auseinanderzusetzen und entstehenden Problemen mit fruchtbaren Lösungen zu begegnen.[1977] Das besondere Verhältnis zu westlichen Zivilisationen resultierte gerade aus dem – jedenfalls von vielen Muslimen wahrgenommenen – westlichen Anspruch der Überlegenheit. Muslime gewinnen häufig den Eindruck, dass der „westliche Geist" und die damit untrennbar verbundene westliche Kultur offensiv Geltung für sich beansprucht.[1978] Gerechtfertigt wird dieser Eindruck mit der früheren Kolonialherrschaft europäischer Staaten in Ländern mit muslimischer Bevölkerungsmehrheit.[1979] Aus diesem Grund sehen Muslime hierin vielfach eine Bedrohung, auf die Muslime unterschiedlich reagiert haben.[1980] Die einen lehnen den Westen und alles Westliche kategorisch ab, ohne die eigene Tradition kritisch zu beleuchten. Andere versuchen hingegen alles, was islamisch ist, zugunsten des Westens verschwinden zu lassen. Beide Ansichten sind für den Islam schädlich.[1981] Diejenigen, die die Begegnung suchen, um zwischen dem wahrhaft Islamischen und den zeit- und gesellschaftsbedingten Erscheinungen zu trennen, mit dem Ziel, an der ersten Kategorie festzuhalten und dieses wahrhaft Islamische aufgrund neu entwickelter Prinzipien zeitgemäß zu verstehen und – wissenschaftlich durchdacht und nicht willkürlich – zu reformieren, sind für die Frage der Modernisierung von besonderem Interesse. Denn sie versuchen eine Gesellschaftsstruktur herzuleiten, die genuin islamisch und zugleich zeitgemäß ist.[1982]

Die verschiedenen Meinungen zur Frage, wie der gerechte „islamische" Staat auszusehen habe, hängt eng mit den sozioökonomischen Umständen und Gegebenheiten der Zeit zusammen. Die erste Autorengruppe etwa wollte sich in erster

1977 Falaturi, Die Scharia in: Weltmacht Islam, S. 93 (101).
1978 Falaturi, Die Scharia in: Weltmacht Islam, S. 93 (102).
1979 So etwa die britische Kolonialmacht in Ägypten, Palästina und Pakistan und die französische Kolonialmacht in Syrien, Tunesien und Algerien.
1980 Eine Darstellung der wesentlichen Reformbewegungen ist bei Srour, Staatstheorie bei Afghāni, S. 17 ff. zu finden. Dabei stellt er auch kurz die Ansätze und Geschichte dieser Richtungen dar. Die Darstellung gibt einen zusammenfassenden Überblick über die verschiedenen Reformrichtungen.
1981 So auch Falaturi, Die Scharia in: Weltmacht Islam, S. 93 (105).
1982 Falaturi, Die Scharia in: Weltmacht Islam, S. 93 (103).

Linie gegen die Kolonialmächte emanzipieren und die Selbstbestimmung wieder erlangen. Den westlichen Staatsvorstellungen wurden eigene Staatsvorstellungen entgegengestellt, um sich gegenüber den Kolonialherren aus dem Westen zu behaupten. Die dritte Autorengruppe hingegen lässt erkennen, dass ihre Autoren in europäischen Ländern aufgewachsen sind bzw. lange in diesen gelebt haben. Diese Nähe zum westlichen Staatsgefüge spiegelt sich in ihren Ansichten wieder. Dabei legt diese Autorengruppe großen Wert darauf, die westlichen Werte nicht blind zu kopieren, sondern diese Werte islamisch zu begründen.

Zu berücksichtigen ist ferner, dass sich die erste Ansicht nur rudimentär zur Ausgestaltung des islamischen Staatsgefüges äußert; die Autoren verfassten überwiegend theologische oder allgemeinpolitische Schriften.[1983] Die zweite Autorengruppe äußert sich indessen zur Frage der Ausgestaltung des Staates konkreter; der Grund hierfür liegt darin, dass zu dieser Zeit sich Staaten mit muslimischer Mehrheit formierten, so dass eine konkretere Ausgestaltung erforderlich wurde. Dabei ist jedoch zu berücksichtigen, dass die Staatsauffassung auf die Gesellschaftsstruktur zugeschnitten war, in der diese gelten sollte. Die dritte Autorengruppe gibt dagegen sehr konkrete Angaben zur Organisation des Staates. Aufgrund ihres längeren Aufenthalts in westlichen Staaten wurden sie mit konkreten Fragestellungen konfrontiert, zu denen sie sodann auch Stellung nehmen.

§ 7 Einzelfragen und Ergebnis

I. Einzelheiten

Es lassen sich einzelne Rechtsfragen erkennen, die im Rahmen der Prüfung der Vereinbarkeit islamischer Staatsauffassungen mit der freiheitlich demokratischen Grundordnung durchaus problematisch sein könnten. Hierzu zählen insbesondere die im folgenden dargestellten Einzelfragen, zu denen Stellung genommen werden soll:

1983 Zu al-Afġānī: Der Schah bat al-Afġānī nach seiner Rückkehr nach Persien 1889 darum, eine neue Verfassung nach demokratischen Prinzipien zu entwerfen, einen gut funktionierenden Verwaltungsapparat zu organisieren und ein parlamentarisches Regierungssystem aufzubauen. Al-Afġānī konnte diese Aufgabe indessen nicht beenden; vgl. hierzu Srour, Staatstheorie bei Afghāni, S. 13. Zu ʿAbduh vgl. Srour, Staatstheorie bei Afghāni, S. 241; dieser stellt dar, dass ʿAbduh das Verhältnis von Regierung und Untertanen anderen überlassen wollte.

1. Menschenwürde

Der Koran betont, dass der Mensch als Stellvertreter Gottes (arab.: *kalifa*) auf Erden eingesetzt ist (vgl. Sure 2, Vers 30) und dass Gott den Menschen ausgezeichnet hat (vgl. Sure 17, Vers 70). Dies verdeutlicht die herausgehobene Stellung der Menschen in der Schöpfungsordnung, die als Menschenwürde bezeichnet werden kann.[1984] Die Menschenwürde kann daher islamisch begründet werden, so dass der Islam diese durchaus gewährleistet.

Dabei wird die Würde des Menschen als ein von Gott dem Menschen gegebenes Gut bewertet, so dass diese auf Gott zurückgeführt wird. Eine solche Herleitung der Menschenwürde als ein von Gott abgeleitetes Rechtsgut ist nicht ungewöhnlich. Auch in der Begründung der Menschenwürde gemäß Art. 1 GG findet sich eine vergleichbare Herleitung des Rechtsgutes von Gott. Ein wesentlicher Seinsgrund für den Wirksamkeitsanspruch der Menschenwürde stammt danach aus der christlichen Theologie.[1985] Durch die Gottesebenbildlichkeit kommt danach dem Menschen ein Eigenwert zu, der ihn über alle anderen Geschöpfe heraushebt.[1986] Hieraus wurde dann der Schluss auf die Anerkennung von „Menschenwürde" gezogen.[1987] Eine Schwierigkeit der Vereinbarkeit mit der freiheitlich demokratischen Grundordnung ist darin nicht zu sehen.

2. Volkssouveränität

Die Frage nach der Volkssouveränität ist eine der gewichtigsten und umstrittensten Fragestellungen im Rahmen der Auseinandersetzung mit der Vereinbarkeit der islamischen Staatsauffassungen mit den demokratischen Grundprinzipien.[1988]

Die Frage der Volkssouveränität ist von Unwissenheit und damit einhergehender Furcht vor dem Fremden gekennzeichnet, was einen Entwicklungsprozess nachhaltig hemmen könnte. Viele muslimische Autoren lehnen das Prinzip der Volkssouveränität ausschließlich aus der Unwissenheit der eigentlichen Bedeutung und des hiesigen Verständnisses sowie aus dem Bewusstsein heraus ab, es handele

1984 Kalisch in: Muslime im Rechtsstaat, S. 49 (58).

1985 Siehe hierzu oben 2. Teil, § 3 I. 1.

1986 Messner, Festschrift für Geiger, S. 221; Schellenberg, EvStL zu Menschenwürde, S. 1526; so auch in der Vorauflage Zippelius, EvStL zu Menschenwürde, Sp. 2132; BK/Zippelius, Art. 1 GG, Rn. 2.

1987 Böckenförde/Isensee, Menschenrechte und Menschenwürde, S. 165; Stern, Staatsrecht Bd. III, § 58 I 1 c, S. 9.

1988 Vgl. etwa Ahmad, Maulana Maududi and the Islamic State, S. 75, der die Frage formuliert: "Does the idea of the Sovereignty of God (...) come into conflict with the idea of popular Sovereignty which is one of the most essential hallmarks of democracy?"

sich hierbei um ein Werkzeug der Kolonialmächte der Neuzeit. Innerhalb der christlich geprägten Gesellschaften hat sich hingegen geradezu eine Furcht vor der *Scharia* entwickelt, ohne dass bekannt ist, was hierunter zu verstehen ist. Allein die Aussage, der Koran stelle die Grenze der Gesetzgebung dar, ruft bei vielen Ängste hervor. Muslimische Vertreter dieser Grundaussage werden vorschnell des „Islamismus" verdächtigt. Gleichzeitig leisten Wirtschaftsunternehmen – insbesondere solche aus Europa und den Vereinigten Staaten von Amerika – im Rahmen des „*Islamic Finance*", also dem islamischen Finanzierungs- und Bankenwesen, dieser Grundaussage, dass die *Scharia* die gesetzliche Grenze bildet, Folge und richten die Finanzierung an den Regeln der *Scharia* aus.[1989] Auch in Deutschland kam es bereits zu Projekten, in deren Rahmen Finanzierungsmöglichkeiten entwickelt wurden, die mit der *Scharia* vereinbar sind.[1990] Ferner bieten Versicherungen in Deutschland sogar Produkte an, die mit der *Scharia* vereinbar sein sollen.[1991] In diesem praktischen Bereich wird somit bereits völlig vorbehaltlos mit den Regeln der *Scharia* gearbeitet.

a. Gottes Souveränität versus Volkssouveränität

Für Muslime liegt die Allmacht bei Gott, denn nur Gott allein ist allmächtig. Nur Gott vermochte es, die Menschen und die Welt zu erschaffen, so dass einzig Gott vereehrt werden darf. Jedoch bedeutet dies keineswegs, dass damit die irdische Macht im Staat nicht von den Menschen ausgeübt werden kann.

Gott hat die Macht auf die Menschen übertragen, so dass auf Erden die Souveränität des Volkes gegeben ist. Die Macht ist daher von Gott abgeleitet auf die Menschen übergegangen. Eine entsprechende – zugegebenermaßen rein theoretische – Argumentation wird auch von christlichen Autoren vertreten. Die damalige

1989 Islamic Finance-Produkte sind eine interessante Finanzierungsalternative, nicht zuletzt für die deutschen Bundesländer. Nahezu das gesamte Spektrum traditioneller Finanzierungen lässt sich in Scharia-konformer Weise darstellen – wie etwa durch „*Sukūk*", besicherte Anleihen, die weltweit zunehmend emittiert werden. Bei einem „*Sukūk*" veräußert der Initiator einen Vermögensgegenstand an eine Zweckgesellschaft, die sich über sogenannte *Sukūk-Zertifikate* refinanziert. Der Investor erhält Zahlungen wie bei einer klassischen Anleihe. Allerdings sind nur bestimmte Vermögensgegenstände für diese Finanzierungsart geeignet, so eignen sich etwa Immobilien, Flugzeuge, Schiffe, Rohstoffe oder Vermarktungsrechte. Daneben gibt es eine Reihe weiterer Vorgaben für die Strukturen von „*Sukūks*", etwa hinsichtlich der Ausgestaltung der Rückkaufoptionen.

1990 Den ersten „*Sukūk*" in Deutschland gab es bereits 2004: Sachsen-Anhalt legte eine Anleihe in Form eines islamischen Bond auf.

1991 Etwa bei der Hannover Rück; Informationen hierzu sind im Geschäftsbericht 2008 der Hannover Rück auf S. 34 ff., S. 39, S. 71 f. zu finden.

Diskussion zu Art. 20 Abs. 2 S. 1 GG verdeutlicht dies.[1992] Es stellte sich nämlich auch hier die Frage, ob das Prinzip der Volkssouveränität einen absoluten Charakter mittelt, so dass selbst der Urgrund aller staatlichen Gewalt ausschließlich beim Volk liegt – insbesondere als Absage an die katholische Staatsauffassung –[1993] oder ob Gott dennoch als letzter Grund und Urheber der Schöpfung insgesamt, so auch der staatlichen Ordnung und der Staatsgewalt gedacht und anerkannt werden kann[1994].

Jedenfalls kann in der Ableitung der Macht von Gott und der Anerkennung Gottes als Urheber auch der Staatsgewalt keine Unvereinbarkeit mit der freiheitlich demokratischen Grundordnung gesehen werden.

b. *Scharia als Grenze*

Soweit die *Scharia* als Grenze der Gesetzgebung gesehen wird, ist zu berücksichtigen, dass der Muslim an die Normen des Islam gebunden ist, wo immer er sich befindet.[1995] Hält sich ein Muslim in einem nichtmuslimischen Staat auf, ist er zwar dem dortigen Recht unterworfen, gleichzeitig ist er jedoch an die Normen des Islam gebunden.[1996] Der Muslim hat somit die fremde Rechtsordnung zu akzeptieren, sofern der Muslim dabei nicht gegen islamisches Recht verstoßen muss.[1997]

Den eindeutigen Regeln der *Scharia* (arab.: *naṣṣ*) muss der Muslim daher Folge leisten. Dabei ist zu berücksichtigen, dass die *Scharia* für Muslime der „Weg zum Heil der Seele" ist, in dem die *Scharia* einen „Weg" zu einem gottgefälligen Leben aufweist. Diese Regelungen betreffen – wie dargestellt[1998] – die religiösen Pflichten (arab.: *ʿibādāt*). Daher muss sich der Muslim etwa – unabhängig davon, in welchem Staat er sich befindet – an das Gebot des fünfmaligen Gebets halten und die *zakāt*-Steuer entrichten. Dass der Muslim diesen Pflichten in der Bundesrepublik Deutschland nachkommen kann, ist durch die Religionsfreiheit gewahrt.[1999]

Im Bereich der zwischenmenschlichen Beziehungen (arab.: *muʿāmlāt*) enthalten Koran und *Sunna* nur allgemeine Grundsätze, so dass dieser Bereich zeitgemäßen Interpretationen offen steht.[2000] Es besteht dadurch die Möglichkeit, Ein-

1992 Siehe oben: 2. Teil, § 3 II. 2.
1993 So v. Mangoldt, 1. Auflage, Art. 20 GG, Anm. 3 a.E.
1994 So v. Mangoldt/Klein, 2. Auflage, Art. 20 GG, S. 595; BK/Wernicke, Art. 20 GG, Erl. 2 c, S. 3; Kelsen in: Wörterbuch des Völkerrechts „Souveränität", S. 278.
1995 Kalisch in: Muslime im Rechtsstaat, S. 49 (49).
1996 Kalisch in: Muslime im Rechtsstaat, S. 49 (49).
1997 Kalisch in: Muslime im Rechtsstaat, S. 49 (49).
1998 Siehe oben 3. Teil § 4 I. 3.
1999 Äußerst fraglich ist dies etwa bei den Kopftuchverboten.
2000 Siehe hierzu oben 3. Teil § 4 3. c.

zelheiten zu konkretisieren.[2001] Wie bereits dargestellt[2002] ist es sogar in diesem Bereich möglich, dass die freie Meinungsbildung (arab.: *iǧtihād*) einem ausdrücklichen *naṣṣ* widerspricht, wenn das Allgemeinwohl dies erfordert. Es besteht sogar die Möglichkeit, dem Allgemeinwohl Vorrang vor dem *naṣṣ* einzuräumen.

Abschließend lässt sich daher feststellen, dass die Volkssouveränität keinesfalls soweit gehen kann, die islamischen Glaubensregeln außer Kraft zu setzen. Dieser Rechtsbereich ist dem Zugriff des Volkes entzogen. Im Bereich der zwischenmenschlichen Beziehungen hingegen hat das Volk die Möglichkeit den Staat zeitgemäß auszugestalten. Dieser Bereich unterliegt dem Zugriffsbereich des Volkes.

3. *Trennung von Staat und Religion*

Auch die Frage nach der Trennung von Staat und Religion wird äußerst kontrovers geführt. Während nach der herrschenden Meinung innerhalb der islamischen Rechtslehre eine solche Trennung abgelehnt wird, da sie der Geschichte und Natur des Islam fremd sei, zumal der Islam nach dem Auszug (arab.: *hiǧra*) des Propheten nach Medina, als Gesellschaft und Staat entstanden war und sich dementsprechend als solcher gegen die feindliche Umwelt durchsetzte, wird von einer Mindermeinung[2003]eine Säkularisierung gefordert.

2001 Falaturi, Die Scharia in: Weltmacht Islam, S. 93 (95).

2002 Siehe oben 3. Teil, § 4, IV. 1., b., cc., sowie 2., b..

2003 Die Autoren *Mohammad Arkoun* sowie *Hamid Nasr Abu Zaid* plädieren für eine Säkularisierung durch eine innerweltliche Gotteserfahrung. Vgl. Abu-Zaid, Islam und Menschenrechte in: KAS 1996, Band 5, 51, 52: Der Koran ist danach nicht ewig, er ist vielmehr in einem bestimmten Zusammenhang geschaffen worden und die Botschaft, die er enthält, müsse in diesem Zusammenhang verstanden werden. Nur diese Sichtweise gebe Raum für die Interpretation religiösen Rechts, da Allahs Wort gemäß seinem Geiste und nicht gemäß seiner Buchstaben zu verstehen sei. Das habe letztlich zur Folge, dass die öffentlichen Autoritäten und/oder Gesellschaften den Vorrang in der Interpretation und Anwendung des Gesetzes hatten. Abu Zaid führt an, dass auch ʿAbduh in seiner ersten Auflage des Buches „*Risālat at-tauḥīd*“ die Vorstellung von der Nicht-Ewigkeit des Korans vertreten habe, sich dann aber in der zweiten Auflage auf die entgegen gesetzte Position zurückzog (Abu-Zaid, Islam und Menschenrechte in: KAS 1996, Band 5, 51, 53). Das Verständnis der ersten muslimischen Generation und der darauffolgenden Generationen sollte nicht als abgeschlossen oder absolut angesehen werden. Die speziellen sprachlichen Kodierungsdynamiken, die auf der Einzigartigkeit des Korantextes basieren, da dieser eigene sprachliche Verschlüsselungsdynamiken benutzt, um seine außergewöhnliche Botschaft zu übermitteln, führe immer zu einem endlosen Dekodierungsprozess (Abu-Zaid, Islam und Menschenrechte in: KAS 1996, Band 5, 51, 54). Bei diesem Prozess solle die textliche sozio-kulturelle Bedeutung nicht ignoriert oder vereinfacht werden, da diese „Bedeutung“ so überaus wichtig sei für die Angabe, in welche Richtung die „neue“ Botschaft des Textes

Die Behauptung von Smail Balic[2004], die Autoren Muḥammad ʿAbduh und al-Afġānī seien Fürsprecher der Säkularisierung, ist äußerst fragwürdig. Zwar wiesen die Autoren die Kritik, der Islam unterstütze die Identität von Religion und Politik, zurück und hoben hervor, dass das Staatsoberhaupt keine religiösen Rechte habe. Allerdings wandten sie sich – wie dargestellt[2005] – ausdrücklich gegen eine Trennung von Staat und Religion, vielmehr hielten sie eine derartige Trennung sogar für gefährlich.

Im Rahmen der Erörterung der Frage der Trennung von Staat und Religion, ist zu differenzieren: Die Frage, ob in den Ländern mit überwiegend muslimischer Bevölkerung eine Trennung zwischen Staat und Religion zu bevorzugen sei – nach europäischem Vorbild –, ist von der Frage zu trennen, ob Muslime in der Diaspora einen religionsneutralen Staat als weltliche Autorität akzeptieren können.

Hinsichtlich der ersten Frage ist zunächst zu berücksichtigen, dass die Trennung von Staat und Kirche in den europäischen Ländern eine Trennung von Institutionen und damit eine Trennung von Funktionen war.[2006] Es umfasste gerade keine Trennung von religiöser Zugehörigkeit zum Christentum. Derartige zu den christlichen Kirchen äquivalente Institutionen gibt es jedoch im Islam nicht, so dass eine strikte Trennung wie in den christlich geprägten Ländern nicht notwendig erscheint. Außerdem handelt es sich bei der Säkularisierung um eine aus dem Westen importierte Idee und nicht um ein Produkt der muslimischen Reflektion der eigenen Geschichte.[2007]

ging (Abu-Zaid, Islam und Menschenrechte in: KAS 1996, Band 5, 51, 54). Der angesichts seines historischen, kulturellen und sprachlichen Kontextes codierte Koran müsse decodiert werden in den Code des kulturellen und sprachlichen Kontextes, aus dem der Textinterpret kommt (Abu-Zaid, Islam und Menschenrechte in: KAS 1996, Band 5, 51, 55).

2004 Balci, Die innerislamische Diskussion zu Säkularismus, Demokratie und Menschenrechten, S. 590 ff.

2005 Siehe oben § 6 I. 3. a. ee.

2006 Badawi, 'Abduh in: Reformers of Egypt, S. 35 (48); Als besonderes Beispiel der Geschichte könnte auf die Geschichte König Heinrichs VIII. zurückgegriffen werden. Da ihm seine damalige Ehefrau Katharina von Aragòn keinen männlichen Nachfolger gebar, ersuchte er beim Papst um die Ungültigkeitserklärung der Ehe. Der Papst wiederum kam dieser Forderung nicht nach, da er abhängig war von Karl V., dessen Tante Katharina war. Weil der Papst sich weigerte, sagte sich König Heinrich VIII. von Rom los und machte die englische Kirche zur Nationalkirche, mit dem König als höchstem Bischof. Heinrich löste die Klöster auf und verteilte die Güter an seine Gefolgsleute.

2007 Haddad, Muhammad Abduh in: Pioneers of Islamic Revival, S. 30 (59 f.): "The followers of early secularists attributed their failure to the fact that they were few in number and faced a daunting task. They were importing ideas and concepts that were truly foreign and not the products of Muslim reflection on the internal his-

Die Trennung von Staat und Religion hat jedoch durchaus auch positive Seiten für die Religion. Die Säkularisierung kann insbesondere für sich ein Argument in Anspruch nehmen, welches in der innermuslimischen Diskussion selten erläutert wird: Mit der Säkularisierung des Staates ging die Befreiung des Menschen aus obrigkeitlicher Bevormundung einher, zumal in Angelegenheiten der Religion. Die Trennung bedeutet eine gewisse Freiheit und entzieht die Religionsausübung der Macht des Staates. Die staatliche Ordnung wird deshalb nach Möglichkeit darauf verzichten, dem Menschen in religiösen Dingen hineinzureden, was als Religionsfreiheit zu qualifizieren ist.[2008] Ein weiterer großer Vorteil ist darin zu sehen, dass sich durch die Trennung von Staat und Religion diese gegenseitig kontrollieren. Hierdurch wird Missbrauch der Religion durch das Staatswesen verhindert.

Eine strikte Trennung ist abschließend nicht zu befürworten und mit den islamischen Grundthesen auch nur schwerlich zu vereinbaren. Allerdings sind die Vorzüge einer gewissen Trennung nicht von der Hand zu weisen, da hierdurch eine willkürliche Einflussnahme des Staates auf die Religion – wie dies in der islamischen Vergangenheit bereits geschehen ist – verhindert würde. Eine strikte Trennung zwischen Religion und Politik gibt es auch in der Bundesrepublik Deutschland nicht, was die vorhandenen Schnittpunkte zwischen Christentum im staatlichen Gefüge verdeutlichen. Die Religion kann daher durchaus Einfluss auf die Politik nehmen, wie dies etwa in Form von Hirtenbriefen regelmäßig geschieht. Der Staat ist demgegenüber zur Neutralität verpflichtet.[2009] „Der Staat hat gelernt, dass er sich nicht identifizieren darf, sondern religiös neutral sein, gleiche Distanz halten muss. Soweit er in Glaubensfragen Stellung beziehen müsste, überlässt er die Infrastruktur deshalb den Religionsgemeinschaften. Weil es aber in den staatlich verantworteten wie in den religiös besorgten Bezügen um denselben Menschen geht, ist Kooperation und Abstimmung zweckmäßig; beide Seiten könnten sonst ihren Auftrag nicht so effektiv oder nur mit sehr viel größerem Aufwand wahrnehmen."[2010] Insofern kann eine strikte Trennung von Staat und Kirche auch in den laizistischen Staatsformen nicht gesehen werden. In Frankreich etwa finanziert der Staat den Neubau von Moscheen und kirchlichen Privatschulen

tory of Islam. Rather than trying to substitute a new structure wholesale, they attempted to graft elements of the European model onto what was already in place, hoping that the new 'patches' would take hold and grow.".

2008 Oebbecke, Der Islam und die Zukunft, in: Muslime im Rechtsstaat, S. 140.

2009 Fraglich ist, ob dies immer gewährleistet ist, da die Religion – jedenfalls mittelbar – auf die Gesellschaft Einfluss nimmt und sich dies dann im Argument „Deutschland sei ein christlich-abendländischer Staat" widerspiegelt. Damit ist der Staat aber nicht mehr neutral, sondern steht einer gewissen Religion näher als anderen.

2010 Oebbecke, Der Islam und die Zukunft, in: Muslime im Rechtsstaat, S. 140.

und beschäftigt Seelsorger in Gefängnissen und beim Militär.[2011] In den Vereinigten Staaten von Amerika wird nach rechtlichen Lösungen gesucht, die Kirchen bei bestimmten Aktivitäten finanziell zu unterstützen.[2012] „Auch der laizistische Staat kommt eben nicht daran vorbei, dass die Religionsgemeinschaften über große soziale Erfahrung verfügen, dass sie auf weiten Handlungsfeldern hohe Akzeptanz genießen.“[2013]

Folglich ist auch im Islam eine strikte Trennung nicht zu befürworten, vielmehr sollte eine auf Freiheit basierende Kooperation angestrebt werden, in der die religiösen und staatlichen Institutionen sich gegenseitig bei der Wahrnehmung ihrer Aufgaben unterstützen und zugleich die jeweilige Freiheit des anderen gewährleistet wird.

Die zweite maßgebliche Frage, ob Muslime den säkularen Staat als weltliche Autorität in der Diaspora akzeptieren können,[2014] ist zu bejahen. Der Muslim hat die fremde Rechtsordnung zu befolgen, sofern er nicht gegen islamisches Recht verstoßen muss. Dass der Muslim durch die Akzeptanz eines säkularen Staates in der Diaspora gegen islamisches Recht verstößt, ist nicht zu erkennen, zumal es Muslime gibt, die einen säkularen Staat befürworten.

4. Gleichheit von Mann und Frau

Essentiell ist die Frage der Stellung der Frauen im Islam. Beweis dafür, dass Frauen im Islam dieselben Rechte und Pflichten wie Männer haben und zwar in allen Bereichen des Lebens, liefert die Ehefrau des Propheten Muhammad, *ʿĀʾiša*.[2015] Sie überlieferte über 1000 präzise beobachtete Berichte (arab.: *hadith*), beherrschte den Koran, legte ihn wie ein Rechtsgelehrter aus und stellte nach dem Tod des Propheten einen politischen Faktor dar.[2016]

Allerdings ist zuzugeben, dass Regelungen vorhanden sind, die in der heutigen europäischen Gesellschaft nur schwerlich nachzuvollziehen sind. Diese Regelungen müssen jedoch vor dem Hintergrund der gesellschaftlichen Bedingungen verstanden werden, die zum Zeitpunkt der Offenbarung des Koran herrschten.

Hintergrund dafür, dass der Koran beim Erbe der Frau nur den halben Anteil des Mannes zuspricht, war eine Gesellschaftsstruktur, in der die gesamte finanzielle Last und Verantwortung für die Familie beim Mann lag. Die Frau war

2011 Basdevant-Gaudemet: Staat und Kirche in Frankreich, S. 127, 141 f., 152 ff.; Oebbecke , Der Islam und die Zukunft, in: Muslime im Rechtsstaat, S. 142.
2012 Oebbecke, Der Islam und die Zukunft, in: Muslime im Rechtsstaat, S. 142.
2013 Oebbecke, Der Islam und die Zukunft, in: Muslime im Rechtsstaat, S. 142.
2014 So auch Johansen, Staat, Recht und Religion, S. 12.
2015 Küng, Der Islam, S. 236.
2016 Hofmann, Der Islam, S. 137.

durch den Mann versorgt; die Regelung berücksichtigt diesen Umstand. Durch den Wandel der gesellschaftlichen Strukturen – jedenfalls in der Bundesrepublik Deutschland – dahingehend, dass nunmehr beide Partner für die Versorgung der Familie verantwortlich sind, ist eine derartige Benachteiligung der Frau beim Erbe nicht mehr gerechtfertigt.[2017]

Diese Art von Widerspruch kann jedoch durch den *iğtihād* beseitigt werden.[2018] Es handelt sich dabei um konsequente Rechtsentwicklung, auf der Grundlage der *ratio legis* der Normen des Koran.[2019] Dass der Koran keine generelle auf Dauer angelegte Ungleichbehandlung der Frau beabsichtigt, ergibt sich aus den Versen, in denen auf die Gleichwertigkeit der Frau und damit das eigentliche Ziel des Koran hingewiesen wird.[2020] Entsprechendes gilt für das Zeugenrecht.

Ferner ist kein Grund erkennbar, warum einer Frau nicht das Amt des Staatsoberhauptes offen stehen sollte, wie dies in der Vergangenheit bereits der Fall war.[2021]

Frauen und Männer sind daher vor dem Gesetz und in ihrer rechtlichen und sozialen Stellung als absolut gleich zu sehen.

5. *Gleichheit von Muslimen und Nichtmuslimen*

Die Rechte andersgläubiger und nichtgläubiger Menschen sind zwingend zu wahren. Nichtmuslime haben dieselben Rechte wie Muslime. Dies ist aus der Forderung in Sure 4, Vers 58 herzuleiten, zwischen den Menschen in Gerechtigkeit zu richten.[2022]

Bezüglich der *ğizya*-Steuer können unterschiedliche Behandlungen dadurch vermieden werden, dass jeder Bürger des Staates zum Wehrdienst verpflichtet wird und jeder verpflichtet ist, die Steuer zu leisten, wenn er den Dienst an der Waffe verweigert.

6. *Religionsfreiheit*

Vergleicht man die islamische Theorie der religiösen Vielfalt mit der im Judentum oder Christentum, so stellt man fest, dass das Judentum das Christentum wie auch den Islam als Irrlehren ablehnt und zumindest die katholische Kirche den

2017 Kalisch in: Muslime im Rechtsstaat, S. 49 (57, Fn. 36).
2018 Kalisch in: Muslime im Rechtsstaat, S. 49 (57).
2019 Kalisch in: Muslime im Rechtsstaat, S. 49 (58).
2020 Kalisch in: Muslime im Rechtsstaat, S. 49 (57, Fn. 36).
2021 So bereits in Pakistan durch die damalige Ministerpräsidentin Bhutto, aber auch durch die einflussreiche Prophetenwitwe *ʿĀʾiša*. Sie hatte als Muslima erheblichen Einfluss auf die öffentlichen Angelegenheiten, vgl. hierzu Küng, Der Islam, S. 237.
2022 So auch Kalisch in: Muslime im Rechtsstaat, S. 49 (57).

Propheten Muhammad nicht als solchen und den Koran nicht als Offenbarung anerkennt.[2023] Dagegen erkennt der Islam diese Religionen an und verbietet – unter Hinweis auf Sure 2, Vers 256 – jeden Zwang in Angelegenheiten des Glaubens. Dabei sollte sich der Schutz der freien Ausübung der Religion nicht nur auf die Buchreligionen beschränken. Vielmehr dürften auch Atheisten keinen Zwangsmaßnahmen ausgesetzt werden und auch ihnen müsse der Schutz des Staates zukommen.[2024]

Gleichzeitig stellt sich die Frage, wie die Apostasie im Islam zu behandeln ist. Es ist zu beachten, dass Grundrechte Abwehrrechte des Staatsbürgers gegen die staatliche Gewalt sind. Deshalb sind Kirchen, solange sie nur kraft ihrer ihnen nicht vom Staat verliehenen Kirchengewalt tätig werden, an Grundrechte nicht gebunden. Von da aus darf es beinahe eine Selbstverständlichkeit genannt werden, dass es innerhalb einer Religionsgemeinschaft kein Grundrecht der Glaubensfreiheit gibt, das dann gestatten würde, kirchliche Dogmen zu leugnen, ohne den Maßnahmen der Kirchenzucht unterworfen zu sein.[2025]

Allerdings ist die Ansicht abzulehnen, die im Falle der Apostasie eine irdische Strafe verhängen möchte. Insbesondere die in diesem Zusammenhang teilweise geforderte Todesstrafe ist abzulehnen. Wie Hofmann[2026] treffend darstellt, wird im Falle der Apostasie keine im Diesseits zu vollziehende Strafe verhängt, sondern eine im Jenseits.[2027] Die Maxime, „kein Zwang im Glauben“ (Sure 2, Vers 256), sollte nicht nur das Verhältnis zwischen Muslimen und Nicht-Muslimen beherrschen, sondern auch dasjenige zwischen Muslimen.[2028] Entsprechend sollte das Toleranzgebot nach innen wie nach außen gelten.[2029]

7. *Staatsoberhaupt*

Die Frage, ob dem Staat zwingend ein Muslim vorzustehen hat, ist lediglich in einem islamischen Staat von Bedeutung. Denn für einen Staat wie Deutschland, in der die Bevölkerungsmehrheit nicht muslimischen Glaubens ist, stellt sich diese Frage tatsächlich nicht. Muslime in Deutschland haben das Staatsoberhaupt zu akzeptieren, egal welcher bzw. unabhängig davon, ob er einer Religion angehört. Dies dürfte auch von kaum einem Muslim in Deutschland angezweifelt werden.

2023 Hofmann, Religionsfreiheit, in: Muslime im Rechtsstaat, S. 147, mit Bezugnahme auf die Lehrsätze „*extra ecclesiam nulla salus*“ und „*cuius regio eius religio*“.
2024 Hofmann, Der Islam, S. 254 mit Verweis auf den Koranvers: Es gibt keinen Zwang im Glauben.
2025 v. Campenhausen Staatskirchenrecht S. 124
2026 Siehe oben 3. Teil, § 6 III. 4. a. ee. (3).
2027 Hofmann, Der Islam, S. 99.
2028 Hofmann, Der Islam, S. 99.
2029 Hofmann, Der Islam als Alternative, S. 101.

Zur Frage, ob einem islamischen Staat zwingend ein Muslim vorstehen muss, sollen einige Aspekte hervorgehoben werden: Anders als in der Bundesrepublik Deutschland, ist es im europäischen Ausland durchaus üblich, dass das oberste staatliche Amt von der Zugehörigkeit zu einer bestimmten Religion abhängig ist. Derartiges lässt sich in den Verfassungen Schwedens[2030], Norwegens[2031] und Griechenlands[2032] finden. In Art. 2 der Verfassung der Vereinigten Staaten von Amerika ist etwa normiert, dass ein eingebürgerter Ausländer niemals zum Präsidenten gewählt werden kann. Es lassen sich somit unterschiedliche Kriterien für den Zugang zum höchsten öffentlichen Amt erkennen, nämlich die durch Geburt im Land hergestellte Verbundenheit oder die Loyalität durch die ideologisch-religiöse Zugehörigkeit. Es wird deutlich, dass eine derartige Forderung nicht unüblich ist und nicht zwingend als undemokratisch angesehen werden kann.

Dass in der Bundesrepublik Deutschland allen Staatsbürgern dieselben Möglichkeiten zur Erlangung des höchsten öffentlichen Amtes gegeben werden, ist jedoch zu begrüßen. Hierdurch wird dem Menschen nicht durch eine häufig nur zufällige Eigenschaft die Möglichkeit zur Erlangung eines bestimmten Amtes versagt. Es ist zu begrüßen, dass die Zugehörigkeit zum Christentum keine Eignungsvoraussetzung für das Staatsamt des Bundespräsidenten noch für das Amt des Bundeskanzlers ist. Andernfalls wäre es für Muslime schwieriger Deutschland als Heimat anzunehmen und sich hier zu integrieren. Entsprechendes muss mit umgekehrten Vorzeichen für Nichtmuslime in einem muslimischen Staat gelten. Auch diese werden sich nur bedingt mit dem Staat identifizieren können, wenn ihnen ein derartiges Amt vorbehalten bliebe. Insofern ist dem Volk, das das Staatsoberhaupt wählt, zu vertrauen. Zwar ist „Mehrheit nicht gleich Wahrheit“[2033], jedoch ist es unwahrscheinlicher, dass die Mehrheit irrt als eine Minderheit.

Ein Kompromiss könnte darin gesehen werden, dass das oberste öffentliche Amt – etwa das des Staatspräsidenten – einem Muslim vorbehalten bleibt, der aber überwiegend repräsentative Funktion hätte, während das Amt eines die Regierungsgeschäfte leitenden Ministerpräsidenten auch einem Nichtmuslim offen steht.

2030 Das schwedische Thronfolgegesetz bestimmt, dass das Mitglied des Königshauses der Evangelisch-Lutherischen Kirche angehören muss.

2031 Vgl. § 2 und § 15 der norwegischen Verfassung.

2032 Siehe hierzu Art. 1 und Art. 47 der Verfassung Griechenlands.

2033 Bundeskanzler a.D. Dr. Helmut Kohl in der Sendung Johannes B. Kerner vom 22.11.2007.

II. Ergebnis

Im Ergebnis ist zu erkennen, dass islamische Staatsauffassungen mit der freiheitlich demokratischen Grundordnung kompatibel sein können. Die Beachtung sowohl des Grundgesetzes als auch des islamischen Rechts durch einen Muslim ist daher möglich. Ein Muslim kann sich durchaus der *Scharia* und dem Grundgesetz verpflichtet fühlen. Bei der Analyse hat sich der häufig propagierte grundsätzliche Widerspruch von Demokratie und islamischer Staatstheorie nicht bestätigt.

Innerhalb der muslimischen Gesellschaft wird der Weg hin zu einer Demokratie *sui generis* gesucht, in der der Staat im Einklang mit dem islamischen Recht errichtet ist. Die Basis der Argumentation aller (unterschiedlichen) Strömungen ist der Koran. Dabei werden Ansichten über die Ausgestaltung eines Staatswesens in einem überwiegend muslimischen Staat vertreten, die durchaus mit der freiheitlich demokratischen Grundordnung vereinbar sind. Etwa Muhammad Asads oder Murad Hofmanns Staatsvorstellungen zählen hierzu und sind mit der freiheitlich demokratischen Grundordnung vereinbar. Gleichzeitig gibt es jedoch die durch Irrationalismus geprägten fundamentalistischen Gruppierungen, die sich für eine ganz bestimmte Richtung einsetzen und diese notfalls auch mit Gewalt und Zwang durchsetzen wollen; diese Ansichten sind keineswegs mit der freiheitlich demokratischen Grundordnung kompatibel. Hierzu gehört indessen nur ein sehr geringer Teil der Muslime. Die theoretische wie auch praktische Ursache für diese vorhandene kategorische Ablehnung westlicher Strukturen durch einzelne Autoren ist in der Kolonialisierung als Spätfolge zu sehen.[2034]

Ferner ist festzustellen, dass die Prinzipien der freiheitlich demokratischen Grundordnung in einem Land mit muslimischer Bevölkerungsmehrheit angewandt werden könnten, da die Regelungen der freiheitlich demokratischen Grundordnung wiederum mit den Regelungen des Islam vereinbar sind. Die verschiedenen Ansichten verdeutlichten, dass der Islam kein statisches Staatssystem kennt, sondern viele verschiedene Ansichten zulässt. Es gibt eine weite Spannbreite von Ansichten, die noch im Rahmen des Zulässigen liegen.[2035] Hierbei darf jedoch nicht verkannt werden, dass im Rahmen der auslegungsbedürftigen Passagen, Muslime möglicherweise einen anderen Maßstab ansetzen und folglich zu einem anderen Ergebnis gelangen als die Bevölkerung in der Bundesrepublik Deutschland. Dies begründet indessen keine Unvereinbarkeit. Auch in

2034 Insbesondere bei Quṭb ist zu erkennen, dass dieser zu einem starken selektiven Herauslösen und unhistorischen Instrumentalisieren einzelner Koranverse neigte. Dies wird bei der Auslegung der von diesem zitierten Koranverse in seinem Buch „Wegzeichen“ besonders deutlich.

2035 Adams, Islam and Modernism, S. 115: “(…) the wide range of views comprised within the limits of Islamic theology (…)”.

Deutschland können Auffassungen, die der Mehrheitsmeinung widersprechen, durchaus mit der freiheitlich demokratischen Grundordnung vereinbar sein. Dies wird auch von der Verfassung vorausgesetzt und gebilligt, etwa durch die Meinungsfreiheit. Wenn die Interpretation des Grundgesetzes damit der herrschenden Meinung widerspricht, ist sie noch lange nicht *de facto* verfassungswidrig.

Im „*iǧtihād*" ist die Quelle für eine konsequente Rechtsentwicklung auf der Grundlage der *ratio legis* der Normen des Koran zu erkennen. Diese Art der Rechtsfortentwicklung begründet Wandlungsfähigkeit. Durch den *iǧtihād* wird die Möglichkeit gegeben, den Kern des Koran zu finden. Der *iǧtihād* kann nur mit Vernunft angewandt werden, da er die Entstehung und Entwicklung von Gegebenheiten und Errungenschaften zeitgemäß erfassen und wiedergeben soll.[2036] Insoweit ist bei Interpretationen einzelner Regelungen eine Fortentwicklung hin zur Achtung fundamentaler Werte möglich, die auch in der freiheitlich demokratischen Grundordnung niedergelegt wurden.

Die mangelnde Demokratisierung innerhalb der islamischen Staaten liegt keineswegs in einer „unwirtlichen Natur des Islam", vielmehr hat die omayyidische Machtergreifung die damals vorhandenen Ansätze zerstört und die Schließung des Tores des *iǧtihād* hat ihr Restliches dazu beigetragen. Zudem dürfte ein weiterer Grund in der mangelnden Bildung gesehen werden. Diese ist jedoch ebenfalls nicht auf die islamische Lehre zurückzuführen, zumal das erste Worte, welches dem Propheten Muhammad offenbart wurde „Lies!" (arab.: *iqrā*) lautet, woraus vielfach abgeleitet wird, dass die Bildung zu den wesentlichsten Pflichten des Menschen gehört.

Die islamische Religion ist in ihrem Facettenreichtum durch die Vielzahl und Vielfalt ihrer Anhänger nicht eindeutig zu klassifizieren. Für die Praxis ist daher eine differenzierte Betrachtung und Auseinandersetzung zwingend erforderlich, um vorschnelle, unrichtige und diskriminierende Entscheidungen zu vermeiden.

In der Praxis der Bundesrepublik Deutschland ist bezüglich der in der Einleitung aufgeworfenen Fragen die rechtliche Einordnung schließlich von der Auffassung der Einzelperson bzw. von der Auffassung der Einzelgruppierung abhängig. Die Einzelperson bzw. die einzelnen Gruppierungen mögen bei einer Nähe zu einer Autorengruppe eher als kompatibel mit der freiheitlich demokratischen Grundordnung anzusehen sein als bei der Anhängerschaft zu einer anderen Autorengruppe. Die Analyse im Rahmen der Dissertation kann dabei durchaus Anhaltspunkte für die Beurteilung der Vereinbarkeit geben.

Soweit es auf die Frage der Vereinbarkeit der Auffassung eines einzelnen Muslims mit der freiheitlich demokratischen Grundordnung ankommt – wie dies im Beamtenrecht, Staatsangehörigkeitenrecht und Religionsunterricht der Fall ist –

2036 Srour, Staatstheorie bei Afghāni, S. 49.

ist letztlich jedoch immer auf die persönliche Ansicht abzustellen. Entsprechend kann aus der Zugehörigkeit der Einzelperson zu einer bestimmten Vereinigung, deren Vereinbarkeit mit der freiheitlich demokratischen Grundordnung zweifelhaft ist, nicht zwingend geschlossen werden, dass damit Bestrebungen unterstützt werden, die gegen die freiheitlich demokratische Grundordnung gerichtet sind. Begrüßenswert wäre daher ein Fragenkatalog, der den Personen in den entsprechenden Situationen vorgelegt wird, den diese zu beantworten haben. Dieser Fragenkatalog sollte anhand der hier in Anlehnung an die Konkretisierung des Bundesverfassungsgerichts vorgenommenen Konkretisierung der freiheitlich demokratischen Grundordnung zusammengestellt werden. Bei bestimmten, zweifelhaften Aussagen könnte auf die Ansichten der muslimischen Autoren zurückgegriffen und diese dem Einzelnen vorgehalten werden.

Bezüglich der aufgeworfenen Frage des Vereinsverbotes, im Rahmen des Parteienrechts sowie im Religionsunterricht ist auf die Einzelgruppe abzustellen und zu prüfen, wie diese zur freiheitlich demokratischen Grundordnung steht. Insbesondere ist hierbei auch zu prüfen, welche Vorstellung diese Gruppierung von der staatlichen Ordnung in einem mehrheitlich von Muslimen bewohnten Staat hat und inwiefern diese mit der freiheitlich demokratischen Grundordnung vereinbar ist.

Anhang

Die vorliegende übersetzte Fassung der Verfassung Medinas stammt von Amir Zaidan[2037] und wurde lediglich sprachlich leicht angepasst, um die Verständlichkeit und Lesbarkeit zu erleichtern. Inhaltliche Veränderungen wurden indessen nicht vorgenommen:

Verfassung Medinas

Artikel 1 (Träger der Charta)

Das ist eine Vereinbarung, aufgesetzt von Muhammed, dem Gesandten Allahs, zwischen den Mumin (*Anm.: Rechtschaffenden*) und den Muslimen von Quraisch und von Yathrib (*Anm.: dem späteren Medina*) und jedem, der zu ihnen gehört, sich ihnen anschließt und sich mit ihnen anstrengt (*Dschihad*).

Artikel 2 (Staatsform)

Sie bilden eine einheitliche Gemeinschaft (arab.: *Umma*) unter den Menschen.

Artikel 3 (Pflichten der jeweiligen Mumin-Gruppen)

(1) Die Muhadschirun (*Anm.: Auswanderer von Mekka*) von Quraisch – unter Beibehalt ihrer gewachsenen Ordnung – erfüllen gemeinsam die Verpflichtungen der Entschädigung (*Diya*) und kaufen gemeinsam ihre Gefangengehaltenen frei. (Die Belastungen aufgrund der eventuell entstehenden Verpflichtungen werden) unter den (jeweiligen) Mumin auf angebrachte und gerechte Art und Weise verteilt.

(2) Die Banu Auf – unter Beibehalt ihrer gewachsenen Ordnung – erfüllen gemeinsam die Verpflichtung der *Diya* nach herkömmlichem Brauch. Und

2037 Die vorliegende Übersetzung stammt von Amir Zaidan: www.ansary.de/Islam/ChartaMedina.html.

jede Gruppe (von ihnen) kauft ihre Gefangengehaltenen frei. (Die Belastungen aufgrund der eventuell entstehenden Verpflichtungen werden) unter den (jeweiligen) Muminun aufgebracht und in gerechter Art und Weise verteilt.

(3) Die Banu Sa'ida – unter Beibehalt ihrer gewachsenen Ordnung – erfüllen gemeinsam die Verpflichtung der *Diya* nach herkömmlichem Brauch. Und jede Gruppe (von ihnen) kauft ihre Gefangengehaltenen frei. (Die Belastungen aufgrund der eventuell entstehenden Verpflichtungen werden) unter den (jeweiligen) Muminun aufgebracht und in gerechter Art und Weise verteilt.

(4) Die Banul Harith – unter Beibehalt ihrer gewachsenen Ordnung – erfüllen gemeinsam die Verpflichtung der *Diya* nach herkömmlichem Brauch. Und jede Gruppe (von ihnen) kauft ihre Gefangengehaltenen frei. (Die Belastungen aufgrund der eventuell entstehenden Verpflichtungen werden) unter den (jeweiligen) Muminun aufgebracht und in gerechter Art und Weise verteilt.

(5) Die Banu Dschuschm – unter Beibehalt ihrer gewachsenen Ordnung – erfüllen gemeinsam die Verpflichtung der *Diya* nach herkömmlichem Brauch. Und jede Gruppe (von ihnen) kauft ihre Gefangengehaltenen frei. (Die Belastungen aufgrund der eventuell entstehenden Verpflichtungen werden) unter den (jeweiligen) Muminun aufgebracht und in gerechter Art und Weise verteilt.

(6) Die Banu Nadschdschar – unter Beibehalt ihrer gewachsenen Ordnung – erfüllen gemeinsam die Verpflichtung der *Diya* nach herkömmlichem Brauch. Und jede Gruppe (von ihnen) kauft ihre Gefangengehaltenen frei. (Die Belastungen aufgrund der eventuell entstehenden Verpflichtungen werden) unter den (jeweiligen) Muminun aufgebracht und in gerechter Art und Weise verteilt.

(7) Die Amru Banu Auf – unter Beibehalt ihrer gewachsenen Ordnung – erfüllen gemeinsam die Verpflichtung der *Diya* nach herkömmlichem Brauch. Und jede Gruppe (von ihnen) kauft ihre Gefangengehaltenen frei. (Die Belastungen aufgrund der eventuell entstehenden Verpflichtungen werden) unter den (jeweiligen) Muminun aufgebracht und in gerechter Art und Weise verteilt.

(8) Die An-Nabit – unter Beibehalt ihrer gewachsenen Ordnung – erfüllen gemeinsam die Verpflichtung der *Diya* nach herkömmlichem Brauch. Und jede Gruppe (von ihnen) kauft ihre Gefangengehaltenen frei. (Die Belastungen aufgrund der eventuell entstehenden Verpflichtungen werden) unter den (jeweiligen) Muminun aufgebracht und in gerechter Art und Weise verteilt

(9) Die Banul Aus – unter Beibehalt ihrer gewachsenen Ordnung – erfüllen gemeinsam die Verpflichtung der *Diya* nach herkömmlichem Brauch. Und jede Gruppe (von ihnen) kauft ihre Gefangengehaltenen frei. (Die Belastungen aufgrund der eventuell entstehenden Verpflichtungen werden) unter den (jeweiligen) Muminun aufgebracht und in gerechter Art und Weise verteilt.

Artikel 4 (Pflichten und Rechte der Umma der Mumin)

(1) Die Muminun lassen keinen mit Schulden belasteten Verantwortlichen einer kinderreichen Familie unter ihnen, ohne dass sie ihn auf angebrachte Weise bei Ersatzleistung oder *Diya* unterstützen.
(2) Kein Mumin darf sich mit einem Maula (*Sklave*) eines Mumin unter dessen Ausschluss verbünden.
(3) Die gottesfürchtigen Muminun (allesamt) sind gegen jeden unter ihnen, der Übertretung begeht, Unrecht begehrt, Verbotenes tut, Aggression verübt oder Verderb unter den Muminun stiftet. Sie alle helfen gegen ihn, selbst dann wenn dieser der Sohn eines von ihnen wäre.
(4) Ein Mumin darf weder einen (anderen) Mumin als Vergeltung für (den Tod) eines (verwandten oder verbündeten) Kafir töten, noch darf er einem Kafir gegen einen Mumin beistehen.
(5) Jede Sicherheitsgewährung (im Namen) Allahs ist gleichwertig. Der Einfachste unter ihnen (Anm.: den Mumin) darf Asyl (*Idschara*) in ihrem Namen gewähren.
(6) Die Muminun sind einander verbunden.
(7) Wer uns von den Juden folgt (*Anm.: zu uns gehört, mit uns verbündet ist*), erfährt Beistand und Gleichwertigkeit, ohne dass ihnen Unrecht widerfährt oder (ihre Feinde) gegen sie unterstützt werden.
(8) Die Mumin schließen einen einzigen Frieden. Kein Mumin darf unter Ausschluss eines (anderen) Mumin im Kampf auf dem Wege Allahs Frieden schließen, es sei denn, sie vereinbaren (Frieden) in Gleichheit und Gerechtigkeit untereinander.
(9) Jede Gruppe, die mit uns an Kampfhandlungen teilgenommen hat, wechselt sich (beim nächsten Einsatz) mit einer anderen Gruppe ab.
(10) Und die Mumin solidarisieren sich untereinander (d.h. sie tragen gemeinsam ihre Schäden) bei ihren Verletzungen/Verlusten, die sie auf dem Wege Allahs erlitten haben.
(11) Die gottesfürchtigen Mumin folgen der besten und geradlinigen Rechtleitung.

(12) Ein Muschrik darf weder Vermögenswerten noch Personen von *Quraisch* Asyl gewähren, noch darf er sich zwischen diesen und einem Mumin stellen.
(13) Wer erwiesenermaßen einen Mumin zu Unrecht vorsätzlich tötet, wird gleichermaßen als Vergeltung dafür getötet, es sei denn, der Wali (*Verantwortliche*) des Getöteten verzichtet darauf. Und alle Mumin stehen gegen ihn (*Anm.: den Mörder*) und dürfen sich nur gegen ihn erheben.
(14) Erlaubt ist es keinem Mumin, der den Inhalt dieses Papier anerkennt und den Iman an Allah und an den Jüngsten Tag verinnerlicht, dass er einem Verbrecher beisteht oder Unterschlupf gewährt. Jeden, der ihm (dem Verbrecher) beisteht oder Unterschlupf gewährt, trifft der Fluch Allahs und Sein Zorn am Tage der Auferstehung und von ihm wird dafür weder Reue noch Ersatz angenommen.
(15) Wenn ihr euch über eine Sache in ihr (*Anm.: dieser Vereinbarung*) streitet, so wendet euch damit zu Allah (Der Erhabene u. Majestätische) und zu Muhammed.

Artikel 5 (Pflichten und Rechte der Umma der Juden)

(1) Die Juden tragen gemeinsam mit den Mumin die Kosten, solange sie (*Anm.: die Mumin*) sich im Krieg befinden.
(2) Die Juden von Bani Auf bilden eine *Umma* mit den Mumin.
(3) Die Juden haben ihren Dīn (*Anm.: religiöse Lebensweise*) und die Muslime haben ihren Dīn, so auch ihre Maula und sich selbst, außer demjenigen, der Unrecht tut oder Verbotenes macht; denn dieser schadet ausschließlich sich selbst und den Mitgliedern seines Haushalts.
(4) Die Juden von Banun Nadschdschar haben das Gleiche (an Rechten) wie die Juden von Banu Auf.
(5) Die Juden von Banul Harith haben das Gleiche (an Rechten) wie die Juden von Banu Auf.
(6) Die Juden von Banu Sa'ida haben das Gleiche (an Rechten) wie die Juden von Banu Auf.
(7) Die Juden von Banu Dschuscham haben das Gleiche (an Rechten) wie die Juden von Banu Auf.
(8) Die Juden von Banul Aus haben das Gleiche (an Rechten) wie die Juden von Banu Auf.
(9) Die Juden von Banu Tha'laba haben das Gleiche (an Rechten) wie die Juden von Banu Auf, außer demjenigen, der Unrecht tut oder Verbotenes

macht; denn dieser schadet ausschließlich sich selbst und den Mitgliedern seines Haushalts.

(10) Dschafna ist ein Teil von Tha'laba wie sie selbst.

(11) Die Juden von Banul Schutaiba haben das Gleiche (an Rechten) wie die Juden von Banu Auf. Das Pflegen der Kontakte (zu ihnen) steht vor dem Begehen von Verbotenem.

(12) Die Maula von Tha'laba sind wie sie selbst.

(13) Die engsten Vertrauten und Familien der Juden sind wie sie selbst.

(14) Keiner von ihnen (Juden) darf (Medina) ohne Erlaubnis von Muhammed verlassen.

Artikel 6 (Pflichten und Rechte der Umma von Medina)

(1) Keine Rache darf für eine Verletzung/Verwundung verübt werden. Und wer Meuchelmord begeht, der hat sich selbst und seine Familie gemeuchelt, außer demjenigen, dem Unrecht getan wurde. Und Allah ist (Zeuge) über das Beste von diesem (dieser Vereinbarung).

(2) Die Juden kommen für ihre Ausgaben auf und die Muslime kommen für ihre Ausgaben auf.

(3) Beide (Muslime u. Juden) stehen einander bei gegen jeden, der die Unterzeichnung dieses Papiers bekämpft.

(4) Sie leisten füreinander guten Ratschlag, Aufrichtigkeit und besten Umgang ohne Begehen von Unrecht.

(5) Kein Mensch trägt die Schuld seines Verbündeten mit.

(6) Der Beistand gebührt demjenigen, dem Unrecht widerfährt.

(7) Die Juden tragen gemeinsam mit den Mumin die Kosten, solange sie (Mumin) sich im Krieg befinden.

(8) Und das innere Yathribs (*Medina*) ist unverletzlich (sichere Zone) für die Unterzeichner dieser Vereinbarung.

(9) Der Nachbar ist wie der Mensch selbst, (wenn er) keine Schäden zufügt oder Unrecht begeht.

(10) Keinen Eigentumsrecht darf sich genähert werden, ohne Zustimmung ihres Eigentümers.

(11) Sollte sich zwischen den Unterzeichnern dieser Vereinbarung ein Streit oder eine Auseinandersetzung ereignen, die zu deinem Verderben führen könnten, so wendet man sich damit zu Allah und zu Muhammed, dem Gesandten Allahs. Allah ist (Zeuge) über das Frommste und das Beste dieser Vereinbarung.

(12) Weder (dem Stamm) Quraisch noch jedem, der ihm beisteht, darf Asyl gewährt werden.

(13) Sie (Unterzeichner dieses Papiers) leisten einander Beistand gegen jeden, der Yathrib angreift.

(14) Wenn sie (die Muslime) zu einem Friedensschluss einberufen, um Frieden zu schließen und komplett anzunehmen, dann schließen sie (die Juden) ebenfalls Frieden und nehmen ihn komplett an. Und wenn sie (die Juden) zu Ähnlichem einberufen, dann haben die Mumin ihnen dies ebenfalls zu erfüllen, außer gegenüber jedem, der gegen den Dīn kämpft. Jede Gruppe erfüllt ihre Verpflichtungen auf ihrer Seite.

(15) Die Juden von Al-Aus, ihre Maula und sie selbst, haben eine ähnliche Stellung wie die Unterzeichner dieses Papiers. Sie haben ausschließlich besten Umgang seitens der Unterzeichner dieses Papiers.

(16) (Zwischen der *Umma* von Medina gilt) der beste Umgang ohne Begehen von Unrecht. Wer sich etwas zuzieht, der zieht es ausschließlich sich selbst zu. Allah ist (Zeuge) über das Richtigste und das Beste dieser Vereinbarung.

(17) Diese Vereinbarung schützt keinen Unrechthandelnden und keinen, der Verbotenes tut.

(18) Jeder, der Medina verlässt, genießt Sicherheit, und jeder, der in Medina bleibt, genießt Sicherheit, außer demjenigen, der Unrecht tut oder Verbotenes macht.

(19) Allah gewährt Schutz für jeden, der das Beste tut und IHN fürchtet. Und Muhammed ist Allahs Gesandter.

Islam und Recht

Herausgegeben von Janbernd Oebbecke

Band 1 Janbernd Oebbecke (Hrsg.): Muslimische Gemeinschaften im deutschen Recht. 2003.

Band 2 Sonja Lanzerath: Religiöse Kleidung und öffentlicher Dienst. Zur Zulässigkeit dienstrechtlicher Bekleidungsverbote in Schule, Gerichtsbarkeit und Polizei. 2003.

Band 3 Katrin Janke: Institutionalisierter Islam an staatlichen Hochschulen. Verfassungsfragen islamischer Lehrstühle und Fakultäten. 2005.

Band 4 Barbara Gartner: Der Islam im religionsneutralen Staat. Die Problematik des muslimischen Kopftuchs in der Schule, des koedukativen Sport- und Schwimmunterrichts, des Gebetsrufs des Muezzins, des Schächtens nach islamischem Ritus, des islamischen Religionsunterrichts und des muslimischen Bestattungswesens in Österreich und Deutschland. 2006.

Band 5 Janbernd Oebbecke / Muhammad Sven Kalisch / Emanuel Towfigh (Hrsg.): Die Stellung der Frau im islamischen Religionsunterricht. Dokumentation der Tagung am 6. Juli 2006 an der Universität Münster. 2007.

Band 6 Janbernd Oebbecke / Bodo Pieroth / Emanuel Towfigh (Hrsg.): Islam und Verfassungsschutz. Dokumentation der Tagung am 7. Dezember 2006 an der Universität Münster. 2007.

Band 7 Murad Mustafa Daghles: Die Kompatibilität islamischer Staatsauffassungen mit der freiheitlich demokratischen Grundordnung. 2010.

www.peterlang.de